金融学译丛
F I N A N C E

银行风险管理（第四版）

Risk Management in Banking (Fourth Edition)

若埃尔·贝西（Joël Bessis） ／著
路蒙佳 ／译

中国人民大学出版社
·北 京·

出版说明

作为世界经济的重要组成部分，金融在经济发展中扮演着越来越重要的角色。为了加速中国金融市场与国际金融市场的顺利接轨，帮助中国金融界相关人士更好、更快地了解西方金融学的最新动态，寻求建立并完善中国金融体系的新思路，促进具有中国特色的现代金融体系的建立，中国人民大学出版社精心策划了这套“金融学译丛”，该套译丛旨在把西方，尤其是美国等金融体系相对完善的国家最权威、最具代表性的金融学著作，被实践证明最有效的金融理论和实用操作方法介绍给中国的广大读者。

该套丛书主要包括以下三个方面：

（1）理论方法。重在介绍金融学的基础知识和基本理论，帮助读者更好地认识和了解金融业，奠定从事深层次学习、研究等的基础。

（2）实务案例。突出金融理论在实践中的应用，重在通过实务案例以及案例讲解等，帮助广大读者将金融学理论的学习与金融学方法的应用结合起来，更加全面地掌握现代金融知识，学会在实际决策中应用具体理论，培养宏观分析和进行实务操作的能力。

（3）学术前沿。重在反映金融学科的最新发展方向，便于广大金融领域的研究人员在系统掌握金融学基础理论的同时，了解金融学科的学术前沿问题和发展现状，帮助中国金融学界更好地认清世界金融的发展趋势和发展前景。

我们衷心地希望这套译丛的推出能够如我们所愿，为中国的金融体系建设和改革贡献一份力量。

中国人民大学出版社

译者序

银行经营的各种金融产品普遍存在着风险，例如信用风险、市场风险和操作风险。可以说，现代银行的生存与发展时刻离不开风险管理，银行不仅通过承担风险获取利润，还对风险进行转化与分配，将其植入金融产品和服务中，在市场上打包出售，即所谓的证券化过程。银行借助证券化过程可以调整资产负债表结构，分散和化解风险，解决自身流动性问题，加快资金周转。然而，证券化产品本身的复杂结构使其内含的风险难以被市场和投资者充分认识，加之缺乏有效的风险监督机制，它反而成为银行风险管理中薄弱的一环。2008 年爆发的金融危机，就源于银行次级抵押贷款业务对利率冲击的风险抵抗力不足，并迅速升级为大范围的流动性危机，对全球金融体系造成了极大的冲击和破坏。

银行风险管理关系到金融体系的稳健性，因此它不仅是银行自身的职责，也是监管部门关注的重点，需要全球范围内的监管合作。近年来，以《巴塞尔协议》为代表的全球金融监管对银行风险管理提出了日益严格与具体的要求，以期应对复杂多变的风险环境。2010 年出台的《巴塞尔协议 3》要求，银行资本充足率自 2013 年起从 4%提高到 4.5%，到 2019 年进一步提高到 6%。加上 2.5%的银行资本缓冲，逐步达到 8.5%的要求。同时，拥有庞大交易账户和证券化业务的银行也将受到新规影响。银行必须在竞争环境中改变过度杠杆化和亲周期性的业务模式，这不仅是为了满足风险监管的要求，同时也是银行自身长期稳健发展所必需的。

本书正是从这一背景出发，聚焦于银行风险管理，为从业者和研究人员提供了全面翔实的风险管理理论知识与实务参考。它考察了风险管理从概念到实施的各个方面，针对次贷危机后监管思路和风险管理技术的新变化，对上版内容进行了修订，并更新了资产与负债管理、《巴塞尔协议 3》、衍生产品、流动性分析、市场风险、结构性产品、信用风险和证券化等内容，从行为金融和风险非线性等新角度对金融危机进行了重新审视。

过去20年来，随着监管指标体系的完善和各种风险管理模型的普及，银行监测和评估风险的能力已有长足进步。不过，让风险管理真正发挥实效仍存在一些障碍和问题。银行业务部门和风险部门对风险现实的理解可能不同，以致产生了对风险流程有效性的质疑；银行对现成模型的过度依赖造成忽视模型内在风险的隐患，一旦某个环节出现漏洞就可能使整个决策严重失误；利用昂贵的信用违约互换进行的监管套利亟待重视与防范；等等。要解决这些问题，就必须透彻了解现有的风险管理指标、模型与流程，包括它们的前提假设、适用范围和局限性，而本书正是为解决这些问题而写，它在介绍风险管理时兼顾了全面性和专业性，从风险管理的概念、原则、类别、指标、各种模型到风险管理在传统信用组合以及衍生产品中的应用，层层深入，脉络清晰。通过阅读本书，读者既可以形成对风险管理的整体认识，也能深入了解各种风险管理技术的原理和实务操作。因此，本书可以说是一本极具价值的风险管理方面的综合指导书。

当前，我国经济发展进入新常态，银行业的经营环境、竞争格局、业务模式和风险状况都在发生深刻变化。影响银行信用风险、流动性风险和市场风险的不稳定因素增多，有些金融创新具有跨市场、跨行业特征，它们以规避监管为目的，使金融风险的隐蔽性和传染性增强，给银行风险管理带来了新挑战。在国际监管方面，《巴塞尔协议3》构建了资本和流动性风险监管同步强化、宏观审慎和微观审慎有机结合的银行监管框架，要求提升资本充足率并优化资本构成，以规范的流动性风险监管标准防范日常和压力情形下的流动性风险，以逆周期资本、杠杆率和系统重要性银行附加资本要求等防范系统性风险。在国内监管方面，银保监会正在制定审慎规制建设中长期规划和工作规则，旨在从优化顶层设计着手，进一步提高我国银行业审慎规制的系统性、全面性和有效性。基于这些背景，我国银行业要主动适应新环境、新要求，就必须提升自身的风险管理能力，探索新的风险管理机制。因此，本书的内容对于银行与金融业从业者、银行监管机构以及相关专业的学生和研究人员也具有现实意义。

最后，在本书翻译工作完成之际，感谢本书的出版单位中国人民大学出版社和读者们，以及在翻译过程中给予本人热情支持和帮助的家人及朋友，并衷心欢迎各位读者对译文中存在的问题提出指正。

路蒙佳

2018 年 9 月

推荐序

众所周知，尽管每场金融危机都不同，但总伴随着银行风险管理的失误。我清晰地记得，自己读过1994年美国明尼阿波利斯联邦储备银行发表的一篇文章，它重点分析了1980—1981年美国银行危机中大银行和小银行所犯的错误。这篇文章的作者提出的每项建议都对2008—2009年破产的银行仍然适用并有重要意义。低效的风险管理框架加上冒进的放贷政策，总会在下一次经济萧条中拖垮运营糟糕的银行。在经济周期中的任何时候，稳健的风险管理原则都是至关重要的。本质上，它不因时而变。

本书阐述的内容也不因时而变。我从本书初次付梓起就很熟悉它，并一直是它最忠实的书迷。我很高兴看到它的第四版即将出版。将稳健平衡的学术方法的严谨性（抛弃感性而凭借理性从事金融业工作，这一点是至关重要的）与易用性和现实相关性（这对从业者是必不可少的）结合起来的书很罕见，而本书就是其中之一。这是一本真正的“手册”，人们翻阅它后，可以立即将其原则应用于世界上的各类银行，使之从中受益。

本书的每一章都值得学习。我非常喜欢关于资产负债缺口管理与对冲的章节。作者在正文中介绍了各个方面，并将市场风险和银行账面风险及信用风险结合起来——这是一种难得的综合方法，并与我自己认为的应该由资产负债管理委员会（ALCO）负责银行风险管理的坚定理念相吻合。管理资产负债表风险需要一个与董事会合作的监督部门，由于资产负债表受资产负债管理、市场风险和信用风险的影响，因此有理由从资产负债管理委员会的角度来看待这些问题。

年轻时，我弹过贝斯。受邀撰写这篇前言有点像被保罗·麦卡特尼（Paul McCartney）邀请在他的下一张专辑中弹贝斯，让我倍感荣幸！贝西教授的这本书从初版起就对金融经济学做出了卓越而极具价值的贡献，它首次付梓之后，我有幸获得一本，并一直将它放在书桌上。新版的内容十分吸引人，我衷心希望它能够使银行的资产负债表风险引起董事会层面的主流关注，并进一步激励读者进行调查研究——如果他们照本书所说的认真去做，就绝不会犯大错。

穆拉德·乔杜里（Moorad Choudhry）
布鲁内尔大学数学系教授
苏格兰皇家银行公司银行部前财务主管

前 言

银行风险管理在金融危机后成为一个热点话题，并仍然保持着热度。这场危机的规模表明，风险管理无效，风险模型不准确，监管也未能实现避免重大危机的目标，因此本书中讨论的风险管理颇具挑战性。实际上，具有讽刺意味的是，这场危机恰恰是在《巴塞尔协议 2》执行之际爆发的。

然而，随着风险管理实务变得更加复杂以及监管机构施压以增强银行的抗风险能力，风险管理也取得了长足进步。它已经成为银行的核心管理领域，而且银行集中了大量资源用于更好地识别、评估和控制风险。

人们对银行风险管理领域的了解仍存在不足。受此启发，本书介绍了三个核心领域的风险管理，这三个领域分别是资产负债管理、市场风险和信用风险。

在商学院课程和其他研究生课程中，学生对公司财务和资本市场很熟悉，但对金融企业财务则远没有那么熟悉。银行财务管理与工商业公司的公司财务没有太大关系。然而，许多人仍然希望更好地了解银行的内部机制，并以从事银行业工作为目标。这些金融专业的学生不需要标准的金融学知识，但需要掌握银行财务管理的专门知识以及风险管理技术。本书就是为满足这些需求而写的。

许多银行专业人士认为自己是所处领域的专家，并感到需要掌握不断扩展的核心风险领域的概念和实务知识。但是，风险模型的使用仍掌握在相对少数的数量分析专家手中。银行内部有专家，但这并不意味着专业知识得以共享。风险领域的金融文献丰富而专业，并且通常具有高度技术性。对于并非专门研究模型的金融专业人士而言，阅读这些形形色色的文献是一项挑战。本书旨在提供兼顾不同方面的风险技术背景知识。本书通过一些例子介绍了主要的风险模型，它们有助于阐明偏理论性著作无法阐明的问题。

关于市场风险与信用风险的文献大幅增加，但资产负债管理领域的文献则相形见绌，它所涉及内容相对有限，尤其是对非银行专业人士而言。然而，资产负债管理是银行的一项核心职能。它集中了银行的金融问题，也集中了对银行资产负债表结构提出新规定的监管机构的关注。本书提供了银行业的基础背景知识，所有对银行业感兴趣的学生和管理者都应具备这些知识。

简而言之，本书的目的是帮助学生和从业者了解所需知识，使他们熟悉该领域并能自主地探索更多相关领域，仅此而已。

与之前几版相比，本版对内容进行了梳理，完全聚焦于金融问题，在不影响本书完整性的情况下，关于技术发展的内容被尽量缩减。我曾有机会通过分享在银行风险部门工作的员工及专家的经验为本书做出了贡献。风险管理研讨会上所有参与者提出的许多精彩而富有挑战性的问题也对本书的写作助益良多，他们让我得以改进本书的使用方法。我衷心感谢他们对本书的诸多启发。

若埃尔·贝西

巴黎高等商学院金融学教授

目录

第 1 章 风险与风险管理

对于银行的风险经理和监管机构而言，风险是指结果的不确定性和它可能给银行造成的负面后果，二者的目标都是提高银行在不利环境中的抗风险能力。由于他们的努力，风险已能被更好地识别、评估和监测，风险实务得到改进，风险模型变得更普及。如今，风险管理已经成为金融企业、银行、基金公司和保险公司的核心职能。

本章作为引论，介绍了银行金融风险的定义以及银行风险管理职能的典型组织形式，界定了应该由谁负责风险控制和处理。

1.1 不确定性、风险与风险敞口

随着时间的推移，风险形成了不同的定义方式。一些定义着重于事件发生的概率，另一些定义是指结果的不确定性（好结果或坏结果），还有一些定义将风险界定为可以量化的不确定性子集。[①]

金融风险被定义为投资回报的随机性，既包括好结果，也包括坏结果。根据这种观点，更高的预期收益率与更高的结果可变性相关。

金融业对风险的观点是不同的。风险是用不确定性定义的，这种不确定性会对利润或财富产生不利后果，或者是只与不利结果相关的不确定性。这种观点是监管机构和风险经理的观点。监管机构的目标是提高金融企业和金融体系在压力环境中的抗风

---

① Knight, F. H. (1921) *Risk*, *Uncertainty and Profit*, New York.

险能力。风险经理的职责是识别、评估和控制公司发生不利事件的可能性和不利事件的后果。

根据这种观点，风险被视为与不确定性相互作用导致损失的可能。这种相互作用产生于金融企业对这种随机性的敞口。敞口是企业受可能对利润产生负面影响的确定因素的影响程度。例如，汇率敞口是由外币收入的规模决定的，利率敞口可以用与市场利率挂钩的债务规模来衡量。

不确定性不能消除，但不确定性敞口可能会变化。这样的例子数不胜数。一家有外币收入的公司可以用同一种外币借款，以尽量降低汇率波动对利润的影响。一家以浮动汇率贷出款项的公司可以通过以浮动利率借入款项来降低净利息收入（利息收入减去利息成本等）的波动性。

敞口可能为多头或空头。做多是投资于资产或投资组合的惯例。资产持有者为多头，风险是资产价值下降。空头可以被视为多头的镜像，在资产价值下降时获得收益。在投资中，空头是出售借入的资产（例如股票），并在以后回购该资产，将其返还给证券贷方。在市场价格下降时，股票借方以较低的价格回购股票，从而获得收益。

通过持有多头的逆向敞口，可以实现风险对冲。持有股票的一方是多头，如果股价下跌，将产生损失。空头是与之对称的。当一方持有相同股票的一份多头和一份空头时，收益和损失将恰好抵消。因此，完全对冲的头寸会面临不确定性，但是没有风险敞口。

对冲可以通过现货工具实现，但通常是用衍生工具操作的。衍生工具是价值衍生自其他基础资产的工具。例如，上述希望对冲其外币多头的公司可以签订一份合约，现在就确定未来将外币收入兑换为本币的汇率。这比借入外币更容易。由于衍生工具极具灵活性，它们的用途很广泛。

1.2 金融风险的广义分类

金融风险可以根据不确定性的来源进行分类。根据广义分类，金融风险可以分为信用风险、市场风险、流动性风险和利率风险等，并可以根据引发损失的具体事件进行更细致的分类。

1.2.1 信用风险

信用风险是借款人违约或信用状况恶化导致损失的风险。违约风险是借款人未能履行债务的风险。违约将使交易对手的贷款金额产生全部损失或部分损失。

信用风险还指借款人的信用状况恶化，这并不意味着违约，但意味着更高的违约可能性。当借款人的信用质量下降时，贷款的账面价值不会变化，但其经济价值将降低，因为违约的可能性增加了。对于一笔交易性债务，信用状况恶化将引发其报价下降。

回收风险是指违约时回收价值的不确定性。回收率取决于债务优先级、交易的担保品以及贷款人的催收力度。催收后的损失是违约损失。

如果交易双方都可能在另一方违约时产生损失，就存在交易对手信用风险。交换双方的固定利息流和浮动利息流的互换合约是一个典型例子。如果一方收到的金额多于支付的金额，那么它就面临另一方违约的风险。敞口可能从一方转移到另一方，敞口的大小将随着利率变化而变化。如果敞口受市场影响，就存在交易对手信用风险。

1.2.2 市场风险

市场风险是不利的市场变化压低市场参与者持有的头寸价值而导致损失的风险。随机波动的市场参数被称为“风险因素”，它们包括所有利率、股票指数或汇率。

市场风险取决于出售所有资产所需的时期，因为长期内市场的变化幅度往往更大。活跃市场上容易交易的工具的变现期较短，双边交易（场外交易）的奇异工具的变现期较长。市场风险是被交易工具的价格风险。不在有组织的市场上交易的工具是盯市的，因为其收益或损失按照价值变化计算，而不管这种价值变化是否通过交易实现。

1.2.3 流动性风险

广义上，流动性风险被定义为在需要时无法筹集到现金的风险。银行通过在市场上借入或卖出金融资产筹集现金。

融资流动性是指借款以筹集现金的容易程度。当借款人无法借款或无法以正常条件借款时，就会出现融资流动性风险。资产流动性是指在市场上出售资产筹集现金作为替代资金来源（例如在市场动荡时期出售资产）的容易程度。资产流动性风险指市场无法以当前价格吸收交易时，由资产自身交易导致价格变化不利于买方或卖方的风险。当过多市场参与者进行类似交易时，也会产生资产流动性风险。例如，在 2008 年金融危机的不利环境下，变现资产筹集现金的银行将面临高折价交易导致的巨额亏损。

极度缺乏流动性会导致破产。这种极端情况通常是其他风险的结果，例如重大的市场损失或信用损失。这些意外损失引发了贷款人对机构信用状况的质疑，让贷款人不愿向问题机构进一步提供贷款。公众大量提取资金或其他金融机构关闭信贷额度是这种情况的可能结果。从这个角度讲，流动性风险通常是其他风险的结果。

1.2.4 利率风险

利率风险是利率变化导致净利息收入（利息收入减去利息成本）下降的风险。银行资产负债表上的多数贷款和应收款项、定期存款或储蓄存款都会产生受利率影响的收入和成本。

贷款人和借款人都面临着利率风险。浮动利率的借款人或贷款人有与短期市场利率挂钩的利息成本或利息收入。固定利率贷款和固定利率债务也面临着利率风险。如果利率上升，那么固定利率贷款人就可以以高于其固定利率的利率贷款，而当利率下降时，固定利率借款人可以从利率下降中获益。双方都面临利率波动的风险，因为市场变化将使他们产生机会成本。

1.2.5 外汇风险

外汇风险是汇率波动导致损失的风险。利润变化来自根据汇率对收入与费用进行的调整，或者用外币表示的资产和负债的价值变化（折算风险）。

1.2.6 清偿能力风险

清偿能力风险是无法用可得资本吸收损失的风险。根据监管机构提倡的“资本充足性”原则，金融机构需要用最低资本基础来吸收当前风险可能产生的意外损失。正如 2008 年金融危机时多家银行的情况，当意外损失超过资本水平时，将出现清偿能力问题。这种资本缓冲规定了银行的违约概率，即潜在损失超过资本基础的概率。

1.2.7 操作风险

操作风险是错误操作信息系统、报告系统、内部风险监测规定和旨在及时采取纠正措施的程序的风险。监管机构将操作风险定义为“不完善或失灵的内部程序、人员及系统或外部事件导致直接损失或间接损失的风险”。[①] 当监管机构强制规定对操作风险的资本要求时，对操作风险的关注也随之增加。

1.3 银行的业务部门

银行业有多种多样的业务部门，它们有不同的管理方法和不同的风险来源。本节将简要概述银行业务的多样性。

零售银行由于有大量交易，因此业务往往十分广泛，并且是趋于产业化的。零售金融服务（RFS）包括从信用卡、消费贷款到抵押贷款的所有对私贷款业务。零售金融服务也面向微型企业，例如个人诊所或家政服务公司。其贷款决策基于自动化系统的判断，同时也接受管理层的监督。统计技术对于评估信用风险很重要。

标准的公司贷款交易包括隔夜贷款、短期贷款（短于 1 年）、循环便利、定期贷款、承诺信贷额度或大型工商业贷款。这种交易由信贷管理人员及其上司负责。对于大型公司业务，当银企关系稳定时，基于相互了解的关系型银行业务是主流。信用分析师是监督客户信用状况的行业专家。他们根据专业判断，对债务人进行信用评估以供贷款决策者使用。

---

① 该定义摘自 the Basel 2 document（2006），[21]。

投资银行业务是根据大型公司和金融机构的需求量身定制的大型交易。它还包括以“企业银行与投资银行”（CIB）之名进行的交易活动。

大公司需要各种服务和产品，例如贷款便利、对冲工具或证券发行。企业银行与投资银行涵盖了许多截然不同的业务。金融机构、银行、保险公司和经纪商的融资按照独立组别分类，以区别于工商业公司的融资。并购是另一个业务部门。

所有专业化融资或结构化融资业务都是由企业银行与投资银行内部的专门部门开展的。专业化融资的范围包括以下业务：项目融资、资产（轮船或飞机）融资、商品融资、商业房地产与出口等。其风险分析与企业借款人评估截然不同。通常，还款的主要来源是资产经营或资产出售产生的现金流。结构化是指集中金融产品和衍生工具，并制定合约条款（“契约”）以方便管理风险。证券化是专业化融资的领域之一，它是指将通常在银行资产负债表中持有的贷款池出售给资本市场。

交易包括传统自营交易和第三方交易。在自营交易中，银行为自己进行交易，持有并出售头寸以获取收益。交易也是以客户为导向的。“出售”是指银行代表自己的客户进行的交易。“卖方”是出售产品给最终用户的银行。“买方”是为某种目的（例如进行对冲）而购买产品的客户、企业和资产经理。交易员和贷款管理人员不能分享信息，因为关于企业客户的内部信息可能鼓励基于保密信息的交易。银行还面临投资组合的市场风险，银行持有这些投资组合并非是用于交易，而是有长期业绩目标的考虑。

其他业务不会直接产生传统金融风险。例如，私人银行或资产管理是为第三方进行的财富管理活动。咨询服务是指银行向企业（例如正在考虑进行收购的企业）提供的咨询服务，这不一定产生现金支出。其风险主要是法律风险和操作风险。

图 1－1 显示了按主要职责分类的银行业务。

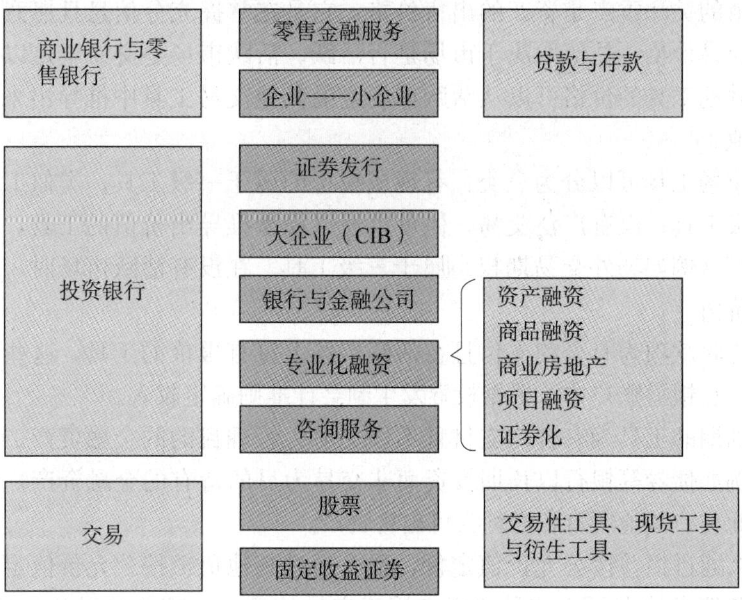

图 1－1　银行的业务部门

1.4 银行监管与会计准则

银行业务需要遵守各种规定。风险要遵守监管规定。资产与负债以及利润与损失的估值要遵从会计准则。

对银行账户和交易账户的风险监管是不同的。银行账户是指属于商业银行核心业务的交易，即贷款和存款。它包括金融机构交易不活跃且通常被持有至到期的所有资产和负债。交易账户包括资本市场交易，它面临市场风险。为交易而持有的头寸投资期较短，目的是从预期价格变化中受益。交易账户包括自营头寸以及由客户服务和做市产生的头寸。

风险监管与资产负债表管理、市场风险和信用风险直接相关，本书的相应章节将对其进行详细介绍。

会计准则将工具分为四类，区别标准是对损益的估值以及处理：

- 通过损益以公允价值计量的金融资产；
- 贷款与应收款项；
- 持有至到期的投资；
- 持有待售的金融资产。

以公允价值计量的金融资产包括为利用价格波动而获得的所有工具，以赚取短期利润为目的对其进行管理，其业绩以公允价值进行评估。持有衍生工具的目的是交易，除非它被视为对冲。交易账户中的资产和负债属于此类。

公允价值的关注重点是资产的出售价格：它是在掌握充分信息且愿意交易的双方之间的资产交易价格。估值取决于市场是否活跃。活跃市场是交易量足以提供明确价格的市场。其他工具的价格可以从活跃市场上的其他交易工具中推导出来，或者根据模型进行估值。

因此，市场工具可以分为三类：有现成报价的属于一级工具；类似工具有市场价格的属于二级工具；没有广泛交易，但可以通过模型推导出价值的工具，或者根据模型定价的工具（例如场外交易期权）属于三级工具。在没有活跃市场时，模型估值被确认为公允价值。

贷款和应收款项为有合约支付且在活跃市场上没有报价的工具。这些资产在银行账户中持有。在银行账户中，根据权责发生制会计准则确定收入。

持有至到期的工具为有合约支付且不以交易为管理目的的金融资产。由银行各类金融资产（例如债券等银行以长期投资而非交易为目的持有的金融资产）组成的投资组合即属于此类。其他所有资产均为可出售资产。

负债要么通过损益按公允价值定价，要么通过其他负债按公允价值定价。按公允价值定价的负债为持有用于交易或指定用于交易的负债，其业绩以公允价值为基础。其他负债包括银行的普通融资、在市场上发行的债务或批发债务，后者产生于向其他银行或金融机构的贷款或借款。

交易账户的估值是基于非流动性工具的盯市价值或根据模型计算出来的价值。业绩评估基础为公允价值：损益（P&L）由两个日期之间的价值变化衡量。

1.5 风险管理

风险管理要求识别、评估和控制金融机构的风险。企业风险管理是对信用风险、市场风险、利率风险、流动性风险和操作风险的综合管理。稳健的风险实务明确了这些风险的负责人，以及应如何执行风险流程。

1.5.1 动 机

除了满足风险监管的要求，促使银行在决策过程中稳健地评估和管理风险还有其他有力的原因。

风险和收益是同一枚硬币的两面。向高风险借款人贷款并获得有吸引力的收益总是很容易，而为此支付的价格对应的风险和潜在损失均高于审慎银行。审慎银行通过限制业务量和剔除高风险借款人限制风险。这降低了潜在损失，但也可能面临市场份额的降低和收入的降低。然而，一段时间以后，粗心的风险承担者将发现自己遭受了更多损失，并且最后的业绩可能不如审慎贷款人。

不区别客户风险的银行将在经济环境不利时遭受损失。对高风险定价过高将赶走好客户，对低风险定价过低将吸引差客户。赶走相对较好的客户和吸引相对较差的客户都会导致逆向选择。

1.5.2 风险流程

风险流程包括识别、监测和控制风险。风险模型用于衡量和量化风险，并为管理过程和决策提供信息。要想使风险模型有效，就必须在涵盖全企业的专门组织框架中使用风险模型。

所有风险流程都表明，应该正确定义风险政策和公司的风险偏好。在该框架内，控制风险的常规流程以风险限额和风险授权为基础。风险限额规定了交易或交易组合潜在损失的上限。风险授权是在限额内分散风险决策。

风险限额的目标是避免不利事件影响交易或交易组合从而削弱银行的信用状况。银行需要将业务合理分类为不同的投资组合，例如根据业务部门、产品或客户类型分类。敞口限额是针对每个部门以至每笔交易规定的，它形成了限额与子限额的层级结构。信用风险的限额依次根据部门、交易对手和具体交易规定。市场风险的限额可以根据具体的交易账户、交易室和交易规定。

风险授权是代表机构采取行动、承担风险的授权。风险授权允许部门经理在不请示上级部门的情况下在其授权范围内做出决策，从而分散并简化了风险流程。例如，它简化了金额较小因而足以通过部门程序处理的交易的风险流程。

1.5.2.1 信用风险的限额与授权

任何限额系统都需要一种或多种风险指标，用于确定交易或交易组合是否符合限额规定。不同的风险指标被用于规定信用风险限额。风险金额或风险敞口是一个简单指标，它衡量了借款人发生违约事件时的可能损失金额。一些指标反映了信用风险的其他方面。例如，根据借款人的信用质量，银行可能只与合格借款人进行交易。或者可以规定信用风险的监管资本限额，它结合了信用风险、敞口、回收后损失和信用质量的不同要素。

信用限额系统的设定基于通用标准，例如：

● 将承诺分散到不同方面，例如客户、行业和地区。

● 对借款人的贷款金额应控制在使其增加的债务不超过其借款能力的程度。给定可接受的债务/股权比率和偿还能力水平，借款人的权益就为债务确定了合理的限额。

● 规定最大风险水平，例如由借款人信用状况确定的最大风险水平，禁止贷款超过该水平。

● 确保在不同交易对手之间的最小分散化程度，避免风险集中于一个借款人、行业或地区。

限额系统必须在全银行范围内实行，其广泛性和一致性才能得以保证。总体限额系统汇总了银行与单个交易对手进行的所有交易的所有风险，而不管是哪个业务部门产生的风险。总体限额可以分解为子限额。即使在单个客户水平上也可能存在子限额。使用的子限额合计不应超过为每个交易对手或交易组合分配的总体限额。限额系统允许子限额的加总结果超过总体限额，因为并非所有子限额都被同时充分使用，但总风险应符合总体限额。例如，多币种便利对客户来说很方便，因为它让客户可以在需要时筹集多种货币的资金，但一个客户的使用金额不应超过其总体限额。使用金额以子限额或总体限额为限，以先达到的限额为准。

任何超过限额的行为都必须得到纠正，即不再进行新交易或通过担保品减轻风险。可能存在达到某些限额，但没有达到其他限额的情况。银行系统解决这个问题的方法是，用超限报告显示哪笔交易达到了哪种限额。

不同银行、不同交易类型的信贷批准流程也不同。在零售银行中，这种流程需要能适应大量交易的程序。耗费大量时间的流程不适用于零售投资组合，因为这种交易的数量很大，取而代之使用的是在信用政策指引下的信用评分机制和授权机制。在通常环境下，只要决策符合指引，负责分行客户的信用管理人员就有权做出决策。

一种大型交易的流程需要由信用委员会批准。信用委员会集合了业务部门、风险经理和一般管理层。业务部门提出新交易建议并进行风险分析，信用委员会对交易进行审核。信用委员会需要详细审查重大授信活动，在授权做出信用决策之前在委员之间达到最低程度的一致。信用委员会将做出是否同意交易的决策，也可能提出更改拟进行的交易的建议，直至其符合风险标准。担保品、第三方担保或合约条款可以减轻风险。另一种流程是通过“签名”进行的，交易建议将被分发给所有信用管理人员，并需要得到他们的一致同意才能批准。不管用签名方法批准还是由信用委员会批准，风险经理都仍然负责风险决策，决策将被记录下来，并最终附上参与高管的意见和建议。

1.5.2.2 市场风险与交易活动

市场风险的一个常见风险指标是头寸或头寸组合的敏感度。敏感度衡量的是利率、汇率或股票指数等市场参数在标准冲击下的价值变化。根据产品类型和影响其价值的风险因素，敏感度指标可以分为各种类型。其他风险指标包括市场风险的资本要求，也包含其他市场风险因素，例如市场波动性以及对不同规模损失可能性的评估。

由于交易损益受市场影响，因此必须确定业务部门、交易室和交易员的风险容忍度。风险容忍度是对业务部门或交易室可接受但不应超过的最大损失的评估值。

银行应该全面记录交易政策。限额取决于对市场状况的预期，它由市场委员会规定。市场不稳定时可能要求更严格的限额，因为此时大幅波动的概率更高。日常市场委员会负责规范当前的市场状况。交易室在其限额内操作。对不同交易室规定的限额与总市场风险一致。交易员通过对冲风险或抛售头寸甚至是造成损失的方式遵守限额。

1.5.3 风险管理机构与职责

随着风险监管的发展和风险管理标准实务在行业内的普及，出现了一些关于风险管理流程组织的常见观点。

1.5.3.1 风险部门与三道防线模型

三道防线模型是用于设计决策、风险控制和有效实现银行风险治理的岗位、职责和责任的便捷方法。它说明了如何在大型组织中分配控制、流程和方法。这三道防线为：

- 业务部门（前台）；
- 中央风险部门；
- 内部审计师和外部审计师。

业务部门或前台构成了第一道防线，负责识别、衡量和管理其业务范围内的所有风险。业务部门的主要责任是日常风险管理。当业务部门的管理接近改变风险性质时，最好能采取行动来管理并减轻这些风险。业务部门编制定期自我评估报告以识别风险问题的状况，包括在适当情况下制订减轻风险的计划。

这些报告将被提交给高管和中央风险部门，该部门负责贯彻风险纪律。标准实务规定，风险管理应该集中化，且承担风险的业务部门和风险监督单位之间存在“明确分界线”。风险部门确保风险评估与风险控制独立于业务部门。该部门负责风险政策的指导与执行，负责监督其正确执行符合记录的风险流程。它和高管共同规定了银行的风险政策。首席风险官向高管委员会汇报，后者最终向风险部门授权执行风险政策。

鉴于其职责，业务部门和风险部门对相同风险的理解可能不同。这种理解上的不同为整个企业和风险管理流程增加了价值。然而，当从商业角度考虑不得不继续进行一笔交易时，风险流程的有效性可能受到质疑。要想执行信用委员会的权力，就必须在产生冲突时进行仲裁流程。当仲裁流程没有得出结论时，应由更高级别的管理人员在冲突方之间进行仲裁。由上级负责仲裁可以确保达成结论，且信贷建议在每个阶段都将得到充分审核。

仅靠风险部门并不足以执行稳健的风险实务。第一道防线和第二道防线都负责风险评估和风险控制，而让风险部门成为唯一负责风险的部门将使业务部门摆脱其风险职责。前台提出的风险问题数量将使中央风险部门不堪重负。在大银行中，风险经理被“嵌入”业务部门，但同时向业务部门和中央风险部门汇报。他们在第一道防线中提供部门风险控制。

第三道防线是独立向代表企业利益相关者的高级委员会汇报的内部审计师和外部审计师。内部审计师的任务是对风险流程的风险政策进行独立的有效性和合规性审查。企业审计活动的目的是合理保证重大财务信息、管理信息和操作信息在实质上是完整、准确和可靠的，且员工行为符合公司政策、标准、程序和适用的法律法规。审计师有能力提出建议并监督其执行。

1.5.3.2 资产负债管理部门

资产负债管理（ALM）部门负责管理融资和银行资产负债表，以及控制流动性风险和利率风险。资产负债管理部门是银行的财务部门，通常位于财务部内。资产负债管理的范围主要延及银行投资组合，而较少延及交易活动，因为后者主要依赖于短期融资。为控制流动性风险和利率风险，资产负债管理部门规定了未来融资要求的限额，并管理银行债务。同时，该部门使用利率衍生工具及目标变量（例如银行的净利息收入）的波动性来衡量利率风险。

资产负债管理委员会至少每月召开一次会议，如果处于不利环境，则根据情况需要开会。它汇聚了银行高管、首席财务官、资产负债管理团队负责人和负责业务发展与商业政策的高管。银行高管参与其中是因为资产负债管理政策对银行的融资盈利能力有战略性的影响。资产负债管理政策还与商业政策有强大而直接的相互影响。银行对利率风险和流动性风险的敞口取决于银行账户的产品组合。资产负债管理政策还对客户的定价有直接影响，因为它应该吸收银行账户的融资成本。此外，资产负债管理部门还负责资金的内部定价、向贷款部门收取资金成本和对分行所吸收的存款进行经济补偿。

1.5.3.3 银行范围的风险管理

银行范围的风险管理意味着整个银行层面的收入和风险指标与业务部门层面、账户层面和交易层面的收入和风险指标相关。

政策规定了银行层面的总体限额和利润目标，它们被分配到业务部门。这种自上而下的流程要求以一致方式将总利润和总限额分配到较低层面。而风险和业绩的监测与报告是自下而上的，从交易开始，以总风险和总收入结束。这两种流程都要求在银行范围内稳健地分配利润和风险。

资金从存款转移为贷款，因此业务部门的利润取决于内部价格或转移价格。转移定价制度的目的是在不同业务部门和交易之间分配利润，同时总利润与业务部门利润以及更低层面的交易利润对账时，也需要转移定价。

银行应该执行类似的制度，将一部分银行风险分配到业务部门。总体限额制度规定了银行内部的限额和子限额层级。但限额制度显著地不同于风险指标。

风险汇总的一个关键因素是风险分散化。由于分散化，风险无法进行算术相加。泛泛地讲，总风险小于个体风险的算术和。风险的这种广为人知的次可加性是造成风险分配难题的原因。为了将风险自下而上汇总，并自上而下分配，就需要一种风险分配机制。通常，风险分配问题是通过将银行资本分配给投资组合和交易解决的，它需要对分散化效应进行评估。

最后，不同交易或投资组合的利润是不可比的，因为它们通常暴露于不同的风险水平。业绩需要进行风险调整，才能在不同业务之间进行比较，并与银行的风险调整盈利能力比较。一旦根据支持交易的资本成本来调整利润与风险成本，从而正确分配利润和风险，这个问题就迎刃而解了。

这表明，应该设计并组合以下三个基本要素，以进行银行范围的风险管理：

- 资金转移定价制度；
- 风险与资本分配制度；
- 风险调整业绩指标。

它们是协调大型机构所有业务部门的利润与风险指标[①]以及相关管理层激励的风险系统的要素。

① 第 10 章将讨论资金转移定价制度，第 27 章将讨论风险分配问题，第 10 章和第 28 章将讨论风险调整业绩。

第 2 章 银行监管概览

资本充足率原则是旨在提高银行抗风险能力的监管的基础。资本充足率是指吸收当前银行账户潜在亏损的最低资本水平。为确保适当的资本水平，稳健的风险管理实务和旨在量化银行当前风险潜在损失的风险模型应运而生。

本章简要回顾并概述了 1988—2008 年金融危机引出的一系列风险监管措施，以及应对当前危机的新监管措施。关于资产负债管理、市场风险和信用风险的后续章节（第 3 章、第 17 章和第 26 章）将详细介绍这些监管措施。

2.1 监管原则

风险监管的主要目的是防范金融企业因相互关联导致的系统性风险，即整个系统崩溃的风险。然而，监管机构在试图控制风险时面临着两难困境。

长久以来，为金融企业提供更多自由以避免过多监管一直是个有争议的问题。但依赖行为准则而不是规则意味着依赖自律或“自我监管”，这无法在系统内取得信任。

金融系统面临着道德风险。道德风险是某一方更可能承担风险的情形，因为可能导致的成本不由冒风险的一方承担。它会导致更愿意冒风险的倾向，因为一方知道冒这种风险的潜在成本或负担将完全或部分由其他方承担。

任何保险机制都可能产生道德风险。最古老的监管之一就是存款保险。在存款保险中，存款人以在银行持有的存款价值获得担保，这种担保有上限，不同地区的担保上限不同。这种监管为存款人提供了部分安全保障，但它对银行冒风险的行为没有太大影响，因为存款人无法对银行施加约束。对银行存款人的保护就是存款保险，当缺乏对冒风险行为的事前惩罚时，这可能产生道德风险。

股东的有限责任是造成金融系统缺乏自律的另一个原因。风险显著增加可能导致风险最大化行为。当风险已经很高时，股东没有太多资产可以损失，他们可能更愿意做出风险更高的赌注，这将增加破产风险。当银行面临严重困境时，限制风险的屏障将消失。

“太大而不能倒”问题是道德风险的一个潜在来源。它是指由于担心破产被传染给其他金融机构而不允许大型金融机构破产的情形。许多大银行向大型金融企业贷款，如果这些金融企业破产，银行将产生巨额损失。此处的多米诺骨牌效应是指大型金融机构破产导致的连锁效应，它将引发其他金融机构破产，这反过来将引发另一波破产。由于担心这种多米诺骨牌效应，监管机构可能不允许大型金融机构破产，从而使大型金融机构产生道德风险。这个问题来源于大型金融机构的“相互关联性”。

金融危机表明，这种问题不是凭空想象。在美国，金融当局在救助部分大型金融机构后，任由雷曼兄弟在2008年破产，这被认为是金融危机发展的关键事件。或许金融当局希望借此表明，没有一家公司是太大而不能倒的。但它最后导致了系统性风险的发生。

有些监管措施旨在解决破产事件中出现的问题，例如存款保险，它有助于确保在金融体系中存在某种信任。监管机构在危机后提倡的有序分拆大型金融机构的解决方案是另一个例子。但它们是事后规定，无法防止银行在事前冒太大风险。

风险监管的核心是资本充足率原则，它要求每家银行的资本基础与其面临的风险相称。银行需要的不是“注意事项”，而是需要足够资本来抵御风险。

如果资本足够多因而能够吸收大额亏损，那么银行就是安全的。资本基础的大小取决于银行承担了多少风险。基于资本的规定提出了执行问题，因为银行的资本要求最终是对其风险的量化评估。监管指引由在巴塞尔国际清算银行（BIS）出席会议的各国监管机构定义，因此得名《巴塞尔协议》，它是指自《巴塞尔协议1》以来的一系列监管规定。

2.2 资本充足率

根据资本充足率原则，资本是避免在危机情况下破产的最后一道“防线”。银行的清偿能力不会被削弱，除非银行产生的损失超过资本。吸收损失的资本缓冲越高，保护越强。资本充足率原则是一种防止破产的预先保护措施。基于资本的监管措施规定，必须量化风险产生的损失。风险量化的监管规定从1988年《巴塞尔协议1》关于信用风险的简单规定开始不断发展，到了现在，当前版本的《巴塞尔协议》的相关规定已变得更详尽、更复杂。

1988年，基于资本的监管措施首次被执行，它针对的是信用风险，使用《巴塞尔协议 1》提出的著名的库克比率（Cooke ratio）作为指标。[①]《巴塞尔协议 1》的焦点是信用风险。库克比率规定了最低资本要求，它是资本与信用质量加权资产的一个固定比率。资本基础包括信用质量次于银行其他承诺的次级债务。股权至少占信用风险总资本基础的 50%，也被称为“一级”资本或“核心资本”。可得资本为风险承担行为施加了限制，这反过来限制了银行发展业务的能力。在缺乏资本的情况下，这种约束要求银行采取筹集新股权、变现资产或采取消减风险的行动。

最初，1988 年《巴塞尔协议 1》的库克比率规定，资本基础至少应为加权资产的 8%。风险加权资产（RWA）的计算方法为贷款金额乘以风险权重。设置风险权重的目的是根据借款人的信用质量区分资本负荷。实行至今的资本计算公式为：

$$资本=8\%\times风险权重\times资产规模$$

8%为资本充足率，它的定义随着监管规定的发展而变化，随着新规定的逐渐被执行，它日益接近 10%。8%的资本充足率规定可以解释为这样一种观点，即银行的损失不能超过总信用风险加权贷款组合的 8%，这要归功于风险分散化。根据该比率的值，债务股权比为：92/8=11.5。

《巴塞尔协议 1》的目的是让计算变得简单，并且容易执行。例如，如果一笔贷款的风险权重为 100%，价值为 1 000，那么它的资本要求为 80；如果这笔贷款为由房地产支持的抵押贷款，那么它的资本要求为：8%×50%×1 000=40。

执行《巴塞尔协议 1》时，风险权重最低为 0（适用于对经合组织主权国家交易对手的贷款），最高为 100%（适用于非上市企业）。其他风险权重为：对银行和经合组织国家市政府贷款的风险权重为 20%，对住房抵押贷款的风险权重为 50%。此外，某些表外债务、无现金支出承诺的风险权重为 50%。

现在使用的一般概念与之相同，它使用的资本比率为风险加权资产的某个百分比，而风险权重对风险的敏感度大为提高。

监管规定并不意味着资本要求准确衡量了投资组合的真实风险。它确定的投资组合资本要求代表了整个行业，而不是银行投资组合的具体情况。监管机构建议银行自己通过模型估计信用风险。经济资本是银行投资组合具体风险的更优指标。

继 1988 年《巴塞尔协议 1》之后，1996 年国际清算银行公布了对市场风险的资本监管规定，并在 1997 年进行了修正。1996 年和 1997 年《巴塞尔协议》扩展至市场风险是重大的进步，因为它允许银行使用模型来评估市场风险的资本要求。由于交易性资产可以在短期内变现，因此相关损失是由同一时期内的市场变化造成的。市场风险监管资本应该对变现期内可能产生损失的价值提供保护。这些监管规定提倡在险价值概念。在险价值，即 VaR，是给定投资组合和给定投资期内的潜在未来损失，它在结果中所占的比例不超过某个很小的百分比（即置信水平）。它的基本思想与风险函数相同，即定义了资本要求的最小金额。风险评估方法有两种：一种是根据定义不同交易的资本要求的规定评估，另一种是根据基于 VaR 的市场风险模型评估。一旦规定了基

---

① Basel Committee on Banking Supervision (1988), International convergence of capital measurement and capital standards, [17].

于 VaR 的资本要求，它就将在金融业内广泛应用。

2007 年 1 月的《巴塞尔协议 2》显著增强了信用风险监管。下面总结了从《巴塞尔协议 1》到《巴塞尔协议 2》的一系列协议时间表：

- 1988 年：通过《巴塞尔协议 1》；
- 1996—1997 年：通过允许使用内部模型评估市场风险的市场风险修正案；[①]
- 1999—2007 年：通过《巴塞尔协议 2》咨询文件；
- 2007 年：通过《巴塞尔协议 2》——实行《巴塞尔协议 2》的银行资格（欧洲）；
- 2007 年 12 月：执行《巴塞尔协议 2》的资本计算方法。

《巴塞尔协议 2》的信用风险计算方法以及最新版的市场风险计算方法于 2006 年 6 月发表在《关于统一国际银行资本衡量与资本标准的国际协议——修订框架完整版》（"International Convergence of Capital Measurement and Capital Standards—A Revised Framework，Comprehensive Version"）[21] 中。

《巴塞尔协议 2》的目标是：

- 促进更有力的管理实务；
- 通过更多地使用银行自身对借款人信用状况的评估，提高对风险更敏感的资本要求。
- 通过允许银行和监管机构选择最适于其业务的方法，提供多种确定信用风险资本要求的方法。

《巴塞尔协议 2》还为操作风险提出了新的资本要求。

为了让资本对风险敏感，《巴塞尔协议 2》鼓励使用"内部评级法"（IRB），即把银行内部评级或信用风险评估作为风险权重的数据。不适用这种方法时，银行可以使用"标准法"，其中风险权重由监管规定确定。

2.3 金融危机的部分教训

新的监管规定（即《巴塞尔协议 2.5》和《巴塞尔协议 3》）吸取了金融危机的教训，后面将对其进行简要总结。金融危机提出了一些关于流动性、公允价值会计准则或清偿能力的问题，它们相互作用，并导致传染和顺周期性。传染是指个别破产引发的破产浪潮波及整个金融体系的现象。顺周期性是指放大金融体系的周期性的机制。

2.3.1 流动性

金融危机的特征是流动性短缺，它在 2008 年的金融体系中肆虐。[②] 缺乏流动性可

---

① Basel Committee on Banking Supervision (1996, updated 2005), Amendment to the capital accord to incorporate market risk, [19].

② 关于 2008 年流动性短缺的论文数不胜数。例如，可见：Brunnermeier, M. K. (2009), Deciphering the liquidity and credit crunch 2007—2008, [39], and Brunnermeier, M. K., Pedersen, L. H. (2009), Market liquidity and funding liquidity, [40]。

能产生于危机时期贷款人的风险厌恶。在破产层出不穷的大环境中，市场参与者不愿提供流动性，因为谁也不知道下一个破产的是谁。“下一个亏损的是谁”这个问题使潜在贷款人降低对其他机构的敞口，因为潜在贷款人担心将遭受规模不确定的意外亏损。

其他机制也会造成流动性短缺。过度依赖短期资金是危机时期金融体系的一个特征，它加剧了流动性短缺的影响。一旦流动性耗竭，银行的所有流动性承诺乃至银行对借款人的限额内贷款承诺就将被触发并转化为大量“非自愿贷款”。当金融市场参与者自身缺乏流动性时，它们必须严格遵守承诺。非自愿贷款是部分金融机构的流动性来源，但它在金融企业开始囤积流动性时会使流动性变得更加稀缺。

即使中央银行通过各种向银行购买金融资产的计划向市场注入大量流动性之后，流动性短缺也会持续。可以想见，这是因为银行和金融企业把“囤积流动性”作为对缺乏流动性的一种保护，而不是使用其放贷。货币当局无法防止其后发生的信贷紧缩。

2.3.2 公允价值

公允价值具有顺周期性，因为它将跌价信号传递给所有以公允价值核算的资产，不论这些资产是否属于交易性资产。[1] 许多资产在非活跃市场和非流动性市场上遭受价值损失。由于价格下降，公允价值表现为与资产的基础价值脱钩。在通常环境下，本应由价格反映其公允价值的资产不得不按照模型估值。由模型确定的价格是一个负面概念，因为当对模型的信心丧失时，许多资产的价值都会遭受损失。

2.3.3 清偿能力

当市场衰退时，即使金融机构没有出售投资组合的意图，公允价值核算规则也会引起投资组合价格下降，这将转化为损失，并侵蚀银行的资本基础。在严重情况下，公允价值核算规则将使损失不可避免。此外，使用杠杆的银行往往会通过减价出售资产来减少债务。当流动性依赖于不利情况下出售的资产减价时，价格下降将重创资本基础。在危机环境下，清偿能力和流动性息息相关。最初的问题出在缺乏流动性还是清偿能力上并不重要。一旦这个机制被触发，它在这两个方面都会产生作用。

2.3.4 顺周期性

借款的金融企业将其证券组合质押给贷款人。这种基于担保的融资需要满足贷款价值比（loan-to-value ratios），而担保资产的价值应高于债务的价值。在市场衰退期，满足该比率就意味着提交更多担保品以保护贷款人，或者减少债务。在流动性短缺和信贷紧缩时期，通过出售资产可以筹集现金用于偿还债务。为减少债务并使资产价值

---

① 例如，可见：Laux，C.，Leuz，C.（2010），Did fair-value accounting contribute to the financial crisis?，[89]。

重新符合贷款价值比而减价出售资产的行为加剧了市场动荡。①

这种机制是顺周期性的。减价出售资产对价格产生了下行压力，这引发了新一轮追加担保品的要求。这新一轮要求导致出售更多资产，开启另一个市场下行周期并持续下去。资产价格与系统流动性之间的逆反馈循环是这种相互作用的结果。这种结果具有强顺周期性：如果资产价值下降，出售资产将扩大下行幅度。在高度杠杆化的体系中，这种逆向运动将不断发展，直到金融体系自身去杠杆化。

无监管基金往往会对投资组合进行高度杠杆化，以提高投资者的收益率。在有利的环境中，资产价值将上升，并且很容易向基金发放有担保的信贷。在危机环境中，基金去杠杆化将对整个金融体系施加压力。

监管也具有顺周期性，因为它要求的资本缓冲在不利环境下往往会增加，而与此同时，亏损会使资本基础缩小。这个过程会导致信贷紧缩恰好发生在市场缺乏流动性、金融机构遍寻资金不得因而最需要信贷的时候，从而助长整个金融体系的紧缩。

2.3.5 信用风险的证券化与传染

证券化是指将由银行账户资产支持的债券出售给资本市场上的投资者。证券化是银行“放款加转销”（originate and distribute）业务模式的一种关键方法。在这种模式下，银行在市场上为贷款融资，同时将为已售贷款提供风险担保的资本解放出来。在金融危机发生前，银行卸去了大量信用风险并将其转销给资本市场。② 所谓的“不良资产”，例如次级贷款，被认为进入了在市场上出售的资产池，从而将风险也散布到了整个金融体系中。

评级机构承认它们低估了资产支持债券的风险，这些债券许多都具有最高质量等级，然而降级潮紧随而至。降级提高了资金成本，因而提高了必要收益率，这转化为被降级资产的价值损失。证券化产品中最初具有高质量的资产支持债券的投资者遭受了巨额亏损。投资者对证券化机制的信任丧失殆尽，而它曾是银行体系的一个主要资金来源。

2.3.6 评级机构与信用增级机构

2007 年年底，评级机构的降级频率突然增加，因为评级机构似乎没有预见到金融危机的影响，并试图跟上坏消息的步伐。滞后的降级集中爆发，并不是评级机构在衡量证券的实际信用状况后逐渐发生的。

所有实体都受到了降级的冲击，其中包括担任信用增级机构的保险公司。这些保险公司通过为信用损失提供保险提升了资产的信用质量。但打包工具的信用质量不会超过保险公司的信用质量。对信用增级机构的降级有杠杆效应，因为通过信用增级机

---

① 关于所谓的“流动性螺旋”，可见：Brunnermeier，M. K.（2009），Deciphering the liquidity and credit crunch 2007—2008，[39]。

② 参见：Longstaff，F. A.（2010），The subprime credit crisis and contagion in financial markets，[94]。

构打包在担保品中的工具也被降级。

由于保险公司对资产提供了如此多的担保，因此它们在短期内突然高度暴露在风险中。不久之后，信用增级机构就被降级。美国国际集团（AIG，世界上最大的保险公司）通过交易信用衍生工具提供信用保险，当贷款人要求该公司为其众多承诺提供担保品时，该公司倒闭了。

2.4 监管机构对金融危机的反应

2008 年金融危机后，签订《巴塞尔协议》的监管机构提出了一些指标，以确保银行提高抗风险能力。在《巴塞尔协议 2》之后，监管框架有一些重大更新，监管机构将监管规定重整为新的《巴塞尔协议 2.5》或《巴塞尔协议 3》。相关主要出版物包括：于 2010 年 12 月首次发布、2011 年 6 月修订的全球监管框架——《〈巴塞尔协议 3〉：更稳健的银行及银行体系全球监管框架》（“Basel Ⅲ：A Global Regulatory Framework for More Resilient Banks and Banking Systems”）[24]；于 2011 年 2 月发布的《〈巴塞尔协议 2〉市场风险框架修正案》（“Revision to the Basel 2 Market Risk Framework”）[25]；于 2013 年 10 月提交给银行业的咨询文件《交易账户根本审查：经修订的市场风险框架》（“Fundamental Review of the Trading Book：A Revised Market Risk Framework”）[27]，它涵盖了截至该日期的信用风险和市场风险的监管规定。

图 2-1 描述了《巴塞尔协议 2》和后续新监管规定的使用方法。阴影框表示《巴塞尔协议 2》之后的扩展。

图 2-1 中的资本比率方框表示《巴塞尔协议 2》对信用资本要求的信用风险处理方法，风险加权资产是根据银行的内部评级计算出来的。当前的一波监管规定旨在提高资本的质量和数量。股权资本在总资本中所占的比例增大，资本比率提高。后续文件提出了新的资本要求，并对《巴塞尔协议 2》中的资本要求增加了一系列内容。关于信用风险监管的第 26 章介绍了《巴塞尔协议 2》的规定。

市场风险的计算方法包括根据 VaR 计算市场风险监管资本的方法以及不符合内部模型法要求的银行使用的市场风险标准法。2011 年，《巴塞尔协议》提出将压力 VaR 作为额外的资本要求。现在，监管规定建议用一种替代 VaR 的指标来衡量市场风险。第 17 章关于市场风险的部分，介绍了所有计算市场风险的方法。

信用价值调整（CVA）改进了对交易对手信用风险的处理，信用价值调整衡量了信用状况恶化对衍生工具价值的影响程度。关于交易对手信用风险的第 22 章介绍了信用价值调整。

图 2-1 中的流动性比率与融资比率方框涵盖了《巴塞尔协议 3》逐步提出的三个比率。流动性覆盖比率（LCR）规定了应对市场动荡的流动资产与银行融资额之比需要达到的最低水平。净稳定资金比率（NSFR）规定了长期融资额的最低水平，它取决于银行资产。杠杆比率规定了资产负债表规模和某些表外承诺的上限，它是资本基础的函数。这三个比率将在关于资产负债表合规的第 3 章中进行介绍，该章将通过一个

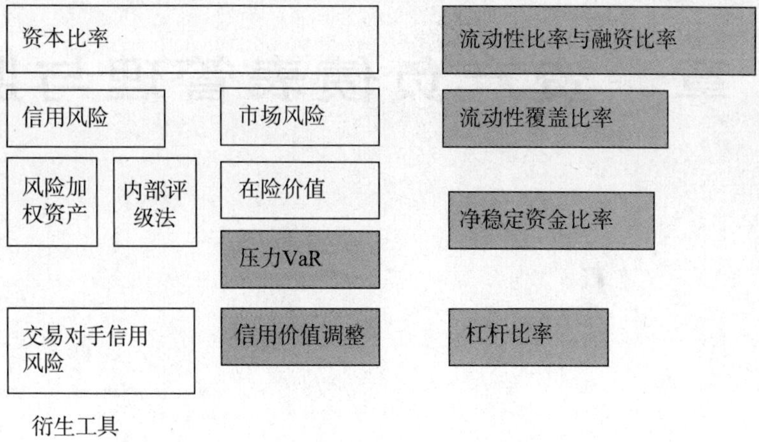

图 2-1 《巴塞尔协议》监管规定概览

简化的例子来详细说明银行资产负债表的计算与重要意义。

第 3 章 资产负债表管理与监管

资产负债管理的目的是管理与银行相关（而不是独立于银行）的资产和负债，以便为银行融资并控制流动性风险和利率风险。2008 年金融危机过后，监管机构认识到，银行的抗风险能力不足以挺过流动性危机与融资危机时期，并颁布了新规定。根据新的《巴塞尔协议》的监管规定，新的监管比率对资产负债表结构进行了约束。只要银行遵守规定，就适用传统的资产负债管理方法。现在的许多问题都与《巴塞尔协议 3》对资产负债表结构和盈利能力的影响有关。

本章介绍了新的监管比率。它说明了遵守新的监管比率如何对银行管理资产负债表的方法产生直接影响。本章将用一个银行账户的典型例子详细说明这些影响。

3.1 新的监管比率

《〈巴塞尔协议 3〉：更稳健的银行及银行体系全球监管框架》发布于 2010 年 12 月，修订于 2011 年 6 月［24］，它要求提高资本充足率，并提出了两个新比率：流动性覆盖比率和净稳定资金比率。改革是逐步推进的，新监管规定将于 2018 年生效。该文件还提出了一个新的杠杆比率，目的是防止在扩张阶段过度积累信贷。

3.1.1 资本充足率

监管资本分为一级资本和二级资本。一级资本包括股权和留存收益。二级资本包括次级债务。当银行有清偿能力并且持续经营时，可以使用一级资本。如果银行的损失超过股权基础，就应该偿还对所有债权人的负债。当银行不再持续经营而是停止营业时，二级资本就很重要。

根据上述新的监管规定，在任何时候，普通股一级资本都必须至少占风险加权资产的4.5%。一级资本必须至少占风险加权资产的6.0%。在任何时候，总资本（一级资本加二级资本）都必须至少占风险加权资产的8.0%。为确保银行在危机以外的时期积累资本缓冲，需要额外地预留股权缓冲资本，当发生损失时，可以动用这些缓冲资本。银行可能需要逆周期缓冲，通过提高信贷成本来避免银行部门的总信贷超额增长。

这些要求的累积效应是，当新监管规定完全生效时，核心资本占风险加权资产的比例将达到10%或更高。

《巴塞尔协议3》还提到了有额外资本缓冲的大银行对系统性风险的影响，并对被指定为系统性银行的银行提出了更严格的监管要求，因为它们与金融体系的其他部分相互关联。①

3.1.2 流动性覆盖比率

流动性覆盖比率的目标是确保银行有足以挺过一个月严酷危机环境的高质量流动性资产，从而提高银行的短期抗流动性风险能力。

流动性覆盖比率规定，合格短期资产的变现价值应高于或等于30天内“压力环境下的净现金流出”。压力环境可能包括：金融机构的公开信用评级显著降低；存款产生部分损失；无担保批发融资产生损失；有担保融资估值折扣显著增加；对合约表外敞口或非合约表外敞口（包括承诺信用和流动性便利）的担保品要求增加。

净现金流来自不利环境下的资产与负债的摊销。它由适用于资产和负债的系数或摊销百分比衡量。在资产方，这些系数是资产中预期现金流入所占的比例。定期贷款的系数较低，而可以轻松出售的高质量交易性资产的系数较高。压力环境下的现金流出可以使用负债的摊销系数计算，它衡量了不同来源的预期现金支出。短期批发债务的摊销率为100%。其他资源（例如存款）更稳定，但在压力环境下预期会被提取。长期资源（例如资本和已发行债券）在短期内不会被摊销。

3.1.3 净稳定资金比率

净稳定资金比率的目标是提高银行在更长时期内（与流动性覆盖比率相比）的抗

---

① 参见“Addressing systemic risk and interconnectedness”, paragraph 32 of the 2010 Basel 3 document [24]。以下文献提到了系统性风险：Arnold, B., Borio, C., Ellis, L., Moshirian, F. (2012), Systemic risk, macroprudential policy frameworks, monitoring financial systems and the evolution of capital adequacy [14]; Nijskens, R., Wagner, W. (2011), Credit risk transfer activities and systemic risk: How banks became less risky individually but posed greater risks to the financial system at the same time [111]。

风险能力，方法是进一步鼓励银行用稳定资金来源为其活动融资。净稳定资金比率的目的是在市场流动性高涨时期限制对短期批发融资的过度依赖，并鼓励银行更好地评估所有表内外科目的流动性风险。净稳定资金比率的时间范围为一年，同时被监管机构视为一年内的非波动性资金来源至少等于被监管机构视为在同一时期内保持不变的资产。

在计算该比率时，需要比较可得稳定资金（ASF）与必要稳定资金（RSF）。稳定资金是预期将在至少为一年的较长时期内保持不变的资金，不包括任何波动性债务。必要稳定资金表示监管机构认为应由稳定资金支持的资产金额。

根据净稳定资金比率，可得稳定资金与必要稳定资金之比应高于 1。在计算必要稳定资金和可得稳定资金时，被称为系数的百分比被用于衡量加权资产和负债。必要稳定资金是根据资产计算出来的，计算方法是用必要稳定资金系数乘以现有资产。

必要稳定资金系数衡量了资产转换为现金的容易程度。它的范围为 0（不需要稳定融资的资产）到 100%（应该完全由长期资金支持的资产）。高质量的市场工具（例如投资级债券）不需要 100%的稳定资金，因为它们可以被出售，也可以被质押从而为借款融资。同时，一些期限长于一年的贷款需要接近 100%的稳定资金。

可得稳定资金系数衡量了资金来源的稳定程度，其范围为 0～100%。较高的系数适用于稳定的资金来源，例如银行发行的股票和债券。较低的系数适用于被认为较不稳定或波动性较高的资金来源，例如波动性存款和短期银行同业债务。

3.1.4 杠杆比率

杠杆比率的目的是防止在扩张期积累超额敞口。银行在扩张期可能积累杠杆，即使它们的资本基础仍然很雄厚。该比率的目的是限制资产负债表在增长期的扩张，因此限制了资产负债表在衰退期的去杠杆化。[①]

杠杆比率规定，核心资本至少为资产负债表规模加上某些表外承诺（例如不可撤销银行承诺）的 3%。该比率将在一段测试期内执行，测试期到 2017 年。

3.2 商业银行资产负债表的合规：示例

资本充足率、流动性覆盖比率、净稳定资金比率和杠杆比率结合在一起，形成了对银行资产负债表的四种约束。下面用一个典型的资产负债表例子说明合规性可能如何重塑典型的资产负债表并影响银行的盈利能力。

这四个比率的结合使对资产负债表的管理受到约束。银行账户的资产与负债组合

---

① 关于杠杆与流动性的文献包括：Acharya，V. V.，Viswanathan，S.（2011），Leverage，moral hazard，and liquidity，[2]，and Adrian，T.，Shin，H-S.（2010），Liquidity and leverage，[4]。

受银行业务的影响。在典型的商业银行中，银行持有企业贷款和由消费贷款与抵押贷款产生的个人贷款，以及由买入并持有政策管理的金融资产构成的投资组合。在负债方，商业银行的资金来源为存款。

假设给定商业银行的贷款和存款组合，银行应该管理其流动性投资组合及其融资，以符合监管规定。

下面的例子是一家假想商业银行的简化资产负债表（见表 3-1）。该商业银行的业务包括抵押贷款、企业贷款和零售贷款。该银行还持有一个投资组合，假设它由投资级债券组成。在资金来源方，银行持有由资本和次级债务组成的长期资金，再加上在资本市场上发行的债券。银行的主要资金来源为零售存款和批发债务。这个例子的目的是确定初始资产负债表是否符合《巴塞尔协议 3》的规定，以及使其符合规定需要做出什么改变。

表 3-1　资产负债表示例　　单位：10 亿欧元

法国外贸银行（Natexia）	
资产	
抵押贷款	20.04
一般贷款	30.07
投资组合	16.79
货币市场资产	1.20
结余国库券	0.00
收益性资产	**68.10**
其他资产	8.00
总资产	**76.10**
负债与权益	
存款	37.10
批发债务	19.30
已发行债券	5.00
结余银行同业债务	0.00
其他负债	8.00
总负债	69.40
次级债务	3.35
股权	**3.35**
股权与负债总计	**76.10**

3.2.1 资本基础

计算的起点应该是资本基础，因为它规定了风险加权资产的最大价值和（未加权）资产负债表规模[①]的上限。资本比率规定了风险加权资产的最大价值。根据10%的资本比率以及《巴塞尔协议3》的预期要求，计算出风险加权资产的最大价值为335（=33.5/10%）亿欧元。

杠杆比率规定了资产负债表的最大规模。给定核心资本，该规模不能超过1 117（=33.5/3%）亿欧元。

3.2.2 风险权重、投资组合与资本

下一步是确定资产规模与抵押贷款和贷款业务的投资组合，这需要用到风险权重。假设这些商业银行资产的风险权重如表3-2所示。

可接受的资产规模与可接受的风险加权资产规模取决于投资组合。投资也应该包括在内，但如果核心业务属于商业活动，就不需要在第一步中考虑。

监管比率不允许出现任何商业投资组合。例如，一方面，如果上例中银行的贷款仅包括风险权重较低的抵押贷款，那么当它的风险加权价值为335亿欧元时，就达到抵押贷款组合的最大值。该最大值为1 675（=335/20%）亿欧元。假设现有的核心资本为33.5亿欧元，那么根据杠杆比率，仅通过抵押贷款进行贷款将导致贷款组合规模超过最大值。另一方面，如果银行业务集中于一般贷款，假设风险权重为100%，那么贷款组合规模的上限将为335亿欧元。

如果投资组合保持为当前的状况，即40%为抵押贷款，60%为贷款，那么平均风险权重为68%。[②] 给定风险权重资产的最大价值为335亿欧元，则资产负债表的最大规模为493（=335/68%）亿欧元。该规模在杠杆比率规定的限额内。然而请注意，现在新的总资产规模低于当前的贷款组合规模——501亿欧元。原因是资本比率提高了，达到10%。[③] 这说明了一个简单的事实，即升高的资本要求中隐含着信用规模上限。

表3-2　法国外贸银行的抵押贷款和一般贷款风险权重

法国外贸银行	风险权重（%）
抵押贷款	20
一般贷款	100
投资组合	20
结余银行同业债务	0

① 在这个简化例子中，忽略了表外承诺。

② 平均风险权重为20%×40%+100%×60%=68%。

③ 可以很容易地检验，初始资产负债表符合核心资本和次级债务的要求，且资本比率为8%。

3.2.3 符合净稳定资金比率的规定

为了检查金融机构对净稳定资金比率的遵守情况，需要可得稳定资金系数与必要稳定资金系数。如果贷款全部为长期贷款，那么合理的必要稳定资金系数为100％。在这个例子中，假设投资不需要任何稳定资金。对于可得稳定资金系数而言，资本和已发行债务的系数为稳定资金来源的100％。由于季节波动性和短期波动性，一部分存款基础可能为短期存款，例如，它们的可得稳定资金系数可能为10％。最后，批发债务是波动性的，它的可得稳定资金系数为0。表3－3详细介绍了净稳定资金比率的计算方法。

净稳定资金比率低于1，这表示可得稳定资金存在赤字，其原因是严重依赖批发债务。为了符合监管规定，应该用部分长期债务代替部分批发债务。在计算中加入投资组合将增加必要稳定资金，这将进一步约束现有融资的贷款组合规模。

假设保持当前的融资组合，在第一步中，资产规模必须再次减少，缩减系数为0.92，从而使必要稳定资金与可得稳定资金一致。假设抵押贷款和贷款的可得资金系数为100％，则它们的新规模将变为初始规模的92％，即450.9亿欧元。

未加权现有资金来源为681亿欧元。随着它们超过新的资产规模，债务融资金额需要进行调整。在表3－4中，批发债务为平衡项目，通过调整它，可以使资产金额与负债金额相互匹配。资金来源应减少230.1（＝681－450.9）亿欧元。这超过了批发债务的初始金额。换言之，现在银行拥有来自稳定资金的超额资金来源，这表现为流动性资产，金额为37.1（＝230.1－193.0）亿欧元。

表3－3　　新的商业资产负债表：遵守净稳定资金比率

	必要稳定资金系数	资产	**必要稳定资金**
抵押贷款	100％	197.1亿欧元	197.1亿欧元
一般贷款	100％	295.6亿欧元	295.6亿欧元
投资	20％	0亿欧元	0亿欧元
必要稳定资金		**492.6**亿欧元	**492.6**亿欧元
	可得稳定资金系数	**负债**	**可得稳定资金**
资本	100％	33.5亿欧元	33.5亿欧元
次级债务	100％	33.5亿欧元	33.5亿欧元
已发行债务	100％	50.0亿欧元	50.0亿欧元
存款	90％	371.0亿欧元	333.9亿欧元
批发债务	0	193.0亿欧元	0亿欧元
可得稳定资金		**681**亿欧元	**450.9**亿欧元
净稳定资金比率			**0.92**

表 3-4　新的合规资产负债表　单位：亿欧元

资产	
抵押贷款	180.4
一般贷款	270.5
总资产	**450.9**
负债和权益	
存款	371.0
批发债务——平衡项目	−37.1
已发行债务	50.0
次级债务	33.5
资本	33.5
权益与负债总计	**450.9**

现在，新的商业资产负债表已经符合稳定资金比率的规定。但是，调整过程并没有完成，因为还需要最后一步，以检查是否符合流动性覆盖比率的规定。

3.2.4 符合流动性覆盖比率的规定

在计算流动性覆盖比率时，需要资金来源的摊销率和资产的流动性系数。如果将超额资金来源投资于流动性资产，那么流动性资产缓冲为 37.1 亿欧元。需要的摊销系数为存款的摊销系数，现在存款余额为 371.0 亿欧元。摊销系数为 10%，因此相应的摊销金额为 37.1 亿欧元，与超额现金来源匹配。流动性投资组合已经足够多，当前的资产负债表符合流动性覆盖比率的规定。

重新平衡的过程说明了新约束的影响。假设现有现金来源已经给定，上例说明了这个机制。显然，使用更多长期债务或增加资本基础将使银行账户保持当前的规模，甚至扩大规模。类似地，如果核心业务为商业银行业务，那么在这种模拟中忽略的投资组合可以通过资本基础和已发行债务进行调节。本例的目的只是说明，要想满足新的约束性规定，需要重新调整资产负债表。

3.3 价值创造

这种模拟没有考虑银行的盈利能力，并显然忽略了稳定债务与批发债务的较高的成本。稳定债务的较高成本可能表明现有业务的盈利能力会受到不利影响。

经济业绩的一个主要标准是银行的资本收益率，即净收入与监管资本之比。银行投资组合的结构与规模、融资、风险和最终的资本收益率之间存在很强的相互依赖性。

在资产方，资产金额和投资组合的变化对利润和风险都有影响，银行投资组合的规模对收入金额和资本要求有影响，资产结构对利润率和资本有影响，因为这些因素取决于不同资产部门的利润率和风险。在负债方，债务结构决定了银行的融资成本。收入、融资成本和资本要求的所有要素综合在一起，对资本收益率形成了最终影响。

对资本收益率的模拟来自对资产负债表的模拟。资本收益率是经过风险调整的，因为资本是一个风险指标。它的确定既取决于风险权重，又取决于收入。图 3-1 显示了资本收益率如何结合不同的盈利能力和风险要素。阴影框为部分关键参数。

在风险方，资本取决于资产金额和投资组合。在这个例子中，新的资产金额为 450.9 亿欧元，投资组合对应的平均风险权重为 68%。风险加权资产为 306.6 亿欧元，资本比率为 10%，资本要求为 30.7 亿欧元。

在盈利能力方，净利息收入取决于资产部门的利润率和融资成本。按理讲，对额外长期融资的依赖，加上流动性资产的低收益率，会对银行收益率产生不利影响。这里假设有收益资产的净利息收入的利润率为 2.5%，一旦按照规定调整融资组合，就会得到净利息收入 11.3（=450.9×2.5%）亿欧元。

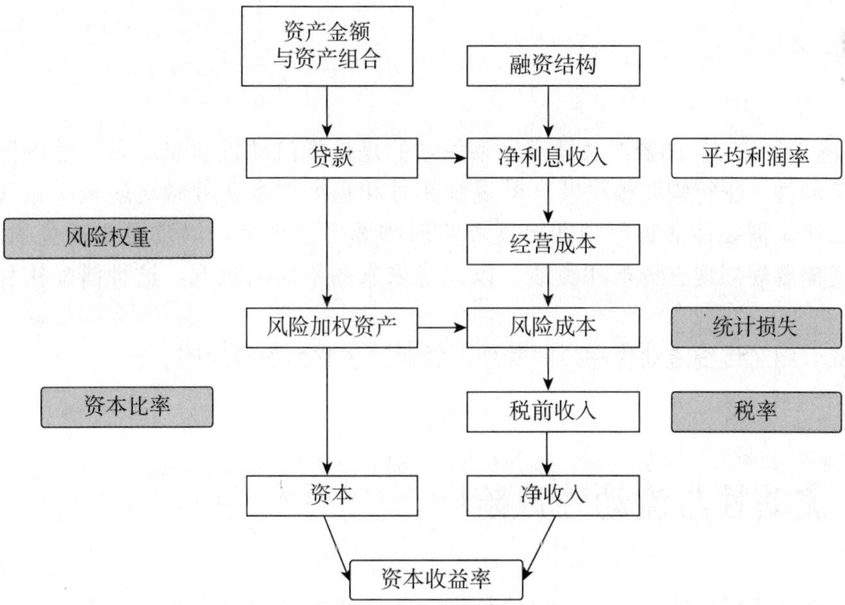

图 3-1　资本收益率

为了确定税后利润，应该扣除经营成本、贷款损失准备金和税款。贷款损失准备金取决于贷款风险。经营成本取决于银行的管理比率。

例如，合理的参数可能如下所示：成本与收入之比为 50%，贷款损失准备金为 0.5%，税率为 34%。根据这些值，经营成本为 5.6 亿欧元，贷款损失准备金为 2.3 亿欧元，应税所得为 3.4 亿欧元，净收入为 2.2 亿欧元。通过这些数字，计算出资本收益率为 7.28%。其他情况也可以轻松地模拟出来。

第 4 章　流动性管理与流动性缺口

《巴塞尔协议 3》的资产负债表比率关注的是最低流动性要求。为了管理无压力环境下的流动性，银行需要根据其当前现金头寸和预期现金头寸做出融资决策和投资决策。融资决策需要评估银行预期出现赤字时需要多少资金，以及需要资金的时间段。管理融资需要规划现有资产和负债，以确定未来的不均衡状况。这种错配被称为流动性缺口。

本章介绍了传统流动性缺口的管理，并讨论了它的部分缺陷。

4.1　流动性与流动性风险

在金融危机发生前，流动性短缺是指银行筹集现金的成本高于通常环境下筹资成本的情况，极度流动性短缺可能导致破产。2008 年金融危机证明，流动性短缺可能是系统性的，因为流动性可能在几天内蒸发，且流动性高度依赖于环境："这一刻流动性还很充足，下一刻它就没了。"[①] 因此，流动性成本不能再被忽略，且必须在银行的资金成本中充分确认。关于内部资金定价的第 10 章将讨论融资流动性成本。

4.1.1　流动性与融资

流动性常会被与流动性问题不直接相关的不利事件削弱。银行特定事件包括盈利

① "When the river runs dry", *The Economist*, February 11th, 2010.

不佳、损失公告或银行降级。系统性事件是指市场混乱，正如上一次金融危机所示。然而，事件导致流动性危机的概率取决于流动性来源在银行水平上的脆弱性。

银行通过借入有担保或无担保的短期资金或稳定资金筹集现金，或者通过出售资产筹集现金。银行借款时可以使用各种工具，例如银行同业债务、批发债务或客户存款。银行还依靠其他银行提供的承诺信贷额度，当需要时它们可以动用这些信贷额度。融资风险必然与以合理资金成本取得资金来源的能力有关。银行对流动性提供者的信任至关重要。批发贷款人几乎可以在任何时候决定停止贷款。当银行认为走法律程序的风险低于损失贷款的风险时，银行可能不愿让借款人动用信贷额度。银行对稳定资金来源的依赖减轻了融资风险。稳定资金包括债券、期限长于一年的有担保借款和存款中的稳定部分。

银行的另一个现金来源是出售市场资产。多数金融企业都持有金融资产。如果我们延长时间范围，那么所有资产都是流动性资产。如果时间允许，即使是贷款也可以交易或证券化。高质量资产和短期资产是宝贵的，因为它们可以轻松出售而成交价不会打很高折扣，因为它们对利率变化不敏感。其他许多资产也是可交易的，但它们的流动性较差，这意味着时间范围更长，利率变化导致的潜在折扣更高，或者由于出售量大压低了价格。

银行可能由于高质量短期资产的利润较低而不愿大量持有它们。由于在出现融资危机时，此类资产是独一无二的替代资金来源，因此监管机构提出了流动性覆盖比率，要求银行持有最低流动性缓冲。

银行也可以不用出售资产而获得现金，方法是通过抵押资产发行担保债务。银行可能筹集到的担保借款金额为资产的当前价值减去贷款人要求的估值折扣。[①] 高质量资产也就是发行人信用状况良好且可以交易的资产，银行总能通过出售或担保借款将高质量资产“转化为现金”。

银行往往会用短期资金来源为长期资产融资。这种做法导致的错配是流动性风险的一个主要来源。期限错配将产生流动性风险，因为需要对短期债务展期，从而为长期资产融资。它还有利率风险，因为长期利率与短期利率之间的利差会随着市场变化而波动。

4.1.2 银行账户的流动性风险

所有影响现金流的随机因素都会影响银行的流动性风险水平。之所以会产生随机现金流，是因为客户有增加或减少银行贷款或存款的选择权。

银行资产负债表中的一大部分资产和负债通常是由所谓的“未到期账户”或期限不确定的账户构成的。这些账户的现金流入或现金流出是不确定而随机的，并且会造成流动性风险。

这种账户包括负债方的活期存款和资产方的消费贷款或透支。在负债方，银行客

① 估值折扣是资产价值与抵押资产所获较低借款金额之差。

户可以自由地增加或提取存款。在资产方，客户可以在银行授权限额内主动对消费贷款和信用卡账户展期。客户可以在任何时点增加或偿还其提取的消费贷款（例如信用卡或透支）金额，而无须支付罚款。这些贷款相当于资产方的存款。固定利率抵押贷款可以由希望利用较低利率的借款人偿还。随机现金流来自银行产品中嵌入的这种权利。

4.2 流动性缺口的时间分布图

流动性缺口是指资金来源和资金使用的预期不均衡。缺口报告提供了做出融资决策或投资决策的必要信息。缺口管理是指管理资产与负债的预期错配。

流动性缺口是未来日期银行投资组合的资产与负债的预期余额之差。现有资产和负债逐渐摊销（流失），其余额的走向随时间的推移向下倾斜。当忽略未来日期的新贷款、新存款或新债务时，预期是静态的。

静态流动性缺口取决于资产和负债随着时间的推移如何摊销。在未来日期 t，流动性缺口是现有资产与负债预期余额的代数差。计划投资期内有多少时点，就有多少缺口。在未来每个日期 t：

$$流动性缺口(t)=资产(t)-负债(t)$$

图 4-1 显示了资产、负债和缺口随时间推移分布的典型情况。当前缺口为零，因为资产与负债的规模是匹配的。在这个起始日期，任何资金盈余或资金赤字均被假设为已获得充分融资或充分投资。

随着时间的流逝，现有资产和负债被摊销。对于静态缺口，新贷款和新债务被忽略，现有资产和负债的余额下降。一旦所有债务被全部偿还，负债随时间推移就会触及资本下限。现有资产和负债产生的利率流未显示在这些图中。根据流动性缺口的代数定义，资产和负债之间的正缺口相当于赤字，反之亦然。

流动性缺口的时间分布图可能存在三种基本情况：资产与负债匹配；存在资金缺口；存在资金盈余。正缺口意味着资产负债表产生了相对于资产的预期资金赤字。这是资产驱动型银行的缺口曲线。这些银行必须定期筹集资金以匹配资产的发展。相反的例子是负债驱动型银行。随着时间的流逝，这些银行产生资金盈余，并需要扩张新的贷款或投资业务。

现金匹配意味着资产摊销曲线和负债摊销曲线是——近似于——相同的。在这种情况下，没有显著的期限错配，且所有流动性缺口均接近于零。资产负债表的摊销不会产生任何资金赤字或资金盈余，债务偿还时间表与贷款偿还时间表相同。随着时间的流逝，资产负债表始终是均衡的，不会产生任何资金需求或投资。充分匹配消除了流动性风险。

在参考案例中，资产摊销曲线与负债摊销曲线彼此匹配，其中流动性缺口是闭合的。此外，如果资产负债表两侧的利率有相同的性质——固定或浮动，那么净利息收入就没有不确定性，因为所有利息收入和利息成本都是确定的。

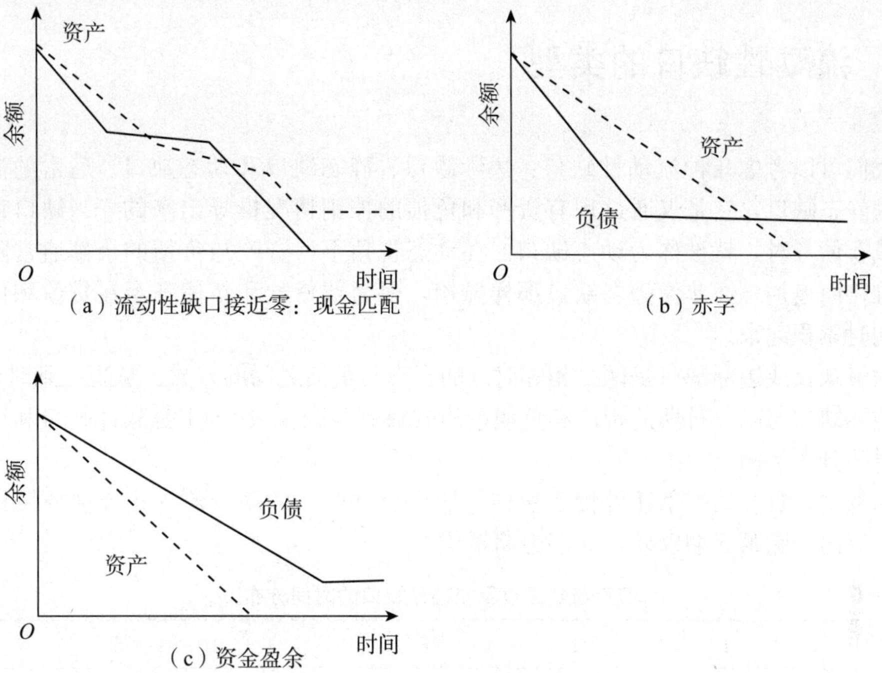

（a）流动性缺口接近零：现金匹配

（b）赤字

（c）资金盈余

图 4-1　三种基本情况

下面考虑单笔贷款的情况，例如子弹型贷款。如果用时间分布图与贷款相同的债务为贷款融资，那么直至贷款到期的流动性缺口都是零。进一步假设贷款和债务均为固定利率，贷款利率通常高于债务利率，利差就是客户利率与贷款成本之差。在贷款久期内，贷款与对应债务组成的投资组合的净利息收入（NII）（即利息收入减去利息成本）被锁定。

在进行现金匹配时，类似的结论也适用于由浮动利率债务支持的浮动利率贷款。假设贷款与 3 个月期伦敦银行同业拆借利率（Libor）挂钩。在一年中，有四个调息日，包括发放贷款的日期。在每个调息日，贷款日期和债务利率都根据相同的 Libor 参考利率重新调整，从发放贷款时起，净利息收入始终保持锁定。

如若不然，期限和利率之间的任何错配都会产生流动性风险和利率风险。标准银行头寸由期限长于这些负债的贷款组成，即资产驱动型头寸。某些银行持有这种头寸，是因为它们更愿意依靠短期债务反映长期利率与短期利率之间的正利差。在这种情况下，银行反复出现资金赤字，需要对债务进行展期，债务利率会随着时间的推移而波动。在与正缺口相反的情况下，则会反复出现资金盈余。此时没有流动性风险，但有利率风险，因为从现在来看，用盈余资金进行的未来贷款或投资的利率是未知的。

当银行有意使融资政策产生错配时，它应该与对利率的预期一致。例如，在短期利率低于长期利率的固定利率环境中，或者当因利率下降而推迟融资时，银行保持资产负债表融资不足（正流动性缺口）是合理的。相反，过度融资（负流动性缺口）意味着提前筹集资金，如果预期利率将升高，这样做就是合理的。

4.3 流动性缺口的类型

我们可以考虑几种流动性缺口：边际缺口、静态缺口和动态缺口。通常的流动性缺口为静态缺口，它是仅通过现有资产和负债的摊销情况推导出来的。当缺口包括新贷款或新债务时，就被称为动态缺口。在动态视角下，资产与负债的余额通常随着时间的推移而增加，而非像静态缺口那样摊销，因为新贷款和新债务会在贷款和债务摊销的同时累积起来。

增量缺口或边际缺口是两个相邻时点的资产与负债之间的差异。从现在到时期 t 的累计边际缺口与同一日期的资产和负债余额的缺口匹配。表 4-1 是累计缺口和增量缺口的时间分布示例。

示例中，资产的摊销速度慢于负债。偿还贷款产生的现金流入小于债务摊销产生的现金流出。除第 5 期以外，赤字逐期累积。

表 4-1　　资产与负债以及流动性缺口的时间分布

日期	1	2	3	4	5	6
资产	1 000	900	700	650	500	300
负债	1 000	800	500	400	350	100
缺口[a]	0	100	200	250	150	200
资产摊销		−100	−200	−50	−150	−200
负债摊销		−200	−300	−100	−50	−250
边际缺口[b]		100	100	50	−100	50
累计缺口[c]		100	200	250	150	200

a. 缺口为资产与负债之差。正缺口是需要融资的赤字，负缺口是需要投资的资金盈余。

b. 边际缺口为 t 和 $t-1$ 之间的资产变化金额减去负债变化金额的结果。

c. 累计缺口等于用资产与负债余额计算的缺口。

正边际缺口表示资产的金额变化超过负债的金额变化：它是现金流入。负的边际缺口表示该期的资产摊销速度慢于负债的摊销速度：它是现金流出。①

边际缺口表示需要在这段时期筹集的新资金，或这段时期可用于投资的新盈余资金（见图 4-2）。例如，日期 2 和日期 3 之间的这段时期的边际缺口为+100。它是这段时期的额外赤字。它也是使日期 2 之前的赤字消失所需要的资金金额。② 一方面，当且仅当初始日期和当前日期之间的增量融资或投资现在仍然存在时，边际缺口才表示在给定时期内新筹集或新投资的资金金额。另一方面，累计缺口为假设在初始日期和预期出现缺口的日期之间没有进行中间筹资或投资时的累计资金赤字或盈余。

---

① 例如，如果资产的摊销金额为 3，负债的摊销金额为 5，那么如上所述，边际缺口为−3−（−5）=+2，它为现金流入。始终遵循一个清晰的惯例是很重要的，这是为了方便解释数字。

② 换言之，直到日期 3 之后的某个日期，在日期 2 筹集的 100 单位资金才被摊销。

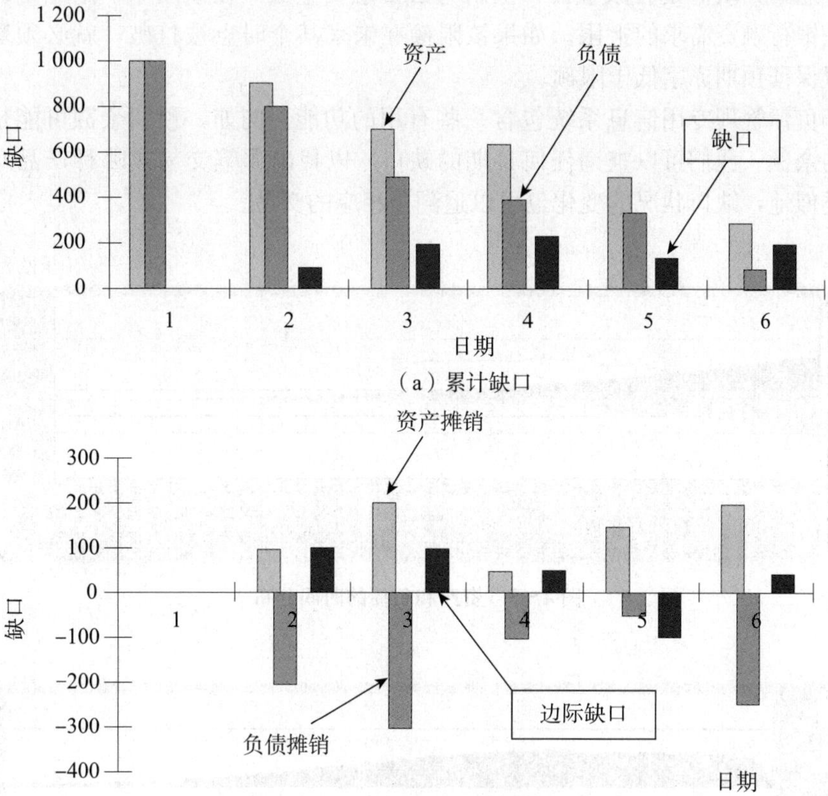

（a）累计缺口

（b）边际缺口

图 4-2　流动性缺口的时间分布：累计缺口与边际缺口

表 4-2 呈现了一份典型的流动性缺口报告。在这张示例表格中，时间跨度非常大。多数缺口报告都提供了密集时点上的缺口，例如 1～3 年的月缺口。

表 4-2　　　流动性缺口的时间分布示例　　　单位：百万欧元

2010 年 12 月 31 日	≤1 个月	1～3 个月	3～12 个月	1～5 年	5～10 年	>10 年	未定义	总计
资产	98 044	25 163	32 168	53 836	29 167	29 938	36 271	304 587
负债	133 253	40 492	37 355	39 252	11 487	8 736	34 012	304 587
流动性缺口	−35 209	−15 329	−5 187	14 584	17 680	21 202	2 259	—

计算缺口很简单，但它需要资产负债表中的许多科目数据。给定资产负债表中每个科目的摊销详情，标准的资产负债管理信息系统可以提供缺口报告。图 4-3 显示了一家零售银行使用这种软件得出的结果。这张图的上半部分显示了资产如何逐月摊销。灰色区域为月余额，以纵轴上的数字衡量。负债为同一张图下半部分的另一个灰色区域。流动性缺口的时间分布为资产与负债之差。缺口为这两个区域之差。独立的曲线表示资产与负债各自的平均利率。

图 4-4 显示了流动性缺口的时间分布，它是根据图 4-3 放大而得。在未来每个日期上显示的都是之前的缺口累计值。随着资产和负债余额被完全摊销，它们在长期将

降至零。通常，缺口是有限额的，上限为必要融资金额。在该图中，限额是一条水平线，它是银行融资需求的上限。如果该限额在未来某个时点被打破，就必须筹集新的资金，以保证预期赤字低于限额。

资产负债管理专用信息系统包含一些有用的功能。例如，预期余额可能是月末余额或月均余额。我们可以查询任何日期的缺口，以找出哪笔交易或哪种产品对缺口有贡献。类似地，缺口状况的变化也可以追溯至相应的交易。

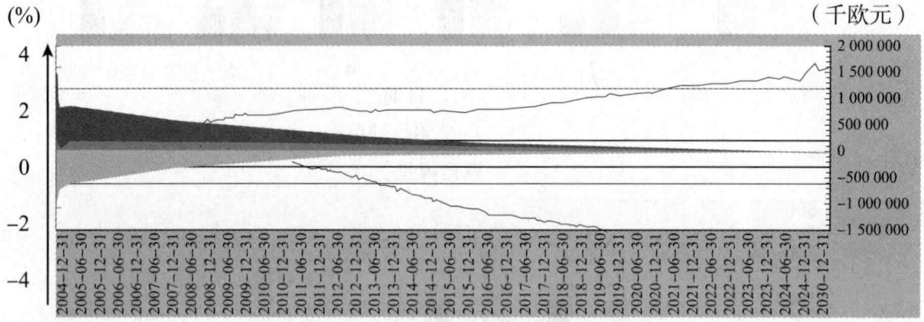

图 4-3　资产和负债的时间分布

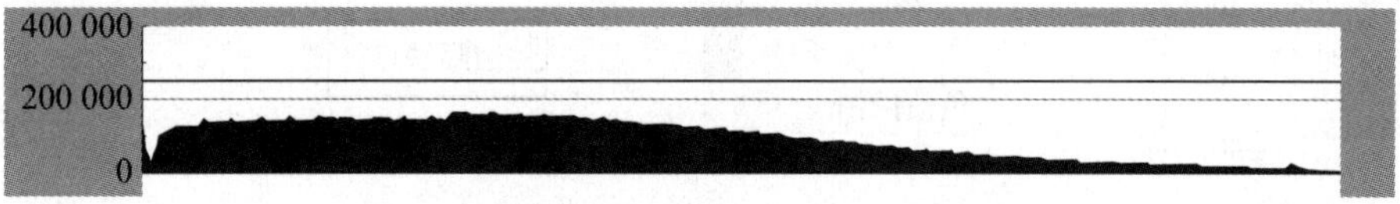

图 4-4　流动性缺口和限额的时间分布

4.4　管理增量缺口

所有预测中都设置了限额，缺口也同样有限额。尤其是，缺口是基于预测中期账户摊销的假设和规定。缺口报告的目的不是建立这些账户的行为模型，而是需要基于合理假设。

在缺口报告中，预测是基于离散情景的，其中摊销率被视为确定的。但一大部分资产和负债都会产生随机现金流。存款没有期限，但具有黏性；抵押贷款可能被提前偿还，也可能促使客户对利率进行重新协商；表外承诺的信贷额度可能在限额内被顾客主动提取；消费贷款和信用卡贷款可能展期。当期限不确定时，摊销率更偏向随机而非确定。一般的规则是，应根据实际摊销时间表而非合约规定的摊销时间表构建流动性情景。

频繁更新的报告关注的是短期不确定性。在两份连续的缺口报告中，可以观察到所有账户的实际余额，包括有随机现金流的账户余额。在图 4-5 中，可以看到从日期 t 开始的缺口。在这一日期，流动性缺口闭合，但从 t 看，$t+1$ 的缺口是敞开的。随着时间的流逝，图形也会变化。如果预测是准确的，且没有新的债务或贷款，那么 $t+1$ 的缺口就等于从初始日期 t 观察到的预期缺口。一旦到达下一个日期，即 $t+1$，正缺口就会被新的融资关闭。

然而，通常由于 t 上存在资产和负债产生的随机现金流以及新的贷款和债务，因此 $t+1$ 上的新缺口不同于其预期值。实际的资金摊销，不论是否确定，现在都记录在 $t+1$ 上。整个资产和负债的时间分布也被更新。频繁的更新可以让缺口管理成为增量管理，并定期进行调整，因此可以在发生预期变化或意外变化时据此调整。

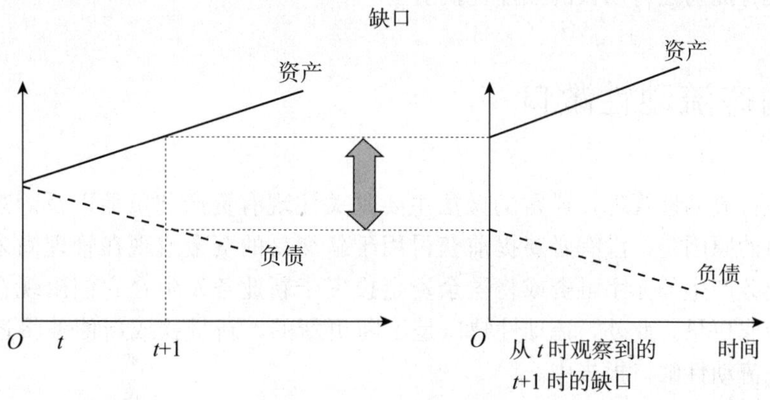

图 4-5　缺口状况如何变化

增量缺口管理关注的是短期不确定性。但是，缺口管理通常涉及的期限较长，最终与资产负债表中期限最长的账户期限相同。一般会对接下来两三年的缺口进行积极管理。

未到期账户和抵押贷款摊销在金融业内引发了人们对如何管理风险的大量争论。离散情景的使用依赖于惯例的预测以及有效的摊销率指标。贷款的摊销统计数据是可以获得的。从历史数据可以得出实际摊销率，它是贷款池的平均摊销率。统计数据使我们可以建立更详尽的账户变化模型，例如建立抵押贷款提前偿还模型。

在负债方，活期存款的法定期限为零，因为它可以立即从银行提取出来。然而，一大部分当期存款为稳定存款或黏性存款。剩下的部分为波动存款，它被视为短期债务。核心存款是稳定的资金来源，预测流动性缺口时需要它的摊销时间表。

在许多情况下，规定都依赖于保守的惯例。例如，一方面，缺口报告可以选择年固定摊销率为 5%或 10%，这些摊销率对应的久期分别为 20 年或 10 年。这种惯例产生的额外流动性缺口与年摊销额相等，这通常与现实并不一致。然而，使用惯例摊销率是通常做法，因为它是保守的。

另一方面，可以确定稳定存款的实际摊销率。实际摊销率可以根据账户数量和存款余额的时间序列推导出来。只有存在于某个历史时点（作为起点）的账户需要监测，这表示初始时存在的账户与后来开立的新账户彼此独立。

现有账户的数量逐渐减少，因为部分账户被关闭，但其总余额的变化也取决于每个账户的余额。如果平均单位余额，即在每个账户中持有的金额是固定的，那么存款余额将按照与账户数量相同的速度进行摊销。但如果平均单位余额随账龄的增加而增加，那么总账户余额的减少速度就慢于账户数量的减少速度，并可能随时间的推移而最终增加。

这种分析被用于支持存款预测。除了获得合理的流动性缺口，它还有其他意义。例如，资产负债表的经济价值敏感度是资产负债管理的目标变量（第 7 章）。它取决于为存款指定的久期等因素。

更高级的未到期账户模型需要使用扩展框架。第 8 章介绍了相关详情，第 9 章详细介绍了嵌有提前偿付期权的抵押贷款模型。

4.5 动态流动性敞口

为了进行流动性管理，通常的做法主要是关注现有资产和负债以及静态缺口。使用静态缺口的原因是，没有必要提前获得用于新交易的资金或现在管理尚未获得的资金。为新业务产生的赤字融资或将盈余资金投资于新业务发生在它们出现在资产负债表上时，而非更早。此外，流动性缺口是不断更新的，新贷款或新债务将逐渐出现在最新的静态流动性缺口报告中。

在缺口报告描述的时间上，动态流动性缺口将现有资产和负债的摊销余额与新贷款和新存款的预期余额相加。这种资产负债表预测既可以被用于编制预算，也可以被用于确保未来时期的融资金额不超过限额。

把现有资产和负债加上新资产和新负债，就得到总资产和总负债，它们通常会增加而不会被摊销。为了预测现在和未来日期之间的资金总盈余或总赤字，需要计算现有资产和负债以及新资产和新负债的缺口。图 4-6 显示了新交易以及现有的资产和负债。注意，新资产和新负债的金额应为扣除新贷款和新存款摊销金额的净额，因为摊销是从这些交易的发起日开始的。

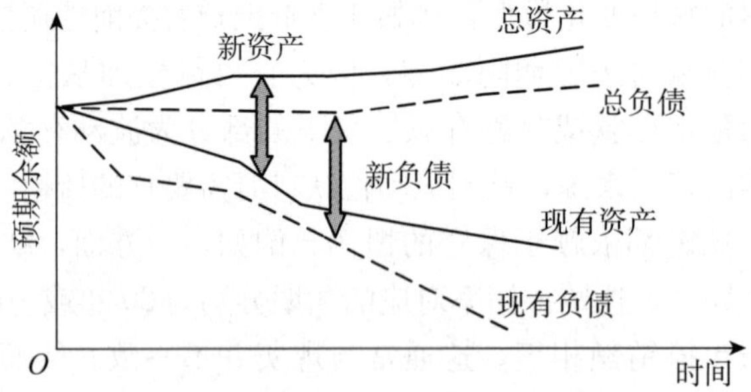

图 4-6 现有交易与新交易的缺口状况

4.6 融资流动性管理

控制流动性风险意味着将必要资金在不同时期之间分摊，并避免意外缺口或缺口超过银行通常在市场上筹集的资金。限额的目的是确保未来时期筹集的资金保持在可接受限额内。这个过程要求以合理方式在不同时期之间分摊筹集的债务。

下面以两个例子（见图 4-7 和图 4-8）进行说明，这两个例子给出了现有资产和负债的情况，且最初都有赤字。在这两个例子中，负债在整个时期内的摊销速度都快于资产，赤字虽然在扩大但幅度不同。选取这两个例子的目的是说明如何管理缺口。例如，假设资产负债管理委员会希望关闭所有缺口。这表示应该签订新的负债合约，并使负债的时间分布与资产的时间分布相同。问题是要确定哪些新债务与新目标一致。

为了确定应该筹集多少现金，何时筹集，何时截止，其前提条件是明确计划管理期。新债务按照其规模、签订合约的初始日期以及偿还债务的最终日期来确定。从最后一个管理期开始的债务“层级”将被合并，以提升负债的时间分布线，直至其与资产的时间分布线相同。

图 4-7 说明了第一个例子。在左侧，缺口持续下降，直至管理期结束。由于缺口的大小随日期变化，因此需要多层债务来关闭缺口。现在需要的资金多于管理期结束时需要的资金，因此现在必须筹集现金。不同期限的债务层级需要确保负债的时间分布线与资产的时间分布线相同。第一笔债务用来关闭最后的缺口，它小于当前的缺口。其他债务用来关闭中间的缺口。

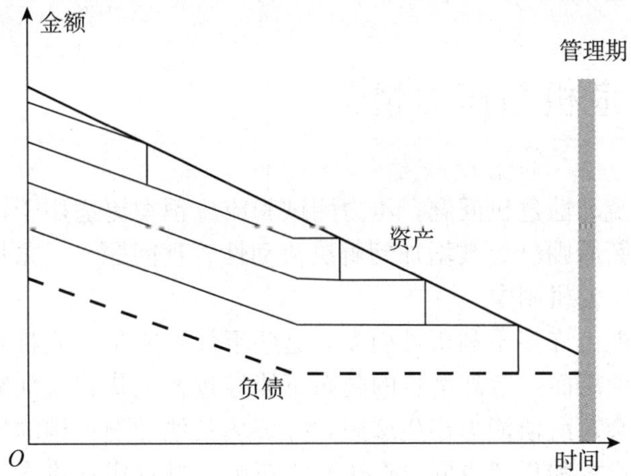

图 4-7 关闭流动性缺口：示例一

图 4-8 说明了第二个例子。在第二个例子中，无法用现在签订合约的债务关闭所有缺口。这里不适用与上例相同的缺口管理程序，因为此处在到达管理期之前，缺口是先增加再下降的。用现在筹集的债务关闭最终缺口将导致现在产生盈余现金，因为最终缺口大于初始缺口。现在签订的债务合约的最大金额（在没有盈余资金的情况下）

为初始缺口。

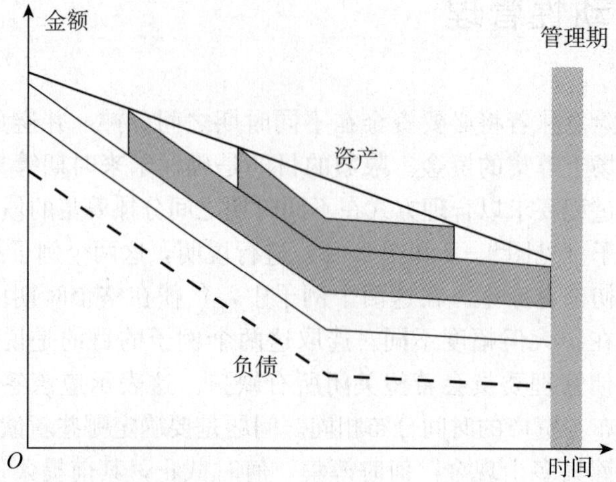

图 4-8 关闭流动性缺口：示例二

由于初始缺口在管理期结束之前是敞开的，因此筹集的债务应该到位，并持续到最后一个管理期。最后的缺口不是用这笔融资关闭的，因为缺口会随着时间的推移而增加，达到峰值然后缩小。很容易观察到中期流动性缺口始终是敞开的。从流动性角度看，只要用于关闭这些中期缺口的必要债务没有超过限额，这就不成问题。

然而，在固定利率环境下，这种错配会产生利率风险，因为以后需要以未知利率筹集资金。对冲利率风险需要使用衍生工具（例如互换），这样现在就可以规定以后举债的利率（如果需要的话）。

4.7 流动性危机与压力情景

缺口没有解决流动性危机问题。压力测试和应急预案更适用于这种极端情形。现在，新监管规定和新原则已经被增加到解决流动性管理问题——尤其是压力情景下的流动性管理问题——的机制中。

流动性危机可能由许多不利事件引发，这些事件可能是企业特有事件，也可能是系统性事件。在企业层面，意外信息的公布可能导致普通贷款人削减其信贷额度。意外损失和突然损失会对清偿能力产生威胁，并破坏其他金融机构的贷款意愿。银行评级下降还可能对资产方和负债方同时产生重大影响。融资成本将增加，银行可能不再符合从其他金融机构获得更多贷款的资格。相同的原因还可能触发追加保证金要求，这时银行需要对其债务提交更多担保品，或者削减其债务。

全球性事件包括：系统性“存款挤兑”；破产导致的流动性紧缩；因不利事件在金融机构之间传染导致风险规避行为的增加和金融机构更不愿贷款的担心。这种危机有几个例子：俄罗斯债务危机、对“千年虫”（YZK）事件导致的信息系统失灵的担忧；“9・11”事件；2007 年和 2008 年的次贷危机。这表明流动性最高的市场也可能实际发生冻结。

压力测试是指在最坏情况下模拟可能发生的事件。危机的可能起因和历史事件就是这种情况的例子，并可以作为设计压力情景的参考。

创立应急预案的目的是评估银行创造现金流以履行债务承诺并满足取款要求的能力，或在极端环境下满足追加担保品要求的能力。为了向这种应急预案提供实际数据，银行必须考虑流动性投资组合的规模、资产负债表和融资限额、回购协议的最大金额[①]、资金来源的分散化程度和无担保融资水平。一旦找到这些数据，银行就可以进一步分散融资来源，增加回购融资基础等。关于稳健流动性管理实务的报告[②]为解决一些此类应急预案提供了许多标准。

① 回购协议是指贷出证券以换取现金，并约定之后将其回购的协议。它相当于由资产担保的债务。

② Basel committee on Bank Supervision (2008), Principles for sound liquidity risk management and supervision [22].

第5章 利率缺口

利率风险是指利润对利率冲击的敏感度。利率风险来自期限错配或资产和负债的利率敏感度。利率缺口是对资产负债表中参考利率相同的科目计算出的预期资产与预期负债之差。相比之下，流动性缺口是金融企业的所有预期资产与预期负债之差。

缺口模型将银行的净利息收入和利率变化联系起来。利率缺口之所以具有吸引力，是因为它极为简单，而且可以方便地用来管理利率敞口。

本章介绍了利率风险，并说明了如何用利率缺口控制利率风险对银行净利息收入的影响。本章还讨论了传统缺口的缺陷。

5.1 利率风险

当利润对利率变化敏感时，就存在利率风险。贷款或投资、定期存款或储蓄存款以及金融债务都会产生受利率影响的收入或成本。由于利率是不稳定的，因此利润也是不稳定的。

所有贷款人和借款人都面临着利率风险。可变利率借款人和可变利率贷款人的利息收入或利息成本与短期市场利率挂钩。固定利率贷款和固定利率债务也面临着利率风险。当利率增加时，固定利率贷款人要按高于固定利率的利率贷款，并面临无法以这种更高的利率贷款的风险。当利率下降时，固定利率借款人可以按更低的利率借款并从中获益。固定利率交易面临利率风险，因为贷款人和借款人可能面临市场变化产生的随机成本。

现实中不存在利率风险中性头寸，因为利率变化总会直接导致收益和损失，或产生导致收益和损失的机会。贷款人和借款人只能选择希望持有的敞口类型：可变利率敞口还是固定利率敞口。对于新贷款或新债务也是如此。对于现有贷款和债务，贷款人和借款人仍可以根据其对利率的理解，通过使用利率衍生工具改变敞口。[①] 衍生工具并没有改变初始合约（债务或贷款），而是新的合约。

银行既有作为贷款人的利率敞口，也有作为借款人的利率敞口。它们的未来合约现金流也有利率敞口，这些敞口已经包含在现有的资产和负债中，因为这些未来现金流将以现在未知的利率融资或贷出。因此，流动性风险产生了利率风险。预期或意外的资金盈余和资金赤字将以现在未知的利率进行融资。银行产品中内嵌的隐性期权或显性期权是流动性风险和利率风险的来源。

5.1.1 利率风险、期限结构和错配风险

错配风险是指在资产和负债的到期日与（或）调息日之间持续存在缺口的风险。

当长期利率高于短期利率时，这种错配是有经济原因的。通过贷出长期利率、借入短期利率，银行利用了长期利率和短期利率之间的正利差。当贷出长期利率、借入浮动利率并且期限匹配时，也会产生相同的结果。第二个头寸消除了流动性风险。由于浮动利率与短期利率挂钩，因此银行仍能利用贷款利率和短期利率之间的利差。然而，两种情况都面临长期利率和短期利率之间的利差波动的风险。

错配风险并不是银行特有的。许多金融机构都利用短期市场上的流动性，但它们的资产期限要长得多。只要不出现市场动荡且利率风险显著，流动性风险就是可以承受的。美国的储贷危机是错配风险产生不利影响的一个例子。银行以固定利率贷款，以浮动利率（短期利率）借款。当美联储在 20 世纪 80 年代初的反通胀政策导致利率突然攀升时，银行积聚了利息亏损。

错配头寸是收益率曲线斜率的头寸。收益率曲线或利率期限结构描绘了不同期限对应的市场利率。它通常是向上倾斜的（但并非总是如此），表示长期利率高于短期利率。

有多少利率，就有多少收益率曲线。到期收益率是持有至到期债券的收益率。它被定义为使所有未来现金流、利息和本金的贴现价值等于债券当前价格的贴现率。当没有期间息票利息时，到期收益率就成为适用于唯一一笔最终现金流的零息利率。零息利率适用于在零息债券到期时收到的唯一一笔现金流。该零息利率通常是用其他流动性债券复制零息债券，然后根据非零息利率推导出来的。浮动利率与从隔夜利率到 1 年期利率的短期利率挂钩。短期利率的参考利率为 Libor。Libor 是主要银行彼此进行贷款与借款的平均利率，每天确定一次。

利率还随着借款人信用状况的变化而变化，有多少由信用评级衡量的信用状况，就有多少条风险利率曲线。信用状况最好的主权借款人的利率被视为无风险利率。高风险借款人支付的利率包括在无风险利率之上附加的利差。对贷款人而言，利差补偿了高风险债务的违约风险，因此被称为信用利差。它与信用评级相关，信用评级衡量

---

① 第 6 章将讨论利率衍生工具。

的是特定债务的信用状况。

收益率曲线的通常形状包括：向上倾斜、向下倾斜、有一个凸起部分或接近于平坦（见图5-1）。

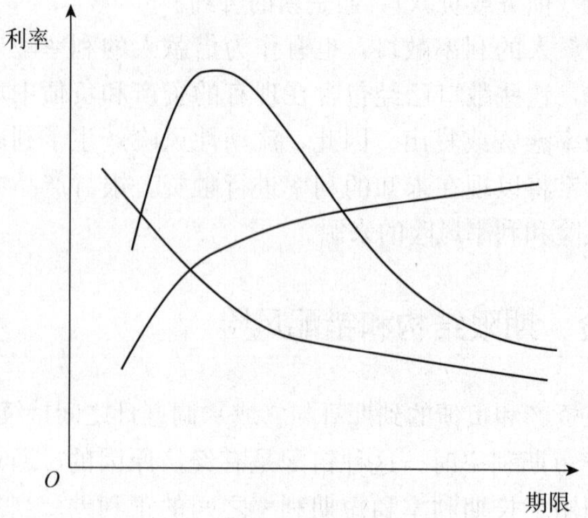

图5-1　利率期限结构的典型形状

对于向上倾斜的收益率曲线，银行通过错配头寸获得了资产利率与负债利率之间的正利差。利差是由市场决定的，不取决于银行的商业利润率，它是客户利率与市场利率之间的利差。获得这种市场利差对金融企业是有吸引力的，但并非没有风险。风险就是短期利率上升，或期限结构变得平坦，消除利差，甚至发生短期利率高于长期利率的倒挂。图5-2显示了美国债券期限结构在金融危机初期的变化。不久之后，短期利率和长期利率都降至历史低点。

收益率曲线上的利率往往是相关的，但它们没有理由完全相关。收益率曲线随着时间的推移而变化，它们的形状也会变化。图5-2显示，2006—2008年，美国政府债券的收益率曲线从向上倾斜变为接近平坦。利率冲击可能导致收益率曲线的形状发生变化。平行冲击经常被用作一级近似值，它是同时对所有利率产生的一次性冲击。

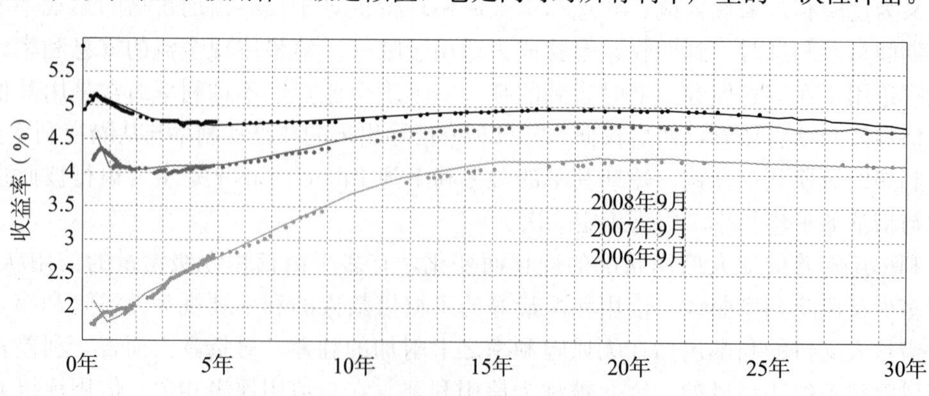

图5-2　美国的债券收益率（2006—2008年）

资料来源：Barclays Capital；Lehmanlive. com.

利率可能是固定利率，也可能是可变利率。浮动利率根据某个市场指标（通常是Libor）定期重新调整。Libor 分为不同期限，最长为 1 年。例如，1 个月期 Libor 利率和 1 年期 Libor 利率分别在初始日期之后每个月或每年重新调整一次。

在两个连续的调息日之间，浮动利率是固定的，直到下一个调息日。在图5－3 中，直线表示固定利率，曲线表示未知的可变利率。根据调息期，调息日可能为某个时期内的任何日期。1 个月期 Libor 利率只在调息日变化。在月初到下个调息日之间的时期，利率是固定的。

银行使用的某些参考利率参考的不是 Libor 利率，而是可变利率。优惠利率——基于 1 个月内日利率平均值的利率——就是一个例子。优惠利率是银行对最优质客户采用的利率，利率变化是逐步进行的，而非持续进行的。

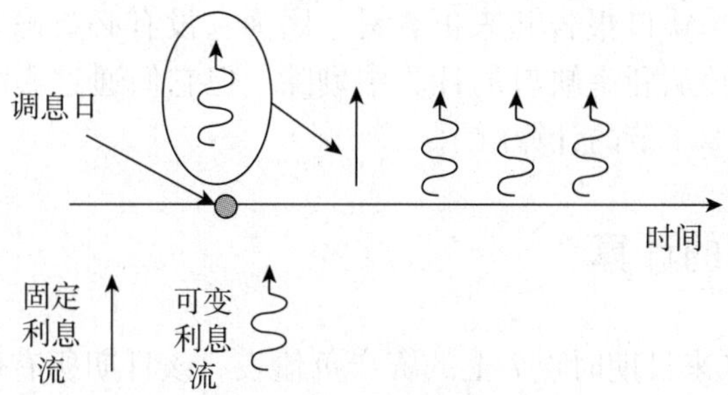

图 5－3　固定利率与可变利率

5.2　利率缺口概述

利率缺口是参考利率相同的资产和负债之差。静态利率缺口是根据现有资产和现有负债的当前余额和预期余额计算出来的，它形成了预测期内的时间分布线。我们可以通过固定利率资产和固定利率负债或可变利率资产和可变利率负债计算利率缺口。

给定日期的固定利率缺口是固定利率资产与固定利率负债之差。给定日期的可变利率缺口为可变利率（即利率敏感）资产与可变利率负债之差。由于浮动利率存在许多参考利率，因此也可能有同样多的浮动利率缺口。

和流动性缺口一样，静态缺口是从现有资产和负债的预期摊销率中推导出来的。静态缺口被用于利率风险管理，因为通常没有必要对冲尚未计入资产负债表的当前交易。

我们可以确定所有浮动参考利率（1 个月期 Libor、1 年期 Libor，等等）的浮动利率缺口。这些浮动利率缺口是不可替代的：它们不能加总，除非假设所有利率发生平移。计算可变利率缺口需要正确对应资产负债表科目的利率与参考利率。同时，给定时期内只有一个固定利率缺口。

我们需要计算不同时点上的缺口，直至达到某个长期的时间范围。这些时点之间的时间段不应该很长，因为缺口的计算结果无法显示可变利率是在每个时间段上的哪个确切日期重新设定的。例如，我们可以按月计算周期缺口。缺口的时间分布可以延长至投资组合的最长期限，但缺口对较短的投资期更有用，例如1年期、2年期或3年期。根据惯例，缺口是某段未来时期［按起始日期和结束日期（t 至 $t+1$）定义］中的固定利率资产和固定利率负债或利率敏感（IRS）资产和利率敏感负债之差。

固定利率缺口$(t, t+1)$＝固定利率资产(t)－固定利率负债(t)
可变利率缺口$(t, t+1)$＝利率敏感资产(t)－利率敏感负债(t)

5.3 利率缺口的计算

一旦确定了恰当的参考利率，并指定资产负债表中的所有科目，利率缺口的计算就很简单了。固定利率缺口报告起来更容易，因为它没有必要确定所有参考利率。无息资产和无息负债应该从利率缺口的计算中剔除，但它们通过影响流动性缺口进而影响这些缺口，正如5.3.1节的计算所示。

5.3.1 利率缺口的计算

图5-4显示了未来日期时点 t 上的资产负债表。该日期所有已知的利率均为“固定”利率，其他所有科目均被视为利率敏感科目和总计科目。利率缺口（固定利率缺口或可变利率缺口）取决于固定资产和权益之间的缺口。

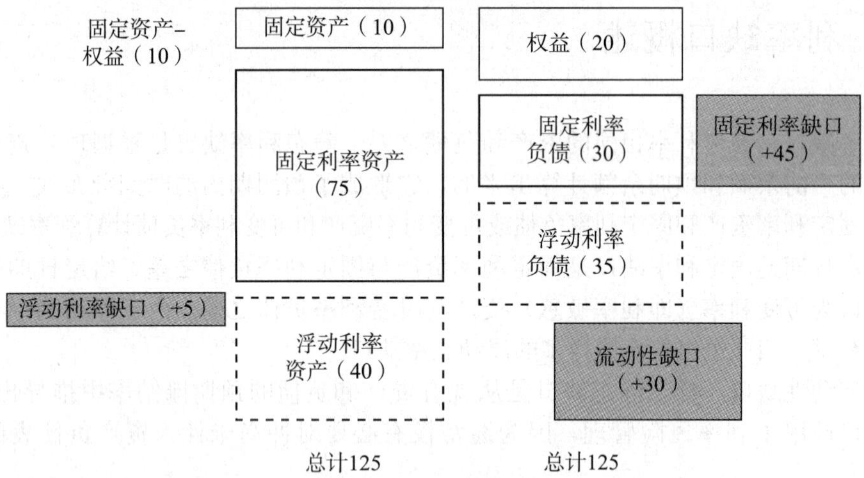

图5-4 利率缺口

如果没有流动性缺口，固定利率缺口和浮动利率缺口[①]的绝对值就相同。但是，未来日期通常存在流动性缺口。预期流动性缺口会产生利率缺口，因为在未来日期将以未知利率对盈余资金进行投资或为赤字融资。预期资金赤字等同于利率敏感负债，预

① 这是结合了某个时点上所有的利率敏感资产和利率敏感负债的缺口。

期资金盈余等同于利率敏感资产。

在图 5-4 的例子中，浮动利率缺口在发生赤字前和发生赤字后的差额等于流动性缺口，在这里它等于浮动利率负债：

考虑流动性缺口之前的浮动利率缺口＝40－35＝＋5

考虑流动性缺口之后的浮动利率缺口＝＋5－40＝－35

我们可以计算出不考虑流动性缺口或考虑流动性缺口时的浮动利率缺口。由于流动性缺口是浮动利率科目，因此在计算中考虑它是有道理的。在这个例子中，浮动利率缺口是考虑流动性缺口前的浮动利率缺口减去流动性缺口：

融资后的浮动利率缺口＝融资前的浮动利率缺口－流动性缺口

＝－35＝＋5－40

在加总所有利率敏感度科目时，这种计算方法是合理的。然而，如果根据浮动利率类型（月 Libor、季 Libor，等等）分解利率缺口，就不能这样计算，除非已知开放流动性缺口的参考利率。

5.3.2 将利率与选定风险因素挂钩

浮动利率的参考利率有许多种。此外，任何未来融资都可以与浮动利率或长期利率挂钩。资产负债表科目的利率以及预期融资或预期投资的利率必须与选定的市场利率挂钩。

当合约利率为市场利率（例如 Libor）时，现有资产和负债的利率挂钩过程就会很简单。如果只选择了一部分市场利率，那么某些利率就会与用作参考的市场利率不一致。这个过程会产生基差风险，即选择的利率与实际利率的差异造成的残余风险。

客户利率也会发生相同的情况，因为这些利率可能不会机械地随着市场利率波动。一个解决方法是按照产品部门将实际利率与选择的参考利率相关联，并使用敏感度计算“标准化缺口”。用统计方法可以计算出敏感度。子投资组合（例如某类产品）的平均收益率为利息收入（或利息成本）与总余额之比。我们可以建立这类平均收益率的多期时间序列。对观测数据的统计拟合提供了投资组合的平均利率与所选利率之间的关系。它们的线性关系如下所示：

$$利率 = \beta_0 + \beta_1 指数_1 + \varepsilon$$

系数β_1为贷款组合利率对利率指数$_1$的敏感度。使用标准化缺口对资产和负债进行了加权，权重为资产和负债对选定参考利率的敏感度。例如，如果某个部门的贷款收益率对短期市场利率的敏感度为 0.8，那么在计算缺口时它的权重就应为 0.8。

5.3.3 缺口报告示例

以下简化报告（见表 5-1）代表了银行在年报中披露的内容。

内部信息系统提供了更丰富的细节，如图 5-5 所示。该图使用了现有资产和负债在每个时间段的平均余额数据。横轴显示了日期，按月进行计算。所示资产和负债均为固定利率。上半部分显示了资产，下半部分显示了负债，资产与负债之差就是固定利率缺口。该图还显示了固定利率资产和固定利率负债的预期平均利率。

表 5-1　　利率缺口报告示例　　单位：百万欧元

2010 年 12 月 31 日	≤1 个月	1～3 个月	3～12 个月	1～5 年	5～10 年	>10 年	未定义	总计
资产	110 942	55 572	120 418	117 677	48 374	16 969	26 557	496 509
负债	120 989	63 858	117 070	110 542	41 619	13 495	28 936	496 509
利率敏感缺口	−10 047	−8 286	3 348	7 135	6 755	3 474	−2 379	—

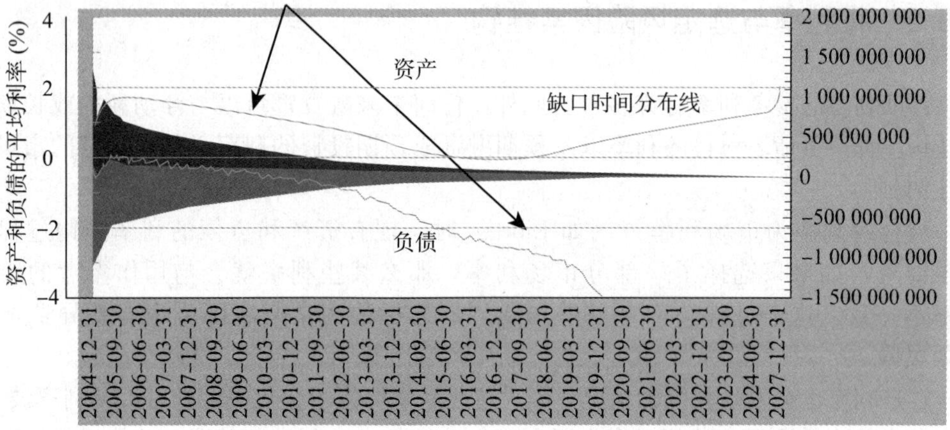

图 5-5　资产、负债和利率缺口的时间分布线

内部模型让我们得以深入分析缺口，找出哪部分交易对缺口有贡献。这部分交易可以根据产品类型来确定，例如消费贷款、抵押贷款，也可以根据其他指标来确定。

5.4 缺口模型

利率缺口衡量了净利息收入（NII）对利率变化的敏感度。当浮动利率缺口为正时，利率敏感资产金额将大于利率敏感负债金额。当利率为正且发生平行利率冲击时，利息收入的增加将大于利息成本和净利息收入的增加。

如果用 IRSA 和 IRSL 表示利率敏感资产和利率敏感负债，Δi 为浮动利率的变化，

那么利率变化 Δi 导致的净利息收入变化为：

$$\Delta \text{NII}=(\text{IRSA}-\text{IRSL})\Delta i$$

例如，如果缺口为＋200，那么当利率变化 1%时，净利息收入的变化为 2。浮动利率缺口与净利息收入的基本关系式为：

$$\Delta \text{NII}=(\text{IRSA}-\text{IRSL})\Delta i=(\text{利率缺口})\Delta i$$

当浮动利率缺口为正时，净利息收入随着利率的增加而增加；当浮动利率缺口为负时，情况则相反。当浮动利率缺口为零时，净利息收入对利率变化不敏感。这被称为对利率变化“免疫”。净利息收入对给定平行利率冲击的敏感度为净利息收入的变化，它等于浮动利率缺口。

如果只使用一个浮动利率缺口，就相当于假设所有利率均受到平行冲击。监管法规要求使用 1%～2%的利率冲击，以便测试利率平移对净利息收入的影响。参考平行利率冲击以外的情况（例如对收益率曲线斜率的冲击）时，应该使用多个浮动利率缺口。根据参考利率算出的浮动利率缺口提供了净利息收入对每个选定参考利率的敏感度。

缺口是资产与负债之差。一种习惯算法是：缺口是根据月初的资产与负债推导出来的，它假设资产和负债的规模在一个月内不会变化。另一种习惯算法是使用一个月内的资产与负债的日平均值，以平滑期内产生的资产与负债的规模变化。这种做法是有道理的，因为利息收入和利息成本都是按日金额计算的。

缺口无法准确衡量利润的敏感度，因为调息日可能为计算缺口的时期内的任何一天。如果利率变化发生在期初，那么整个时期内的应计利息就会发生变化。如果利率变化发生在期末，那么对净利息收入几乎没有影响。如果调息日更接近月末，那么利息收入的变化就被高估；如果调息日更接近月初，那么利息收入的变化就被低估。5.8 节的附录显示了缺口为零但调息日不同时，应该如何准确计算净利息收入。这个例子表明，即使在缺口为零时，净利息收入仍然对利率变化敏感。

缺口模型很流行，因为这种方法可以非常方便地计算净利息收入对利率变化的敏感度近似值。通过使用利率互换等衍生工具来控制缺口的大小，可以方便地进行缺口管理，以控制净利息收入的敏感度。[①]

5.5 净利息收入与利率缺口

使用缺口对净利息收入的变化建模时，还需要对商业利润率做出假设。表 5－2 提供了一张简化的资产负债表，它是在未来日期 1（从现在起 1 年后）上的预测结果，表中各项金额为从一年后开始的一段未来时期内的平均值。这个例子的目的是计算净利息收入，并直接衡量它对平行利率冲击的敏感度。

---

① 第 6 章将介绍利率互换。

表 5-2　　日期 1 上的资产负债表预测与缺口计算

银行投资组合	
固定利率资产	19
利率敏感资产	17
总资产	36
固定利率负债	15
利率敏感负债	9
总负债	24
流动性缺口	+12
浮动利率缺口	+8
融资后的浮动利率缺口	−4

流动性缺口表示赤字，为 12（见表 5-2）。关闭融资缺口前的浮动利率缺口为+8。但如果没有提前锁定利率，那么赤字 12 类似于浮动利率债务。因此，融资后的浮动利率缺口为−4。

在这个例子中，当忽略流动性缺口时，净利息收入会随着对利率的正冲击而增加，因为计算出的贷款和存款缺口为正缺口（+8）。然而，在包括流动性缺口后，缺口变为负缺口（−4），且在未来日期筹集流动性时，将会发生相反的情况。假设所有浮动利率科目，包括融资缺口，都依赖于相同的市场利率。这个利率受到了冲击，假设该参考利率从 8%变至 11%。缺口将被用于对出现此类冲击时的净利息收入变化建模。

只有用模型将客户利率表示为选定参考利率的函数时，这才是可行的。客户利率取决于银行的商业利润率。商业利润率是客户利率和某个与市场利率挂钩的内部参考利率之差。[①] 这里，商业利润率被定义为客户利率与市场利率之差，它用占资产和负债余额的百分比表示。贷款的商业利润率为正，因为银行贷款利率高于市场利率。存款的商业利润率为负，因为银行吸收存款的成本低于市场利率。

例如，如果资产的商业利润率为 3%，负债的商业利润率为−3%，那么贷款的平均客户利率高于市场利率 3%，存款的平均客户利率低于市场利率 3%。如果当前的市场利率为 8%，那么贷款利率和存款利率分别为 11%和 5%。使用客户利率后计算的商业活动产生的初始净利息收入为：

$$36\times11\%-24\times5\%=3.96-1.20=2.76$$

由于存在融资成本，因此银行利润率不同于这种商业利润率。为了对流动性缺口融资，需要使用相同的利率。净利息收入为商业利润减去为赤字（12）融资的成本，后者最初为：$8\%\times12=0.96$。因此，银行的净利息收入为：$2.76-0.96=1.80$。

只有当商业利润率固定时，缺口才能正确反映净利息收入的敏感度。对于固定利

① 商业利润率是通过相对于与市场利率挂钩的内部参考利率计算出来的，第 10 章将对其进行详细介绍。利润率是客户利率与内部贷款利率或内部存款利率之差。本章表明，这些内部利率是与市场利率挂钩的。

率科目，客户利率在市场利率变化时保持不变。当利率从 8%变为 11%时，净利息收入的直接计算方法如表 5-3 所示。

对赤字（12）融资后，净利息收入减少了，减少金额为 1.80－1.68＝－0.12。这是因为融资成本与市场利率挂钩，并增加了 12×3%＝0.36。负变化－0.12 来自商业利润变化减去利率升高所增加的资金成本。计算结果与融资后的负利率缺口（－4）一致。该缺口乘以 3%，得到净利息收入变化为－0.12。

这里计算的只是商业投资组合（贷款和存款）的商业利润，忽略了融资。商业利润从 2.76 增至 3，变化为＋0.24。这与商业投资组合的利率缺口（＋8）一致，因为利率变化为＋3%，而 8×3%＝0.24。

表 5-3　　净利息收入与利率

	金额	初始利率（%）	收入/成本	最终利率（%）	收入/成本
固定利率资产	19	11	2.09	11	2.09
浮动利率资产	17	11	1.87	14	2.38
收入			3.96		4.47
固定利率负债	15	5	0.75	5	0.75
浮动利率负债	9	5	0.45	8	0.72
成本			1.20		1.47
商业净利息收入			2.76		3.00
流动性缺口	12	8	0.96	11	1.32
净利息收入			1.80		1.68

5.6　缺口管理与对冲

当缺口敞开时，银行会对利率变化敏感。根据利率政策，缺口可能保持敞开或关闭。保持缺口敞开意味着银行对预期利率变化押注。当浮动利率缺口为正时，利率增加是有利的。当浮动利率缺口为负时，利率下降对利润有正影响。

缺口管理是指控制利率缺口的规模和符号。调整缺口可以在资产负债表上进行，至少对未来贷款和债务是如此。正如第 6 章将讨论的，使用利率衍生工具更便捷。如果没有必要提前对冲未来缺口，静态缺口对风险管理就很重要。如果如此，那么应该对新交易的风险管理加以区分，直到它们进入资产负债表。当新交易进入资产负债表时，静态缺口会被更新，对冲会被调整。在其他情况下，如果对新投资组合的预测可靠，更理想的做法可能是控制现有交易和新交易的利率风险。在这种情况下，应该使用动态缺口。

通常，资产负债表的预测主要被用来编制预算，因为预算取决于在接下来的年份中产生的新业务。动态缺口包括在新交易中，并根据商业预测反映资产负债表的变化。

然而，需要注意的是，未来交易的利率现在是未知的，不管它是固定利率还是浮动利率。未来的固定利率贷款获得的利息取决于未来的市场利率，因此现在应被视为浮动利率资产。新负债的利率现在也是未知的。因此，新交易影响了浮动利率缺口的大小，而非固定利率缺口的大小。

5.7 利率缺口的缺陷

缺口报告很有吸引力，因为它可以作为银行敞口的指标，反映银行敞口随时间推移的变化，并且可以直接用于对冲或管理衍生工具缺口。但它包含一些假设和惯例。

5.7.1 客户利率

缺口模型是线性的，这意味着对利率冲击的敏感度是固定的。一个基础假设是，客户利率与市场利率之间的利差是固定的。在某种程度上，使用标准化缺口可以解决这个问题，因为标准化缺口是基于客户利率对市场利率的敏感度。

但是，银行可以选择调整客户利率以平滑市场利率的变化。例如，当市场利率上升时，贷款利率可以平滑这种上行变化，而当市场利率下降时，存款利率的变化往往滞后。此外，客户利率对市场利率的敏感度在利率上升和利率下降时可能是不对称的(利率下降慢于利率上升)。[①] 这表明客户利率和市场利率之差不是固定的。客户利率为当前市场利率和滞后市场利率的函数，对利率上升和利率下降的敏感度不同。利润和市场利率的关系不像基础缺口假设的那么对称，它涉及滞后的市场利率。

5.7.2 管制利率

缺口方法可以适用于不同于市场利率的利率。欧洲国家的储蓄存款管制利率就是一个例子。这种利率是通货膨胀率和短期利率的函数。这意味着每一项的敏感度都小于 1。例如，假设金额为 100 的本金与短期利率和通货膨胀率的平均值挂钩。这意味着在计算应计利息时，每个部分的权重都是 50%。利息变化为：Δ应计利息＝100×(1/2×Δ短期利率＋1/2×Δ通货膨胀率)。这等同于 50 的本金与短期利率充分挂钩，50 的本金与通货膨胀率充分挂钩，且等同于使用根据每个指标加权的缺口。

注意，监管可能产生对通货膨胀率的敞口。银行可以使用通货膨胀率挂钩对冲(例如通货膨胀率互换)，它通常是根据利率与通货膨胀率挂钩的政府债券推导出来的。但是这种方法不能完全解决这个问题，因为管制利率也可能逐步变化，例如，只有当综合指数至少变化 0.5%时管制利率才会变化。步阶函数和缺口模型不一致。

---

① 第 8 章将简要讨论客户利率模型。

5.7.3 嵌入式期权

银行产品有嵌入式期权。固定利率抵押贷款可以在利率下降时重新协商。浮动利率抵押贷款的借款人支付的利率有上限。存款可以在任何时候被提取，并在利率上升时转化为有息账户。

嵌入式期权对流动性缺口提出了挑战，因为它会产生随机现金流，并最终依赖于利率。利率风险也是一个重大问题。嵌入式期权总是对银行不利：当利率下降时，固定利率贷款要进行重新协商，导致银行收入降低；当利率上升时，存款收缩，此时银行也不得不面临更高的利息成本。因此，嵌入式期权使抵押贷款余额或存款余额对利率水平产生了依赖性。

嵌入式期权的影响——不管是显性影响还是隐性影响——是贷款利率（固定利率或浮动利率）的性质会随着市场利率水平的变化而变化。对于有利率上限的浮动利率贷款，利率达到上限时会变为固定利率。当重新协商固定利率贷款的利率时，利率最初是固定的，但它在重新协商时会变为浮动利率。

这种依赖性让交易量依赖于利率水平，且利率变化时无法再将缺口视为固定：基本缺口模型崩溃了。这并不意味着不能使用缺口。它意味着执行期权时，应该使用反映余额如何随利率变化的某种模型调整缺口。它还意味着应该对期权的不利影响独立建模，因为标准缺口模型中忽略了这种影响。第 8 章和第 9 章将讨论银行的抵押贷款提前偿还模型、金额模型和期权利率风险的扩展。

5.8 附录：缺口与利率敏感度

图 5-6 的例子考虑了在同一时期内的不同日期出现的由正现金流和负现金流产生的负缺口。负缺口表示利率下降（例如，从 10%降至 8%）时净利息收入将上升。然而，这没有考虑再投资的情况，而银行可能以较低利率将第 90 天的正期间现金流进行为期 270 天的再投资。同时，负现金流类似于一笔在剩余 180 天内成本较低的债务。如果使用准确的现金流日期来计算利息收入和利息成本，净利息收入是对利率敏感的。

利息收入和利息成本为：

第 90 天的现金流入：$1\,000\times(1.10^{270/360}-1.08^{270/360})=-14.70$

第 180 天的现金流出：$-1\,536\times(1.10^{180/360}-1.08^{180/360})=+14.70$

它们恰好匹配，因为利息收入和利息成本与现金流大小成比例，也与再投资或融资的剩余时期成比例。第一笔现金流小于第二笔现金流，但第一笔现金流在较长时期内产生利息收入。这些值使期限差异恰好能补偿现金流的大小差异。

这个例子显示了缺口可能如何导致错误。在这个例子中，缺口模型建议加入另一笔金额为 536 的现金流来对冲净利息收入。实际上，这样做会让利润率处于

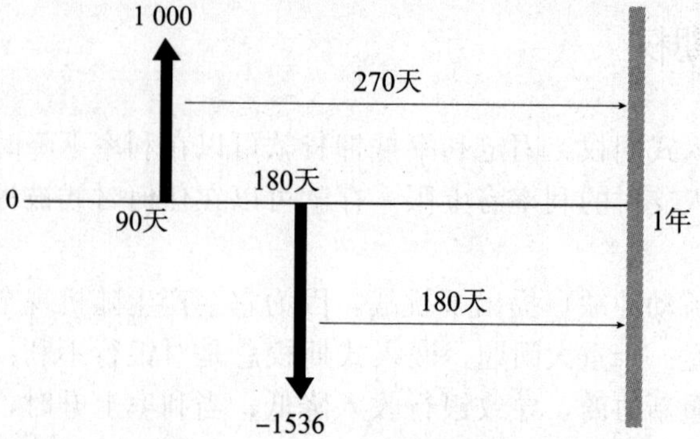

图 5-6 负缺口和固定净利息收入

风险之中。对任何现金流而言，我们都可以相对容易地推导出令利润率对利率不敏感的准确条件。

第6章 对冲与缺口管理

在传统的缺口管理中，利率缺口衡量了净利息收入的敏感性。缺口管理是指控制管理期内利率缺口的规模大小和符号，这取决于资产负债管理部门对利率的观点。银行可以根据其对利率的观点决定保持开放敞口。银行管理缺口时会依赖标准的利率衍生工具，例如利率互换。

本章介绍了标准的利率衍生工具，说明了如何用它们管理缺口，并讨论了银行的对冲政策。

6.1 缺口管理的权衡

根据银行希望实现的风险与收益之间的权衡，有各种为贷款融资的方法。假设银行的某位客户以5%的固定利率借款，为期10年。银行必须筹集相当于贷款金额的资金。资金部可以按不同的方法操作，这些方法的不同之处在于客户利率与融资成本的利差，以及流动性风险和利率风险。通常，最大化预期利润意味着风险升高。

为了最大化贷款利率和债务成本之间的利差，银行可以订立浮动利率短期融资合约，例如将利率定为3个月期欧洲银行间欧元同业拆借利率（Euribor），假设它为1%。利差为5%－1%＝4%。资金部现在面临着流动性风险（因为融资必须在贷款存续期内展期）和利率风险（因为短期利率可能波动）。可以想见，由于这种融资的流动性风险很高，因此不会获得融资部的许可。

资金部可以借入10年期浮动利率资金，从而消除流动性风险。这笔融资没有流动性风险，但贷款的固定利率和债务的浮动利率之间存在错配。这笔债务的成本高于短期债务，高出的部分是流动性溢价（例如为40个基点），因此，利差将缩窄到3.6%。许多金融企业都可以在准则和限额允许范围内这样做。净利息收入仍然充分暴露于短期利率变化的风险，但资金部仍然能够从贷款长期利率和浮动利率之间的较大利差中获益。

然而，由于流动性溢价的波动，资金部现在面临额外的风险。流动性溢价和利率水平不相关，而是取决于金融企业对短期承诺的偏好。在压力时期内，流动性溢价将升高，这时它可能变得很大。

为了消除流动性风险和利率风险，资金部可以用相同期限的固定利率债务为贷款融资。当长期利率高于短期利率时，利差将低得多。如果固定利率债务的成本为4%，那么利差将跌至1%。这种情况可以作为参考，因为它既消除了交易的流动性风险，又消除了利率风险。此外，资金部的一大部分利差遭受了损失。

除了期限错配和利率错配是在总体水平上进行管理的，在资产负债表水平上也存在类似选择。这个例子表明，银行可以决定在资产负债管理委员会规定的流动性风险与利率风险限额内保持敞口从而使收益最大化。当筹集资金（有赤字）时，就是在资产负债表中管理缺口；当使用利率衍生工具时，就是在资产负债表外管理缺口。

6.2 用利率衍生工具管理利率缺口

利率风险管理的一般工具包括：

- 直接签约或以后生效（远期互换）的利率互换（IRS）；
- 利率上限或利率下限，它们为买方提供了有担保的最高利率或有担保的最低利率；
- 利率互换期权（被称为互换期权），它是在未来日期签订互换合约的权利而非义务；
- 或者什么都不做。

下面将简要介绍这些标准工具。

利率互换是指用浮动利率交换固定利率或相反，或者用特定的浮动利率（例如1个月期Libor）交换另一种浮动利率（例如1年期Libor）。互换有“收取方”和“支付方”（见图6-1）。收取方互换是指收取固定利率、支付浮动利率的互换。互换的名义金额为用于计算收取和支付的利息金额的参考金额。互换的固定利率定为使互换的初始价值等于零的水平。不同期限的互换固定利率组成了互换曲线。

利率互换对所有金融参与者——借款人、贷款人和银行——来说都极为方便。公司使用利率互换管理其债务的利率风险。例如，预期短期利率将下降的固定利率借款人更愿意支付浮动利率而不是固定利率。通过签订互换合约，借款人收取固定互换利率，并支付浮动互换利率。借款人为贷款支付的固定利率被从互换中收取的固定利率部分抵消。抵消并不完全，因为贷款的初始固定利率通常不同于互换合约生效时的固

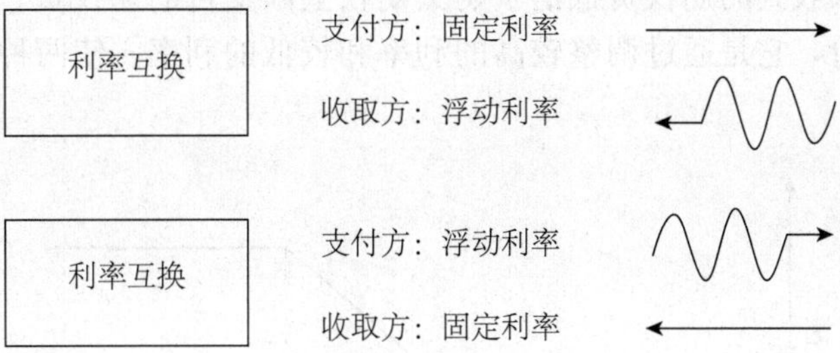

图 6-1　利率互换

定互换利率。使用互换的借款人支付贷款固定利率，从互换中收取固定利率之差，并加上浮动利率。类似地，支付固定利率并收取浮动利率的互换对于担心利息成本上升的浮动利率借款人有吸引力。

签订互换合约的成本微乎其微。互换收取方不是收取固定利率，而是收取稍低于互换利率的利率。利率差取决于互换合约订立方，它是对卖方的补偿。利率互换极为便捷，因为它的成本很低，并且可以逆转。假设借方签订收取方互换合约时犯了错，如果浮动利率上升而非如预期般下降，那么借方总有可能逆转互换，最后以可接受的成本支付固定利率。

利率上限为期权工具，它规定了浮动利率借款人的利率上限。有保证的利率上限为执行利率。购买期权的成本为期权费。当利率低于保证利率时，借款人支付浮动利率，并从利率下降中受益。如果浮动利率超过保证利率，利率上限的卖方将补偿其差额。无论在低利率还是高利率的情况下，利率上限都能提供收益。由于有这种优点，利率上限通常很昂贵。在签订利率上限合约之前，借款人应该检查并确保利率上限的预期报酬超过其价格，即支付的期权费。利率下限确保了最低利率，它适用于担心利率降低的贷款人而非借款人。

这种期权很昂贵。由于它的期权费很高，因此参与者可以使用领式期权。它是指购买利率上限，同时以低于最高利率上限的保证利率卖出利率下限（见图 6-2 和图 6-3）。领式期权买方支付的利率不低于最低保证利率，不超过最高保证利率，它支付的是处于保证范围内的现行利率。领式期权的好处是，它的期权费低于普通利率上限，

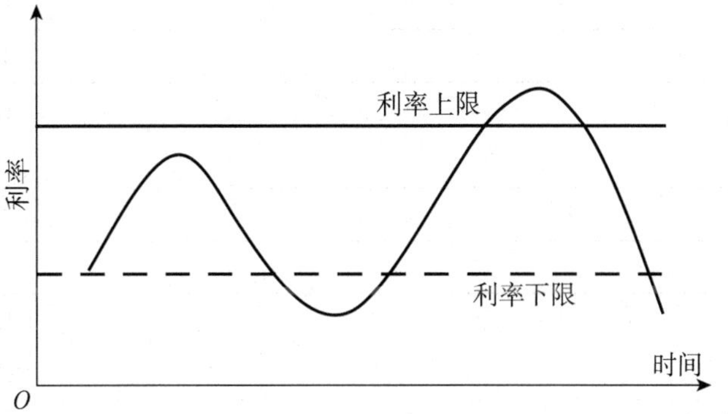

图 6-2　利率上限、利率下限和领式期权

因为卖出利率下限收到的期权费抵消了购买期权上限支付的期权费。银行提供零期权费领式期权的报价，它是通过调整较高的利率和较低的利率，使两种期权费恰好彼此抵消而得到的。

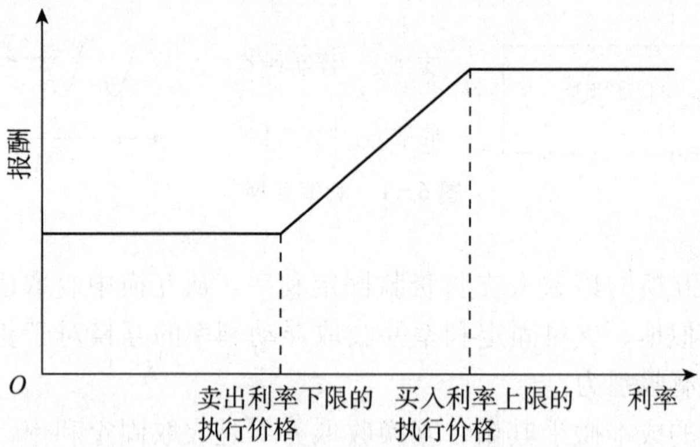

图 6-3　买入利率上限与卖出利率下限的报酬

6.3　管理利率缺口

使用互换进行缺口管理是很简单的。在第 5 章资产负债表的例子中（见表 6-1），流动性缺口为+12，商业资产负债表的浮动利率缺口为+8。假设我们计算的是某个未来日期和某个未来时期（例如从现在起一年后）的缺口，且缺口是该日期之后一年内的平均值。为流动性缺口融资的资金使用的是浮动利率，因为签订融资合约的时间是在未来。如果流动性缺口和其他浮动利率项目与相同的市场利率挂钩，那么浮动利率缺口（包括流动性缺口）为－4。

表 6-1　　流动性缺口与利率缺口

银行投资组合	
固定利率资产	19
浮动利率资产	17
总资产	36
固定利率负债	15
利率敏感负债	9
总负债	24
缺口	
流动性缺口	+12
浮动利率缺口	+8
融资后的浮动利率缺口	－4

如果银行保持缺口敞开，那么银行将从利率下降中受益。假设银行不希望利率下降，并决定关闭缺口，那么其净利息收入会对利率变化免疫。

流动性缺口将在一年后筹足资金时关闭，但现在不需要现金。管理利率缺口的适当工具是互换。银行的浮动利率负债相对于浮动利率资产而言太多了，因为银行支付的浮动利率利息流高于它向资产收取的浮动利率利息流。为了降低浮动利率利息支付产生的现金流出，银行应签订收取浮动利率、支付固定利率的互换合约。互换的名义金额应等于浮动利率缺口的金额，即 4。结合互换后，现在资产负债表的利率缺口为零，这是理想的结果。

在这个特别的例子中，开放流动性缺口为＋12。当一部分未来融资（大小为 4）的利率为现在确定的固定利率时，将出现零利率缺口。其余融资可能仍为浮动利率资金。合适的互换为从资产负债表预测日开始的远期互换，其久期等于预期缺口不变的时期。

6.4 规定缺口限额

银行可以规定缺口的限额，以反映净利息收入的变化。根据缺口模型，利润变化与缺口大小和利率变化成比例。银行在规定不利偏离的限额时，只需规定缺口大小的限额就足够了。净利息收入的变化是利率变化的线性函数，系数即缺口：

Δ净利息收入＝浮动利率缺口×Δ利率

给定利率冲击为 100 个基点时，净利息收入的变化为 1%乘以缺口。限额规定了这种变化的上限，例如，可以规定净利息收入变化不超过从当年起数年内的利润的某个比例。这个结果可以通过用衍生工具控制开放利率缺口规模的上限来获得。

还有一种规定限额的方法是规定该期的在险利润价值。标准冲击不反映利率的波动性。在险利润反映了某个置信水平上的利润负离差，在可能的利润结果中只有一小部分的偏离程度大于该离差，这个比例就是置信水平。[①] 利率冲击造成的净利息收入变化 Δi 与缺口成比例：Δ净利息收入＝缺口Δi。

有固定缺口时，净利息收入变化的分布要依据利率冲击的分布。在事先规定的置信水平上，最大的利润离差直接来自相同置信水平上的最大利率离差。如果缺口为正，那么当利率下降时将产生负离差；如果缺口为负，则情况相反。

在计算确切的离差时，应该使用合理的利率冲击分布。[②] 假设置信水平 α 上的最大利率下降程度为 $\Delta i(\alpha)$。这个下限对应净利息收入的不利变化，如果缺口为正，它等于缺口$\times\Delta i(\alpha)$。该离差的限额表示缺口最大值。

使用限额意味着明确对冲计划。对冲计划反映了多期的缺口大小。缺口的大小会

---

① 关于利率模拟的第 16 章也将讨论在险利润。

② 根据正态分布（当利率不接近于零时它被用作替代指标），当超过单侧离差的结果占所有结果之比不超过 1%时，单侧离差为 2.33 乘以波动率。

逐期变化，管理期的对冲金额也会变化。图 6-4 提供了多期内一系列利率敏感（IRS）缺口的例子。在管理期内所有时期的利率缺口均有限额，假设它固定且等于 1 000。图 6-4 显示了资产和负债的时间分布，图 6-5 显示了限额和各期的浮动利率缺口。高于上限的浮动利率缺口为超额缺口。这里忽略了负下限，因为所有负浮动利率缺口的绝对值均低于 1 000。

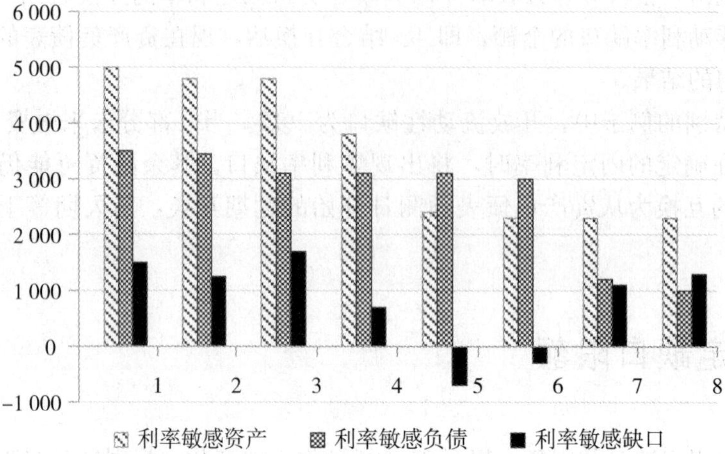

图 6-4　浮动利率缺口的时间分布

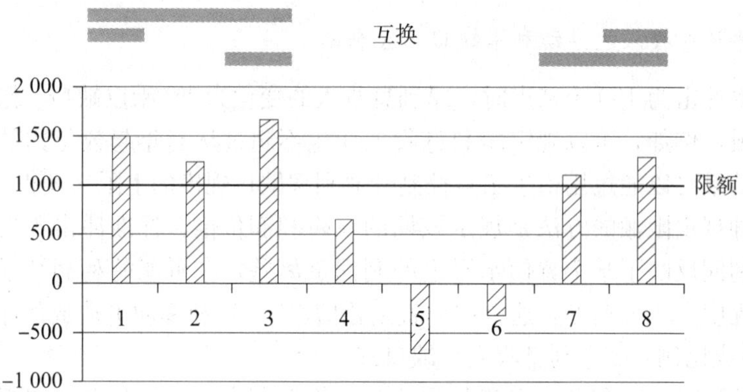

图 6-5　符合限额的对冲计划

超额缺口是浮动利率资产和浮动利率负债之差。每个超额缺口都利用收取固定利率、支付浮动利率的互换进行对冲。对冲从计划期期末开始并向后追溯，以确定用来进行对冲的互换的大小和日期。这些对冲抵消了计划期内的所有超额缺口。

前期有三个超额缺口，大小分别为 500、250 和 700。第一个互换对冲了大小为 250 的超额缺口，它持续存在于前三期中。第二个互换只抵消了第 1 期剩余大小为 250（=500−250）的超额缺口。第三个互换抵消了第 3 期中超过 250（第一个互换的名义金额）的缺口，即 700−250=450。对冲以后时期的超额缺口还需要其他互换。图中上方的水平线表示五个互换。

近期的限额通常较严格，随着计划期的延长限额会变得宽松。由于长期利率的观点可靠性较差，因此长期内的严格限额可能导致过度对冲。

6.5　对冲利率期限结构的变化：案例研究

在某些特定情况下，使用利率远期合约可能是一个不错的选择。这对于在利率下降时反复产生盈余资金的金融机构很重要。这种净贷款人面临的问题是决定如何处理预期盈余资金。什么也不做意味着未来盈余资金的投资收益率将越来越低。

这个例子受到了欧元启动之前的几年欧洲利率期限结构变化的启发。在欧元启动之前的几年，国家收益率曲线是向上倾斜的。收益率曲线是陡峭的，并在推出欧元时下降，直到欧元诞生那天变得几乎平坦。这种变化可以解释为不同欧洲国家的利率趋同于最低的现行利率，即德国的利率。

在这个例子中，利率远期合约是一种合适的工具。远期合约现在规定了未来时期的利率。远期利率是从现在（t）看适用于两个未来日期 t_1 和 t_2 之间的利率。从当前日期（t）看有多少未来日期，就有多少远期利率，远期利率以三个日期标示，即 F（t，t_1，t_2）。对于担心未来利率跌至远期利率以下的贷款人，远期利率被用于锁定未来时期的未来贷款利率。

所有远期利率都可以根据当前的利率期限结构推导出来。通过找出能复制这种合约的当前交易，可以说明该过程。假设某位贷款人预期从现在起一年后的未来现金流入 $X=100$，且一年即期利率和两年即期利率分别为 4%和 5%。贷款人希望现在锁定从日期 1 至日期 2 的期限为 1 年的远期贷款利率。通过现在借入 1 年期债务，并贷出相同金额的 2 年期贷款，可以复制远期贷款，如图 6－6 所示。

假设预期现金流入为 100，现在可以按 4%的利率借入并在 1 年后偿还 100 的确切借款金额为：100/(1＋4%)＝96.153 8。以 5%的收益率贷出这笔金额 2 年后的收入为：96.153 8÷（1＋5%)^2＝106.009 6，这是在 1 年后贷出 100、贷款期为 1 年时的收入，相应的利率为远期利率 6.009 6%，它是 1 年后的 1 年期利率。

图 6－6 显示了这种远期利率的准确计算方法。利率的两个下标为适用即期利率的初始日期（0）和最终日期（1 或 2）。从现在起 1 年后的 1 年期远期利率为 12×24 远期利率，12 和 24 分别表示截至开始日期和结束日期的月数。

远期合约现在不产生任何现金流，但允许贷出从日期 1 到日期 2 的预期现金流入。而且，远期利率高于两个即期利率。这是一条通用规则：当利率期限结构曲线向上倾斜时，远期利率高于即期利率；当利率期限结构曲线向下倾斜时，远期利率低于即期利率。

在欧元推出前，所有收益率曲线均向上倾斜，远期利率高于即期利率，并始终随着时间的推移而下降。当斜率为陡峭的时，投资者有机会从高于即期利率的远期利率

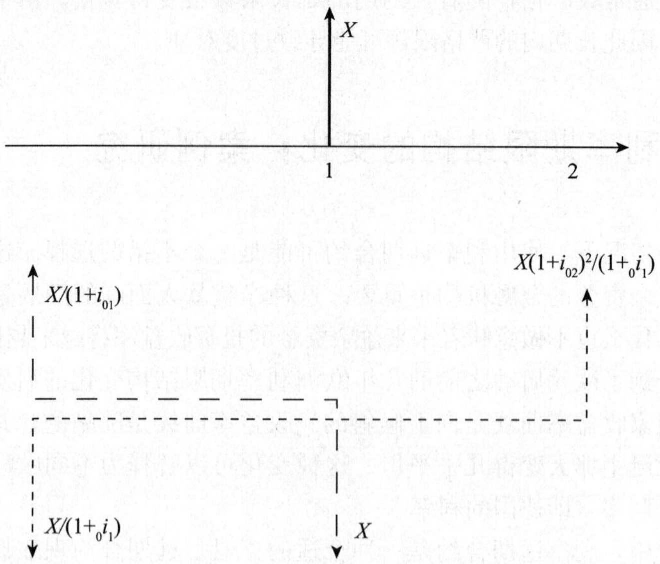

图 6-6 (12×24) 远期利率的计算

中受益。① 由于利率下降，因此逆转这种趋势的机会看来很渺茫。

一个选择是等待并且什么也不做。等待的一个可能理由是，利率接近于历史利率低点，应该会再次上升。另一个选择是逐渐对冲，在利率下降时积极签订收取固定利率的互换合约。早期互换应利用期初较高的利率。但后期互换应利用非常低的固定利率，如果预期利率再次上升，就会使其失去作用。在这种情况下，等待的价值为负，且对冲在后期通常没有用。如果订立合约的时间足够早，远期利率就可以提供获得高于在当前利率和未来利率下的收益率的机会。

当利率在 1999 年年底和 2000 年年初达到下限时，收益率曲线变得更低、更平坦。远期利率和即期利率之间的利差变窄。投资于高于后续利率的远期利率的机会窗口关闭。银行可能持有这种方向性头寸，因为利率趋势会持续多年。

6.6 对冲商业风险与利率风险

在确定性情景下，用缺口模型控制利率风险是很简单的。但预期缺口是不确定的，而且需要制订对冲解决方案的情景不止一个。此外，由于资产负债表中的嵌入式期权或者未来业务量的不确定性等，金额可能部分依赖于利率。

多个情景表明有多种缺口分布图。对于多个情景，结合利率情景与金额情景可以解决金额和利率的不确定性。处理金额和利率的不确定性的一种方法是绘制这些情景的交叉表，并形成矩阵。在图 6-7 中，直线表示利率情景，纵列表示金额情

① 在上述例子中，远期贷款利率为 6%，它远远高于 1 年期即期利率和 2 年期即期利率。

景，假设这些情景的数量有限。我们可以计算出每个金额与利率组合的利润。矩阵的每个单元格都有一个利润值。该矩阵可以用平均利润和利润在不同单元格的离差来反映。这是用不同情景下的预期利润和潜在利润波动率来反映银行当前头寸的一种便捷方法。

由于利息收入取决于融资和对冲解决方案，因此有多少个对冲解决方案，就有多少个矩阵，如图 6-8 所示。由于不同情景的缺口不同，因此没有针对关闭不同情景的缺口的对冲解决方案。而是一旦对冲就位，就可以重新计算矩阵中所有单元格的所有利润，从而测试不同的对冲解决方案。如果对不同的对冲进行测试，那么有多少个对冲解决方案，就有多少个矩阵。在处理这些表格时，可以用每个矩阵不同单元格的平均利润和标准差反映每个矩阵。通过改变对冲，可以产生一系列预期利润和利润波动率。

图 6-7　业务情景与利率情景的交叉表

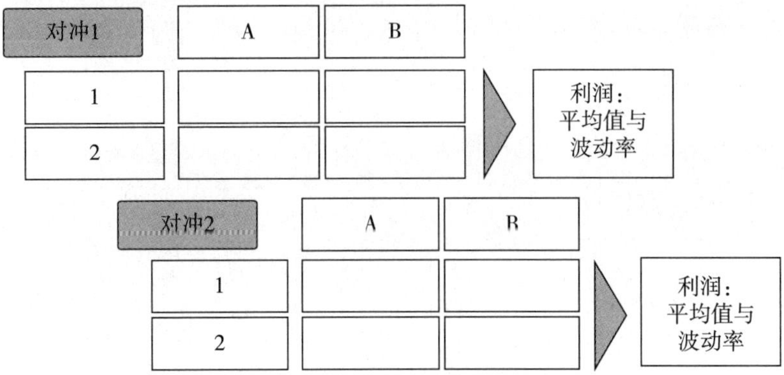

图 6-8　不同对冲情景的交叉表

预期利润和利润波动率可以通过作图体现，每个点都反映了给定对冲的完整利润矩阵（见图 6-9）。

夏普比率（预期利润与利润波动率之比）可以作为风险调整盈利能力指标。[①] 最优对冲是在给定波动率下的最大化平均利润，或在给定利润水平下波动最小且有效的

① 夏普比率是投资组合的风险调整业绩指标。它也可以用于对投资组合的信用风险建模。

对冲。由于缺口大小存在不确定性，因此没有对冲可以使利润不受利率变化影响，但可能存在无效的解决方案。然后，我们就可以挑选出不同风险水平上的有效解决方案。

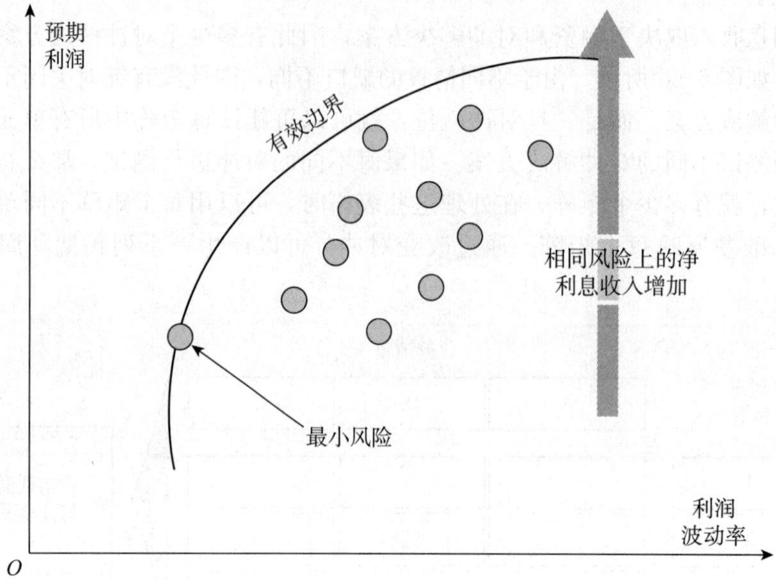

图 6-9　风险收益率组合

第 7 章 银行账户的经济价值

标准缺口管理有许多缺点。不管银行是否有超长期承诺，缺口都无法适用于长期管理，也无法衡量一段有限时期内的风险。缺口无法反映银行产品中内含的期权风险。它只是净利息收入对一段时期内的利率冲击的实际敏感度的近似值。

另一种方法是评估银行资产负债表价值对利率冲击的敏感度。如果银行以高于市场利率的利率发放贷款，以低于市场利率的利率吸收资金，那么它的银行账户价值就为正。其风险可以用该价值对利率冲击的敏感度来衡量。这种方法的一个好处是，它衡量了现有便利在整个投资期内的银行账户风险。

本章说明了经济价值（EV）与银行净利息收入的关系，以及如何衡量经济价值的敏感度。

7.1 经济价值及其敏感度

银行的投资组合由贷款多头和融资空头组成，其价值是资产和负债的净价值。银行投资组合的估值面临着许多概念性挑战和实务挑战。贷款和存款不进行交易，因此这些资产没有价格，它们的价格依赖于盯市。银行贷款和银行存款都嵌入了期权，这些期权被让渡给客户，其价值应该为这些期权的净值。银行发放贷款也面临着借款人的信用风险，这会影响其价值。假设银行资产和银行负债的现金流为随机现金流，那么估值过程并不简单。第 8 章提出的扩展框架，可以从概念上解决这些难题。

本章的重点不是价值，而是价值对利率冲击的敏感度。本章较少关注贷款的信用风险调整。信用风险贷款的盯市价值可以用风险利率贴现合约现金流获得，风险利率为无风险利率加上与其信用质量相应的信用利差。

实际上，单纯用于衡量风险时，价值敏感度的意义大于价值本身。根据这种观点，没有必要根据信用风险调整贷款价值，因为当评估利率冲击的影响时，信用风险会保持不变。忽略信用风险意味着用无风险利率进行贴现。

这里有一个基础假设：未经信用风险调整的价值的敏感度可以作为信用风险资产的公允价值敏感度的替代指标。如果信用利差很小并独立于利率冲击，那么这个假设就是合理的。使用无风险曲线也意味着由银行获得客户利率和无风险利率之间的所有利差（包括信用利差），这对于无违约贷款而言是符合实际的。

这种近似方法有很大好处，因为我们可以将一条利率曲线用于所有资产和负债，而不必根据不同项目的风险来区别利率。接下来，就可以使用与银行相关的参考利率曲线，用经济价值表示资产负债表价值。

银行的参考利率曲线结合了 1 年期 Libor 利率和更长期限的互换曲线。Libor 利率是适用于知名银行的利率。期限超过 1 年时，参考利率为用 Libor 交换固定利率的互换利率。互换曲线由不同期限的互换固定利率构成。利率互换是用固定利率（互换利率）利息支付交换浮动利率（Libor）利息支付的合约。固定的互换利率被用作参考利率，并被视为基本无风险的，因为它不包括补偿投资者债务信用风险的市场债务（例如债券）信用利差。互换利率是不需要资金支持的，它不需要双方交换本金。然而，它包含参与行稍高于国库券利率的利差。为了获得互换利率，银行需要以 Libor 贷款，并签订互换合约。这种银行同业贷款交易和借款交易带有高评级银行的信用利差。

通过贴现银行账户上的现有资产和负债产生的所有现金流，可以得到所有现金流的现值（PV）。它包括资本流（例如贷款产生的本金偿还）和利息流。流动性缺口集合了所有摊销的现金流。因此，所有现金流的现值是所有流动性缺口的现值加上所有利息流。未来现金流 F_t 的现值为：

$$V=\frac{\sum_t F_t}{(1+r_t)^t}$$

式中，贴现率为无风险利率（或 Libor）和互换利率，它遵循上述惯例的原理。经济价值是由资产多头和负债空头构成的投资组合的净价值。它可能为正，也可能为负。经济价值的变化完全取决于这两种投资组合的敏感度。

这种方法忽略了银行产品的期权性。期权性降低了银行账户的价值，由于利率下降时将对抵押贷款进行重新协商，利率上升时客户将提取存款，银行需要对损失的存款进行成本更高的融资，因此它总是对银行不利。本书用专门章节讨论了对可选择性的调整（第 8 章和第 9 章）。在这个阶段，我们的目的仅是明确经济价值敏感度的相关解释。

7.2 经济价值与净利息收入

直觉上，经济价值应该是测量长期业绩的指标。如果资产价值高于面值，就意味着资产收益率高于市场利率，如果贷款利率高于市场利率，那么这就是正常情况。如果存款支付的利率低于市场利率，那么其价值就将低于面值。此时经济价值为正，因为资产价值高于面值，负债价值低于面值。经济价值应该随着贷款与存款相对于市场利率利差的增加而增加。在一个例子中可以看到，用上述惯例计算的经济价值与定期净利息收入流直接相关。

7.2.1 银行资产负债表示例

表 7-1 为一个资产负债表示例。当前的市场利率为 4%。为简化起见，例子中使用了平坦的利率曲线，这并非限制性条件。银行有一笔 1 年期债务，债务利率为 5%，与市场利率的利差为 1%。某期的债务利率是固定的，并对债务进行展期以匹配长期资产重新调整时的债务利率。这笔贷款的期限为 3 年，合约规定的固定利率为 7%，即高于市场利率 3%。净利息收入仅在第一年对利率变化免疫，它在第二年和第三年就会重新调整为新利率。

如果在第 1 期后发生利率冲击，那么债务的利息成本将被重新调整，但贷款的固定利率不会变化。经济价值贴现了直至最后一期的所有现金流。在第 3 期期末，贷款和债务都得到偿还。表 7-2 显示了期末的资产和负债余额，以及相应的现金流。

表 7-1　　简化的资产负债表示例

	资产	负债
金额	1 000	900
固定利率（%）	7	5
期限（年）	3	1

表 7-2　　资产和负债产生的本金流

余额	0	1	2	3
资产	1 000	1 000	1 000	0
负债	900	900	900	0
现金流				
资产流		0	0	1 000
负债流		0	0	−900
净资本流		0	0	100

表 7－3 显示了净利息收入的计算过程。如果利率没有变化，那么各期之间的利息收入和利息成本都是固定的。它们是根据各期期初的余额计算出来的。

在计算经济价值时，需要加总本金流的现值和利息流的现值。用 4%的市场利率计算贴现系数。全部现金流的现值——利息流和资本流之和——为经济价值，即 158.28（见表 7－4）。它是利息流和本金流的现值之和。

净利息流的价值是单独计算的（见表 7－5）。

可以看出，它与经济价值之差为最终日期的最后一笔资本流的现值（见表 7－6）。

上述计算表明，经济价值为利息流的现值和最后一笔资本流的现值之和：

经济价值＝净利息收入的现值＋(截至日期 3 的权益的)现值

＝69.38＋88.90＝158.28

表 7－3　　利息流

t 时的利息收入和利息成本（使用截至 $t-1$ 时的余额）			
收入	70.0	70.0	70.0
成本	45.0	45.0	45.0
净利息收入	25.0	25.0	25.0

表 7－4　　经济价值的计算

贴现系数－最终利率		0.952	0.907	0.864
全部现金流		25.0	25.0	125.0
PV（全部现金流）		24.0	23.1	111.1
经济价值：$\sum$ PV（全部现金流）	158.28			

表 7－5　　利息流的价值

t 时的利息收入和利息成本（使用截至 $t-1$ 时的资产和负债余额）				
收入	—	70.0	70.0	70.0
成本	—	45.0	45.0	45.0
净利息收入	—	25.0	25.0	25.0
PV（净利息收入）		24.0	23.1	22.2
$\sum$ PV（净利息收入）	69.38			

表 7－6　　资本流的价值

日期		1	2	3
贴现系数－最终利率		0.952	0.907	0.864
PV（资本流）		0.0	0.0	88.9
$\sum$ PV（资本流）	88.90			

其含义是，控制经济价值的敏感度相当于控制直至最后一期的整笔利润流加上最终日期的权益价值的敏感度。

当产生利率正冲击时，经济价值将下降，因为净利息收入在第1期后下降。通过施加令净利息收入为负的利率冲击，可以对其进行检验。例如，当市场利率从4%升至8%时，第2期和第3期的净利息收入为负。本金流不变，当债务在第1期后展期时，债务的利息成本将更新。新的净利息流如表7-7所示。

经济价值降低了，因为它是投资期内降低的净利息收入的现值之和加上固定项的现值（见表7-8）。贴现系数使用了新利率，为8%。

这个例子表明了简单情况下经济价值与净利息收入的关系。在更一般的情况下，资产和负债将进行摊销，最后一期的期限可能是最长的，也可能较短。

表7-7　　利率冲击之后的利息流

t时的利息收入和利息成本（使用截至$t-1$时的资产和负债余额）				
		1	2	3
收入	—	70.0	70.0	70.0
成本	—	45.0	90.0	90.0
净利息收入	—	25.0	−20.0	−20.0

表7-8　　利率冲击后的新经济价值[a]

贴现系数一最终利率		1	2	3
		0.926	0.857	0.794
全部现金流		25.0	−20.0	80.0
PV（全部现金流）		23.1	−17.1	63.5
EV$=\sum$PV（全部现金流）	69.51			

a. 最后一笔现金流为80，它是权益和负收入（−20）之和。

在一般情况下，当资产和负债耗尽时，经济价值包括截至该时期的净利息收入流价值加上截至选定时期的流动性缺口现值。如果流动性缺口不受利率冲击的影响，那么经济价值的敏感度与净利息收入流的敏感度直接相关。

根据定义，经济价值贴现了全部现金流，即资本加上利息。我们可以按照子时期，即t至$t+1$时期，将现金流分为两类：

$$\text{全部现金流}(t, t+1)=\text{资本流}(t, t+1)+\text{利息流}(t, t+1)$$

各期的净资本流为资产和负债的摊销金额，它等于流动性缺口的变化，并等于每期的边际流动性缺口。净利息流等于净利息收入。经济价值为所有净利息收入和边际流动性缺口的现值。

$$EV=PV(\text{未来净利息收入})+PV(\Delta\text{流动性缺口})$$

使用和之前相同的资产负债表，现在可以逐步摊销资产和负债。债务和贷款的初始金额相同，但它们的余额从初始日期开始下降（见表7-9）。在投资期结束之前（即日期3之前）流动性缺口一直为正。在该时期，贷款均为固定利率（7%）。在第1期中，债务利率为固定利率（5%），但如果出现利率冲击，则在接下来的时期债务将以新利率展期。

表7-9　固定投资期内的资产负债表摊销

日期		1	2	3
资产	1 000	900	800	600
负债	900	800	600	500
流动性缺口		100	200	100
资产流		100	100	200
负债流		−100	−200	−100
净资本流		0	−100	100

t 时的利息收入和利息成本是根据 $t-1$ 时的资产和负债余额，用适用于贷款和债务的利率（见表7-10）计算出来的。净利息收入随时间的推移而变化，因为资产和负债的余额都会随时间的推移而下降。

表7-10　利息收入与利息成本

日期	1	2	3
t 时的利息收入和利息成本（使用截至 $t-1$ 时的余额）			
收入	70.0	63.0	56.0
成本	45.0	40.0	30.0
净利息收入	25.0	25.0	26.0

所有现金流的现值是所有净利息收入的现值和投资期内净资本流的现值之和（见表7-11）。经济价值为64.86，它是净资本流的现值（−3.56）与投资期内各期利息收入的现值（68.42）之和。反过来，净利息收入的现值为经济价值减去投资期内的资本流现值：

$$PV(净利息收入)=EV-PV(资本流)=64.86-(-3.56)=68.42$$

这些等式对于任何投资期和资产与负债的任何摊销安排都成立。当投资期延至所有资产和负债的最长到期日时，整笔净利息收入流的现值为经济价值减去权益的贴现价值。

经济价值是资产负债管理的目标变量，因为给定流动性缺口的时间分布线，它能够将截止日前整笔净利息收入流的现值总结为一个值。

表 7-11　　全部现金流、资本流和利息流的现值

贴现系数—初始利率		0.962	0.925	0.889
PV（资本流）		0.0	−92.5	88.9
∑ PV（资本流）	−3.56			
贴现系数—初始利率		0.962	0.925	0.889
PV（净利息收入）		24.0	21.3	23.1
∑ PV（净利息收入）	68.42			
贴现系数—初始利率		0.962	0.925	0.889
全部现金流		25.0	−77.0	126.0
PV（全部现金流）		24.0	−71.2	112.0
∑ PV（全部现金流）	64.86			

在管理利率风险时，缺口被用于控制近期内的净利息收入敏感度。但是关闭利率缺口并不意味着经济价值对利率冲击免疫。为了控制现有全部资产和负债的所有净利息收入流的敏感度，有必要控制经济价值的敏感度。结论是，有必要同时使用定期净利息收入和经济价值作为资产负债管理的目标变量。缺口管理是针对近期的，而经济价值的控制则是针对长期的。

7.3　经济价值对利率的敏感度

银行资产负债表价值对利率冲击的敏感度是利率风险管理的长期目标变量。这种利率敏感度取决于资产和负债的相对敏感度。

7.3.1　固定利率资产或固定利率负债的敏感度

固定利率资产的价值为按市场利率计算的所有合约现金流的现值。价值和利率之间存在逆向关系（见图 7-1）。这种关系意味着当固定利率贷款支付的利率高于市场利率时，贷款对贷款人的价值更高。如果利率下降，固定利率债务的价值也会上升，这意味着如果固定利率债务的成本高于市场利率，债务价值对借款人的价值更高。支付零利率的存款的价值表现和零息债券相同。如果市场利率上升，存款对于存款人的价值将会由于未在市场上投资的机会成本增加而下降。同时，银行从比市场债务便宜的债务中受益，当市场利率上升时尤甚。

浮动利率资产的现金流价值是固定的。某个时期的最后一笔现金流为本金（N）和利息（i）之和，后者通常为基于 Libor 的利率。用相同的利率贴现最后一笔现金流即可得到现值，结果等于面值为 N 的固定价值：$N(1+i)/(1+i)=N$。多期浮动利率债券可以用一系列固定价值的单期债券复制，它的价值也是固定的。因此，浮动利率资产对浮动利率冲击不敏感。[1]

[1] 忽略可能适用的贴现率的固定利差。

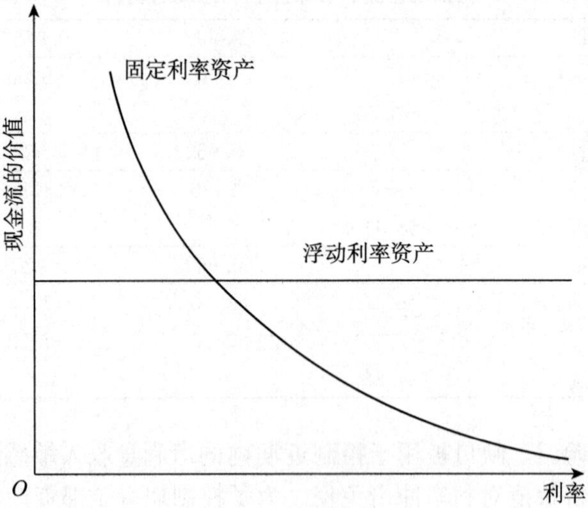

图 7-1　市场价值

固定利率资产的价值和利率之间的逆向关系是非线性的。较高水平上的利率下降（例如从 9%降至 8%）的影响大于较低水平上的利率下降（例如从 4%降至 3%）的影响。这些变化衡量了对利率冲击的敏感度，它由图中在初始利率上与曲线相切的直线斜率表示（见图 7-2）。

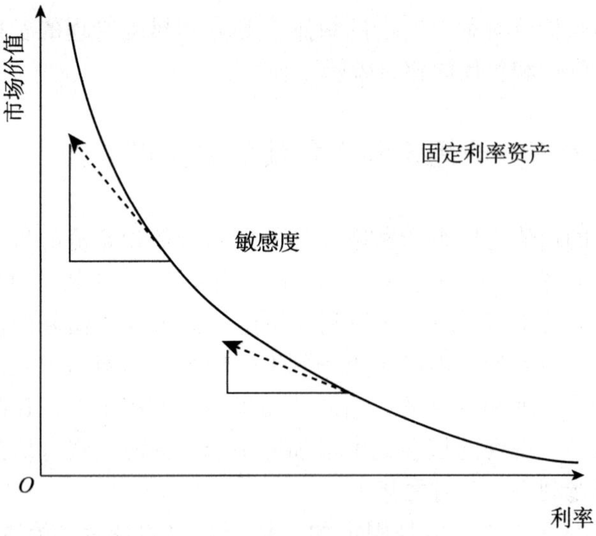

图 7-2　敏感度和利率

由于曲线具有凸性，因此敏感度会沿着曲线变化。当利率变化较小时，敏感度接近固定。但当出现重大利率冲击时，就不能忽视利率的变化。敏感度是一个局部指标，这意味着它依赖于当前的环境。凸性是衡量债务价值和利率关系的曲率，它衡量了久期如何随利率变化而变化。凸性是根据表示贴现系数的非线性函数得到的。

有合约规定的固定现金流的资产价值的计算公式为：

$$V=\sum_{t=1,T}\frac{F_t}{(1+r_t)^t}$$

F_t为合约规定的现金流，r_t为日期t上适用的贴现率。当该贴现率为到期收益率r时，可以使用类似的贴现率固定的公式。债券价值对该贴现率的敏感度将价值变化与利率冲击联系起来：

$$\Delta V=-[D/(1+r)]V\Delta r$$

敏感度为$D/(1+r)$，V为初始价值，Δr表示收益率受到的冲击。系数$D/(1+r)$为修正久期。久期为价值对贴现系数中使用的所有利率受到的冲击的一阶导数。计算结果表明，久期为现金流日期的加权平均值，权重等于贴现现金流与价值之比。[①] 浮动利率资产的价值是固定的，久期为零。

久期有一些重要的特征。[②] 投资组合的久期是资产市场价值加权的资产平均久期。这种特征使人们可以推导出资产负债表的久期，它是银行账户久期的加权平均值。久期是“局部”指标，因为利率变化时它将会变化。当时间流逝时，久期将会变化：它随着期限增加而增加，但增加幅度较小。如果现在的久期为2年，1年后的久期将长于1年，因为它的下降速度慢于剩余期限。这说明当利率变化、时间推移时，任何适用于某个时点上的久期的条件都不会永远成立。

7.3.2 经济价值和久期缺口的敏感度

经济价值是资产与负债的价值之差。其敏感度取决于资产与负债的敏感度以及价值与利率关系的凸性。

为了中和经济价值的敏感度，资产价值和负债价值的变化应该相同。这个条件表明了资产和负债的价值和久期之间存在的关系。当收益率曲线的平移等于Δr时，经济价值的敏感度为：

$$\Delta \mathrm{EV}/\Delta r=\Delta(V_A-V_L)/\Delta r$$

V_A和V_L是资产和负债的市场价值。这些价值的变化来自它们的久期，分别为D_A和D_L。经济价值的敏感度为持有资产多头和负债空头的投资组合的敏感度。其久期为这些资产和负债的线性函数，该函数以市场价值加权：

$$\Delta \mathrm{EV}=\frac{[-D_AV_A+D_LV_L]}{1+r}\Delta r$$

① 假设所有利率r_t均受到普遍冲击Δr，变为$r_t+\Delta r$。Δr的导数为久期：久期$=\sum_{t=1,N}t\,F_t/(1+r_t)^t/\sum_{t=1,N}F_t/(1+r_t)^t$。

② Bierwag的著作（1987，[30]）专门讨论了久期的定义和特征。

久期缺口为以资产和负债的市场价值加权的资产和负债的久期之差。

$$久期缺口 = -D_A V_A + D_L V_L$$

久期缺口等于用来控制净利息收入变化的利率缺口，它被用来控制经济价值的敏感度。

免疫条件说明价值对利率变化不敏感，因为资产和负债的变化金额相同，为：

$$V_A D_A = V_L D_L$$

久期缺口的单位是价值而不是年份。对于以年份表示的久期，相同的免疫条件表示，资产和负债的久期之比应等于负债和资产的市场价值之比：

$$\frac{D_A}{D_L} = \frac{V_L}{V_A}$$

经济价值对利率冲击的敏感度百分比为用价值表示的久期缺口与经济价值之比，它也是经济价值的久期。经济价值的久期用年份而非价值表示：

$$\frac{\Delta \mathrm{EV}}{\mathrm{EV}} = \frac{[-D_A V_A + D_L V_L]}{1+r}\frac{\Delta r}{\mathrm{EV}}$$

有时，这种经济价值久期被称为“权益久期”。例如，使用资产（A）和负债（L）的账面价值作为其价值的替代指标，当权益为资产的8%（根据监管比率加权）时，$V_L = 92\% \times V_A$。经济价值占资产负债表价值的8%。如果$D_L = 1$，$D_A = 2$，那么用占资产百分比表示的加权久期缺口约为：

$$-2 \times 100\% + 1 \times 92\% = -108\%$$

将其除以经济价值占比，就可以得出用年份表示的久期，它为：$-1.08/8\% = -13.5$。该久期表示1%的利率冲击导致的经济价值变化百分比为13.5%。

久期缺口是用市场价值加权的，未加权的久期缺口的含义与之不同。当资产和负债的久期相同（$D_A = D_L$）时，未加权的久期缺口为零。当久期匹配时，任何利率变化都会使资产和负债产生相同比例的变化。由于债务变化与资产变化之比为这两个变化率之差，因此它为零。[①] 如果债务与资产之比固定，那么银行的债务与权益之比也是固定的。因此，匹配的久期意味着市场价值杠杆对利率变化免疫。[②]

经济价值的敏感度应该与资本进行比较。管理经济价值敏感度时，应该保证利率冲击不过分损害资本基础。这是规定经济价值敏感度限额的一种可能原因。

---

① 资产变化与债务变化之比可表示为：$\Delta(V_A/V_L)/\Delta i = (-1/V_L^2)(V_L \Delta V_A - V_A \Delta V_L)/\Delta i = \left(-\frac{1}{V_L^2}\right)\left[\frac{-V_L V_A D_A}{1+i} + \frac{V_A V_L D_L}{1+i}\right]$。该式可以通过提取公因数进行简化，此时该式成为$(D_A - D_L)$的函数。当$D_A = D_L$时，该比率的敏感度为零。这个条件表示，资产与负债之比是固定的，相当于债务与权益的杠杆比率也是固定的。

② 例如，这种条件适用于使用固定杠杆（以市场价值表示）的基金。通常，基金有符合下列约束条件的资产和债务：资产价值始终高于债务价值（即资产价值与债务价值之比始终高于1）。保持该比率表示资产和债务的久期相等。

管理久期缺口意味着调整资产和负债的价值以及它们的久期。在某种程度上，一种方法可以在资产负债表上进行。但是银行账户的特征受到商业政策和银行客户需求的影响。为了管理久期缺口，需要更高的灵活性。

另一种方法是使用衍生工具或表外管理。衍生工具根据其修正利息流的程度修正久期。固定利率资产与支付固定利率、收取浮动利率的互换组合的表现类似于浮动利率资产。[①] 期货合约[②]的久期等于基础资产的久期，因为期货合约的价值跟踪基础资产的价值。远期合约是类似的合约，它在场外交易，不同于在交易所交易的期货。当发生利率冲击时，期货和远期合约的表现类似。例如，远期贷款将锁定未来时期的利率。它对利率敏感，因为如果利率下降，它的价值将上升，如果利率上升，它的价值将下降。

7.3.3 利率冲击下的价值表现

通常，经济价值对利率变化敏感。其关系曲线的形状取决于资产和负债的相对久期。当久期缺口等于零时，只要利率变化不是太显著，经济价值就对利率变化免疫。资产和负债之间的久期错配（用资产价值和负债价值加权）使经济价值对利率敏感。银行的标准头寸错配即资产和负债的期限错配，也表明存在敞开的久期缺口。

图 7－3 显示了有久期错配的经济价值的敏感度。在这个例子中，存在使经济价值为零的利率值。如果利率偏离了该值，经济价值就可能为正或为负。

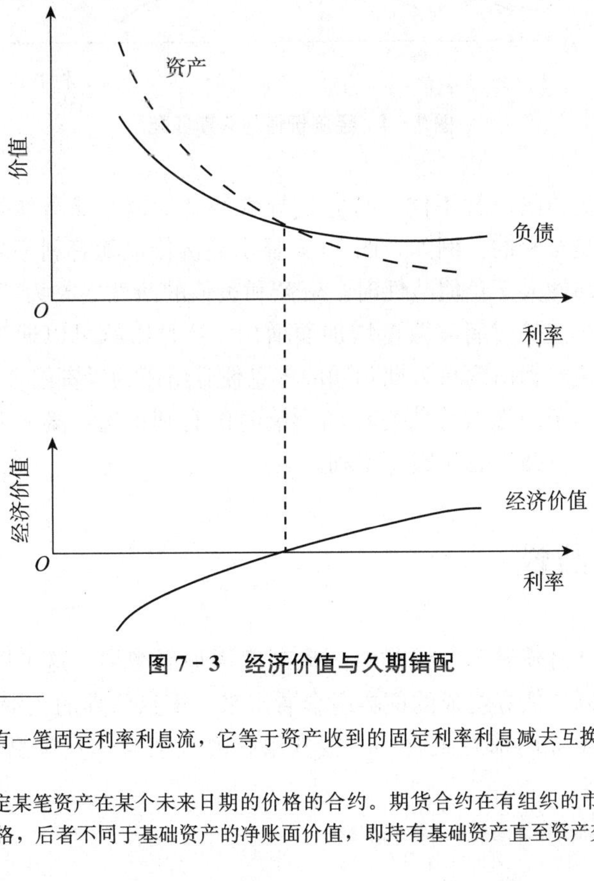

图 7－3　经济价值与久期错配

---

① 通常，始终会有一笔固定利率利息流，它等于资产收到的固定利率利息减去互换支付的固定利率利息之差。它们通常不相等。

② 期货是现在规定某笔资产在某个未来日期的价格的合约。期货合约在有组织的市场上交易。期货合约的价值跟踪基础资产的价格，后者不同于基础资产的净账面价值，即持有基础资产直至资产交割的净成本。

图 7-4 说明了资产和负债的加权久期匹配时的情况。资产和负债的凸性[①]不太显著，因此利率的小幅变化只轻微影响经济价值，且经济价值对当前利率附近的小幅利率变化免疫。在图中，资产和负债的曲线为其通常的形状，具有向上的凸性。经济价值为正，因为资产价值高于负债价值，且初始利率上的曲线斜率相等，因为它们的久期匹配。

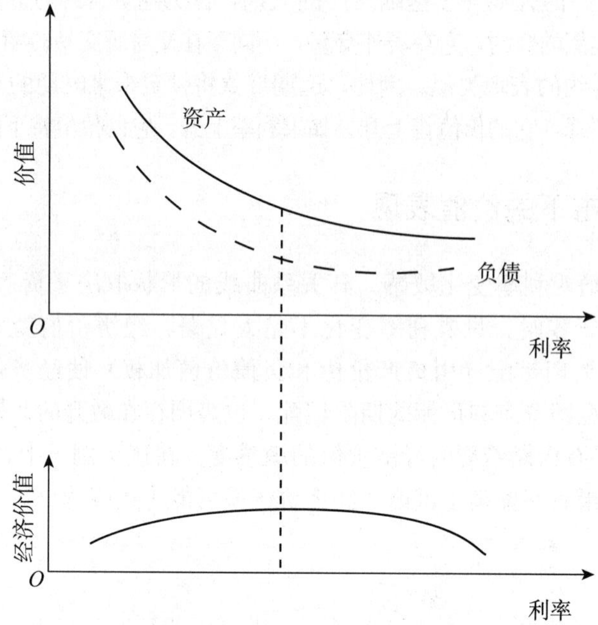

图 7-4 经济价值与久期匹配

通常，资产和负债的凸性不同，且它们导致经济价值对显著的利率变化敏感。理论上，凸性对银行是有利的。例如，图 7-5 显示经济价值随着利率的上升和下降而增加。这发生在资产凸性大于负债凸性时。资产和负债的凸性之差为“凸性缺口”。凸性可以表现为随着现金流的时间离散度增加而增加。这种影响可以通过比较两笔资产来说明，它们是零息债券和由两只久期相同的零息债券组成的投资组合（见下文附录）。

遗憾的是，不同于凸性对价值有正面影响时的有利情况，第 8 章表明，由于银行产品中的嵌入式期权，凸性总对银行不利。

7.4 附录：凸性

给定久期，凸性将随着现金流的时间离散度增加而增加。这可以通过比较一只债券和由与其久期相同的债券组成的债券组合看出来。零息债券的久期等于债券到期日。在由两只零息债券组成的债券组合中，债券组合的久期与单只零息债券的久期匹配。

① 凸性是表示价值和利率之间关系的曲线的曲率。

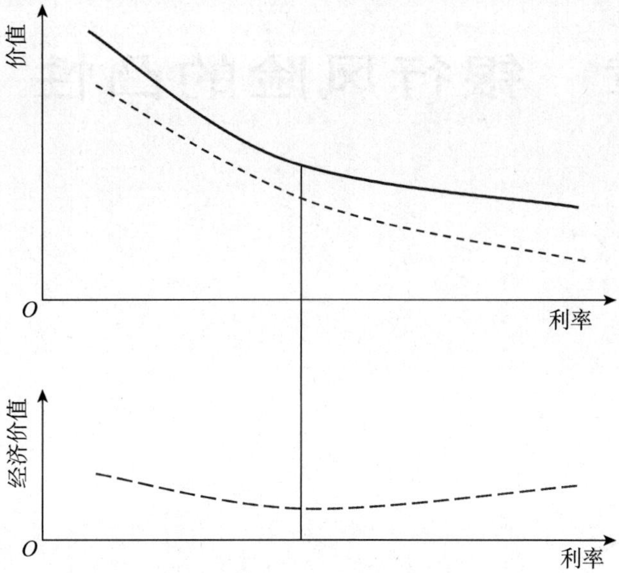

图 7-5　凸性和经济价值对利率的敏感度

通过改变债券组合中两只债券的名义金额和期限，可以使债券组合的久期和价值等于单只债券的久期和价值。[①] 图 7-6 刻画了债券组合（实线）和单只债券（虚线）的凸性和久期之间的关系。

当利率为 6%时，它们的久期恰好相同。但是现金流期限不同的债券组合的曲线凸性更大。

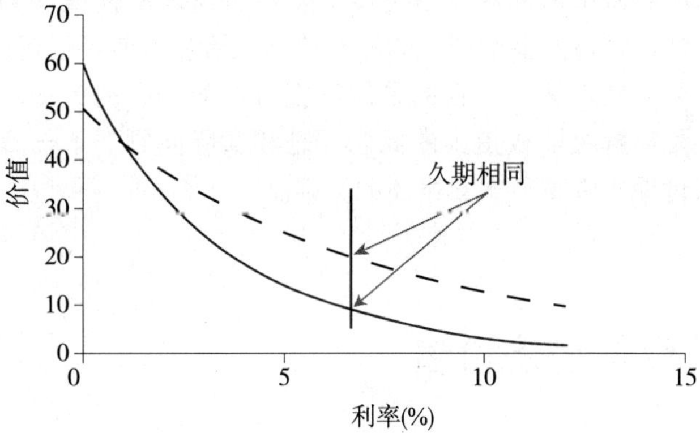

图 7-6　现金流的凸性和时间离散度

① 我们有一个由两个等式组成的方程组：一个是令债券组合的价值加权久期与单只债券的价值加权久期相同的等式，另一个是令债券组合的价值之和与单只债券的价值相同的等式。本例中使用的债券组合由两只价值分别为 35.71 和 8.10，利率分别为 1%和 4%，期限均为 30 年的零息债券组成。相同久期的零息债券的期限为 15 年，利率为 5%，价值为 43.81，它等于由两只零息债券组成的债券组合的价值。

第 8 章　银行风险的凸性

银行产品的期权总是对银行不利。当利率下降、收入受到不利影响时，固定利率贷款将重新协商。当利率上升、融资成本升高时，存款将被提取。此外，这些事件还取决于利率。

这会造成很多种结果。现金流是随机的，这会引发流动性风险。标准缺口或久期缺口低估了净收入和经济价值的利率敏感度。资产负债表的估值受到让渡给客户的期权价值的影响。此外，银行产品的嵌入式期权使其风险和价值评估远比基本工具复杂。

本章有两个主要目的。第一个目的是解释银行产品期权的性质和后果。第二个目的是解释扩展框架如何解决期权提出的概念问题和实际问题。下一章将举例说明如何在抵押贷款提前偿付期权中执行本章概述的原则。

8.1　凸性风险与经济价值

借款人可以重新协商贷款利率，存款人可以自由地从账户中提取存款或者增加存款。这些权利是银行产品的嵌入式期权。这种期权对银行不利。

当利率下降时，固定利率抵押贷款可以进行重新协商，而支持抵押贷款的固定利率债务始终保留在资产负债表中。浮动利率抵押贷款通常嵌有利率上限，当市场利率上升时会触发该利率上限，而由浮动利率债务支持的抵押贷款没有利率上限。在没有对冲时，两种情况下的净利息收入都会下降。在负债方，当利率上升时，存款被提取，资金被转移至有息账户。如果存款仍留在银行中，它们的成本将会升高。如果存款被提取，则必须用成本更高的新融资代替被提取的存款。

贷款和存款中嵌入的期权对客户有利，并使银行遭受损失。这些期权由客户持有，并由银行让渡。它们的价值应从资产负债表的价值中扣除。期权价值依赖于利率。当利率在任何一方显著变化时，不管升高还是降低，期权价值都会实现。当利率上升时，提取存款的一方将受益。当利率下降时，从重新协商固定利率贷款中获得好处的一方将受益。当利率显著变化时，银行将损失这些期权的价值，且资产负债表价值将表现为倒挂的 U 形曲线，即当利率在任何一个方向上变化时，资产负债表的价值都会下降。

期权对价值的这种影响可以用图形来表示。在没有期权时，资产和负债都是利率的单调反函数。期权的影响是逆转这些曲线的凸性。

当利率下降、重新协商贷款或提前偿还贷款时，固定利率贷款的表现类似于浮动利率贷款——它们的久期会下降而不是上升。曲线的上半部分显示了利率上升时它们的价值如何变化：当利率上升时曲线变得平坦且价值变得对利率上升不敏感（见图 8-1）。此时，提前偿还贷款具有同样的效果，因为银行只能以新利率对客户提供的资金进行再投资。

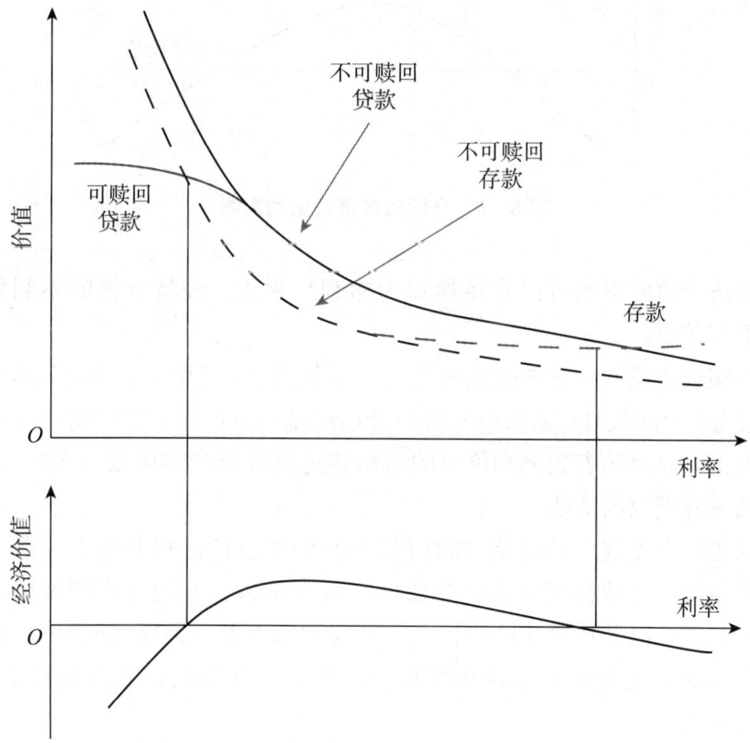

图 8-1　因嵌入式期权导致的经济价值的“剪刀效应”

当上升的市场利率达到合约中嵌入的利率上限时，浮动利率抵押贷款的表现将类似于固定利率抵押贷款——它们的价值开始下降而非保持不变。在这两种情况下，贷款的凸性都将逆转。

如果存款不能被自由提取和增加，那么它的表现将类似于零息债券。在低利率环境中，客户几乎没有提取或增加存款的动机。在高利率环境中，客户有将资金从存款账户转移到有息账户的动机。转移到浮动利率资产的资金变得对利率变化不敏感，曲线变为水平而非下降的，负债的价值变得高于不可赎回资金的价值。

图 8-1 显示了期权对价值的影响。不可赎回贷款和存款与市场利率存在普遍的单调逆向关系。当利率下降时，可赎回贷款的价值在左侧变得平坦。当利率上升时，存款价值在右侧变得平坦。不可赎回贷款或存款曲线的缺口表示期权的价值，当市场利率偏向左侧或右侧时，期权的价值将增加。净影响是经济价值的倒 U 形曲线。

久期缺口反映了利率小幅变化对价值的一阶影响。在图 8-2 中部，价值为正，资产和负债的久期符号相同。当利率向左侧移动时，资产久期开始随着利率的增加而下降。当利率向右侧移动时，存款久期升至零而非下降。凸性衡量了利率变化时久期如何变化。当资产曲线和负债曲线交叉时，经济价值为零，超过这一点后，两侧的经济价值均变为负。这是商业银行的一般情况。

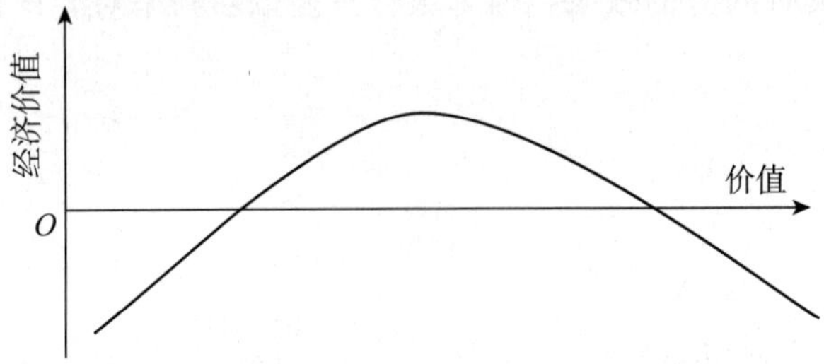

图 8-2　凸性对经济价值的影响

期权对经济价值的影响可以直接换算为净利息收入。经济价值的不利偏离表示净利息收入的不利偏离。

凸性是由期权造成的，它的报酬曲线有一个拐点。[①] 当期权为价外期权时，其报酬为零。当期权为价内期权时，其报酬和价值开始随基础资产的变化而变化（见图 8-3）。它们的凸性为正，这意味着报酬和价值的增幅超过基础资产的增幅。图 8-3 显示了基于基础资产的看涨期权的曲线。

看涨期权是以事先规定的价格（执行价格）购买资产的权利而非义务。当资产价值低于执行价格时，这种权利价值就会很低或没有价值，并随着资产价格升至执行价格以上而开始升值，因此使曲线产生拐点。期权的敏感度（即期权的 delta 值）是基础资产变化 1 单位时的变化率。当看涨期权为深度价内期权时，看涨期权的 delta 值为正，并从 0 变为 1。

银行产品的嵌入式期权由客户持有，因此由银行负责"出售"。该期权曲线相对于已购期权是倒挂并向下倾斜的，因此可赎回贷款有负凸性。

如 8.3 节的附录所示，正凸性在波动环境中有价值。已售期权具有负凸性，其价

① 如果是价外期权，那么期权的报酬将接近于零；如果是价内期权，那么期权的报酬将为基础资产价值的函数。因此，当敏感度从零变为正值时，立即执行期权的报酬将出现在拐点处。期权价值和基础资产之间的关系是凸性的。

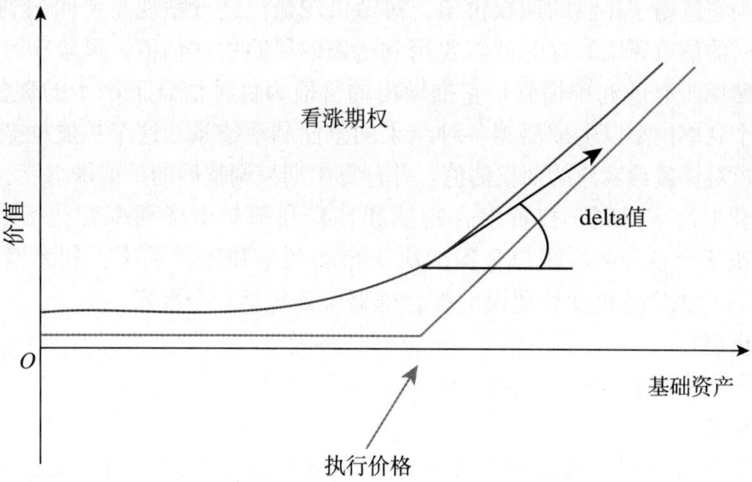

图 8-3　作为基础资产的函数的看涨期权价值

值为负。银行持有凸性空头，表明波动性升高时凸性价值下降。敏感度的变化（即delta 值）体现在资产和负债曲线的斜率变化中。delta 值的变化以“gamma 值”衡量，gamma 值是曲线的二阶导数。银行为“gamma 空头”：这与有利情况相反，而和已购看涨期权的情况相同，当价值随着波动性增加而增加时，它为波动性多头。

如果竞争允许这种加价，可赎回贷款的嵌入式期权的价格理论上是可以转嫁给客户的。通过购买期权可以对冲期权风险，其成本可以通过期权定价抵消。例如，可赎回贷款的风险是利息收入随利率下降而下降的风险。适当的对冲期权是利率下限，该期权确保了贷款人的最低收益率。第 9 章将详细介绍看涨期权的定价及其对冲。

8.2　随机现金流的扩展框架：估值

期限不确定账户的期权使这些账户的金额和现金流变得随机。一部分变化独立于利率，但另一部分变化取决于利率。在有随机现金流时，标准缺口低估了利润的敏感度，且估值应包括嵌入式期权的不利凸性影响。当固定利率账户或浮动利率账户的金额独立于利率时，标准缺口或久期缺口是有参考价值的，但这些简单模型无法准确描述缺口随利率变化时对利率的敏感度。

资产负债表的敏感度和价值必须根据期权进行调整。这需要对模型框架与概念框架进行大幅扩展。一个适当的扩展框架需要多个组成要素，以解决因随机现金流和利率依赖引起的各种复杂问题。

本节的目的是详细介绍这些问题，它们在银行业内已经引发了很多争议。不同银行的做法不同，这取决于妥善处理这种复杂性所需的不同工具。后文阐明的这些原则可以转化为第 9 章的实际应用，它讨论了可赎回贷款的期权，这是银行投资组合利率风险管理中的一个主要问题。

估值不能遵循之前介绍的基本流程。从确定性情景中推导出资产负债表价值是有误导性的，因为它忽略了让渡的期权价值。对随机现金流进行贴现需要回归到利率和现金流均为随机时的估值原则。这时就需要用到所谓的风险中性估值。风险中性估值要求按无风险利率贴现所有的利率情景，它推导出的价值为每种情景下产生的现值的平均值。我们需要一个利率模型以生成涵盖各种结果的全面利率情景。这个扩展框架应该允许考虑凸性风险、对让渡给客户的期权估值，并计算出期权调整后的价值敏感度。

账户变化取决于时间、投资组合特征和客户利率与市场利率变化下的客户行为。客户利率取决于市场利率，账户金额取决于市场利率和客户利率。利率情景为所需的信息。因此，对账户随机变化建模的综合框架应该包括三个要素：

- 利率模型；
- 客户利率模型；
- 金额模型。

利率情景是客户利率模型和金额模型所需的信息。我们必须定义这种利率情景，或者当目的是描述各种结果或对银行产品的嵌入式期权定价时，必须对这种利率情景建模。通过调整客户利率，银行可以改变贷款或存款对客户的吸引力，并平滑市场利率的变化。建立客户利率函数的目的是将客户利率变化确定为市场利率的函数。账户金额及其摊销情况是时间的函数，并取决于给定市场利率和客户利率下的客户行为。这两个因素都是解释账户随时间推移的摊销变化所需的信息。

8.2.1 客户利率模型

客户利率取决于市场利率，但银行有调整客户利率，以平滑客户反应及其导致的金额变化的选择权。

客户利率与基准市场利率之差对抵押贷款提前偿还额或存款流入和存款流出有潜在影响。客户贷款不会根据市场利率自动调整，除非它是浮动利率。由于银行试图稳定存贷款金额或为适应竞争进行调整，因此客户利率会根据新的固定利率交易或浮动利率交易进行调整。调整通常不是即时的，但能够减少市场利率的变化。因此，客户利率既是当期市场利率的函数，也是滞后市场利率的函数。

人们还观察到，调整速度也取决于利率是上升还是下降，或者利率是高于还是低于基准利率，即与某个长期利润率匹配的利率。[①] 当市场利率上升时，客户利率往往会比市场利率下降时更有刚性。

客户利率函数可以将当期市场利率和历史市场利率作为输入值。为了反映变化的不对称性，可以分别规定利率上升时的系数和利率下降时的系数。

8.2.2 金额模型

通常，账户金额取决于某个趋势、随机噪声、客户利率和市场利率的函数。例如，

---

① Jarrow, R. A., Van Deventer, D. R. (1998), The arbitrage-free valuation and hedging of demand deposits and credit card loans, [82].

现有固定利率抵押贷款的摊销率取决于合约规定的分期偿还安排、独立于利率造成地区流动的因素或其他随机要素，以及客户固定利率和市场利率之差。

存款金额遵循某种趋势，并且有季节波动性和随机波动性，它可能用市场利率和客户利率解释，也可能无法用其解释。文献中提出了各种反映这种趋势的函数形式。这种趋势的形式可以由时间序列模型推导出来。季节性波动很容易由虚拟变量反映出来。表示月份的虚拟变量为指示函数，虚拟变量根据月份取值为 1 或 0。短期市场指数的变化可能对金额有影响，也可能没有影响，这取决于具体环境。

例如，现有账户的整体余额通常会增加。但通过变更账户数量和每个账户平均余额形成的不同组合，可以获得相同的增长率。账户的单位余额可能取决于存款账龄。其含义是，计算总存款金额以及它随时间推移的摊销速度时需要区别不同的影响。存款对利率以外的许多因素也敏感，例如银行的商业政策或监管规定。某些银行提出引诱利率（teaser rate）以吸引新客户。监管规定包括某些储蓄账户的税收收益，以及合格账户余额的上限。受管制的储蓄账户的利率也受管制，例如，它可能结合了短期利率与通货膨胀率，并将逐步变化而非平滑变化。

这种影响应该受到控制，以确定现有存款的金额是否对利率敏感。为了测试存款对利率的依赖性，函数应该包括市场利率，并允许存在时滞效应以反映客户利率的刚性。①

8.2.3 利率模型

我们可以使用少量离散的利率情景。但是，为了产生全面广泛的利率情景，就需要对利率建模。②

利率是按照随机过程建模的。这个过程确定了极短时期内的利率变化，它有两个基本要素：表示确定性趋势的漂移项和表示扩散过程的随机噪声（其波动性与利率波动性匹配）。③

模型的选择取决于目的。例如，利率可以被用作金额模型中的输入值，然后用来产生现金流。一种简单方法是使用基本要素分析，关于市场风险的第 16 章将介绍这种方法。

为了进行估值，必须对市场利率进行校准。校准应确保国库券和债券的实际市场价格在模型中既不太高，也不太低。我们必须调整所有利率，以实现利率和市场价格之间的拟合。

估值需要用无风险利率贴现现金流，就像在风险中性环境中一样。在风险中性环境中，投资者的表现就像不存在风险厌恶一样。估值方法是用无风险利率贴现现金流，然后对所有利率情景中的价值取平均值。

---

① “Modeling Non-maturing Products”, in Matz, L., Neu, P. (2006) *Liquidity Risk Measurement and Management: A Practitioner's Guide to Global Best Practices*, [97].

② 对利率的简短综述见 Hull [78]。利率模型综述见 Brigo, D., Mercurio, F. (2007), *Interest Rate Models—Theory and Practice: With Smile, Inflation and Credit*, [36]。

③ 第 11 章将介绍某些常见过程。

有几种函数形式可以用来表示利率过程。在第 9 章的提前偿付期权例子中，我们使用了一个二项式模型。[①] 利率情景是利率的时间路径，它的投资期被分割为较短的时段。每个时段的利率计算方法取决于前一期的利率。每组短期利率都是一个利率情景。利率情景被用于使提前偿付产生的现金流依赖于利率在连续时期内的变化。

8.2.4 一个综合框架

上述三个部分是互相作用的。利率情景是客户利率模型和金额模型的输入值。金额模型使用市场利率和客户利率。金额模型是行为模型，因为金额取决于客户的主动行为。图 8－4 总结了这种相互作用。

这种框架可以用于对取决于利率的现金流建模。在第 9 章讨论的抵押贷款例子中，一个短期利率模型提供了发生每笔现金流前的多条短期利率的时间路径。现金流取决于利率情景：它们在随机时间出现，其价值也是随机的，并取决于利率。只有在给定利率情景下，现金流才是已知的。然后，利率模型被用于产生或有（即选择性）现金流。

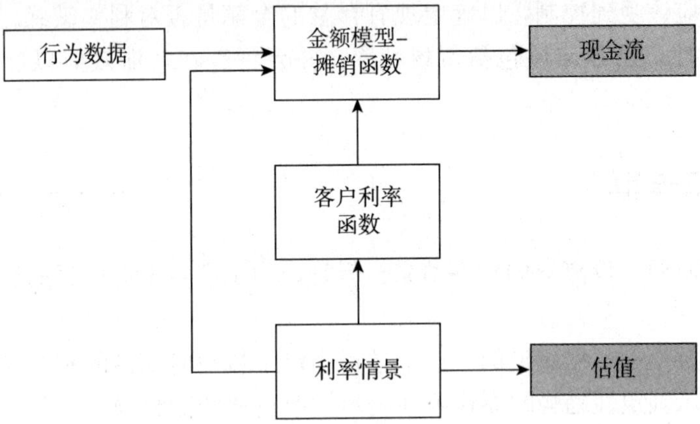

图 8－4　一个综合估值框架

资料来源：改编自 L. Matz 和 P. Neu，[97]。

一旦对现金流建模，将其表示为利率的函数，接下来就需要对现金流估值。贴现使用每个利率情景来计算未来现金流的现值。每个情景均需确定一笔取决于利率的现金流。在这种利率情景下，现金流现值是已知的。在多个利率情景下，这笔未来现金流也有多个现值。随机现金流的现值是所有现金流现值的预期值。估值就是对所有可能结果中的所有现金流现值取平均值。

通常的估值过程使用的是无风险利率或风险利率进行贴现。交易性资产的合约现金流可以用风险利率贴现，它比无风险利率多了一个利差。这个利差是可以观察到的，它是风险收益率与无风险利率之差。另一种方法用无风险利率贴现所有可能结果的随机现金流，然后对得到的现值取平均值。在第一种方法中，贴现率中考虑了风险。在

① 该模型是根据以下文献推导出来的：Black，F.，Derman，E.，Toy，W.（1990），A one-factor model of interest rates and its application to Treasury bond options，[31]。

第二种方法中，风险内含于现金流的概率分布中。

银行账户的估值采用了第二种方法，即对所有结果的资产和负债价值取平均值。结果的概率被称为风险中性。它不同于实际概率，因为它包含了市场参与者的风险厌恶。如果将这些风险中性概率用于以无风险利率贴现的信用风险资产的现金流，这些风险中性概率将为市场上的资产提供准确价格。由于现在风险内含于现金流的不同结果中，因此相关贴现率应该是无风险的。①

因此，在估值时，贴现使用的是无风险利率，并由多个情景反映不确定性，利率依赖现金流正是从这些情景中推导出来的。

第 9 章的抵押贷款提前还款的例子说明了存在期权时的估值方法。它解决了凸性风险带来的许多问题：

- 根据嵌入式期权调整资产负债表的经济价值；
- 调整存在期权时经济价值对利率冲击的敏感度；
- 计算出嵌入式期权的价值后，确定其对客户的定价。

对确定性利润和现金流进行贴现，可以得到没有期权时的资产负债表经济价值。这忽略了凸性风险和银行的"gamma"空头。考虑让渡给客户的期权价值后，经济价值更接近于真实价值。和价值一样，敏感度应该根据期权进行调整。考虑期权时，可以通过两种估值模拟（有利率冲击和没有利率冲击）推导出价值对利率冲击的凸性调整后敏感度。该敏感度体现的是价值变化，现在根据凸性效应进行了调整。最后，对嵌入式期权赋值可以确定其对客户的价格。

8.3 附录：凸性的价值

凸性是重要的，因为当利率波动性变得明显时，它可以提供额外收益。图 8－5 说明了这个概念。

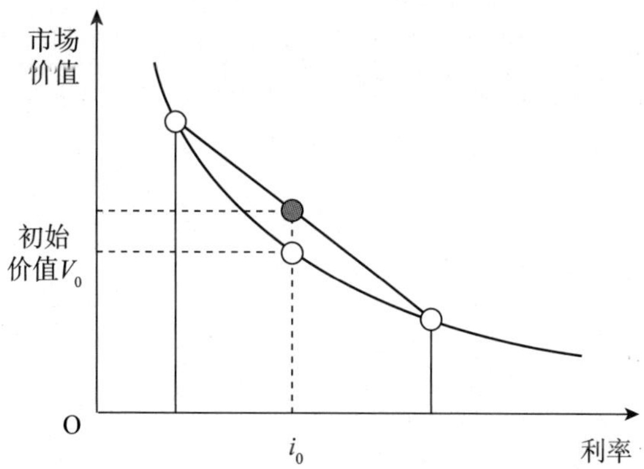

图 8－5　凸性的值

① 风险中性估值是有关市场资产估值的金融文献中讨论的标准问题。例如，可见：Hull，J. （2014），*Options，Futures and Other Derivatives*，[78]。

假设利率可以取两个值，它们的概率相同，与现值的距离相等。没有凸性时，资产的预期价值应位于与曲线相切的直线上，切点为与利率平均值对应的初始点。

当利率与初始值相比升高或降低时，凸性资产的价值将增加。其平均值也在这两个利率值相连而得的直线上。但这条直线高于切线，且资产预期价值高于初始利率上的资产价值。利率波动性越高，凸性的值越高。

资产凸性升高增加了资产负债表价值，相反，负债凸性降低减少了资产负债表价值。

第 9 章　凸性风险：抵押贷款的例子

固定利率抵押贷款的重新协商是凸性风险的一个著名例子。可提前偿付贷款引发了许多问题：应该如何管理风险？如何衡量风险？如何为风险估值并对客户定价？

9.1 节讨论了抵押贷款组合的管理问题。从管理角度看，抵押贷款的摊销率是新抵押贷款的客户利率与市场利率之差的函数。流动性风险与利率风险的管理取决于银行对利率的考虑或利率情景。缺口管埋需要据此调整，需要经常重新平衡融资和对冲，使之成为当前利率状况和未来利率状况的函数。

9.2 节讨论了估值问题。它取决于短期利率的简单二项式模型。本章使用一个简化例子，说明如何根据利率情景建立或有现金流模型，如何推导出提前偿付期权的价值，以及如何确定它对客户的价格。

9.1　抵押贷款的凸性风险

一旦银行发放抵押贷款，抵押贷款就产生了由多个阶段组成的生命周期。利率风险敞口从客户签订合约的初始阶段开始出现。从签字到贷款这段初始时滞内，双方商定的合约利率对银行有约束力，因此产生了利率风险。一旦银行发放贷款并为其融资，常规的分期还款期就开始了。

凸性风险可能在这个阶段产生。固定利率贷款的一部分提前偿付是由意外事件造成的，另一部分是由利率下降引发的。银行可能被迫接受客户利率的下降，而贷款已经由银行支出现金时借入的固定利率债务融资，其影响是银行利润下降。

浮动利率抵押贷款可能包括借款人支付的浮动利率上限。只要该利率上限不处于价内，且贷款用浮动利率债务融资，银行的利润就没有风险。但贷款利率通常有上限，而银行的浮动利率债务没有利率上限，这就导致在利率上升期内银行可能产生利润损失。

客户提前偿付的收益会随着客户合约利率与当前市场利率之间的正利差和贷款剩余期限的增加而增加。通过根据客户利率和剩余期限分解抵押贷款组合，银行可以监测某个时点上的风险规模。当客户利率高于市场利率时，风险将实质化，当市场利率缺口和剩余期限变大时，实质化风险还将增加。对客户而言，重新协商贷款能够获利的那部分投资组合的规模就是提前偿付风险的潜在敞口。

表 9-1 中的白色区域显示了哪些贷款的利率接近于当期利率[①]，灰色区域显示了哪些贷款的提前偿付期权处于价内。这种分解至多让我们了解潜在敞口，而无法估计可能被提前偿还的抵押贷款组合的余额。首先，提前偿付还取决于其他随机事件，例如地区流动性、失业率或公民身份变化（例如，变为与利率无关的身份）等。其次，执行重新协商贷款或提前偿还贷款的权利取决于客户这样做带来的报酬和客户行为，由于适应利率环境需要时间，因此这种行为存在时滞。提前偿付期权的预期报酬取决于预期利率情景和重新协商贷款所产生的罚金。9.2 节介绍的期权估值说明了如何对这种报酬进行建模。

表 9-1　　固定利率抵押贷款组合的分解示例

客户利率（%）	久期（年）				总计
	0～5	6～10	11～15	16～20	
2.00	1	0	0	1	3
2.50	93	0	1	3	98
3.00	253	12	5	6	276
3.50	126	44	37	33	241
4.00	154	92	63	136	444
4.50	102	167	149	194	612
5.00	99	106	208	129	542
5.50	87	67	79	263	496
5.75	66	29	39	55	189
6.00	53	19	24	46	143
6.50	63	18	28	47	156
7.00	42	11	9	15	77
7.50	11	1	2	4	18
8.00	4	0	0	1	7
8.50	1	0	0	0	2
9.00	1	1	0	1	3
总计	1 157	568	646	936	3 307

① 表 9-1 使用了一个常见利率——4.5%——来划分当期利率附近的贷款组合，但这种分界利率取决于贷款期限。

9.1.1 抵押贷款：摊销函数

摊销函数用模型反映了提前偿付率[①]的表现以及它对利率的反应。我们考虑了几种摊销率函数，它们的差别在于函数的复杂程度。最简单的摊销函数可以估计账龄超过某个年限的账户的稳定提前偿付率。当签订贷款合约后，提前偿付不会发生得太早；当本金很低时，提前偿付不会发生得太晚，因为贷款接近到期时，客户收益下降。贷款组合的成熟时间是指新发行的抵押贷款达到稳定基准利率所需的时间。但账龄超过某个值以后，固定提前偿付率就是一个粗略估计。某些客户总是提前偿还贷款，不管利率水平为何。还有些客户在报酬很高时提前偿还贷款。此外，还有些客户从来不提前偿还贷款。欧洲的提前偿付率为 10%～30%，或者更高。由于提前偿付率很高，因此不能忽略它对利润的影响。

摊销函数可以建模为"S 曲线"。在某段时期内，存在最低提前偿付率和最高提前偿付率。在它们之间，摊销率是客户利率与市场利率之差的增函数。图 9－1 刻画出了这条曲线的形状。在初始利率上，客户利率与市场利率之差为零，平均摊销率——举例来说——为 20%。抵押贷款的这种实际分期偿还是根据历史数据推导出来的，它可以被用来预测未来的抵押贷款余额。S 曲线显示了如何推导提前偿付率，它是初始利率与当期利率之差的函数。在图 9－1 中，S 曲线的最低提前偿付率为 10%，中值为 20%，最大值为 30%。

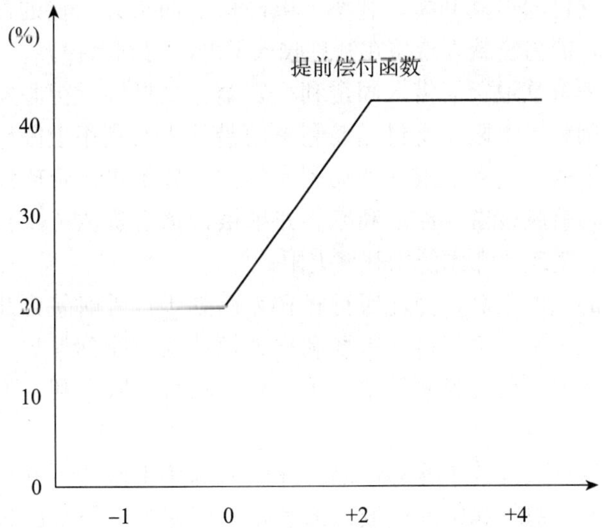

图 9－1　固定利率抵押贷款的简化摊销函数

如果确定了 S 曲线，那么它将成为一个金额模型，可以用来管理风险。该曲线还

---

① 提前偿付率表示贷款组合的某个百分比。

用于评估对依赖于利率的平均提前偿付率的偏离。银行要做的是计算对依赖于市场利率的当前摊销率的偏离。这种偏离既产生了流动性风险，又产生了利率风险。之所以会产生流动性风险，是因为分期偿还行为将偏离初始的实际分期偿还时间表。利率风险来自利率经过重新协商或被提前偿付的抵押贷款组合的金额。

此时，银行可以进行增量风险管理。随着时间的流逝，银行可以调整已有的初始对冲。如果利率下降，分期还款加速，银行的新融资可能减少。银行应该调整已有的利率风险对冲。如果S曲线相对稳定，银行可以根据前瞻性利率情景，用其预测接下来的调整。

这种连续调整类似于 delta 对冲。[①] delta 对冲是指在存在利率敞口的某个时点上使用对冲，并根据市场利率的变化进行调整。例如，用互换关闭缺口，使互换的名义金额与缺口大小匹配。当利率变化时，产生了新的错配，因为由于分期还款的变化，缺口变得对利率敏感。随着敞口的变化，银行将沿着S曲线调整对冲，以关闭新增加的缺口。对抵押贷款进行增量对冲时，对冲的重新平衡模拟了嵌入式期权的行为。

9.1.2 期权对冲

期权对冲可以用于抵消固定利率抵押贷款和浮动利率抵押贷款的凸性风险。当贷款合约中包含利率上限和利率下限时，利率下限抵消了固定利率贷款的风险，利率上限抵消了浮动利率贷款的风险。标准的利率期权为“利率上限”和“利率下限”。利率上限确保了向买方支付的最高利率。利率下限确保了向买方支付的最低利率。贷款人对利率下限感兴趣，因为贷款人希望在利息收入下降时得到保护。

银行为固定利率贷款融资而借入固定利率资金。如果银行担心发生大量的提前还款，就应该考虑使用利率下限。支付浮动利率的借款人对利率上限感兴趣，因为它确保了最大利率。对于嵌入利率上限的浮动利率贷款，如果银行希望锁定贷款利率和借款利率之间的利差，就应该借入浮动利率。如果银行担心贷款上限会由于短期利率升高而变为价内期权，就应该考虑使用利率上限。

由于这种期权的成本很高，因此银行将在它们处于价外时签订此类合约，此时它们的成本仍然很低。于是，银行将在市场利率大幅波动时受到保护。这种政策是对经济价值下降风险的保护。银行为波动率空头，购买利率上限和利率下限的对冲是波动率多头。

确定这种对冲的有效性并不容易。以对冲嵌入利率上限的可变利率贷款为例，对冲的有效性取决于利率情景和贷款中嵌入的利率上限水平。假设已有针对债务成本上升的期权对冲，“期权缺口”显示了嵌入利率上限的贷款相对于银行购买的利率上限的对冲名义金额的大小。在这个例子中，图 9－2 显示的缺口曲线为“利率上限缺口”。

---

① 当头寸由另一种与被对冲工具敏感度相同的工具对冲时，就发生了 delta 对冲。股票期权就是著名的例子。例如，看涨期权的价值变化为 delta 乘以基础股票的价值，这种敏感度就可以通过持有相反的股票头寸抵消，其价值为 delta 乘以股票价值。随着基础资产价格的变化，delta 也发生变化，针对期权持有的股票比例必须进行持续调整。

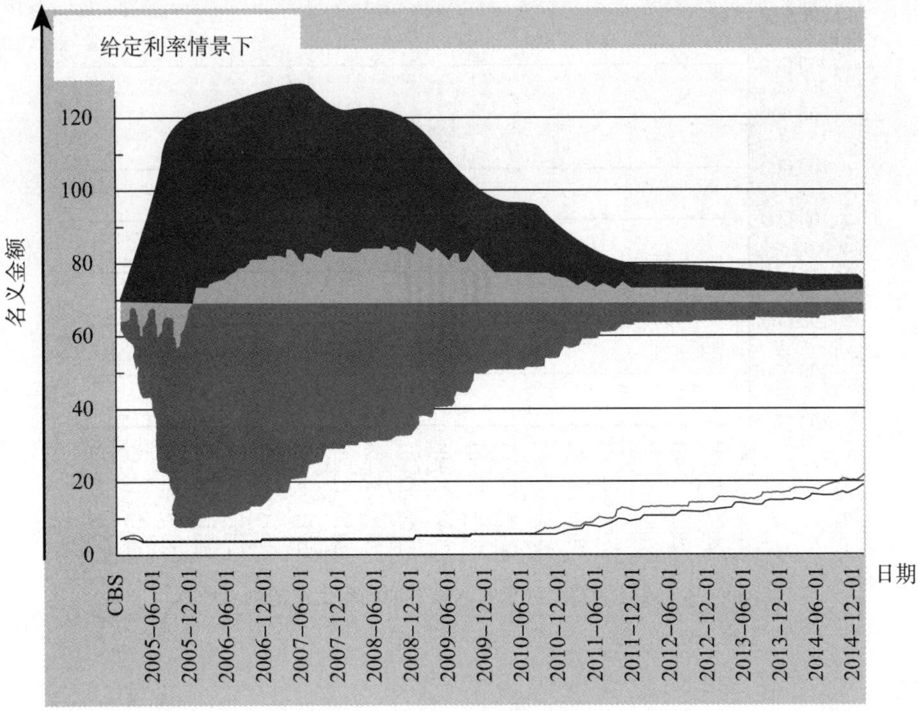

图 9-2　期权缺口报告示例

这种期权缺口不足以评估银行利润对利率变化的敏感度，因为只有在期权处于价内时，利率变化才对利息收入和利息成本有影响。投资组合对利率变化的敏感度取决于贷款组合中的期权和银行购买的期权中哪些处于价内或价外，以及处于价内或价外的程度。

"期权缺口报告"显示了在管理期内给定利率情景下的净影响。净报酬等于对冲利率上限的收益减去客户持有的利率上限的损失。图 9-3 刻画了给定利率情景下的期权影响。柱形图的上半部分显示了放弃的利息收入，下半部分显示了银行的利率上限产生的利息报酬。在图 9-3 中，正数为损失，负数为收益。对净利息收入的影响为它们的差值，在图中表示为中间的时间分布线。在这个例子中，购买利率上限所节省的金额不足以抵消贷款产生的收入损失。

期权缺口报告不是一种优化工具。它为签订期权对冲合约提供了信息。例如，在相关利率情景中，图 9-3 显示了嵌有利率上限的贷款的可能损失金额以及可能产生损失的时间。但图 9-3 仅显示了报酬差值，而非购买利率上限的初始成本。已购期权的成本不应超过该净报酬。[①] 期权缺口报告可以帮助银行确定在给定利率情景下应该购买多少对冲，以及在什么时间段购买对冲。

已售期权估值和已购期权估值可以用来显示对资产负债表经济价值的影响。下一节将讨论固定利率贷款内嵌的提前偿付期权的估值。

---

① 这只适合给定利率情景，而忽略货币时间价值的情况。

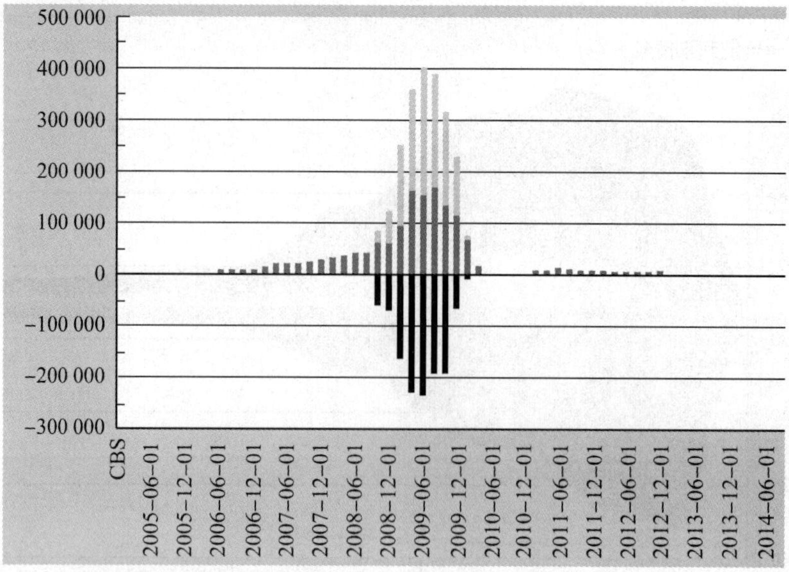

图 9-3　放弃的贷款利息收入和对冲利率上限的利息收入

9.2　提前偿付期权的估值与定价

期权估值对于衡量让渡给客户的价值或者确定应该对持有期权的好处收取多少费用很重要。估值需要利率模型，并需要对提前偿还固定利率抵押贷款产生的现金流建模。用于说明这个过程的利率模型是短期利率二项式模型。给定市场利率的波动率，该模型可以产生大量的利率时间路径，每条利率路径都是一个利率情景。对于每条利率路径，我们都可以估计出在所有时点上的提前偿付期权价值。

该模型最初被用来产生现金流，而提前偿付产生的现金流依赖于利率。对于每种可能的情景，估值过程使用每条时间路径上的短期利率模拟值来贴现这些或有现金流，估值结果是所有利率时间路径上的所有贴现值的平均值。可提前偿付贷款的价值为不可提前偿付贷款的价值减去期权价值。

9.2.1　提前偿付的报酬

固定利率贷款的期权报酬是执行重新协商期权前后节省的现金之差的现值。该报酬随着初始利率与新利率之差以及贷款剩余期限的增加而增加。某个时点上的报酬低于提前偿付期权的价值，因为以后重新协商利率可能比现在重新协商利率更有利。这就是期权的时间价值。

重新协商通常会使借款人产生成本。例如，提前偿还贷款的借款人可能需要缴纳占贷款余额 3%的提前还款罚金。但这笔成本可能低于执行提前偿付期权的预期收益。

到期前所有时点上的报酬预期价值就是期权的价值。计算即期报酬是期权估值的必要步骤。由于期权是由客户持有并由银行让渡的，因此可提前偿付贷款的价值等于标准贷款（不可提前偿付贷款）的价值减去期权价值。

利率的时间路径对期权很重要。如果利率在贷款早期显著下降，将会引发早期提前偿付。如果利率在贷款后期下降，也会发生后期提前偿付。这表明提前偿付并非只与当前利率水平相关。

9.2.2 立即执行提前偿付期权的报酬

以一笔固定利率分期偿还贷款为例，假设这笔贷款已包括利息和本金的固定年金偿还（见表 9-2）。客户在执行重新协商期权时，规定了新的固定贷款利率。表 9-3 为一张贷款分期偿还时间表，本章其余部分将以它为例。

表 9-2　　初始贷款的特征

初始贷款	1 000
初始期限（年）	5
初始固定利率（%）	10.00
初始年金	263.80

表 9-3　　初始贷款的还款时间表

日期	1	2	3	4	5
初始年金	−263.80	−263.80	−263.80	−263.80	−263.80
本金偿付额	163.80	180.18	198.19	218.01	239.82
未清偿金额（期末）	836.20	656.03	457.83	239.82	0.00

以贷款利率 10%来贴现所有年金，得到的现值等于借款金额，即 1 000。

我们用一些惯例来确定产生和贴现现金流的日期。日期 0 为贷款发放日；之后的日期均指期末：日期 1 是第一年年末，依此类推。借款人在每个日期之后立即支付年金。因此，日期 t 的未清偿贷款包括未来应付的未贴现年金。最终日期，即日期 5 的未清偿贷款价值等于最后一笔应付年金，即 263.80。表 9-4 为贷款的初始偿还时间表。固定年金为 263.80，初始利率为 10%。以 10%的贴现率贴现所有年金，得到的现值恰好为 1 000。①

以新利率计算，与初始贷款相比，如果节省的现金价值超过支付的罚金，那么借款人就从提前偿付中受益。例如，如果在日期 2 利率降至 7%，那么借款人将评估提前还款的收益。如果借款人提前还款，那么新贷款的本金应包括提前偿付罚金。当罚金为 3%时，新贷款的本金为 656.03×(1+3%)=675.71。如果新贷款的期限为 3 年，即

① 1 000 为从第 1 期期末开始的所有年金（263.8）的贴现价值，因此：$1\,000=\sum_{t=1,5}263.8/(1+i)^t$。

初始贷款的剩余期限，那么新年金为257.48。

表9-4 贷款还款时间表

日期	0	1	2	3	4	5
贷款	1 000					
年金		263.80	263.80	263.80	263.80	263.80
本金偿付额		163.80	180.18	198.19	218.01	239.82
偿付后余额		836.20	656.03	457.83	239.82	0.00

借款人节省的现金为旧年金和新年金之差，即263.80－257.48＝6.32。以新利率计算，借款人的这笔差额收益的现值为16.58，它是提前偿付的借款人获得的价值收益(见表9-5)。

表9-5 重新协商的报酬计算

新贷款	675.71		
新贷款日期	3	4	5
年金新贷款	−257.48	−257.48	−257.48
本金偿付额	210.18	224.89	240.63
未清偿本金	465.53	240.63	0.00
节省的现金：新年金－旧年金	6.32	6.32	6.32
V（新债务）－V(旧债务）	16.58		

在重新协商日（即日期T），该值为旧债务与新债务的价值差，以新贷款利率计算，为：

价值(T，新利率)初始贷款－价值(T，新利率)新贷款

＝价值(T，新利率)初始贷款－未清偿本金(1＋罚金)

等式右侧表示，重新协商贷款的收益等于以新固定利率计算的初始贷款价值减去未清偿本金与罚金之和。这是初始贷款提前偿付期权的报酬，其执行价格等于提前偿付日期的未清偿本金加上罚金。

但在发放日和到期日之间的所有中间日期，初始贷款的价值都是随机的，因为利率是随机的。立即执行期权的收益低于提前偿付期权的价值，因为期权允许等待利率进一步下降的时机。其差额就是期权的时间价值。

9.2.3 提前偿付模型

期权价值为其变现价值（立即执行期权产生的报酬）加上继续等待更高报酬的价值。估值过程应该考虑利率的所有未来结果，以判断是否应该执行期权以及何时执行

期权。

利率情景为无风险利率情景，因为估值是在风险中性环境中进行的。每个情景中的期权价值是用特定情景的利率贴现现金流获得的。利率情景的目的是产生在贷款到期前的每个时点上立即执行期权的报酬。提前偿付可能发生在发放贷款后至贷款到期前的任何中间时点。允许在中间时期执行贷款时，提前偿付期权为美式期权。① 在任何给定时点上，执行期权对于借款人可能是最优的，也可能不是最优的，这取决于立即执行期权的收益是否高于预期未来收益。估值过程的第一步是产生利率情景。我们用简单的利率二项式模型②来生成短期利率的时间路径情景。

9.2.4 短期利率的二项式模型

投资期被分解为较小的相等的时间间隔。每步都是两个连续日期——t 和 $t+1$——之间的较小时间间隔。③ 给定短期利率在日期 t 的值，它在 $t+1$ 只有两个可能的值。利率可能上升或下降，而变化的大小是固定的。这种变化大小用百分比表示，u 和 d 分别表示每个时间间隔的利率上升百分比和利率下降百分比。如果 i_t 为日期 t 的利率，那么上升后的利率和下降后的利率分别为 $i_{t+1}=ui_t$ 和 $i_{t+1}=di_t$。选择 $d=1/u$ 是一种方便做法，因为通过这样的选择，初始利率先上升再下降，最后将回到初始值。④ 这使可能的利率值个数降到最低。

一系列连续的利率值组成了一棵二叉树，如图 9-4 所示。

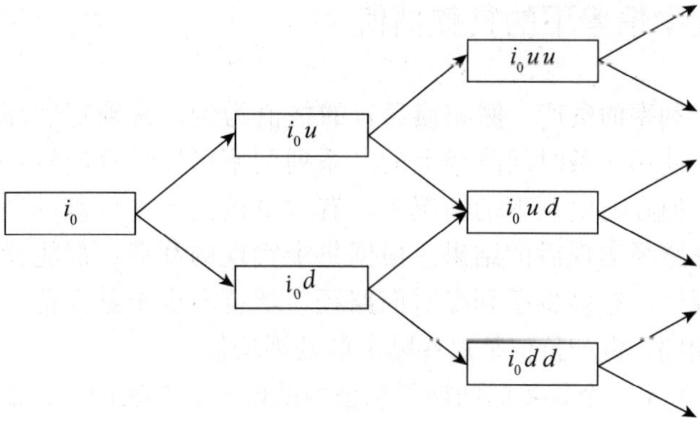

图 9-4　利率二叉树

我们必须确定利率上升和利率下降的概率，例如，规定每种情况的概率分别为

① 美式期权可以在合约到期前执行。欧式期权只能在合约到期时执行。

② 许多文献都介绍了短期利率二项式模型，例如，可见：Black, F., Derman, E., Toy, W. (1990), A one-factor model of interest rates and its application to Treasury bond options, [31]。技术性介绍见：Hull, J. White, A. (1993), One-factor interest-rate models and the valuation of interest-rate derivative securities, [79]。

③ 文献中使用了小时间间隔 Δt，它趋近于 0。

④ 这些由可能价值组成的二叉树被称为"重组二叉树"。

50%。[1] 根据这种选择，短期利率的波动率必须与单位时间的市场波动率（即 σ）匹配。与短期利率波动率匹配的 u 和 d 的值是从公式中推导出来的：$u=\exp(\sigma\sqrt{\Delta t})$ 以及 $d=\exp(-\sigma\sqrt{\Delta t})$。[2]

在本节使用的例子中，年波动率为 20%，这些步骤对应的期限为 1 年。[3] u 和 d 选择的值为：

$$u=\exp(20\%)=1.2214 \text{ 和 } d=1/u=\exp(-20\%)=0.8187$$

在第一步时，利率是已知的，因为它是当期利率。只有从第二步以后才出现不确定性。表 9-6 表示利率二叉树。

一旦计算出所有利率，就可以根据二叉树推导出依赖于利率的资产价值。

表 9-6　　利率二叉树（%）

日期	0	1	2	3	4	5
1	10.00	12.21	14.92	18.22	22.26	27.18
2		8.19	10.00	12.21	14.92	18.22
3			6.70	8.19	10.00	12.21
4				5.49	6.70	8.19
5					4.49	5.49

9.2.5　所有利率情景下的贷款估值

以某种依赖于利率的资产（例如债券）的估值为例。在确定性环境下，利率有唯一一条时间路径，使用这条时间路径上的一系列利率可以计算出资产价值，它为产生的现金流的现值。但在随机利率的情况下，有大量彼此产生分歧的利率路径。每组利率都是不确定利率路径实现后的结果。根据每个实现的利率，都能计算出一个资产产生的现金流的贴现值。有多少条利率时间路径，就有多少个贴现值。假设所有利率时间路径的概率都相同，资产价值是这些贴现值的平均值。[4]

9.3 节的附录举了一个简单的两期零息债券的例子，它表明这种贴现过程可能从结尾开始，倒推回利率树的最初一步。在跨越多期的一般期权例子中，未知变量为债券初始价值，它取决于后来出现的利率结果。相比之下，期权价值在到期时是已知的。可赎回债券的可赎回期权在到期时（日期 5）的价值为零，因为提前偿付已经到期的贷款没有好处。

贴现过程首先被用于计算上述利率树每个节点上的不可提前偿付贷款的价值，因为它是可提前偿付期权的基础资产。初始贷款的盯市价值随利率变化，给定一组短期

① 分配完这些概率，就可以根据短期利率波动率分配利率上升幅度和利率下降幅度。

② 根据利率的上下波动，很容易验证每个节点上的利率波动率等于 σ。

③ 每一步的久期都较短，这提高了准确性。

④ 时间路径的最大数量为 2^n，其中 n 为期数，因为在每个日期，节点的数量都是上一个日期的两倍。

利率后，它是以后所有年金的现值。

在继续计算之前，我们还需要对利率树进行一项技术调整。使用初始短期利率 10%，将导致日期 0 的债务价值高于 1 000。该初始价值为所有利率时间路径上的平均价值，但是这些价值不是利率的线性函数。为了确切计算出沿着利率树移动到 1 000 时的价值，必须调整所有利率，方法是应用－0.171%的固定漂移率[①]（见表 9－7）。我们不是从 10%开始，而是从 10%－0.171%＝9.83%开始。相同的漂移率适用于所有利率树。

表 9－7　　校准后的利率二叉树（%）

日期	0	1	2	3	4	5
漂移率	－0.171	－0.171	－0.171	－0.171	－0.171	－0.171
校准率	9.83	12.04	14.75	18.05	22.08	27.01
		8.02	9.83	12.04	14.75	18.05
			6.53	8.02	9.83	12.04
				5.32	6.53	8.02
					4.32	5.32
						3.51

要想让上述资产的价值与用模拟利率计算出的价值匹配，就必须进行这种调整，它实际上是一种校准。为了将观察到的价格和计算出的价格联系起来，利率树上每个节点的利率都需要调整。对观察到的价格进行校准，可以保证计算出的价格与观察到的价格相等。9.4 节的附录例子说明了这个过程。

使用该短期利率树，并倒推回初始日期，贷款价值恰好为 1 000。表 9－8 显示了不可提前偿付贷款在利率树每个节点上的价值。这些计算中采用的惯例为，在每个日期后立即支付 263.80 的固定年金。因此，在日期 5，贷款终值等于该固定年金。[②] 在任何中间日期，债务价值均为每条利率路径上的未来年金贴现值。

表 9－8　　贷款的盯市价值[a]

日期	0	1	2	3	4	5
现金流	0.00	263.80	263.80	263.80	263.80	263.80
	1 000.00	1 061.72	867.37	676.15	479.88	263.80
		1 134.86	920.66	709.02	493.69	263.80
			961.11	733.82	503.99	263.80
				751.89	511.42	263.80
					516.67	263.80
						263.80

a. 每个节点上的价值均包括每个日期后立即支付的年金。

① 给定初始利率树，该固定漂移率是根据经验确定的。

② 日期 6 上的债务价值为零，这也符合常理。

表 9－8 为从期末开始，往回推算而得。支付年金前的终值均等于年金，因为没有贴现。在之前的日期 4，适用的上限利率为 22.08%，两笔可能的最终现金流为 263.80，概率相等，均为 0.5。该节点上的贷款价值是根据下式计算出来的：

$$479.88=263.80+\frac{1}{2}\times\frac{263.80+263.80}{1+22.08\%}$$

日期 4 上的所有值均是通过类似计算获得的。在日期 3 上，使用了相同的贴现过程。该列的上限值是用 18.05% 的利率值计算出来的：

$$676.15=263.80+\frac{1}{2}\times\frac{479.88+493.69}{1+18.05\%}$$

每个节点上的初始贷款价值计算方法均是取现行利率下贷款在接下来两个节点上的贴现值的平均值，并加上未贴现年金 263.80。反复进行相同计算，就可以得到初始贷款价值 1 000。下一步是推导出依赖于利率的提前偿付期权的报酬。

9.2.6 提前偿付期权的报酬

提前偿付贷款的直接报酬是初始贷款的当前价值与相同日期的提前偿付期权执行价格之差。该执行价格等于当前日期初始贷款的未清偿本金加上提前偿付罚金。执行价格的时间分布线如表 9－9 所示。

表 9－9　未清偿资本和提前偿付罚金

日期	0	1	2	3	4
未清偿资本	1 000.00	836.20	656.03	457.83	239.82
资本(1+3%)	1 030.00	861.29	675.71	471.57	247.01

立即执行期权时的报酬为初始贷款价值和相同日期的执行价格之差。执行价格为旧贷款的价值，它根据利率的实现情况逐日变化。

下面用一个例子详细说明计算过程。假设日期 1 上的报酬为 9.77（见表 9－10）。在日期 1 的较低节点上，支付年金前的贷款价值为 1 134.86。支付年金后，贷款价值为 871.06。将该价值与日期 1 的执行价值比较，后者等于初始贷款的未清偿本金加上 3% 的罚金：836.20(1+3%)=861.29。二者之差为在日期 2 立即执行提前偿付期权的收益，即 871.06－861.29=9.77。使用与表 9－10 相同的方法，可以计算出利率树上接下来的值。

表 9－10　立即执行期权的报酬[a]

日期	0	1	2	3	4	5
	0.00	0.00	0.00	0.00	0.00	0.00
		9.77	0.00	0.00	0.00	0.00

续前表

日期	0	1	2	3	4	5
			21.60	0.00	0.00	0.00
				16.52	0.61	0.00
					5.86	0.00
						0.00

a. 报酬＝贷款价值－本金(1＋3％)。

然而，当立即执行提前偿付期权的报酬为正时，并不一定触发执行期权，因为立即重新协商贷款可能不如推迟执行期权有利。在任何日期上，当期权处于价内时，都必须做出决定。是否执行期权取决于推迟执行期权是否更有利。因此，美式期权[①]在利率树的每个节点（日期 t）上有两个值：未执行期权时的值和立即执行期权时的值。如果推迟到以后执行期权，那么期权价值就是下一个日期（$t+1$）上的两个可能值的平均值。如果执行期权，期权价值就是立即执行期权的报酬。合理的规则是使用这两个值的最大值：借款人通过比较直接执行期权的收益和下一期执行期权的预期收益做出最优决策。这个过程从最终日期 5 的收益开始，此时执行期权没有价值，报酬为零。沿着利率树倒推，可以确定执行期权的所有最优收益。

表 9－11 举例说明了日期 1 较低节点上的价值计算过程。根据表 9－10，立即执行期权的报酬为 9.77。推迟到下一期执行期权的收益预期价值为用 8.02％的贴现率贴现的现值平均值，即：

$$\frac{1}{2}\times\frac{21.60+0.13}{1+8.02\%}=10.06$$

由于推迟执行期权的报酬价值高于 9.77，因此最优选择是推迟执行期权。

表 9－11 使用相同的规则，通过从期末开始的递归过程计算出了报酬。[②]

表 9－11　　提前偿付期权的预期报酬[a]

日期	0	1	2	3	4	5
	4.61	0.06	0.00	0.00	0.00	0.00
		10.06	0.13	0.00	0.00	0.00
			21.60	0.28	0.00	0.00
				16.52	0.61	0.00
					5.86	0.00
						0.00

a. 期权价值＝max(t 时的执行价值；$t+1$ 时的预期执行价值贴现至 t 的价值；0)。

① 美式期权可以在到期前的任何日期执行。

② 数字 21.60 和 0.13 为推迟执行期权的最优报酬。

这些收益表示每个时点上提前偿付期权的价值。倒推回初始日期，所有预期收益的现值为提前偿付期权的当前价值。期权价值为 4.61，对于金额为 1 000 的贷款而言，它是贷款金额的 0.461%。银行的贷款价值是减去提前偿付期权价值后的净值。它为 1 000－4.61＝995.39。

为了算出可提前偿付贷款价值的敏感度，需要对所有时间路径上的所有利率施加一个固定冲击，并获得一个新价值。与初始价值的偏离程度衡量了期权调整价值的敏感度，它是期权调整利率敏感度。

9.2.7 期权定价：期权调整利差

一旦知道了期权价值，银行就可以确定期权对客户的定价。定价需要将期权的现值转化为不可提前偿付贷款的客户利率溢价。溢价反映了不允许提前偿付的固定利率贷款和有提前偿付期权的可提前偿付贷款的价值差。从银行的角度看，可提前偿付贷款对银行的价值比普通贷款低，其差值就是期权价值。从借款人的角度看，负债的价值低于类似不可提前偿付债务的价值。

溢价率为“期权调整利差”。期权调整利差是加到贷款利率之上的利差，它使可提前偿付贷款的价值与普通贷款的价值相等。[①] 为了让普通贷款的价值与可提前偿付贷款的价值相同，必须提高用于贴现可提前偿付债务未来现金流的贴现率。增加的利差就是期权调整利差。在给期权定价时，在竞争允许的情况下，期权调整利差是应该包括在客户利率中的溢价。

在上面讨论的例子中，可提前偿付贷款与普通不可提前偿付贷款的差值为 4.61。银行可以将不可提前偿付贷款的客户利率加上溢价，作为让渡给客户的期权定价。期权调整利差是额外漂移项，它适用于将可提前偿付贷款价值倒算回 1 000 的所有利率。为了增加贷款价值，需要用负漂移项减少所有贴现率（见表 9－12）。在这个例子中，漂移项的数值为－0.29%。

表 9－12　　贷款特征总结

A. 无提前偿付期权的贷款

债务	期限	利率	年金
1 000	5	10.00%	263.80

B. 有提前偿付期权的贷款

当期利率	期权价值	无期权的贷款价值	有期权的债务价值[a]	期权调整利差（OAS）
10.00%	4.61	1 000	995.39	0.29%

a. 无期权的贷款价值和期权价值之差为四舍五入之后的值。

根据该漂移项数值，应该加到贷款利率之上的期权调整利差为 0.29%，以便确定期权对借款人的价格。如果合约中规定了贷款摊销率，那么就可以采用该值，但是实

① Hayre, Lakhbir S. (1990), Understanding option-adjusted spreads and their use, [75].

际摊销率较小。因此，该利差应该向上调整，以反映只在实际还款时间表中获得该利差的事实。如果没有对利差进行调整，在实际摊销期中获得的利差就无法完全补偿银行。用来确定期权调整利差的方法类似于校准方法。然而，它们的目标不同。校准是为了将模型和市场联系起来，期权调整利差是为了确定贷款中嵌入的期权成本和计算期权对借款人的价格所必需的溢价。

9.3 附录 1：使用利率树的债券估值

本附录使用的例子为只有一笔金额为 100 的期末现金流的零息债券。在第一步中，以已知利率 10%来贴现这笔现金流，得到债券价值。在第一步之后，出现了不确定利率。第一步结束时的现值使用了第二步时的未知利率。在这个例子中只有两组可能的利率，因此同一笔资产在日期 0 的两个可能价值为：

$$\frac{100}{(1+10\%)(1+11.62\%)}=81.445$$

$$\frac{100}{(1+10\%)(1+8.61\%)}=83.702$$

平均值为 (81.445+83.702)/2=82.574，它是给定利率不确定性时的预期值。两期利率为两个短期利率的几何平均值，第一个短期利率是已知的。表 9-13 显示了第一步和第二步的值。

表 9-13　不同日期的债券价值

日期	0	1	2
	82.574	89.590	100
价值		92.073	100
			100

还有另一种等效方法可以计算出相同的值，后面将对其进行介绍。在日期 2，所有利率时间路径的最后一笔现金流的值均为 100。然而，这笔现金流在日期 1 有两个可能的值，对应于日期 1 和日期 2 之间的两个可能的利率值：100/(1+11.62%)=89.590 和 100/(1+8.61%)=92.073。当前价值是用当前利率贴现日期 1 时的平均价值得出的，结果为：

$$\frac{1}{1+10\%}\times\frac{89.590+92.073}{2}=82.574$$

该结果与前一种方法得到的结果相同。在前一个例子中，日期 0 时的值是通过贴现终值 100 两次，然后取平均值得到的。第二种方法通过贴现一次计算出日期 1 时的两个值，89.950 和 92.073，然后取它们的平均值，得到日期 1 时的一个值，即 (89.590+92.073)/2=90.831 5，然后将该平均值贴现为现值：90.831 5/(1+10%)=82.574。

从数学上看，这些公式是完全相同的。但第二种方法用从期末开始的递归过程倒算回日期 0，从而计算出当前价值。这个过程可以进行一般化。从终值开始，可以推导出前一个日期的值，并依此类推，直至当前日期。

与期权的唯一差异是贴现现金流随利率变化，因为它们成为期权的现金报酬，而非独立于利率情景。

9.4 附录2：二叉树的校准

用所有利率时间路径计算出的表中所列资产的价值应该与观察到的资产市场价值相同。上述二叉树仍未包括所有可得信息。波动率规定了每一步的上升幅度和下降幅度。这种调整没有反映出利率趋势、市场上观察到的流动性溢价或信用利差。所有因素都应该出现在模拟实际价格的模拟利率中。校准应该反映模型中缺失的所有因素。

在上述例子中，零息债券的价值为 82.574。从该价值可以推导出其实际价格。例如，让我们假设观察到的零息债券价格为 81.5。模拟利率需要进行调整，以协调这两个值。在这个例子中，计算出的价值过高，因此模拟利率应该更高，才能使计算出的价格下降，直至其达到观察到的价格。波动率不应变化，因为价格上升和价格下降已经如实反映了市场波动率。在零息债券于日期 2 到期的情况下，利率的初始值为 10%并且是固定的。因此，只有日期 1 的利率需要调整。

改变利率的最简单方法是在日期 1 对两个利率都加上一个常数。该常数是根据经验得出的。它的值使计算出的价格和观察到的价格相同。该常数是“漂移项”。数学计算式表明，若使零息债券的价值为 81.5，漂移项应约为 1.40%。日期 1 的校准利率变为：$i_{1u}=11.62\%+1.40\%=13.02\%$和 $i_{1d}=8.61\%+1.40\%=10.01\%$。

一旦调整了日期 1 时的利率，就可以使用期限更长的上述资产的价格对接下来的时期进行校准。我们有必要重复该过程，以便扩展对整个利率树的调整。这种方法增强了与市场数据的外部一致性。

第 10 章 资金转移定价系统

金融机构的所有业务部门都共享一种资源：流动性。资金转移定价系统（FTP）的主要功能是在业务部门之间交易资金，并确定业务部门的损益。但是资金转移定价系统还有其他几个重要作用。它可以确保将利率风险和流动性风险从商业活动中剥离出来，并转移给资产负债管理部门的中央账户，它还可以作为基准以确定贷款对客户的适当定价。

本章讨论了内部价格的设计，并说明了不同业务部门之间的损益分配机制、流动性风险与利率风险向资产负债管理组合转移的机制，以及内部价格的适当经济基准的定义。它还讨论了如何在这些内部基准之上加入信用风险的成本，从而对借款人进行风险定价。

10.1 内部资金定价系统

内部价格的一个主要目的是确定业务部门的损益。转移价格是对业务部门收取的资金内部价格，或对存款等廉价资金来源的补偿价格。

转移定价系统显然是为银行账户设计的，目的是对收集自存款人的资金提供补偿，并对贷款使用的资金收费。内部价格也用于在有资金赤字的部门和有资金盈余的部门之间交易资金。由于它被用于计算业务部门的损益，因此可以在不同业务部门之间进行收入分配。

内部价格适用于使用融资流动性的所有业务部门，例如交易性投资组合。规定资金内部价格起点的是银行的资金成本。该成本取决于融资来源的组合，例如市场资金或来自客户的资金。相关融资组合取决于所考察的账户。银行账户包括来自存款人的资金，它通常比市场债务（债券或批发债务）便宜。交易账户通常使用专门的融资来源，例如由持有资产担保的融资，其成本低于无担保资金来源。

在 2008 年金融危机前，流动性是充足的，且流动性成本被认为是不可忽略的。在金融危机后，充分确认流动性成本并将其计入内部价格变得必要。如果银行的信用利差独立于期限，那么可以用高于银行参考利率的那部分资金增量成本衡量流动性成本，它随着期限变长而增加。基准利率通常是短期 Libor 利率和长于 1 年的互换利率。[①]

银行自身的资金成本包括信用利差（它是对银行自身信用风险的补偿）和流动性溢价（它是纯流动性成本）。衡量流动性溢价时，应该从适用于银行资金成本的整体利差中将流动性溢价与信用风险利差剥离。

因此，融资流动性成本有各种替代指标。一个指标是融资利率与无融资利率之差，或者说是债券利率与互换固定利率之差。然而，债券利率包括银行自身风险的信用利差。因此，从理论上讲，更好的流动性成本指标是债券利差与同一个发行人的信用违约互换（CDS）溢价之差（见第 29 章）。信用违约互换是为参考债务的信用风险提供保险的交易性工具。信用违约互换的买方是支付溢价从而为参考债务的信用风险提供补偿的保障买方。因此，信用违约互换溢价仅包括发行人的信用利差，而不管发行人的债券收益率是否包括信用风险利差和流动性溢价。其差值为“基差”，它是流动性成本的指标，因为在理论上两种工具的信用利差应该相互抵消。[②] 随着期限延长产生的增量资金成本是另一个流动性溢价指标。银行必须选择如何根据这些替代指标评估流动性成本。

流动性成本，或流动性溢价，应该计入对资金使用者收取的内部价格，以确定业务部门的公允损益。如果没有计入流动性成本，银行将代替业务部门吸收增加的成本。银行账户和交易账户的相关参考利率不同，因为这两种账户的融资组合不同。

为交易组合融资的公允内部价格取决于交易组合的实际融资。有担保融资（例如回购协议）的资金成本较低。回购协议是指贷出证券换取现金，并承诺以事先确定的价格用现金回购证券。在经济上，这相当于由所交换的证券担保的债务。如果银行将资金恰当地分配给交易资产的子投资组合，这种专门资金成本就应作为用来确定投资组合损益的内部价格。

交易投资组合的融资取决于资产。衍生工具的资金成本应该包括融资价值调整（FVA）。FVA 发生在由一方提供担保品用于衍生工具交易，而另一方（例如，一家公司）没有提供担保品时。银行提交的担保品需要融资，其成本通常高于担保品获得的利息。它们之间的负差值是成本差，它就是 FVA，应与衍生工具投资组合的融资成本

---

① 与隔夜利率挂钩的互换利率（OIS）而不是基于 Libor 的互换利率往往被用作参考利率，因为前者更接近于无风险利率。OIS 是一种利率互换，其中定期浮动利率支付基于日收益率。日复利利率的参考利率为隔夜利率，例如美元联邦基金利率等银行间的隔夜无担保贷款利率。OIS 固定利率的风险被认为低于 Libor，因为 OIS 固定利率的信用风险有限。

② 基差的指标包括资产-互换利差和 z 利差。资产-互换利差是在债券收益率上增加的漂移项，以使债券价值等于观察到的债券价格。z 利差是在零息利率上增加的漂移项，以使债券价值等于其市场价格。基差是资产-互换利差（或 z 利差）和信用违约互换溢价之差。

相加。由于衍生工具通常为长期工具，因此相关资金成本应该包括全部资金成本，即信用利差、流动性溢价和 FVA。

银行账户的融资组合包括批发债务、已发行债券和存款。银行账户可以被视为由贷款多头和客户存款空头组成的投资组合。贷款的流动性溢价是应该对贷款收取的成本。来自存款人的资金的利率低于类似期限的市场利率，且相对于市场利率的利差为负，这应该作为对这些资金进行内部补偿的基础。类似地，存款的流动性成本可能低于市场的流动性成本，其差额应该分配给这些资金来源。

本章剩下的部分专门讨论了银行账户，因为资金交易和相应的内部价格应该具备一些有利特征。它应该允许我们计算业务部门的公允损益，且应该将流动性风险和利率风险转移给资产负债管理账户。

10.2 银行账户中的资金转移定价

所有转移定价系统都提供了资金的内部分配，因此分行或业务部门的资金赤字或盈余都通过一个中央资金池进行轧差。这个中央部门在资本市场上为赤字融资，或用盈余投资。但银行可以用不同的设计来实现这一功能。

10.2.1 资金转移

商业活动产生了现金用途和现金来源，而每个业务部门的现金用途和现金来源通常是不平衡的。现金轧差是最简单的资金转移系统（见图 10-1）。现金被分配给有流动性赤字的部门，有流动性盈余的部门则会出售盈余资金。净现金转移补偿了不同业务部门之间的资金盈余和资金赤字。中央资金部是最后在市场上举债或投资盈余资金，以补偿现金盈余或赤字合计净额的部门。在简单的现金轧差系统中，转移定价只用于净余额。现金轧差系统记录盈余和赤字，并对其轧差。某些现金轧差系统使用多个资金池，例如根据期限将其分类。

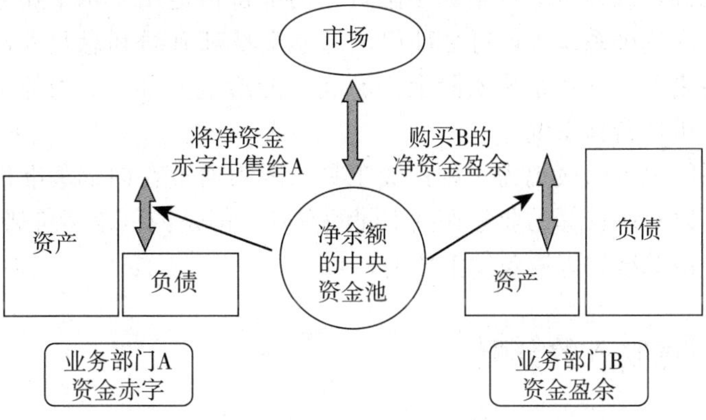

图 10-1 仅转移净余额

由于轧差发生在向中央资金池转移资金之前，因此转移价格只适用于轧差后的余额。一种解决方法是，除非通过中央资金池将贷款分配给净现金余额，否则贷款不与中央资金池交易。因此，其他贷款所用资金的成本是不确定的。同样的道理也适用于从客户处收集的存款。中央资金池可以从内部购买超过资金运用的存款盈余，但未交易存款的收入将是不确定的。现金轧差系统不允许分配利润，这是一个主要缺点。

另一种解决方法是交换所用资金与资金来源的总余额，而不事先进行本地的资产与负债轧差，如图 10-2 所示。在资产负债管理部门的控制下，资金通过一个中央资金池进行交易。资金的内部交易需要一个定价系统。中央资金池向客户购买资金来源，并对用于贷款和投资的资金收费。每个部门的利润都是根据这些内部价格与客户价格之间的利差推导出来的。这种交换是分析性的，因为只有现金余额需要进行实际轧差。资产和负债的整体余额通过中央资金池转移。

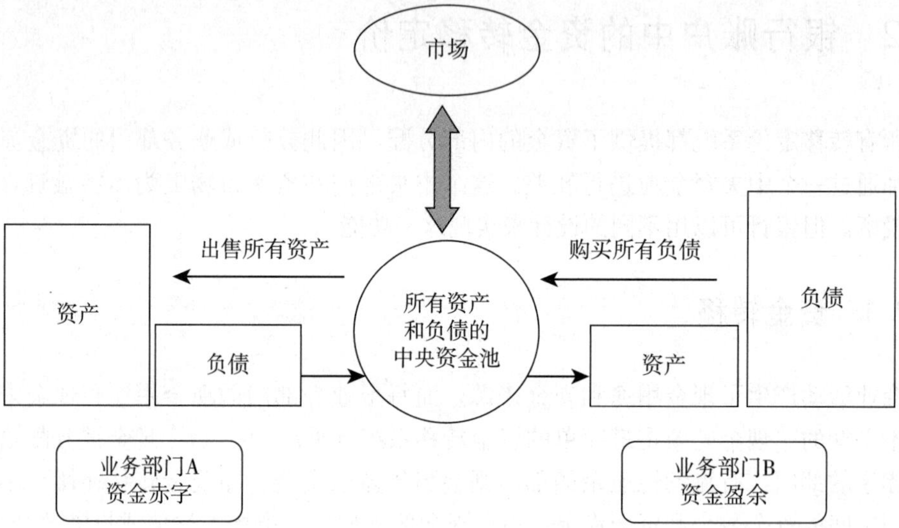

图 10-2　所有资产和负债的中央现金池

这种机制为有内部价格的资金创造了内部市场。资产负债管理部门在资本市场上投资现金盈余总额，或为全球现金赤字融资。内部价格适用于每个业务部门的资产总额和负债总额。在这种系统中，每个部门、每笔交易都有净利息收入，它是内部转移价格和客户价格之差。这个系统实际上将利润分配给业务部门和每笔交易。接下来的内容涉及这种分析性转移系统。

转移定价系统也可以被视为一种商业工具，因为通过在内部基准价格上加价或减价，内部价格可以对所选择的业务提供不同的激励。但是内部参考价格应该是公允的，并基于稳健的经济基准，以避免发生冲突。

10.2.2　净利息收入的分配

客户价格与内部价格之间的价差衡量了商业活动的利润。给定资产市场上的借款市场利率与贷款市场利率，资产负债管理部门还从内部交易中获得利润或遭受损失。在一个综合系统中，资产负债管理投资组合是银行投资组合的镜像，因为资产负债管理部门购买所有负债，并卖出所有资产。业务部门产生的利润与资产负债管理投资组合产生的利润之和应该等于银行的实际利润，因为内部分析性交易是相互抵消的。

用一个持有贷款、吸收存款的商业银行的简单例子，可以说明业务部门和资产负债管理部门的分析性利润与银行会计利润如何对账。对于银行而言，会计利润为贷款收入之和减去存款成本，再加上在市场上贷款和借款产生的收入或成本。贷款收入来自客户价格和以转移价格从内部购买资金的成本之间的价差。对于从存款人处吸收的资金，成本为支付给客户（存款人）的利息，收入来自在内部出售这些资金的转移价格。对于资产负债管理部门，收入来自对贷款收取的资金成本，成本来自购买客户存款的价格。此外，资产负债管理部门的借款或投资会产生金融成本或收入，它是业务部门的总计净现金余额。

用一张简化资产负债表可以说明这个计算过程（见表 10-1）。在这个例子中，借款人的平均客户价格为 12%，支付给存款人的平均客户利率为 6%。资产负债管理部门以当前市场利率 9%从市场上借款。商业资产负债表产生了现金赤字，它通过资产负债管理部门融资。唯一的转移价格——9.20%——适用于出售给业务部门的资金和向业务部门购买的资金。该转移价格不同于市场利率。

表 10-1　　银行的资产负债表

	金额	利率（%）
资产		
贷款	2 000	12.00
总计	2 000	
负债		
存款	1 200	6.00
融资	800	9.00
总计	2 000	

直接计算会计利润很简单，因为它只取决于客户利率和资产负债管理部门的融资成本：

$$2\,000\times12\%-1\,200\times6\%-800\times9\%=96$$

其他计算显示了商业业务的利润，这些商业业务可以分解为贷款和吸收存款（见表 10-2）。资产负债管理从外部为银行的赤字融资。每个业务部门分配到的净利息收入来自客户利率和转移价格。贷款的商业利润率为 12%－9.20%＝2.80%，存款的商业利润率为 6%－9.20%＝－2.80%。存款的商业利润率为负，这表示银行向存款人支付的利率小于资产负债管理部门为资金支付的利率。

贷款产生了 56.0 的利润，存款产生了 38.4 的利润。总商业净利息收入为 94.4，它小于银行的会计净利息收入 96。这笔商业利息利润为贷款业务利润和存款业务利润之和。

为了将业务部门的净利息收入和银行的净利息收入对账，资产负债管理部门也应该有一张利润表。收入来自对业务部门的贷款，成本反映了向业务部门购买资金的内部买价。资产负债管理部门的收入和成本与业务部门的收入和成本对称，加上从市场上为赤字融资的成本 800，其净利息收入为 1.6，恰好是商业利润与银行总利润之差。总商业利润和资产负债管理部门净利息收入之和等于银行的净利息收入。资产负债管理部门的利润表使银行可以将商业业务和资产负债管理业务的分析利润之和与银行的净收入进行对账。

表 10－2　净利息收入的计算

市场利率	9.00%	
转移价格	9.20%	
利润率	计算	价值
直接计算净利息收入		
会计净利息收入	2 000×12%－1 200×6.00%－800×9.00%	96.0
商业净利息收入		
贷款	2 000×(12%－9.20%)	56.0
存款	1 200×(9.20%－6.00%)	38.4
总商业净利息收入	2 000×(12%－9.20%)＋1 200×(9.20%－6.00%)	94.4
资产负债管理部门的净利息收入		
资产负债管理部门的净利息收入	2 000×9.20%－1 200×9.20%－800×9.00%	1.6
银行的净利息收入	总商业净利息收入＋资产负债管理部门的净利息收入	96.0

在这个例子中，资产负债管理部门的净收入为正，因为它对商业部门收取的价格较高，转移价格为 9.20%，高于市场利率（9%）。如果转移价格变化，银行净利息收入的分配将发生变化，但银行的整体利润保持不变。当内部价格等于市场利率时，资产负债管理部门的净利息收入为零，且银行的净利息收入等于商业净利息收入。这是参考情况。资产负债管理部门的中性程度取决于其产生的是利润还是损失。银行的整体净利息收入位于商业部门“内部”，所分配的商业业务利润之和就是银行的利润。①

10.3　银行账户中的经济转移价格

转移价格或内部价格可以用来在业务部门之间分配资金和利润。它应该是公允价

① 当转移价格定为 9%时，通过重复上述利润分配计算过程，可以轻松地对其进行检验。

格，并应避免银行内部融资条件和市场融资条件之间的差异产生的利益冲突。银行账户的转移价格也被用作对客户正确定价的基准价格，以使银行获得目标利润。

10.3.1 将市场利率作为基准利率

公允的转移价格应基于市场利率，以消除与市场利率的差异。对市场参考利率的扭曲产生了被视为不公允的补贴或罚款。在贷款方，收取低于市场利率的资金成本可能最后导致客户价格低于市场利率，如果以市场利率为贷款融资，将无法补偿资金成本。收取高于市场利率的成本也是不公平的。

对于吸收的存款资金，其公允价格应该与业务部门在外投资获得的收益率一致。如果不一致，以低于市场利率的利率向客户吸收廉价资金将无法获得恰当的补偿。这不利于鼓励吸收廉价资金，并会导致价值损失。

银行还可以考虑市场利率以外的一些替代选择，但这意味着采用惯例，并且会产生经济不一致性。例如，银行可以使用实际融资成本。或者银行可以使用一套根据期限将资金运用与资金来源分类集中的系统，以便将实际资金成本正确分配给相应的资金。但这种做法会产生概念上的现金流。银行有许多成本各异的融资来源：活期存款、定期存款、批发债务或在资本市场上发行的金融债务。如何将特定融资来源分配给贷款业务取决于惯例。如果支持贷款的资金成本得到低成本存款的补贴，那么吸收这些廉价资金将得不到补偿，转移定价系统将把存款的低成本转移至分配给贷款的利润。贷款业务将得到存款基础的补贴，并可能向客户收取低于市场利率的利率。此外，这种分配假设新存款与新贷款的每一美元都匹配，这是不现实的。鉴于这些不一致性和不现实的假设，将资产与现有负债匹配是不经济的。

对资产负债表的这种“横向”观点——用指定负债支持商业贷款——是不适当的。商业利润应该由既包括贷款又包括存款的整体银行账户创造。如果银行账户产生流动性赤字，就将在市场上融资；如果银行账户产生盈余资金，就将在市场上投资。在第一种情况下，相关融资组合包括资本基础和银行的金融债务；在第二种情况下，相关收益率为盈余资金的市场收益率。

10.3.2 贷款的转移价格

支持贷款的相关金融债务是旨在消除流动性风险和利率风险的债务。贷款的转移价格是这种债务的市场成本。对于一笔贷款而言，融资特征应该复制分期还款的特征，其固定利率或浮动利率应该与贷款利率的性质匹配。这种融资是“名义融资”而非实质融资，因为它作为参考，并没有在合约中实际约定。其成本应独立于现有负债。

在某些情况下，复制过程很简单，资金成本也很容易确定。子弹型债务与子弹型贷款匹配，相关成本为与交易期限对应的市场利率。对于一笔分期偿还贷款，未清偿余额随时间的推移而变化，直至到期。使用相同期限的市场利率意味着我们使用子弹型债务为分期偿还贷款融资，这不是复制。复制了贷款时间特征的融资应该是这笔贷款的镜像：它是恰好具有相同偿还时间表的分期偿还债务。

转移价格是这笔债务的成本，它是由许多期限不同的债务组成的债务组合的成本。在图 10-3 的例子中，一笔金额为 100 的固定利率贷款在 2 年中分期偿还，本金的分期偿还额为 40 和 60。复制债务由两笔即期子弹型债务组成，期限分别为 1 年和 2 年，合约利率为市场利率[①]，如图 10-3 所示。复制浮动利率贷款的融资利率应该为浮动参考利率，该参考利率包括长期融资的流动性溢价。

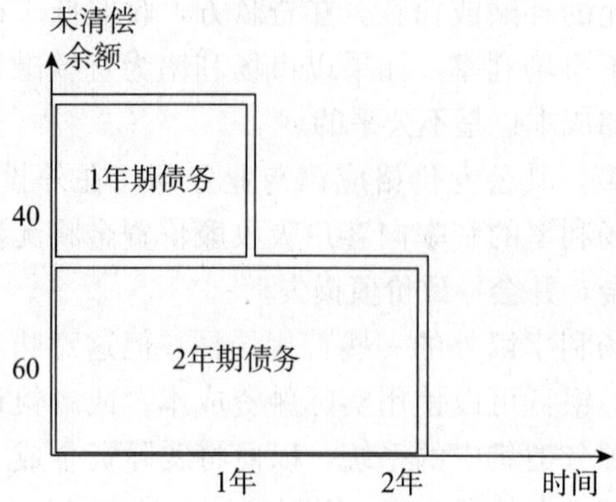

图 10-3　一笔 2 年期分期偿还贷款

复制债务的成本是其收益率。固定利率贷款的镜像债务由多笔零息债务组成，其金额和期限与分期偿还债务的时间分布匹配。收益率为零息利率的函数。在图 10-3 的例子中，有两层债务：金额为 60 的 2 年期债务和金额为 40 的 1 年期债务。相关利率分别为 2 年期市场利率和 1 年期市场利率。转移价格为两笔债务的平均资金成本：它是使两笔债务产生的未来现金流现值等于借入金额的贴现率。[②]

未来现金流出为本金偿还与利息支付。利息流由 1 年期市场利率下的利息和 2 年期市场利率下的利息组成。如果这笔债务为零息债务，那么将在到期时支付利息。1 年期债务的利息流为 $40(1+r_1)$，2 年期债务的利息流为 $60(1+r_2)^2$。这笔复合融资的收益率 y 为使下式成立的贴现率：

$$100=40(1+r_1)/(1+y)+60(1+r_2)^2/(1+y)^2$$

贴现率位于两个市场利率之间，债务成本约为 1 年期市场利率和 2 年期市场利率的加权平均值，权重结合了每笔债务的规模大小及其期限。[③] 当 r_1 和 r_2 分别等于 8%和 9%时，y 约为 8.75%。在实践中，给定贷款的时间分布和当前市场利率，转移价格表就提供了镜像债务的收益率，它是复合市场利率。

① 还有另一种支持这笔贷款的解决方案。例如，合约中可以规定一笔 1 年期的即期债务，完整金额为 100，贷款利率为即期市场利率，为期 1 年，1 年后则借入另一笔金额为 60 的 1 年期债务。尽管如此，这种融资仍没有复制这笔贷款，因为一部分债务需要续借 1 年，利率是现在未知的。

② 这是债务的到期收益率。

③ 一种近似的计算方法使用了准确公式的线性近似值：$100=40(1+r_1-y)+60(1+2r_2-2y)$，收益率为：$y=(40r_1+60\times2\times r_2)/(40+2\times60)$。

使用复制债务有许多经济上的好处。贷款的利润率对利率变化免疫。银行也没有必要使用将现有负债分配给资金运用的惯例。吸收存款业务产生的收入不会转移给贷款业务的收入。

银行可以规定有确定到期时间表的贷款的复制债务。然而，举例来说，由于可能出现提前偿付抵押贷款的情况，因此合约期限不是实际期限。因此，应该使用贷款的实际到期时间表。

贷款的镜像债务也应嵌入和贷款相同的期权。固定利率抵押贷款的镜像债务应该和贷款一样是可提前偿付的。有利率上限的浮动利率贷款的镜像债务应该嵌入相同的利率上限。银行应该对这种贷款收取高于无期权普通债务成本的价格，高出的部分就是期权成本。这笔成本的价值为第 9 章介绍的贷款期权调整利差。

资产负债管理部门不需要采用完全保护银行利差的融资政策。复制债务为名义债务。在某些情况下，银行存款能产生足够的稳定资金，不需举借债务。在另一些情况下，资产负债管理部门可能希望保持利率风险敞口。名义债务成本的使用独立于实际融资政策。

10.3.3 负债的转移价格

对于存款，使用相同原则时，必须确定复制存款到期时间表的“镜像”资产。如果可以确定这种到期时间表，存款的公允价格就是银行以无风险利率投资这些资金能获得的收益率。这是所吸收存款的公允价格，它正确地分配了持有这种廉价资金产生的利润。也可以把相同的投资收益率看作银行投资于无风险资产而非贷款将获得的收益率。相关市场利率应该是与存款的时间分布匹配的投资的收益率。

但存款是无期限账户，即没有确定期限。它通常被分解为波动存款和稳定存款。短期存款可以获得短期市场利率，它将作为参考利率。对于稳定存款，需要根据某种规则来定义复制资产。

假设银行希望获得 10 年期稳定存款。合理的做法是用 10 年期利率作为相关内部利率。但是使用某个日期上的 10 年期利率没有道理，因为这相当于在这个假想日期上投资全部存款。相反，银行应该使用 10 年期利率的某个平均值，以平滑利率变化。如果所有投资的期限均为 10 年，投资组合的收益率将取 10 年期历史收益率的平均值。

通常认为，平滑收益率曲线的长期变化是可取的，而一种阶梯式的方法更为适合。它是指在多个期限中分散投资，每笔投资到期后均以相同的期限进行再投资（见图 10－4)。得到的收益率是每个期限的历史市场收益率的组合。当投资期为 10 年时，使用 10 层此类投资，投资期为 1～10 年。每年的到期投资层均以现行利率进行再投资。现在，平滑效应扩展到整条收益率曲线的波动上。如果对存款使用分期偿还规则，那么这种方法将复制存款的时间分布。

通过使用多个期限，例如 1～10 年，复制投资组合将获得所有利率在整个 10 年中的平均值。这种政策能够对管理期内的年利率期限结构的时间序列取平均值。

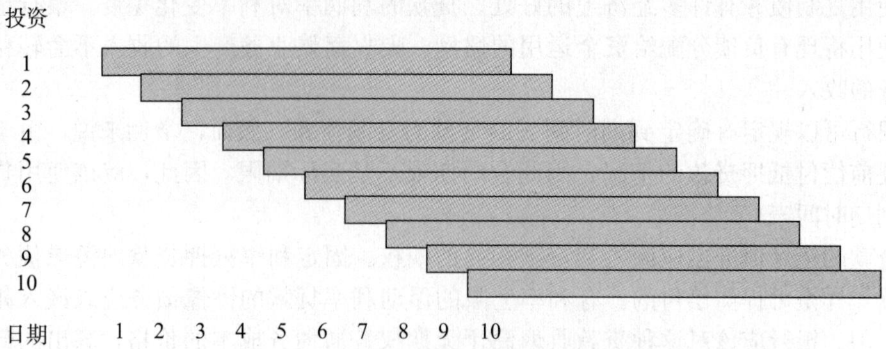

图 10-4　名义投资组合

10.3.4　将流动性风险和利率风险转移给资产负债管理部门的账户

复制原则将利率风险和流动性风险转移给资产负债管理部门，从而消除了贷款的利率风险和流动性风险。然而，为了让风险有效转移，转移价格不应基于当前市场利率，而应该基于历史利率。例如，如果一笔固定利率资产的收益率为 11%，而转移价格为 9%，那么利差就是 2%。重新计算拥有新利率的同一笔资产在以后某个时期的利差，将使该利差暴露于利率风险中。例如，在以 10%的利率发放贷款后，重新调整转移价格将使利差降低 1%。为了保持商业净利息收入对利率不敏感，需要在交易期限内始终对交易使用其历史转移价格。对每笔交易使用这种历史价格，将为信息系统增加额外负担，但这最后一笔负担使转移定价系统变得全面而一致。

10.3.5　经济转移价格与商业转移价格

转移价格是执行商业政策时的一种非常有效的工具，因为它可以作为商业信号，提示客户向不同的产品提供补贴或收取罚款。显然，除偶然情况以外，这种商业价格与经济价格不匹配。

在这种情况下，使用两组内部价格就很有必要了，因为它可以赋予商业政策某些灵活性。经济价格和商业价格的差异就是商业政策的成本，这些差异被记为商业部门决定的加价（罚款）或降价（补贴）。这种机制协调了转移价格的多重功能，并明确了执行不符合经济基准的商业政策的成本。

10.4　基于风险的定价：贷款

基于风险的价格是指向借款人收取的高于信用风险资本要求的成本。该价格应该与银行的目标资本收益率（ROC）一致。

收入包括利息收入和费用。在确定以贷款百分比表示的客户利率时，必须根据费用进行调整。非经常性费用将使收入逐渐产生扭曲。前期费用只增加第1期的收益率。一种常用做法是使用年全部收入，它是在交易期限内重复产生和不重复产生的所有收入的平均值。全部利差是转移价格之上的年利差。由于客户价格是税前价格，因此参考税前资本收益率是很方便的。

信用风险的成本包括两个组成部分：违约造成的统计损失或平均损失（“预期损失”），以及超过平均损失的损失成本。预期损失为贷款余额的某个百分比，它取决于借款人的违约概率、回收率以及预期贷款规模。超过预期损失的损失由资本衡量，这种资本是银行的监管资本（《巴塞尔协议2》）或根据模型计算出的经济资本。①

例如，支持贷款的债务成本 i 为5%，税前股权资本成本为 $k=20\%$。信用风险的风险溢价为用资本（K）代替债务（D）产生的增量成本乘以资本要求（见图10-5）：

$$K(k-i)=K\times(20\%-5\%)$$

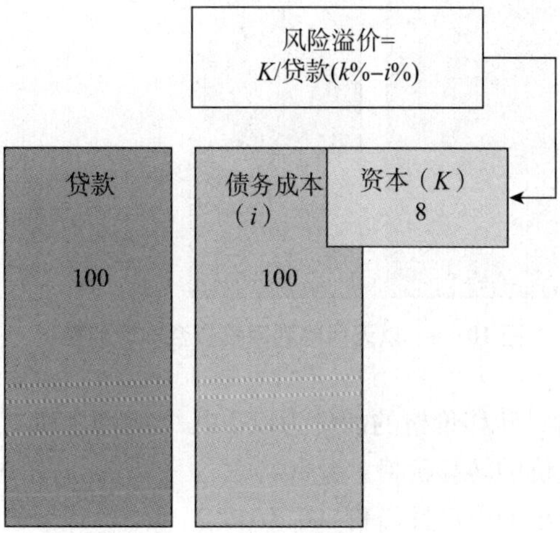

图10-5　信用风险的风险溢价

如果监管资本为贷款（1 000）的8%，即80，那么风险溢价为：

$$80(20\%-5\%)=7.2$$

它也可以用占贷款规模的百分比表示为：$8\%(20\%-5\%)=1.20\%$。风险溢价为用资本比率加权的银行债务成本之上的超额股权成本。

债务成本 i 既可能是银行自身的债务成本，也可能是基于银行基准利率的转移价格。使用银行的基准利率意味着向借款人收取一笔信用利差。信用利差的价格应与市场对借款人收取的利率一致。然而，这条规则不能确保银行实现其目标利润，因为利润是用真实债务成本计算的。对银行自身的债务收取这笔成本，确实可以确保加价与银行的目标利润一致，但这种选择意味着银行对客户收取了两个信用利差：银行自身的利差和借款人的信用利差。

根据这种观点，贷款是用股权和债务的组合支持的，这反映了监管风险权重。贷

① 经济资本是信用在险价值，关于信用组合模型的第18章将说明它的模型。

款没有使用这个监管组合，因而可以被视为完全由债务支持，因为资本不应面临风险，因此贷款不是无风险投资。从这种观点看（见图 10－6），敞口可以被视为完全由银行债务融资，而所分配资本产生的无风险收入将与利润相加。很容易证明，风险溢价是用无风险利率而非银行债务成本计算的。

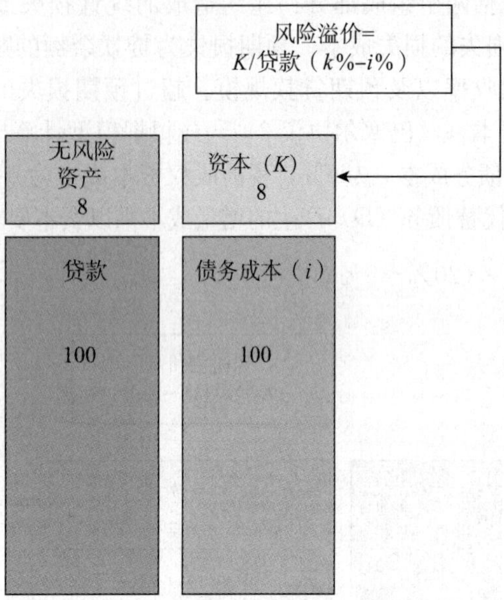

图 10－6　以无风险利率投资资本时的融资

在推导客户利率时，转移价格的加价为以下几个项目之和：

- 不包括流动性溢价的转移价格：4.60％。
- 从上述指标推导出的流动性溢价：0.40％。
- 信用风险的预期损失：贷款规模的 0.5％。
- 必要时的期权调整利差。
- 经营成本：贷款规模的 1％。
- 风险溢价为债务融资的增量资本成本，计算方法如上，结果为：1.20％。

目标客户利率为 7.70％，高于转移价格的目标利差按占贷款金额的百分比表示为：7.70％－5％＝2.70％（见表 10－3）。

表 10－3　基于风险的价格的组成要素

	％
融资成本：转移价格	4.60
流动性溢价	0.40
资金成本	5.00
经营成本	1.00
预期信用损失	0.50

续前表

	%
=以占贷款金额的百分比表示的所有成本	6.50
风险溢价：8%×(20%−5%)	1.20
理论客户利率	7.70

我们可以很容易地检验股权资本收益率。例如，假设贷款规模为 1 000，税前股权资本收益率实际上为 20%（见表 10-4)。资本基础为 80，债务为 1 000−80=920，这是利率所适用的金额。将上述百分比用于贷款价值 1 000，可以得出其他项目。税前利润为 10，该值与资本基础（40）的收益率（20%）匹配。

表 10-4　自上而下计算资本收益率

贷款	1 000
资本	80
债务	920
融资成本：5%×920	46
经营成本：1%×1 000	10
预期信用损失：0.50%×1 000	5
=所有成本	61
贷款利息成本	77
税前利润（EBT)	16
资本收益率：EBT/资本	20%

如果贷款无风险，将没有资本费用，且违约产生的统计损失也将为零。贷款的全部成本为融资成本与经营成本之和。

在单笔交易水平上计算利润加价可能是没有意义的，因为银行向同一个客户出售多种产品。在这种情况下，客户是比单笔交易更好的盈利能力评估基础。这是从客户水平而非交易水平考察盈利能力的一个有力理由。

第 11 章 收益率、随机冲击与在险价值

在险价值（VaR）是给定金融投资组合在给定投资期内规定概率下的潜在损失大小。VaR 要求对随机资产价值随时间流逝的分布建模。这些随机冲击由价格水平的变化或价格水平的变化与初始价值之比（即收益率）衡量。在标准的市场模型中，未来资产价值是以复利计算的一系列随机收益得出的。这些收益可以建模为随机过程，这种随机过程描述了收益如何随着时间的流逝而变化。

本章说明了在险价值的概念，以及如何根据随机市场冲击对在险价值建模。本章介绍了标准资产收益率模型，市场驱动资产价值的分布正是根据该模型推导出来的。

11.1 在险价值

在险价值是在给定时期内，给定金融投资组合在给定概率（定义为置信水平）下的最大潜在损失。市场风险的 VaR 衡量了在给定投资期内对某个头寸或头寸组合的不利市场冲击的规模。用来衡量收益或损失的时期就是变现投资组合所必需的交易期。变现期期末的未来资产价值是未知的。该终值和现值之差就是该时期内的收益或损失。它等于差值 V_t-V_0，其中 V_t 为投资期 t 结束时的价值，V_0 为已知的现值。这种收益和损失就是头寸的利润和损失。

VaR 被定义为价值变化分布的分位数。分位数是随机变量的某个临界值，它给定了观察到较低值的概率。从图 11－1 中可以观察到分布的分位数。分位数和 VaR 可以用任何分布——不论是否为正态分布——来定义。

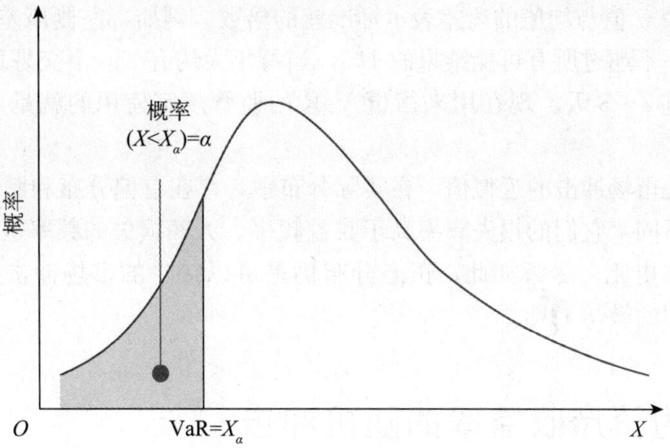

图 11-1　概率分布与分位数

在图 11-1 中，X 为给定投资期内投资组合价值的随机变化，V_t-V_0。该分布的 α 分位数 X_α 为随机变量的值，它使出现的变量值低于该值的概率为：$P(X\leqslant X_\alpha)=\alpha$。根据这些变量符号，该分位数也是使高于该值的概率为 $1-\alpha$ 时的随机变量值：$P(X>X_\alpha)=1-\alpha$。X 低于该下限的概率为随机变量分布曲线下方的区域。典型的置信水平 α 值较小，例如 1%。在较小概率上，分界点位于分布的左侧。

对于市场风险而言，变量 X 为资产或投资组合的损益。分布的左尾表示损失 L，它是负价值变化。VaR 为预期最坏情况下的损失 L_α。如果损失衡量的是绝对价值变化，那么分位数 L_α 就是损失上限，它使所有结果中超过该值的比例不超过 α。在临界值 L_α 上，负资产价值低于 $-L_\alpha$ 的概率为 α：$P(V_t-V_0<-L_\alpha)=\alpha$。

对于正态分布而言，不同置信水平的分位数是分布标准差的倍数，如图 11-2 所示。我们通常使用的是正态分布，因为它仅由两个参数定义，即它的均值和标准差（或

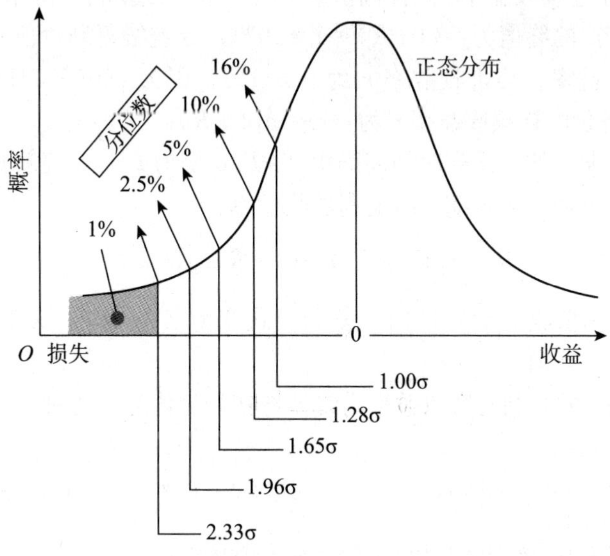

图 11-2　正态分布和单尾置信水平

波动率)。[①] 每个 α 值与均值的离差表示标准差的倍数。例如，左侧离差大于 2.33 个标准差出现的概率不超过所有可能结果的 1%。当每年大约有 250 个交易日时，这相当于在 1 年中不超过 2～3 天。现在用来衡量 VaR 的监管规定使用的就是这个 1%的置信水平。

正态分布是市场冲击的近似值。在实际分布中，存在有偏分布和肥尾[②]分布：与对称的正态分布不同，它们的损失频率高于收益频率。大额损失的频率也高于正态分布，实际分布的尾部更肥。尽管如此，正态分布仍是可以接受的市场冲击分布替代指标，并且是一个有用的教学工具。

11.2 作为资产收益率的随机冲击

在衡量风险时，资产价格相对于其初始价值的随机波动很重要。这些变化可以表示为价格水平的变化或者相对于初始价值的变化率。相对变化率就是收益率，收益率有两种不同的指标。时点 0 和时点 t 之间的离散收益率（即算术收益率）$R_{0,t}$ 为占初始价值的百分比：

$$R_{0,t}=(V_t-V_0)/V_0 \text{ 和 } V_t=V_0(1+R_{0,t})$$

对数收益率 $r_{0,t}$ 的定义式为：

$$r_{0,t}=\ln(V_t/V_0) \text{ 或 } V_t=\exp(r_{0,t})V_0$$

对数收益率是计算复利的日期之间的时间间隔趋近于零，且复利时期数量趋近于无限时的离散收益率极限（见本章附录 1）。当时间间隔很小时，两个收益率的数值接近。[③] 如果在给定离散年收益率 $R=10\%$时，离散年收益率和连续年收益率分别为 R 和 r，那么就存在一个连续收益率 r，使离散复利终值和连续复利终值相同。在 1 年期内，初始价值为 1 的资产的终值为：$(1+R)=1+10\%$。令连续复利价值 $\exp(r)=1.1$，可以求出等价对数收益率。等价收益率 r 为 9.531%，因为 $\exp(9.531\%)=1.1$。通常，与离散收益率 R 等价的连续收益率 r 为：$r=\ln(1+R)$。

在日期 0 至日期 1 的一系列时间间隔中，i 从 0 变为 $t-1$，复利离散收益率 $R_{i,i+1}$ 也随之变化，得到日期 0 至日期 t 的复利总收益率：

$$(1+R_{0,t})=(1+R_{0,1})(1+R_{1,2})\cdots(1+R_{t-1,t})$$

当 t 期的固定离散收益率为 R 时，复利公式变为 $(1+R)^t$。复利离散收益率为总中间收益率的几何平均值。

日期 0 至日期 t 的复利对数收益率为终值与初始价值之比的对数，它也可以写为一

---

① 标准差是方差的平方根。方差是均值离差平方的概率加权平均值。标准差衡量了随机变量在其均值附近的离散度，它也被称为波动率。

② 有偏分布不是对称的。肥尾是指极端偏离高于正态分布的概率。

③ 当 u 的值很小时，可以根据公式 $\exp(1+u)\approx u$ 得到两个收益率之间的近似关系。

系列乘积的对数：

$$r_{0,t}=\ln(V_t/V_0)=\ln[(V_1/V_0)(V_2/V_1)(V_3/V_2)\cdots(V_t/V_{t-1})]$$

该复利收益率为中间收益率之和，因为乘积的对数为对数之和[①]：

$$r_{0,t}=\ln\left(\frac{V_t}{V_0}\right)=\sum_{i=0}^{t-1}\ln\left(\frac{V_{i+1}}{V_i}\right)$$

这些规则可以用一个包含两期的例子说明（见表 11-1）。第 1 期后，资产价值为 1.2 乘以初始价值 V_0；第 2 期后，资产价值为 $V_2=1.08V_0$。两期的复利离散收益率为 8%。该复利收益率不同于中期离散收益率——20%和−10%——之和。对数复利收益率为：$\ln(V_2/V_0)=7.696\%$，它恰好等于两个连续对数收益率之和。

表 11-1　　离散复利收益率和对数复利收益率

	V_t	$V_t/V_{t-1}=1+R$	$\ln(V_t/V_{t-1})=r$
V_0	1.00		
V_1	1.20	20.00%	18.232%
V_2	1.08	−10.00%	−10.536%
		$(V_2/V_0)-1$	$\ln(V_2/V_0)$
累计收益率		8.00%	7.696%

当收益率随机时，这段时期的对数收益率为这些随机收益率之和。如果收益率为正态分布，那么复利收益率也为正态分布。终值为复利收益率的幂函数：$V_t=V_0\exp(r_t)$。与之等价的离散收益率公式为：$V_t=V_0(1+R)^t$。

11.3　随机过程

一系列市场冲击之后的价值分布取决于中间随机收益率和连续随机收益率。再次考虑两个时点，t 和 $t+\Delta t$。终值可以表示为连续收益率 r_t 的函数：$V_{t+\Delta t}=V_{t+\Delta t}\exp(r_t\Delta t)$。连续收益率为时间间隔非常短的两个价值之比的对数：$r_t=\ln(V_{t+\Delta t}/V_t)$。期末的价值分布是从收益率 r_t 的分布中推导出来的，后者是即时冲击的模型。在一段离散时期内，终值分布类似于一系列随机中间收益率加总后的分布。随机冲击按照对数收益率建模，因为它能最贴切地模拟收益率的真实行为。

在标准金融模型中，即时收益率及其时间路径是按照随机过程建模的。价值随机变化的任何变量都遵循随机过程。当变化可以发生在任何时间时，这个过程是连续的。当变化只发生在特定时间时，这个过程是离散的。变量可能是股价、利率、收益率或

---

① 该公式为扩展求和公式的缩写：$\ln(V_t/V_0)=\ln(V_1/V_0)+\ln(V_1/V_0)+\ln(V_2/V_1)+\ln(V_3/V_1)+\cdots+\ln(V_t/V_{t-1})$。

违约事件。随机变量可能是连续值（即实数），也可能只是离散值，离散值的范围可能有界限，也可能无界限。例如，股价不能取负值，但是理论上它可以无限上涨。

描述随机过程 S_t 特征的公式使随机变量 S_t 在某个小时间间隔中的变化为时间间隔的线性函数加上一个随机项（z_t）。其系数通常是依赖于时间的。第一个变量是时间 t，第二个变量是不可预测的随机因素。

离散随机过程使用很小的离散时间间隔。投资期 T 被分割为 n 个相等的时间间隔，$\Delta t = T/n$。在时间 t，所有变量的值和线性方程的系数值均是已知的。由于所有变量在时间 t 均已知，因此这个过程被称为 I_t 适应。在时间 $t+\Delta t$，变量 $S_{t+\Delta t}$ 是未知的。在小时间间隔 Δt 中，随机过程的变化取决于：$\Delta S_t = S_{t+\Delta t} - S_t$ 以及 $\Delta z_t = z_{t+\Delta t} - z_t$。随机过程公式为：

$$(S_{t+\Delta t} - S_t)/S_t = a(t)\Delta t + b(t)\Delta z_t$$

当时间间隔 Δt 趋近于零时，随机过程公式使用另一个符号表示连续变量：

$$dS_t/S_t = a(t)dt + b(t)dz_t$$

该式的等价形式为：

$$d\ln(S_t) = a(t)dt + b(t)dz_t$$

第二种形式明确了该过程适用于对数收益率。根据不同的随机变量——股价、公司价值或利率，系数 $a(t)$ 和 $b(t)$ 采取不同的形式。例如，当随机变量为股价时，公式为：

$$d\ln(S_t) = \mu dt + \sigma dz_t$$

等价形式为：

$$d(S_t) = S_t\mu dt + \sigma S_t dz_t$$

这些公式表示，对数收益率有一个确定性部分和一个随机部分。

时间系数 $a(t)$ 为漂移项。漂移项衡量了单位时间的确定性过程变化。漂移系数既可能是固定的，也可能是时间和随机变量本身的函数。当随机变量为股价时，漂移项为 μS_t。该漂移项表示，即时收益率 dS_t/S_t 为常数 μ。

冲击是用不可预测部分（即干扰项）或扩散项建模的。“不可预测”表示在时间 t，该项的值无法通过历史信息推导出来。为了定义某个过程，必须定义该随机项的分布。z_t 的变化有以下形式：

$$\Delta z_t = \varepsilon \sigma_t \sqrt{\Delta t}$$

变量 ε 为标准正态分布：它的均值为 0，方差为 1。系数 σ_t 为在小时间间隔 Δt 开始时已知的常数，它可能依赖于也可能不依赖于该日期。随机项 Δz_t 有某些特殊性质。它的均值为零，方差为 $E(\Delta z_t)^2$，其中 E 为幂运算符。方差为典型 $\Delta z_t{}^2$ 的大小，用时间单位表示。如果该差值平方可以忽略，那么冲击的方差为零，且这个过程将是确定性的。根据 Δz_t 的形式，随机项 z_t 的方差应与时间间隔 Δt 成比例。标准差 $\sigma_t\sqrt{\Delta t}$ 的变化与时间平方根的变化类似。

当随机变量为股价时，即时收益率结合了常数漂移项 dS/S 以及随机项 dz_t，后者为正态分布，方差为 $\sigma^2\Delta t$。换言之，对数收益率在确定性漂移附近为正态分布，单位时间方差已知。

本章附录 2 说明了其他常见过程。

11.4 对随机冲击建模

随机冲击可以定义为不可预测部分的某个特定值：$z\sigma\sqrt{t}$。它是给定单位时间标准差时某个正态分布变量的出现频率，冲击 z 为标准正态分布，均值为 0，标准差为 1。发生冲击后，这笔资产的新价值变为：

$$V_t = V_0 \exp(z\sigma\sqrt{t})$$

其方差为：$V_t - V_0 = V_0\,[\exp(z\sigma\sqrt{t}) - 1]$。

在相同的冲击下，用离散收益率表示的等价公式为：

$$V_t = V_0(1 + z\sigma\sqrt{t}) \text{ 和 } V_t - V_0 = V_0 z\sigma\sqrt{t}$$

使用标准正态分布的波动率乘数，可以计算出不同置信水平上的价值离差。例如，用 z 的 1%分位数，可以计算出价值变化的 1%分位数，它等于$-2.326\ 3$，依此类推，可以计算出其他置信水平上的价值离差。

两个等式都可以计算出较小离差的近似值，但当冲击较大时近似效果较差。例如，假设某只股票的价值为 100，收益率的年标准差为 20%。与 1%分位数匹配的负冲击为：$-2.326\ 3\times20\% = -46.53\%$。使用离散公式时，受到该冲击后的股票价值为 53.47。使用连续公式时，受到该冲击后的股票价值为：$100\exp(-2.326\ 3\times20\%)=62.80$。使用连续公式计算出的负变化小于使用离散公式计算出的负变化。当离差较大时，离散公式可能会产生负终值，而连续公式永远会产生正终值。

在通常过程中，漂移项为零，单位时间方差是固定的。这个过程是维纳过程（Wiener process），也被称为布朗运动（Brownian motion）。由于所有连续随机变化都是独立的，且遵循相同的分布，因此这个过程被称为“独立同分布”或“i. i. d.”。随着时间的流逝，该分布是静态的，表示从任何时点开始时它都是相同的。

投资期可以分为 T 个相同的子时期。从 0 到 T 的随机增量 $\Delta z(t)$ 之和为 T 个预期值为零的随机正态分布变量之和。累计增量的预期值等于零。布朗运动在初始价值附近遵循不规律路径。在每个时点上，这个过程都从当前的值“突然”移动到下一个值，并且总是从初始点开始。这条路径是连续的，但不平滑。

当收益率固定且为独立同分布（“i. i. d.”）时，不同连续时期的方差是可加的。累计收益率的方差 $\ln(V_T/V_0)$ 为中间对数收益率 $\ln(V_{t-1}/V_t)$ 的方差之和，其中 t 的变化范围为 0 至 T。其方差等于 T 乘以即期收益率的方差，即$\sigma^2 T$。其波动率为：

$\sigma(z_T)=\sigma_1\sqrt{T}$。例如，一年期波动率$\sigma_{250}$（一年有 250 个交易日）的计算方法是用 250 的平方根 15.811 乘以日波动率。这就是所谓的“不确定性时间平方根法则”。粗略地说，这条法则表明，用收益率标准差衡量的不确定性和时间平方根同步增加。标准差的单位应该与时间单位一致：如果 T 为一年，那么 σ 就是年标准差，依此类推。

11.5 单笔资产的 VaR 计算

VaR 是根据其随机复利收益率计算出来的。随机冲击是用 $z\sigma\sqrt{t}$ 建模的。单一工具的 VaR 推导相对简单。假设该资产为股票指数[①]，年波动率为 30%。

如果置信水平为 1%，那么 VaR 表示这样一种损失水平：100 个交易日中超过该损失的时间不超过一天，或者在一年中超过该损失的时间不超过两三天。置信水平为 2.5%表示在 100 天中出现 2.5 次，或者在 40 天中出现一次，在一年中出现六至七次。VaR 取决于投资期，并可以根据时间平方根法则用相关波动率计算出来。日 VaR 是指日损失，它是从指数的日波动率推导出来的。日波动率是使用时间平方根法则从年波动率推导出来的。当年波动率为 30%时，日波动率为：

$$\sigma_1=\sigma_{250}/\sqrt{250}=30\%/15.8114=1.897\%$$

根据股票收益率的正态分布假设，日 VaR 等于 2.33 和日波动率之积，即：

$$\text{日波动率 } 1\%-\text{VaR}=2.33\times1.897\%=4.42\%$$

当投资期为 10 天时，相关波动率变为：$\sigma_{10天}=\sigma_{1天}\sqrt{10}=\sigma_{1天}3.162\sigma_{1天}$。10 天 VaR 为 3.162 乘以日 VaR：

$$10\text{ 天 VaR}=3.162\times4.42\%=13.98\%$$

11.6 正态分布收益率下的价值分布

一个过程规定了给定投资期中的价值分布，因为资产终值取决于某段时期内的复利收益率。

在一段时期中，日期 1 的价值分布可以直接从收益率推导出来，因为 $V_1=V_0(1+R)$。如果收益率为正态分布，那么终值也是正态分布。使用这种离散收益率分布的显著缺点是，它允许随机收益率为低于-100%的值，这导致资产价值出现不可接受的负值。

用对数收益率表示，则投资期的价值与收益率之间的关系变为：

---

① 投资者可以通过投资交易所交易基金（ETF）购买股票指数，交易所交易基金模拟了股票指数的表现：没有必要按股票占指数的比例购买指数中的所有股票。

$$r_{0,t}=\ln(V_t/V_0)$$

因此，

$$V_t=V_0\exp(r_{0,t})$$

这段时期的收益为子时期的正态分布收益之和。该和为正态分布，因为它的各项均为正态分布，终值的对数也是正态分布。对数正态分布是当随机变量的对数为正态分布时该随机变量的分布：如果 X 为对数正态分布，那么 $Y=\ln(X)$ 为正态分布。类似地，如果 Y 为正态分布，那么 $X=\exp(Y)$ 为对数正态分布。

该投资期的随机资产价值为 V_t，令 $V_t=V_0\exp(r_t)$，其中 r_t 为随机连续收益率，t 为投资期，V_0 为资产现值。终值与现值之比为：$\ln(V_t/V_0)=r_t$。如果收益率 r_t 为正态分布，那么终值就为对数正态分布。可以证明，该比率的对数的期望值为（$r-\sigma^2/2$），其波动率为 $\sigma\sqrt{T}$。比率 V_t/V_0 为：

$$V_t/V_0=\exp\left[(r-\tfrac{1}{2}\sigma^2)T+z\sigma\sqrt{T}\right]$$

11.7 从对风险因素的冲击到对资产价值的冲击

对于股指而言，上述 VaR 的计算方法很重要。股指是一个风险因素、一个影响个股价格的市场参数。

如果资产为一只股票而非股指，那么对股指收益率的冲击将引发对股票收益率的冲击，后者取决于特定股票对给定市场冲击的反应。某些股票对指数变化高度敏感，另一些股票对指数变化没那么敏感。假设一只股票对市场变化的放大倍数为 2。[①] 然后，对指数的冲击（1%）转化为对股票收益率的冲击（2%）。如果股票收益率是市场冲击的两倍，那么其波动率也是它的两倍。其 VaR 也是市场 VaR 的两倍，因为 VaR 为波动率的倍数。根据上述股指波动率，在相同置信水平（1%）上的 VaR 为市场 VaR 的两倍，即 2×4.42%=8.94%。这表明，资产对市场冲击的敏感度是计算 VaR 时所需的信息。

这个例子表明了 VaR 的某些特征。VaR 是一个综合性风险指标，因为它综合了市场风险的不同部分：资产敏感度、基础风险因素的波动率以及股票价值的分布。因此，推导单笔资产的 VaR 的步骤如下所示：

（1）将资产与市场风险因素相对应。

（2）衡量资产对每个影响其价值的风险因素的敏感度。

（3）输入给定投资期的风险因素波动率。通常，有多个风险因素时，需要考虑风险因素的所有波动率以及它们的联动状况。

（4）确定给定置信水平 α 上的损失分位数，这要求规定资产随机价值的分布形状。

① 股票的 β 为 2，它是股票收益率与股指收益率之比的统计平均值。

损失的 α 分位数为选定置信水平上的 VaR。

11.8 附录 1：作为离散收益率极限的连续收益率

任何时间间隔 h 都可以等分为 m 个较短的子时期，它们的长度均为 $\Delta t=h/m$。根据离散收益率的定义，t 时的终值是计算 m 次收益率复利的结果：$V_h=V_0\left(1+\frac{R}{m}\right)^m$。在该式中，$R/m$ 为对应于固定时期 $\Delta t=h/m$ 的成比例离散收益率。终值的计算方法是对离散收益率 R 计算 m 次复利。

假设 R 固定，随着复利频率的增加，复利价值也会增加。当每年复利一次，每年的 $R=10\%$ 时，初始投资 1 的终值为：$1(1+10\%)=1.10$。如果在长度均为 6 个月的两期中复利两次，成比例收益率变为 $R/2=5\%$，初始投资 1 的终值变为：$1(1+5\%)(1+5\%)=1.1025$。以 $R/4=2.5\%$ 的收益率一年复利四次，得到终值：$1(1+2.5\%)^4=1.1038$。

当复利频率趋近于无限时，复利在无限个无限小的子时期中变为连续。离散收益率和连续收益率之间的正式准确关系式可以通过取复利项的极限获得，此时 m 趋近于无限，时间间隔 $\Delta t=h/m$ 变为无限小。在该式中，成比例离散收益率趋近于零，但它的复利次数趋近于无限。当 m 增加到无限时，根据下面的数学公式，括号内的表达式趋近于极限值①：$\lim\left(1+\frac{x}{m}\right)^m=\exp(x)$。用 R 代替 x，当 m 趋近于无限时，$\left(1+\frac{R}{m}\right)^m=\exp(r)$。

11.9 附录 2：普通过程

一个过程描述了随机变量随时间推移的变化。它被用于对市场冲击或股价行为、利率行为或违约事件的随机出现频率建模。

11.9.1 过程的一般形式

在下文中，这个过程被称为 S_t，干扰项为 $z=\varepsilon\,\sigma t\sqrt{\Delta t}$。不同过程的差异来自对漂移项和扩散项采用的系数的定义。

---

① 当存在足够大的 n 值，使：$|f(x,n)-f(x)|<\varepsilon$ 时，不管 ε 多接近于 0，都存在表达式 $f(x,n)$ 的数学极限 $f(x)$。用数学符号表达，就是：$\lim[f(x,n)]n\rightarrow\infty=f(x)$。为了计算出 m 趋近于无限时 $(1+x/m)^m$ 的极限，将该式写为 $\left(1+\frac{x}{m}\right)^m=\exp\left[m\ln\left(1+\frac{x}{m}\right)\right]$。使用：$[\ln(1+u)]u\rightarrow 0=u$，$\ln\left(1+\frac{x}{m}\right)m\rightarrow\infty=x/m$。因此，当 m 较大时，$\exp[m(x/m)]$ 趋近于 $\exp(x)$。

最简单的过程是维纳过程。一般维纳过程包括一个漂移项和单位时间的固定标准差。这个简单过程将漂移项的系数 a 和干扰项的系数 b 视为固定值。这个过程为：

$$dS = adt + bdz$$

期望值 $E(dx) = adt$ 是固定漂移项。价值的增量变化为单位时间常数。该常数漂移项表示某个趋势，标准差为 $b\sigma\sqrt{t}$。时间路径为某个稳定趋势，在该趋势附近的每个时点上会产生随机变化。该式的离散等价公式可以用来模拟这个过程的时间路径。投资期 T 被分为 n 个等长的小时间间隔，$\Delta t = T/n$。此时连续公式采取离散形式，并使所有较小变化都以相同的关系式联系起来：

$$\Delta S = a\Delta t + b\Delta z$$

S 的时间路径可以通过以下方法进行模拟：每一步让变量增加 $a\Delta t$，并增加一个均值为 0、标准差为 $\sigma\sqrt{t}$ 的正态分布随机数字。

伊藤过程是一般情况下的维纳过程，其中系数 a 和 b 是基础变量 S 和时间 t 的函数。

$$\Delta S = a(S_t, t)\Delta t + b(S_t, t)\Delta z$$

漂移项和新干扰项分别为 $a(S_t, t)\Delta t$ 和 $b(S_t, t)\Delta z$，随机项的方差为 $b^2(S_t, t)\Delta t$。现在，漂移项和方差率依赖于 S_t 和时间。股价过程是伊藤过程的特殊例子。

11.9.2 股价过程

股价过程是伊藤过程的一个特殊例子。股价的收益率服从随机正态分布和独立同分布，因为根据假设，股价收益率存在一个正趋势，加上独立于历史离差的随机离差。根据有效性假设，收益率对干扰有反应，对历史信息没有反应，后者已经包含在股价中。

即时收益率为 dS_t/S_t，其中 S_t 表示股价。[①] 收益率有一个固定漂移项 μ 和一个固定方差 σ，漂移系数和扩散系数分别为 $a(S_t, t) = \mu S_t$ 和 $b(S_t, t) = \sigma S_t$。股票收益率遵循以下过程：

$$dS_t/S_t = \mu dt + \sigma dz$$

收益率遵循一般维纳过程，常数 $a = \mu$，$b = \sigma\sqrt{\Delta t}$。趋势是指数形式，因为它使 $dS/S = \mu$。[②] 系数 μ 和 σ 为常数，但漂移项和扩散项依赖于 S_t。它们与股价成比例：

$$dS_t = \mu S_t dt + \sigma S_t dz$$

当 S_t 的平方增加时，S_t 的方差也随之增加。

---

① 收益率 dS_t/S_t 为 $\ln(S_t)$ 的导数。

② 如果 $S = S_0\exp(\mu t)$，那么 $\ln(S) - \ln(S_0) = \mu t$，且 $\ln(S)$ 的导数为 $dS/S = \mu$。

11.9.3 均值倒挂过程与利率

均值倒挂过程被用于利率模型。和股票不一样，利率不会漂离通常值范围。均值倒挂过程的一般形式为：

$$dS_t = \lambda(\mu - S_t)dt + \sigma S_t dz$$

S_t在这里表示遵循市场参数（通常为利率）的过程。

当S_t高于常数μ时，漂移项为负，这使S_t更可能出现负变化。随机变量可能下降并回归到μ。如果S_t小于μ，则漂移项为正，且随机变量可能增加并回归到μ。参数μ表示长期趋势。当偏离该长期趋势时，资产价格趋于回归该趋势。对于不能长期大幅偏离某个长期值的变量，均值回归过程可以为其建模。

偏离趋势持续的时期取决于λ的值。λ的值越高，使这个过程回归长期参数的力量越强。因此，当λ较低时，偏离持续时间较长；当λ较高时，偏离持续时间较短。这个过程适用于偏离不会很大的利率，但股价偏离可能很大。

11.9.4 “罕见事件”过程和违约

罕见事件会意外发生，且其发生的频率随时间的流逝而增加。罕见事件是股价的异常跳跃。对于信用风险而言，罕见事件过程可以用于对违约建模。

事件规模是固定的，因此即使时间间隔很短，它的规模也不像通常的正态分布下的那样小。但其概率在时间间隔接近于零时变为零。事件发生频率不取决于历史信息。

对于考虑了罕见事件的过程，只能使用离散值。随机项为n_t而不是随机干扰z_t，因为n_t是一个数字。如果发生罕见事件，那么n_t和$n_{t+\Delta t}$之间的差异为1，否则为0。在较小时间间隔发生罕见事件的概率为$\lambda\Delta t$。参数λ为一个正实数，它等于预期在给定时间间隔中发生事件的次数，被称为密度或风险率。密度为单位时间内发生的事件数量。观察到罕见事件或没有观察到罕见事件的概率为：

$$P(n_{t+\Delta t} - n_t = 1) = \lambda\Delta t$$

$$P(n_{t+\Delta t} - n_t = 0) = 1 - \lambda\Delta t$$

某个时间段内的罕见事件数量是一个取整数k的随机变量。观察到k次罕见事件的概率服从泊松分布：$f(k, \lambda) = \lambda^k e^{-\lambda}/k!$。罕见事件过程是违约的违约密度模型的基础。[①]

① 参见第21章。

第 12 章 投资组合风险与因素模型

投资组合收益率的波动率及其在险价值是交易性投资组合风险的衡量指标。收益率波动率越高，观察到大幅波动的利润和负利润的概率越高。这两个指标都依赖于投资组合的分散程度。方差－协方差法是衡量资产收益率与风险分散程度之间的依赖性的经典方法。

对于大型投资组合，处理所有资产的协方差是很复杂的。因素模型让我们可以对方差－协方差因素矩阵的分散度建模，而资产收益率依赖于这些因素。由于因素数量少于资产数量，因此处理这些因素比处理资产更容易。当资产收益率对因素的敏感度不变且收益率为正态分布时，VaR 可以表示为简单闭合形式公式。这些是 delta－正态分布 VaR 的假设。

本章说明了如何从投资组合内部资产的收益率方差－协方差或风险因素的收益率方差－协方差中推导出投资组合收益率的波动率。本章介绍了因素模型，并说明了因素模型如何简化投资组合收益率波动率的计算。最后，本章推导出了 delta－正态分布 VaR 的标准公式。

12.1 投资组合收益率的波动率、相关系数与协方差

衡量投资组合收益率及其风险所需的基本信息为投资组合中各头寸的随机收益率。每个收益率 X 都有一个期望值 $E(X)$ 和一个波动率。波动率 $\sigma(X)$ 为收益率方差 $V(X)$ 的平方根。方差 $V(X)$ 为用出现概率加权的均值离差平方之和。投资组合的收

益率是各头寸的加权平均收益率，权重是根据期初各头寸的价值计算出来的。

投资组合风险的一个衡量指标是其收益率的波动率，它取决于各收益率彼此之间的依赖程度。假设有两个头寸，它们的随机收益率分别用 X 和 Y 表示。相关系数的范围为－1 到＋1，它衡量了相关性的强弱和方向（正或负）。＋1 表示两个变量总是同向变动；相关系数为－1 表示两个变量总是反向变动；零相关系数表示它们彼此独立。协方差是另一个相关性指标：它是两个收益率的均值离差乘积之和，权重为每对值的出现概率。相关系数是协方差与 X 和 Y 的方差之积的比。

两个随机收益率 X 和 Y 的协方差为 $\mathrm{Cov}(X, Y)$，简写为 σ_{xy}。它与两个变量的相关系数的关系为 $\sigma_{xy}=\rho_{xy}\sigma_x\sigma_y$，其中 ρ_{xy} 为变量 X 和变量 Y 的相关系数，σ_x 和 σ_y 为变量 X 和变量 Y 的标准差或波动率。

某个投资组合在某个离散时期内的投资组合收益率 Y_P 为同一时期内用初始资产权重 w_i 计算出的资产收益率算术加权平均值 Y_i。[①] 通常，由 n 笔资产组成的投资组合的收益率为：$Y_P=\sum_{i=1,\ n} w_i Y_i$。收益率 Y_i 的方差为收益率波动率 σ_i 的平方，协方差为两个收益率波动率与相关系数的乘积：

$$\sigma_i^2=\sigma^2(Y_i) \text{ 和 } \sigma_{ij}=\mathrm{Cov}(Y_i, Y_j)=\rho_{ij}\sigma_i\sigma_i$$

下列计算方法适用于由两笔资产组成的投资组合。两笔资产的权重分别为 30%和 70%。投资组合的收益率为：$Y_P=w_1Y_1+w_2Y_2$。两笔资产的收益率方差和协方差组成了一个（2×2）方阵，对角线上为方差，对角线之外为协方差。该矩阵是对称的，因为协方差不依赖于两个变量的顺序。本例的数值为：

$$\Sigma=\begin{bmatrix}\sigma_1^2 & \sigma_{12}\\ \sigma_{12} & \sigma_2^2\end{bmatrix}=\begin{bmatrix}0.067\,7\% & 0.018\,0\%\\ 0.018\,0\% & 0.033\,3\%\end{bmatrix}$$

相关性矩阵可以显示出相同的依赖性：

$$\Sigma=\begin{bmatrix}1 & 37.901\%\\ 37.901\% & 1\end{bmatrix}$$

方差－协方差矩阵、相关系数和方差是相关的：

$$\sigma_1^2=2.601\%^2=0.067\,7\%$$
$$\sigma_2^2=1.826\%^2=0.033\,3\%$$
$$\sigma_{12}=\rho\sigma_1\sigma_2=37.901\%\times 2.601\%\times 1.826\%=0.018\,0\%$$

投资组合收益率的方差为加权随机收益率之和[②]，因为：$\sigma_p^2=\sigma^2(Y_p=\sum_{i=1,\ 2} w_iY_i)$。对于由两笔资产构成的投资组合公式变为：

$$\sigma_p^2=w_1^2\sigma_1^2+w_2^2\sigma_2^2+2\rho_{ij}w_1w_2\sigma_1\sigma_2$$

---

① 对数收益率不具备这种特征。

② 一般公式见本章附录 1。

用权重和方差-协方差矩阵的数值，计算出投资组合收益率的方差为：

$$\begin{aligned}\sigma_p^2 &= 30\%^2\times 0.067\,7\%^2+70\%\times 2\times 0.033\,3\%^2+2\times 30\%\times 70\%\times 2.601\% \\ &\quad \times 1.826\% \\ &= 0.030\,0\%\end{aligned}$$

投资组合收益率的波动率为方差的平方根：

$$\sigma_p=\sqrt{0.030\,0\%}=1.731\,7\%$$

这些公式可以方便地扩展到由 n 笔资产构成的投资组合。投资组合收益率的方差低于投资组合中各笔加权收益率的方差之和，因为相关系数低于 1，其差值衡量了分散化效应。只有当相关系数等于 1，即两个收益率完全相关时，它才等于方差之和。除完全相关的极端情况以外，用收益率的方差或波动率衡量的收益率总风险小于其算术和。

12.2 因素模型

当存在成千上万个头寸时，计算投资组合收益率的波动率是很难的。因素模型减少了这个问题的维度。因素模型是每笔资产的收益率和该资产收益率依赖的少量因素的收益率之间的线性关系式。因素的系数衡量了资产收益率对因素的敏感度。

资产收益率和市场参数之间的关系可能是很精确的，就像定价公式那样。例如，第 13 章用于说明 VaR 计算的例子中使用的外汇合约的价值就是多个风险因素的精确函数。这种定价公式不是线性的，但是当市场偏离较小时，可以通过线性函数得到近似的定价公式。当因素之间没有精确关系时，可以用传统的回归分析，借助统计方法获得线性关系式。这种统计拟合只解释了资产收益率的一部分方差，剩下的方差是独立于因素的随机误差项的方差。

因素模型可以用来对资产收益率之间的依赖性建模，因为它们将各个收益率与一组共同因素联系起来。当因素变化时，它们将在资产收益率之间产生联动。一般风险是由因素解释的风险，因素无法解释的那部分资产收益率变化就是资产的特定风险。当因素模型基于回归分析时，每个因素之间的协方差和残余项为零，且残余项的预期值为零。通过组合投资组合中的资产，可以分散特定风险，但不能分散一般风险，因为它依赖于相同的共同因素。因素模型被用于风险模型中，因为它可以对分散化效应建模。

12.2.1 一个单因素模型

单因素模型的一个传统例子是夏普的资本资产定价模型（CAPM），其中个股的收益率由股票指数的收益率解释。根据资本资产定价模型，股票收益率依赖于股票指数收益率（r_m）。股票指数系数为 β，它衡量了股票收益率对指数收益率的敏感度。资本资产定价模型公式将个股 i 的预期收益率与预期股票指数收益率联系起来：

$$E(r_i)=r_f+\beta_i[E(r_m)-r_f]$$

该式表明，预期股票收益率 r_i 应该等于无风险利率 r_f 加上风险溢价，它是预期股票指数收益率和无风险利率之差再乘以股票的贝塔值 β_i。β_i 是股票收益率对股票指数收益率的敏感度。有些股票的 β 值较高，有些股票的 β 值较低。对股票指数收益率受到的标准冲击（例如+1%）的反应为 β。如果 β 高于 1，例如 β 为 2，那么股票收益率的平均反应是增加+2%。如果 β 值为 0.5，那么对股票指数受到的冲击的平均反应将是+0.5%。按照定义，股票指数的 β 等于 1。理论公式的统计形式为单因素模型：

$$r_i=\beta_0+\beta_1 r_m+\varepsilon$$

股票收益率的一般风险取决于一般市场指数的变化。误差项是收益率变化中独立于指数的部分。股票收益率的方差为一般风险导致的方差和误差项（即特定风险）导致的方差之和，因为它们是独立的：$\sigma^2(r_i)=\beta_i\sigma^2(r_m)+\sigma^2(\varepsilon_i)$。

这个模型很简单，只有一个解释股票收益率变化的因素。但是，资产收益率通常依赖于多个因素。例如，债券价值依赖于许多不同期限的利率；期权价值依赖于基础工具、利率和市场波动率；外汇合约的价值依赖于不同货币的利率以及即期汇率；等等。

12.2.2 多因素模型

多因素模型将每项资产的收益率表示为多因素 X_k 的线性函数（其中 $k=1$，K，系数为 β_k）加上每笔资产特定的残余项 ε_i。当有 N 笔资产和 K 个因素时，一般公式为：

$$Y_i=\beta_{0i}+\beta_{1i}X_1+\beta_{2i}X_2+\cdots+\beta_{ki}X_k+\varepsilon_i$$

N 笔资产的下标为 i，$i=1$，…，N，K 个不同因素的收益率为 X_k。将每个资产收益率与共同因素联系起来的系数为因素负荷。它们使用双下标，第一个下标表示因素，第二个下标表示资产。因素负荷为资产收益率对每个因素的敏感度。例如，如果第一个因素变化 1%，那么资产收益率将变化 β_{1i} 乘以 1%。β_{ik} 衡量了资产 i 的收益率对因素 k 的给定变化的反应。

在实践中，将工具组合起来时，可能存在成百上千种风险因素，例如所有货币的所有利率、所有汇率、所有股票指数，等等。然而，因素数量比工具数量少得多。

12.3 常见工具的敏感度

常见工具的敏感度是众所周知的，下面我们将回顾债券、期权和远期合约等的敏感度。

12.3.1 债券和贷款

固定利率债券的价值随利率逆向变化，因为它是用利率作为贴现率贴现的所有合约现金流的现值。债券对所有利率平移的敏感度是久期。由于债券依赖于不同期限的利率，因此假设所有利率发生平移是很方便的。敏感度为负数，因为债券价值和债券利率之间存在逆向关系。债券敏感度的一个常用指标是基点"DV01"。一个基点（bp）是1%的1%，即0.000 1，敏感度由一个数字或基点衡量。久期公式将债券价值变化与利率冲击联系起来。

$$\Delta B = -DB\Delta i$$

在这个公式中，B 为债券价值，D 为修正久期，Δi 为所有利率受到的普遍冲击。对特定利率冲击的敏感度为这笔贴现现金流的价值变化。使用替代公式 $1/(1+r) \sim 1-r$，可以计算出期限为 t 的利率变化 Δi_t 时的债券价值变化约为：$F_t(1-t\Delta i_t)$。确切的公式为日期 t 上这笔贴现现金流对 i_t 的导数。

12.3.2 期　权

正如布莱克－斯科尔斯模型最先提出的，期权的价值取决于一些参数[①]：基础工具的价值、距到期的时间、基础工具的波动率、无风险利率。期权价值随着基础资产的价值、波动率和期限的增加而增加，随着利率的增加而减少。期权敏感度可以用希腊字母表示。

对基础资产的敏感度为"delta"（δ）。股票期权的 delta 公式为：Δ 股票期权 $= \delta\Delta S$，其中 S 为基础资产的价值。如果由于期权持有者立即执行期权无法获得任何报酬，因而期权为价外期权（基础资产价格低于执行价格），那么 delta 值就较低。当执行期权提供正报酬时，δ 接近于 1，因为期权报酬随着基础资产价值的增加而增加。[②]

δ 的变化为期权的凸性，由 gamma(γ) 衡量。gamma 表示曲线斜率的变化，这条曲线将期权价值表示为基础工具价值的函数。delta 的绝对值恒位于 0 和 1 之间；而 gamma 表示 delta 的变化，它也恒位于 0 和 1 之间。期权对距到期的时间敏感，因为投资期越长，股价升至执行价格之上的概率越大。对剩余期限的敏感度为 theta(θ)。希腊字母 θ 衡量了期权价值随着时间流逝的"时间衰减"程度。基础资产的波动率越高，在给定时期内期权价值升至执行价格以上的概率越高。因此，期权对基础资产波动率的敏感度也为正，它是"vega"（υ）。最后，报酬只可能产生在未来，求现值时需要进行贴现，这表示期权对无风险利率水平的敏感度为负。"rho"（ρ）表示期权对无风险利率变化的敏感度。

---

① 关于资产负债表凸性风险的第 8 章介绍了看涨期权。详细介绍违约模型的第 21 章将使用布莱克－斯科尔斯公式。

② 见第 8 章的图 8－3。

12.3.3 远期合约与利率互换

所有可以用其他工具组合复制的工具，都可以根据用来复制工具的投资组合的组成部分推导出敏感度。远期合约可以用静态投资组合复制，并可以使用闭合形式的公式估值。例如，远期汇率合约依赖于三个风险因素，即期汇率和两种货币的两个利率。敏感度可以通过分析推导出来，也可以使用这种公式算出数字。类似地，远期利率合约可以通过贷出和借入不同期限、相同金额的同种货币进行复制。它有一个多头和一个空头，每个头寸都只有一笔期末现金流。每个头寸的敏感度都是这些合约的久期（根据情况为正久期或负久期）。[①] 利率互换可以被视为借入和贷出相同金额、相同期限、不同利率的同一种货币。固定利率的敏感度是固定利率头寸的敏感度，因为可变利率头寸的久期为零。

12.4 非线性工具

如上例所示，许多工具都与风险因素存在非线性关系。它们包括债券和期权，其中债券价值是用市场利率贴现现金流得到的，期权价格是由期权定价公式给出的。但是在变化很小时，可以通过线性近似公式估计出非线性关系。

理解敏感度及其极限值的基本公式是泰勒展开式。当自变量的初始值为 x_0时，该公式用一系列依赖于 Δx（x 与 x_0之差）的项表示函数 $f(x)$ 的值与初始价值的差异。该公式主要被用于计算 x_0附近的小幅变化；在其他情况下，它也可以作为替代指标。该函数表示资产（例如期权）的价值。当 x 从 x 变至 $x+\Delta x$ 时，函数 $f(x)$ 的泰勒展开式为：

$$f(x+\Delta x)-f(x)=\frac{1}{1!}\frac{\partial f(\Delta x)}{\partial x}\Delta x+\frac{1}{2!}\frac{\partial^2 f(\Delta x)}{\partial x}\Delta x^2+\cdots+\frac{1}{n!}\frac{\partial^n f(\Delta x)}{\partial x}\Delta x^n$$

当变量发生小幅变化时，可以根据取决于 Δx 的第一项得出该函数的变化近似值。Δx 的一阶导数为敏感度，即一阶导数项。通过使用二阶导数项，可以获得更好的近似值。二阶导数项为 Δx 的敏感度变化，即敏感度的导数。泰勒级数表明，工具价值的变化是一阶导数、二阶导数、三阶导数等的函数。

当二阶导数项和更高阶导数项可以忽略时，该工具被认为是线性工具。线性工具的价值变化将线性与风险因素联系起来。期权是非线性工具，因为当基础资产的价值等于执行价格时，报酬将出现“拐点”。因此，一阶导数不是期权价值变化的良好替代指标。gamma 衡量了 delta 的变化率，它是凸性的指标。

① 第 13 章将使用远期汇率合约的例子来说明如何计算这种工具的 VaR。

非线性工具的一阶敏感度依赖于现行条件，它是局部指标。如果市场条件发生变化或时间流逝，敏感度就不再固定。当无法将敏感度视为常数时，偏离线性模型的问题可以通过使用泰勒展开式的二阶导数解决。期权的凸性调整就是根据该式得出的。当基础资产 S 发生变化时，泰勒展开式显示了期权变化 $f(S)$ 的近似式：

$$f(S)-f(S_0)=\delta\Delta S+\frac{1}{2}\gamma\Delta S^2$$

12.5 投资组合收益率的波动率

投资组合收益率的波动率取决于资产收益率的方差－协方差矩阵。投资组合中有大量资产，因此矩阵维度变得难以管理。然而，一般风险（即因素变化造成的风险）所依赖的共同因素要少得多。这让我们可以对投资组合内部的依赖性建模，方法是使用方差-协方差矩阵，而不是一笔资产的方差和协方差。由于此时的因素比资产少得多，因此矩阵的维度也少得多，也就更容易管理。

投资组合收益率是资产算术收益率的加权平均值。由于资产收益率是因素收益率的线性函数，因此投资组合收益率也是因素收益率的线性函数。因此，投资组合可以作为因素组合进行处理。因素的权重是各项资产的因素负荷的加权平均值，它们被当作投资组合内的资产的权重。根据这种方法，投资组合收益率的波动率是因素的方差－协方差矩阵以及因素模型的系数的函数。

在对公式进行一般化之前，可以用一个双投资组合举例说明这种方法。投资组合收益率 Y_P 是每个资产收益率的加权平均值：$Y_P=w_1Y_1+w_2Y_2$。投资组合收益率是各资产收益率的线性函数，资产收益率是因素收益率的线性函数，因此投资组合收益率是因素收益率的线性函数。

新关系式的系数为因素负荷的加权平均值，因素系数的权重就是投资组合中资产的权重。对于双资产投资组合和双因素，每个资产收益率现在都是两个因素 X_1 和 X_2 的线性函数。例如，两个资产收益率的因素模型分别为：

$$Y_1=\beta_{01}+0.5X_1+1.0X_2+\varepsilon_1$$
$$Y_2=\beta_{02}+1.2X_1+0.8X_2+\varepsilon_2$$

两个模型的常数项分别为：$\beta_{01}=0.1$ 和 $\beta_{02}=0.05$。接下来，它们可以被忽略，因为它们对收益率的随机变化没有贡献。在投资组合收益率公式中，将它们表示为因素收益率的函数并替代资产收益率，投资组合收益率变为：

$$Y_P=w_1[\beta_{01}+0.5X_1+1.0X_2+\varepsilon_1]+w_2[\beta_{02}+1.2X_1+0.8X_2+\varepsilon_2]$$
$$Y_P=(w_1\beta_{01}+w_2\beta_{02})+(w_1 0.5+w_2 1.0)X_1+(w_1 1.2X_2+w_2 0.8)X_2 +(w_1\varepsilon_1+w_2\varepsilon_2)$$

式中的系数为两笔资产的敏感度的加权平均值。常数为两笔资产的常数项的加权平均值。残余项为两个独立（单笔资产）残余项的加权平均值之和。投资组合收益率的因素模型变为：

$$Y_P=0.085+0.680X_1+1.080X_2+0.7\varepsilon_1+0.3\varepsilon_2$$

该式中系数的数值为因素负荷的加权平均值，权重为投资组合中的资产权重。常数项的计算式为：$\beta_{0P}=0.7\times0.1+0.3\times0.05=0.085$。因素 X_1 和 X_2 的系数为：

$$\beta_{1P}=w_1 0.5+w_2 1.0=0.680$$
$$\beta_{2P}=w_1 1.2+w_2 0.8=1.080$$

使用上述加权系数，投资组合收益率为因素的线性函数：

$$Y_P=\beta_{0P}+\beta_{1P}X_1+\beta_{2P}X_2+\varepsilon P$$

双因素模型组（每个模型对应一笔资产）可以简化为一个投资组合收益率的双因素模型，该模型有两个加权系数，一个加权常数项和一个加权残余项。加权残余项的期望值为零，因为它由两个期望值为零的残余项组成。

这表明，投资组合收益率的波动率可以根据因素的方差-协方差矩阵计算出来，而不是根据资产的方差-协方差矩阵推导出来。我们可以假设两笔资产组成的投资组合表现类似于由两个因素构成的投资组合。从这里开始，因素造成的投资组合收益率波动率的计算与双投资组合波动率的计算相同，除因素权重为每个因素的加权敏感度之外。

σ_{ij} 为因素收益率的方差和协方差。例如，因素的方差-协方差矩阵 Σ 为：

$$\Sigma=\begin{bmatrix}\sigma_{11} & \sigma_{21}\\ \sigma_{12} & \sigma_{22}\end{bmatrix}=\begin{bmatrix}0.25 & -0.01\\ -0.01 & 0.04\end{bmatrix}$$

在该矩阵中，双下标仅表示因素而不是资产。忽略残余项的方差时，投资组合收益率方差 $V(Y_P)$ 的分析公式为：

$$V(Y_P)=(\beta_1\sigma_{11})^2+(\beta_2\sigma_{22})^2+2\beta_2\beta_1\sigma_{12}$$

将 β_1 和 β_2 各自的值 0.5 和 1 代入 β_1 和 β_2：

$$V(Y_P)=0.680\times0.25+1.080\times0.04+2\times0.680\times1.080\times(-0.01)\times0.04$$
$$=0.148$$

该投资组合收益率的标准差或波动率为：

$$\sigma(Y_P)=\sqrt{V(Y_P)}=0.384$$

因素模型有助于处理投资组合的高维度。对于投资组合而言，有多少对股票，就有多少协方差和相关系数。对于 N 笔资产来说，直接计算股票收益率的方差和协方差，就意味着要计算 N^2 项。[①] 由于矩阵是对称的，因此我们有 $N(N-1)/2$ 个协方差项加上 N 个方差项，总计为：$N+N(N-1)/2=N(N+1)/2$ 个不同项。单元格数量

① 方差-协方差矩阵的维度为 $N\times N$。

与资产数量的平方成比例。

有 K 个因素的方差－协方差矩阵（$K<N$）比由 N 笔资产组成的矩阵更容易处理。有两个因素时，需要的输入值个数为 2(2＋1)/2，即 3 个。此外还需要因素负荷，因此每笔资产有两个系数。当资产数量为 N、因素数量为 2 时，因素的协方差矩阵有 3 项，且有 $2N$ 个系数。总数为 $2N+3$。当投资组合中只有两笔资产时，这种方法的好处并不明显，但当资产数量很多时，差异就明显了。如果 $N=10$，那么输入值个数变为：2×10＋3＝23。与之相比，资产收益率的协方差矩阵所需的输入值个数为：10×(10＋1)/2＝55。

12.6 投资组合收益率波动率与 VaR 的闭合形式矩阵公式

对于投资组合收益率的波动率，用下文展开的矩阵公式可以得出相同的结果。

我们需要定义矩阵公式的符号。同一列的一系列值组成了列向量，将该系列值转置为一行，就是转置向量。方差和协方差组成的方阵就是一个矩阵。矩阵的转置向量使用下标“T”表示。向量或矩阵的维度用括号中的两个数字表示，即行数和列数。根据这项惯例，双因素的协方差方阵为（2，2），权重的列向量为（2，1），其转置为权重的行向量（1，2）。

输入值不是市场权重，而是加权敏感度。因素敏感度的行向量为：(0.680，1.080)，写为 S^{T}。它的转置 S 为权重的列向量。协方差矩阵用 Σ 表示(见表 12－1)，在矩阵公式中，用系数的转置向量 $S^{\mathrm{T}}(1\times2)$ 乘以方差－协方差因素方阵 $\Sigma(2\times2)$，结果再乘以用系数向量 $S(2\times1)$ 计算出来的行向量。

投资组合收益率的方差公式可简化为一个非常简单的形式，用矩阵符号表示：

$$V(Y_P)=S^{\mathrm{T}}\Sigma S$$

这些符号可以进行扩展，明确资产权重而不是加权因素负荷，方法是区分投资组合中的资产权重与因素负荷。资产权重为 0.7 和 0.3，或者用向量符号表示，为 $w^{\mathrm{T}}=(0.7,\ 0.3)^{\mathrm{T}}$。投资组合对因素 X_1 和因素 X_2 的敏感度可以通过上式计算出来，它是 X_1 和 X_2 的资产敏感度 S_1 和 S_2 的加权平均值：

$$S_1=w_1 0.5+w_2 1.0=0.680$$
$$S_2=w_1 1.2+w_2 0.8=1.080$$

表 12－1　　计算双因素模型的投资组合系统性风险

		X_1	X_2	
		0.25	−0.01	0.680
		−0.01	0.04	1.080
0.680	1.080	0.159 2	0.036 4	0.148

双因素模型的公式系数组成了一个矩阵：

$$\beta=\begin{bmatrix}\beta_{11} & \beta_{21}\\ \beta_{12} & \beta_{22}\end{bmatrix}=\begin{bmatrix}0.5 & 1.0\\ 1.2 & 0.8\end{bmatrix}$$

在该矩阵中，两个模型的系数均有双下标，第一个表示资产，第二个表示因素。

投资组合对每个因素的敏感度是每项资产的因素负荷和资产权重的函数。这些敏感度组成了列向量 S，计算方法是用上述因素负荷的方阵 β 乘以资产权重的列向量 w：

权重
0.7
0.3

因素系数矩阵

0.5	1.1	0.680
1.2	0.8	1.080

敏感度的列向量为 $S=\beta w$。敏感度的行向量为该列向量的转置 S^{T}。乘积的转置规则为乘积的转置是逆序转置的乘积：$(\beta w)^{T}=w^{T}\beta^{T}$。用这些符号表示，方差的简化计算公式为：

$$V(Y_P)=S^{T}\Sigma S=w^{T}\beta^{T}\Sigma\beta w$$

投资组合的波动率为：

$$\sigma(Y_P)=\sqrt{S^{T}\Sigma S}=\sqrt{w^{T}\beta^{T}\Sigma\beta w}$$

它是计算投资组合方差和波动率的标准形式。它是根据投资组合对每个因素的敏感度和因素的方差-协方差矩阵推导出来的。我们通常将这种敏感度指定给投资组合中的市场头寸而非资产价值，因为它是所有计算的起点。

最后，当收益率为正态分布时，VaR 变为闭合形式公式，因为它的计算公式是投资组合收益率波动率的倍数。例如，在 1%的置信水平上，用上述符号表示的 VaR 为：

$$\text{VaR}=2.33\sqrt{S^{T}\Sigma S}=2.33\sqrt{w^{T}\beta^{T}\Sigma\beta w}$$

这是 delta 正态分布 VaR 中使用的标准公式。根据这种方法，敏感度被认为是常数，且收益率的分布为正态分布。第 13 章将举例说明如何计算 delta 正态分布 VaR。

12.7　附录 1：随机变量集合的相关性与波动率

一个公式将方差和波动率的计算公式推广到 N 个变量 X_i。这是计算投资组合收益率的波动率的最重要公式。适用于有 m 笔资产的投资组合的一般公式为：

$$\sigma^2(\sum_{i=1}^{m} X_i) = \sum_{i=j=1}^{m} \sigma_{ij}^2 + \sum_{i=1, m, j=1, m}^{i \neq j} \sigma_{ij}$$

$$\sigma^2(\sum_{i=1}^{m} X_i) = \sum_{i=j=1}^{m} \sigma_i^2 + \sum_{i=1, m, j=1, m}^{i \neq j} \rho_{ij}\sigma_i\sigma_j$$

在这些公式中，σ_i^2 为变量 X_i 的方差，它等于标准差 σ_i 的平方，σ_{ij} 为变量 X_i 和变量 X_j 之间的协方差。一个类似但更简明的公式表示，m 个随机变量之和的方差为所有协方差和方差项 σ_{ij} 之和：

$$\sigma^2(\sum_{i=1}^{m} X_i) = \sum_{i=1, j=1}^{m} \sigma_{ij}$$

12.8 附录 2：将工具与风险因素相关联

将头寸与风险因素相关联时，需排除某些因素将导致的“基差风险”，因为剩余因素无法准确跟踪资产价格。然而，头寸必须与选定要素相对应。例如，如果参考利率不与确切期限对应，那么就可能插入一个利率替代指标。将头寸与选定风险因素相对应是将一个头寸转换为多个头寸，每个头寸对应一个选定要素。这组头寸的价值和波动率应该与初始工具的价值和波动率匹配。为了符合该条件，这个过程需要调整分配给每个选定因素的权重。

例如，初始头寸为 1 000 000 欧元的零息债券，期限为一年零三个月（1.25 年）。我们没有使用 1.25 年期利率，而是选择了 1 年期利率和 2 年期利率。由于我们有两个风险因素，而不是一个与该头寸准确匹配的风险因素，因此初始头寸应分解为两只债券，它们对应于两个选定的风险要素。在计算 VaR 时，它们组成的债券组合应该匹配初始工具的价值和波动率。

一种简单方法是，插入 1.25 年期利率，并将头寸分配到 1 年时点和 2 年时点。1 年期利率和 2 年期利率分别为 5.20%和 5.40%。线性插值法提供了 1.25 年期利率的替代利率：

$$i(1.25\text{ 年}) = 5.20\% + (5.40\% - 5.20\%) \times 0.25 = 5.25\%$$

根据该利率，用 1.25 年期利率的替代利率计算出的头寸价值为：

$$1\,000\,000/(1+5.25)^{1.25} = 938\,052$$

这个对应过程应保持波动率不变。1 年期债券和 2 年期债券的波动率是已知的，输入时表示为占价值的百分比。使用现有的 1 年期波动率和 2 年期波动率，即 8%和 10%，插入 1.25 年期波动率：

$$\sigma(1.25\text{ 年}) = 8\% + (10\% - 8\%) \times 0.25 = 8.5\%$$

1.25 年期利率的方差为 $8.5\%^2 = 0.723\%$。

最后一步要求确定如何将初始头寸分配给两个等价头寸：1 年期头寸和 2 年期头

寸。与时点的距离可以用作分配规则，将 0.25(1.25－1) 分配给 1 年期头寸，将 0.75 (2－1.25) 分配给 2 年期头寸。但是这种投资组合的方差与插入的 1.25 年期头寸的波动率不匹配。正确的过程是算出使由两个头寸组成的复制投资组合的方差等于插入头寸波动率的分配比例。分配比例为将 w 分配给 1 年期债券，将 $1-w$ 分配给 2 年期债券。得到的由这两个头寸组成的投资组合的方差取决于这两个利率之间的相关系数，这里假设为 90%：

$$
\begin{aligned}
\text{投资组合方差} = & w^2 \times 8\%^2 + (1-w)^2 \times 10\%^2 + 2 \times 90\% \times w \\
& \times (1-w) \times 8\% \times 10\%
\end{aligned}
$$

将该方差与插入头寸的方差匹配，得出恰好匹配的 w 值为 0.723%。分配比例为：1 年期债券为 $w=64.1\%$，2 年期债券为 35.9%。这种分配适用于 1.25 年期头寸的插入值，938.042，它分别给出了 1 年期头寸和 2 年期头寸的价值（见表 12-2）。

初始头寸等同于这两个等价头寸。在计算 VaR 时，初始头寸被两个等价头寸替代，它们只取决于留存的风险因素。

表 12-2　　将权重和价值分配给每个参考头寸

对 1 年期债券的分配比例 w	64.10%
对 2 年期债券的分配比例 $1-w$	35.90%
总计	100.000%
投资组合的方差	0.723%
价值	938 042
对 1 年期债券的分配金额	601 285
对 2 年期债券的分配金额	336 757

第 13 章 delta 正态 VaR 与历史 VaR

delta-VaR 方法适用于对风险因素的敏感度可以被视为固定且资产收益率为正态分布的线性工具组合。线性工具是收益率与风险因素的收益率成比例的工具。delta-VaR 方法的原则是将资产或投资组合分解为要素头寸的线性组合，这些头寸与因素一一对应，它们的 VaR 是用标准公式推导出来的。

对于非线性工具，尤其是期权，除 delta-VaR 方法外，另一种推导 VaR 的常用方法是历史 VaR。历史 VaR 没有 delta 正态 VaR 的限制，且相对容易计算。这种方法直接评估资产价值的变化，而不是依赖于不变的敏感度，从而根据风险因素的历史表现推导出收益率分布。由于有这些好处，它被广泛应用于非线性投资组合。

本章使用远期汇率合约的例子，说明了计算 delta 正态 VaR 和历史 VaR 的方法和假设，正如许多资产和投资组合那样，远期汇率合约依赖于多个风险因素。

13.1 delta 正态 VaR

最简单的线性投资组合 VaR 建模方法是 delta 正态 VaR。这种方法依赖于头寸对风险因素的敏感度（delta），假设它在离差较小时是固定的，且收益率为正态分布。这种方法的步骤为：

- 给定对风险因素的敏感度，将投资组合的价值变化建模为风险因素变化的函数；
- 确定投资组合的波动率，它是随机因素收益率的线性函数的波动率；
- delta 正态 VaR 依赖于正态分布及其已知的分位数，以便从波动率中得出 VaR。

我们可以用一个简单工具——在一年中收到欧元、支付美元的远期汇率合约——来举例说明一般的 delta 正态 VaR 方法。远期汇率合约现在规定了远期汇率。远期合约开始时价值为零，但它的价值在市场发生偏离后出现波动。问题是确定远期合约的 VaR。第一步是写出合约价值公式，它是风险因素的函数。

13.1.1 一个远期汇率合约

复制远期汇率合约的方法是，现在借入美元，以当期汇率兑换为欧元，然后贷出欧元。到期时，贷出欧元获得的收入被用来交割美元。1 美元可以兑换的欧元金额为远期汇率。因此，这个远期合约可以用三笔交易复制：

● 以美元利率（$i_{\$}=5\%$）借入美元，为期 1 年。借入金额使 1 年后我们恰好有 1 美元用来还款：它等于 1/(1+5%) 美元。

● 将借入的美元以现行汇率兑换为欧元。当前汇率为0.769 231欧元/美元，或恰好为 1/1.30 美元/欧元。

● 将得到的欧元以欧元利率贷出 1 年：$i_{€}=4\%$。1 年后，欧元贷款提供：0.769 231 $(1+i_{€})$=0.761 90 欧元。这个终值为欧元/美元的远期汇率，它的倒数 1.312 5 美元为 1 欧元的美元远期价值。

远期合约包括一个欧元多头和一个美元空头，按照当前的即期汇率，它们的金额相等，期限相同。隐含的远期汇率为：1 美元=0.761 90 欧元，即 1 欧元=1.312 5 美元。

图 13-1 显示了这个组合产生的现金流，从合约开始后它就是固定的。如果远期合约支付 10 000 000 美元，从现在起一年后将收到 7 619 048 欧元。随着时间的推移，汇率和利率将偏离其初始值。然而，现金流保持固定，这表明合约的盯市价值将会发生变化。该价值依赖于以下三个市场参数：

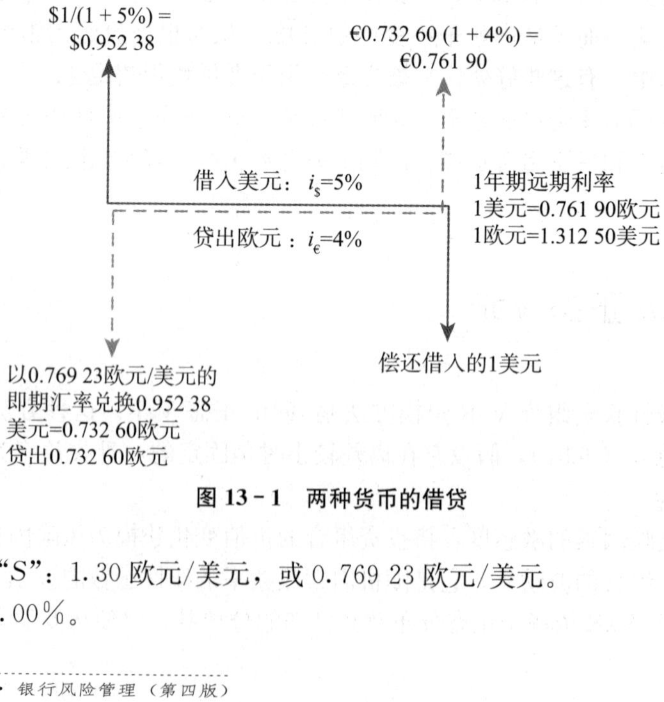

图 13-1 两种货币的借贷

即期汇率“S”：1.30 欧元/美元，或 0.769 23 欧元/美元。

$i_{€}$=每年 4.00%。

$i_\$$=每年 5.00%。

当随着时间的推移，对远期合约重新定价时，这些市场参数是很重要的风险因素。

在签订合约直至合约到期这段时期内的日期 t 上，远期的价值为 F_t。用欧元进行估值，合约价值等于其多头（欧元贷款）的现值减去空头（美元借款）的现值。使用当期汇率 S_t 欧元/美元（表示为 1 美元的欧元价值），空头的美元价值可以表示为欧元价值。贴现时期为当前日期 t 至到期日 $T-t$，在本例中 T 为 1 年：

$$F_t(€) = -S_t\,€/\$ \times \$10\,000\,000/(1+i_\$)^{T-t} + €\,7\,619\,048/(1+i_€)^{T-t}$$

在初始日期上，合约价值为零。此后，给定两种货币的固定现金流，该合约价值根据上述公式随着三个风险因素波动。远期汇率合约的价值 F_t 是这三个风险因素的确切非线性函数。为了使用 delta－正态 VaR 方法，有必要从价值与因素的非线性确切关系转为替代指标的线性关系。非线性头寸可以分解为要素头寸，每个要素依赖于一个风险因素。同样的过程一般也适用于投资组合。区别在于，投资组合的风险因素远远多于单个工具。

为了用远期合约进行计算，需要风险因素的波动率和相关系数以及风险因素的方差－协方差矩阵来作为输入数据（见表 13－1）。

表 13－1　　风险因素之间的相关系数和方差－协方差矩阵

市场参数		年波动率
1 年期欧元利率		0.61%
1 年期美元利率		0.58%
汇率（欧元/美元）		0.35
历史相关系数（%）		
1 年期欧元利率	1 年期美元利率	即期汇率（欧元/美元）
100	10	20
10	100	10
20	10	100
方差－协方差矩阵（%）		
1 年期欧元利率	1 年期美元利率	即期汇率（欧元/美元）
0.003 72	0.000 35	0.042 70
0.000 35	0.003 36	0.020 30
0.042 70	0.020 30	12.250 00

13.1.2　delta－正态 VaR 的框架

将工具价值变化分解为要素头寸的线性函数的概念框架为泰勒展开式。[①] 该式表

① 关于敏感度的第 12 章将介绍泰勒展开式。

明，在小幅变化下，任何多变量函数都可以用每个自变量价值变化的线性函数求近似值，系数为函数对每个自变量的一阶导数。通过风险因素小幅变化的线性函数，可以求出远期合约小幅价格变化 ΔF 的近似值，系数为价值对每个风险因素的敏感度。

$$\Delta F=(\partial F/\partial S)\Delta S+(\partial F/\partial i_{\$})\Delta i_{\$}+(\partial F/\partial i_{€})\Delta i_{€}$$

该函数表明，远期可以由三个头寸的线性组合复制。

在 delta－正态 VaR 中，敏感度被视为是固定的，上述线性函数是已知的。因素收益率为正态分布，因此要素头寸的线性组合也遵循正态分布，它被用来计算 VaR。

13.1.3 推导敏感度

远期合约的初始价值为零，因为用同一种货币表示的远期合约的多头和空头的现值是相等的：10 000 000/(1+$i_{\$}$)=952 380.95 美元，其中 $i_{\$}=5\%$。用初始即期汇率换算后，它等于用欧元表示的多头价值，即 7 619 048/(1+4%) 欧元。表 13－2 为这些输入值。

表 13－2　合约的初始价值

空头（美元）	10 000 000
多头（欧元）	7 619 048
即期汇率（欧元/美元）	0.769 2
美元利率	5.0%
欧元利率	4.0%
远期价值（欧元）	0.00

敏感度可以通过分析推导出来，它是用风险因素为合约估值的函数的一阶导数。[①] 用数学方法计算敏感度也很常见，尤其是在没有闭合形式公式的一般情况下，方法是改变风险因素的值，变化大小为给定冲击。当剩余期限定为 1 年时，远期合约价值的分析公式为：

$$F(€)=-S€/\$\times\$10\ 000\ 000/(1+i_{\$})+€7\ 619\ 048/(1+i_{€})$$

风险因素的单位变化为：即期汇率变化 0.01 欧元/美元，每个利率变化 0.01%。敏感度的数学计算方法是，从因素的初始值开始，每一步让因素的值发生上述小幅变化，且每一步改变一个参数。每次变化后，都可以用定价公式推导出远期合约的新价值。新价值与初始价值之差就是对受冲击风险因素的敏感度。由于初始值为零，因此三个敏感度分别等于计算出的三个新值（见表 13－3）。这里，对合约重新估值仅仅是

① 一阶导数为：$\frac{\partial V}{\partial S}=-9\ 523\ 810/(1+i_{€})$；$\frac{\partial V}{\partial i_{€}}=S\times\frac{10\ 000\ 000}{1+i_{€}}\times[-1/(1+i_{€})^2]$；$\frac{\partial V}{\partial i_{\$}}=\frac{10\ 000\ 000}{1+i_{\$}}\times[-1/(1+i_{\$})^2]$。

为了计算三个敏感度，后面它们将被视为固定的。

现在，远期合约价值的变化可以写为每个风险因素小幅变化的线性函数：

$$\Delta \text{远期价值} = \text{美元} - 95\ 238 \times \Delta S\left(\frac{\text{欧元}}{\text{美元}}\right) - 698\ \text{欧元} \times \Delta i_{€} - 704\ \text{欧元} \times \Delta i_{\$}$$

表 13-3　　数字敏感度

即期汇率的变化：0.01 欧元/美元	−95 238 美元
$i_{\$}$ 变化 1 个基点（0.01%）	+698 欧元
$i_{€}$ 变化 1 个基点（0.01%）	−704 欧元

该式被用于根据三个风险因素的变化算出合约价值的变化。一旦计算出敏感度，就没有必要根据定价公式重新计算合约在风险因素变化后的价值。相反，使用的是让合约价值变化成为风险因素变化的线性函数的公式。正如 13.2 节所说明的，这与历史模拟使用的完全重新估值是不同的过程。用这种方法对合约重新估值是“部分”重新估值，因为它是根据之前估计的给定敏感度推导出来的，并且被应用于风险因素的变化。

13.1.4　远期合约价值的波动率与 delta-正态 VaR

三个随机变量（用敏感度加权）线性和的方差是根据三个风险因素的交叉相关系数，用普通统计公式计算出来的：

$$\sigma^2(\Delta V) = \sigma^2(S_s \Delta s + S_{i€} \Delta i_{€} + S_{i\$} \Delta i_{\$})$$

方差可以根据方差的一般代数公式，用风险因素的相关系数计算出来。① 但更简单的方法是用矩阵公式推导出合约价值的波动率（见表 13-4）。投资组合的方差可以用敏感度向量表示，即$S^{T}\Sigma S$，其中S^{T}为敏感度的行向量，Σ 为因素的方差-协方差矩阵。②

表 13-4　　远期合约的方差和波动率

方差-协方差矩阵			
$i_{€}$(%)	$i_{\$}$(%)	欧元/美元即期汇率(%)	
0.003 72	0.000 35	0.042 70	−7 044 238
0.000 35	0.003 36	0.020 30	6 977 150
0.042 70	0.020 30	12.250 00	−9 523 810

① 公式为：$\sigma^2(\Delta V) = S_S^2\sigma^2(S) + S_{i€}^2\sigma^2(i_{€}) + S_{i\$}^2\sigma^2(i_{\$}) + 2\rho_{S,i€}S_S\sigma(S)S_{i€}\sigma(i_{€}) + 2\rho_{S,i\$}S_S\sigma(S)S_{i\$}\sigma(i_{\$}) + 2\rho_{S,i€}S_{i€}\sigma(i_{€})S_{i\$}\sigma(i_{\$})$，其中 $\rho_{S,i€}$、$\rho_{S,i\$}$ 和 $\rho_{i\$,i€}$ 为因素之间的相关系数，它们是根据历史数据推导出来的。

② 投资组合敏感度的计算方法是每个头寸的敏感度的加权平均值，使用资产价值与投资组合价值之比作为权重。

续前表

$S\ (i_€)$	$S\ (i_\$)$	$S\ (S)$				方差
−7 044 238	6 977 150	−9 523 810	−4 304.1	−1 723.5	−1 168 258.2	11 144 562 180 531
						波动率
						3 338 347
						日波动率
						211 136

VaR 是与选定置信水平匹配的波动率的倍数。在上述计算中，方差和波动率为年方差和年波动率。为了计算日 VaR，需要将年波动率乘以换算系数 $1/\sqrt{250}$，得出日波动率和日 VaR。在正态分布假设下，当单尾置信水平为 1%时，乘数为 2.33。远期合约的年 VaR 和日 VaR 如表 13－5 所示。

表 13－5　　远期合约的年 VaR 和日 VaR

置信水平	1%
乘数	2.330
年 VaR	7 777 337
日 VaR	211 110

13.1.5　delta 正态 VaR 的限制

delta-VaR 方法的缺点来自固定 delta 假设和正态分布假设。

固定敏感度假设对非线性工具或期权工具不成立。在这种情况下，不能按照简单头寸的线性组合对工具重新估值，而是应该根据定价公式或定价方法重新估值。采用模拟方法可以解决这个问题。

delta-VaR 也具备正态分布的特征。然而，观察到的收益率分布可能是有偏或有肥尾的。偏度衡量了与对称轴的偏离，例如出现负收益率的概率高于出现高收益率的概率时的情况。当大幅偏离的频率高于正态分布曲线时，就存在肥尾。大幅偏离可能来自股价的“跳跃”，或者来自一系列连续收益率的序列依赖性。序列依赖性意味着高收益率之后往往是高收益率（以绝对值衡量，收益率可能为正也可能为负），此时产生的大幅变化频率高于收益率独立时的大幅变化频率。图 13－2 比较了正态分布曲线的形状与左偏曲线和肥尾曲线（尖峰曲线）的形状。在这两种情况下，delta－正态 VaR 都被低估了。

偏度和峰度都由分布的矩衡量。分布的 k 阶中心矩为离均差的 k 次幂的期望值：

$$\mu_k = E[(X-\mu)^k]$$

该期望值是一阶矩，它衡量了中心趋势。方差σ^2为二阶矩，它衡量了期望值附近

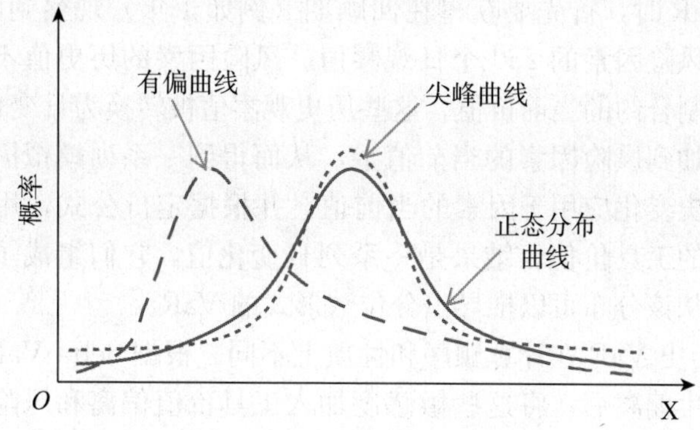

图 13-2　分布的偏度和峰度

的离散度。偏度和峰度分别是三阶中心矩除以σ^3和四阶中心矩除以σ^4：

$$偏度：\tau=\frac{E[(X-\mu)^3]}{\sigma^3}=\frac{\mu^3}{\sigma^3}\qquad 峰度：\kappa=\frac{E[(X-\mu)^4]}{\sigma^4}$$

标准正态分布的偏度为 0，峰度为 3。多余峰度为峰度减 3：它可以用来比较分布的形状与正态分布曲线的形状。

如果可以衡量实际分布的矩，就可以用它来解决非正态分布曲线可能造成的价值低估问题，同时保留正态分布 VaR 的概念框架。Cornish-Fisher 扩展式提供了给定分布的矩时非正态分布的分位数。①

模拟方法为计算 VaR 提供了更多自由度。在假想模拟方法中，用正态分布或非正态分布产生了不同的风险因素值情景，这些情景与它们的依赖性一致。第 14 章将对其进行详细介绍。历史模拟法依赖于在回顾期观察到的风险因素的实证分布。现在将详细介绍这最后一种方法，因为它很常用。

13.2　历史 VaR：远期合约示例

对于非线性资产，或者当应该拒绝正态分布假设时，可以用历史 VaR 代替 delta-VaR。历史 VaR 方法之所以被广泛使用，是因为它不需要对分布和敏感度做出任何限制性假设。

历史 VaR 基于因素收益率的历史时间序列分布。这些时间序列包含风险因素的历史相关性和波动率，而没有对其分布做出任何假设。风险因素的历史变化被用于重新计算当前投资组合的价值。结果为投资组合的损益分布，正如正态分布一样，它是实证分布而非参数分布。历史 VaR 需要在因素收益率发生变化时完全重新评估资产价值，这绕过了 delta-VaR 方法的线性假设。这种方法通常被用于期权工具。

---

① Cornish-Fisher 扩展式是确定非正态分布的百分位的一种方法。例如，可见：Holton，G. A. (2003)，*Value-at-Risk：Theory and Practice*，[77]。

在计算历史 VaR 时，首先要获得在回顾期（例如 1 年）观察到的因素时间序列。假设我们得到三个风险因素的 250 个日观察值。风险因素的历史值不同于它们的当前值，且不能用于复制合约的当前价值。这些历史观察值被转换为日变化值。250 个风险因素的日变化值被加到风险因素的当前值上，从而得到一系列模拟因素历史行为的因素值。然后，将历史变化应用于因素的当前值，并根据定价公式，用得到的一系列因素值重新计算每天的工具价值。结果是一系列日变化值，它们组成了投资组合损益的实证分布。然后，从该分布可以推导出分位数形式的 VaR。

delta-VaR 和历史 VaR 在计算顺序和性质上不同。根据 delta-VaR，需要计算一次敏感度，在价值发生偏离后，将这些敏感度加入工具价值偏离和风险因素冲击的线性关系式中。这是一种部分重新估值方法，因为计算没有回归到定价公式。根据完全重新估值方法，风险因素的模拟值首先被应用于重新计算所有日情景下的工具价值。然后，根据这些重新估值结果推导出价值与当前价值的偏离。

这个过程包括下列步骤：

- 确定一系列风险因素的历史数值；
- 将这一系列数值转化为变化率；
- 将百分比变化应用于当前的风险因素值；
- 根据所有风险因素的每个日变化值重新推导出工具的价值；
- 通过减去日价值计算工具的日损益（价值的日变化）；
- 构建日损益的分布；
- 从该实证分布中计算出分位数。

表 13-6 显示了风险因素的历史值、它们的百分比变化，以及将这些变化加诸风险因素当前值后得到的相应的新风险因素值。该表仅提供了前四天的历史模拟。变化率从第二天开始。例如，“第 2 天”的即期汇率变化率为：(0.811 32－0.812 51)/0.812 51＝－0.146%。表中最后一部分将这些变化率应用于风险因素的当前值。例如，即期汇率的“模拟值 2”为：－0.146%×0.769 23＝0.768 1。

表 13-6　推导风险因素的历史变化率

风险因素	即期汇率 S（欧元/美元）	美元的年利率	欧元的年利率
当前值	0.769 23	0.050 00	0.040 00
历史值			
第 1 天	0.812 5	0.049 800	0.038 520
第 2 天	0.811 3	0.049 720	0.039 521
第 3 天	0.812 6	0.049 102	0.039 871
第 4 天	0.792 5	0.050 100	0.040 150
……	……	……	……
历史值的日变化			
第 1 天			

续前表

风险因素	即期汇率 S（欧元/美元）	美元的年利率	欧元的年利率
第 2 天	−0.146%	−0.161%	2.599%
第 3 天	0.153%	−1.243%	0.886%
第 4 天	−2.472%	2.033%	0.700%
……	……	……	……
日模拟值			
值 1	0.769 2	0.050 00	0.040 00
值 2	0.768 1	0.049 92	0.041 04
值 3	0.770 4	0.049 38	0.040 35
值 4	0.750 2	0.051 02	0.040 28
……	……	……	……

使用风险因素的 250 个模拟值，可以根据准确的合约定价公式重新计算出每组风险因素日数值对应的远期价值。合约价值的日变化构成了损益的实证分布，它包含 250 个点。损失分位数是根据分布直接推导出来的。在 1%的置信水平上，250 次中有 2～3 次的损失价值超过该损失分位数。

用完全重新估值方法计算历史 VaR 的一个缺点是，这种方法具有后顾性。它依赖于市场参数的观察值，而这些观察值与它们对当前情况的代表性无关。在一些情况下，如果历史观察值反映了大规模市场冲击，那么它将是保守的。在另一些情况下，如果与历史情况相比，当前市场状况是离群值，那么历史观察值就可能无法反映当前市场状况。

历史 VaR 可以用于对其他 VaR 方法进行事后检验，以确保投资组合价值包括历史在当前投资组合结构中重现时将发生的情况。但历史 VaR 不能用于对 VaR 进行压力测试，因为情景的性质是由历史数据事先确定的，而历史数据通常不同于理想的压力情景。

第 14 章 传统 VaR 的扩展

传统的在险价值（VaR）方法有几个缺点。它忽略了 VaR 以外的损失，它也不像风险指标那样具备有利的次可加性，这种性质意味着投资组合的风险低于组成部分的风险之和。E-VaR 衡量了 VaR 临界值以外的预期损失，并且具有次可加性。这个指标是监管机构提出的传统 VaR 的替代指标。

实际收益率分布偏离了正态分布，损失概率高于收益概率，且极端偏离比正态分布发生得更频繁。模拟法在选择适当的收益率分布时提供了更多灵活性。模拟法使用的是假想模拟而非历史模拟。这种方法使用正态分布变量，因此相对简单。对于非正态分布，可以使用另一种方法即 copula 法对依赖性建模。

本章介绍了 E-VaR 指标，并详细介绍了模拟法。此后提到的模拟过程都是一般性的，也可用于对投资组合的信用风险建模。

14.1 E-VaR 或预期亏损

E-VaR 也被称为“预期亏损”或“预期尾部损失”，它是以给定置信水平上的损失高于或等于 VaR 为条件的预期损失，用超过 VaR 的概率加权平均损失衡量。

14.1.1 E-VaR 的计算

E-VaR 是根据超过 VaR 的损失分布计算出来的。根据定义，损失 L 的绝对值超过

α 分位数 L_α 的概率 $P(L \leqslant L_\alpha)$ 等于 α。根据贝叶斯法则[①]，以损失高于或等于 VaR 为条件的损失概率为无条件损失概率除以概率 α。对于随机投资组合损失 L 的某个特定值 l，该条件概率为：

$$P(L < l \mid L \leqslant L_\alpha) = \frac{P(L < l)}{P(L \leqslant L_\alpha)} = \frac{P(L < l)}{\alpha}$$

预期损失为以损失高于 VaR 为条件的概率加权平均损失。该定义要求计算截至 α 分位数 L_α 的损失分布的期望值。我们可以用分析法计算出正态分布的 E-VaR。[②] 在一般情况下，例如在某个实证分布下，E-VaR 的数学计算方法是取超过 VaR 的所有日损失不利离差的平均值。当 n 个损失绝对值严格高于 VaR 时，假设每个值的出现概率为 p_i，则 E-VaR 为：

$$\text{E-VaR} = \sum_{i=1,n} p_i l_i \Big/ \sum_{i=1,n} p_i$$

在分母中，所有 p_i 的和等于 VaR 的置信水平 α。

例如，根据历史模拟，上一章的远期合约例子的尾部损失及其概率如表 14－1 所示。1%置信水平上的 VaR 为 11 000 000。大于或等于该 VaR 的损失次数为 10 次，即模拟次数的 1%(1 000)。在某些情况下，同一个损失数值会出现多次。每个数值的出现次数见表 14－1 第一列，它们的和为 10。相应的损失值见第二列。所有情景的出现概率百分比合计为 1%。

E-VaR 为大于或等于 11 000 000 的损失预期值。它的计算方法是对每个值分配一个条件概率。条件概率的计算方法是用出现概率百分比观察值除以 1。用这些条件概率加权的损失价值之和为 E-VaR，即 13 200 000。

表 14－1　　计算 E-VaR（1%VaR＝11 000 000）

出现次数	损失价值	概率（%）	条件概率（%）	加权损失价值
3	－11 000 000	0.30	30	－3 300 000
2	－12 000 000	0.20	20	－2 400 000
1	－13 000 000	0.10	10	－1 300 000
1	－14 000 000	0.10	10	－1 400 000
2	－15 000 000	0.20	20	－3 000 000
1	－18 000 000	0.10	10	－1 800 000
10		1	100	－13 200 000

① 贝叶斯法则提供了以发生事件 B 为条件的事件 A 的条件概率 $P(A \mid B)$：$P(A \mid B) = P(A)/P(B)$。

② 它等于损失 l 的标准正态分布的密度，其中密度为 $\varphi(l)$，损失价值等于 L_α 除以 α：$\text{E-VaR} = \frac{1}{\alpha}\int_{-\infty}^{L_\alpha} l\varphi(l)\,dl = \frac{\varphi(L_\alpha)}{\alpha}$。求导需要使变量发生变化。

14.1.2 E-VaR 的性质

风险指标应该具有次可加性，泛泛地讲，这意味着两笔资产的总风险小于或等于这两笔资产的风险之和。[①] E-VaR 具有次可加性，但传统 VaR 不具有次可加性。如果风险指标不具有次可加性，那么分解业务部门可能导致各部门的 VaR 之和低于业务部门整体的 VaR。例如，在有两个交易室时，每个交易室单独运行的 VaR 之和将小于两个交易室一起运营的 VaR。

例如，考虑一个由两笔资产组成、离散负报酬分别为 0 和－10、概率分别为 97%和 3%的投资组合。在 5%的置信水平上，每笔资产的 VaR 为零，因为损失为 10 的发生概率仅为 3%，小于置信水平。假设报酬是独立的，投资组合的损失分布如表 14－2 所示。

表 14－2 由两笔资产组成的投资组合示例

事件	概率（%）	损失
A 和 B 都没有损失	94.090 0	0
A 或 B 产生损失	5.820 0	10
A 和 B 都产生损失	0.090 0	20
总计	100.000 0	

在 95%的置信水平上，投资组合 VaR 使损失为 10 的发生概率高于 5%。根据该风险指标，投资组合的风险高于每笔资产各自的风险，因为它们各自相应的 VaR 为零，这表明 VaR 不具有次可加性。

预期亏损是以损失超过 VaR 为条件的预期损失，它等于 5%置信水平上的损失分位数。和 VaR 不一样，预期亏损具有次可加性。通过计算每笔资产的预期亏损，并验证其总和高于投资组合的预期亏损，可以看出该性质。为了计算每笔资产的预期亏损，应考虑在 95%的置信水平上损失超过 VaR 的概率。每笔资产的损失均为 10，非条件概率为 3%。该损失的条件概率为：

$$P(\text{损失}=10)/P(\text{损失}\geqslant \text{VaR})=3\%/5\%=60\%$$

每笔资产的预期亏损为：60%×10＝6。两笔资产的预期亏损的算术和为 12。

投资组合的预期亏损可以用损失超过 10（95%置信水平上的投资组合 VaR）的条件概率来计算。损失超过 VaR（10）的情况有两种。投资组合损失为 10 的概率为 5.82%，投资组合损失为 20 的概率为 0.09%。条件概率是用它们除以 5%得到的，分别为 98.2%和 1.80%。投资组合的预期亏损为：10.18。这表明投资组合的预期亏损

① 通常，风险指标应该是一致的。一致性风险指标的定义见：Artzner，Delbaen，Eber，Heath（1997），Thinking coherently，[15]。关于 E-VaR 与传统 VaR 相比的相对优点的讨论见：Acerbi，C.，Tacshe，D.（2002），On the coherence of expected shortfall，[1]。

低于两笔资产的预期亏损之和。

14.2 蒙特卡洛模拟

如果历史模拟仅基于观察到的情景，那么可以用模拟来处理一组全面而广泛的假想情景。模拟是指产生大量投资组合的价值，以获得投资组合价值分布的替代指标。

这种方法比历史 VaR 更复杂。它是指模拟符合风险因素依赖结构的风险因素在未来的值，并在每次模拟中对投资组合重新估值。成熟的模拟需要大量计算，因为完整的重新估值意味着重新计算工具在大量情景下的值。当无法获得闭合形式公式时，可以用数学方法为每个情景中的工具定价。[①] 对于每组风险因素，都要重新估计投资组合的价值，并获得其损益的分布。

在正态分布下，很容易用风险因素收益率的方差－协方差矩阵模拟风险因素收益率的相关分布。这种方法依赖于柯列斯基分解。当考虑收益率的非正态分布时，例如学生分布（student distribution），它的尾部比正态分布更肥，因此应该转而使用 copula 法。

14.2.1 正态分布

在正态分布下，对因变量进行模拟需要在第一步中对自变量进行模拟，并在第二步中将因变量表示为这些正态分布的自变量的线性函数。这种方法需要使用柯列斯基分解，它根据理想的方差和协方差推导出线性函数的系数。

这种结果因两个变量而为人熟知。两个正态分布变量 Y_1 和 Y_2 遵循标准双变量分布，当且仅当 Y_2 为两个标准正态分布自变量 Y_1 和 X 的函数时，相关系数为 ρ。在本例中，线性分解式如下所示：

$$Y_2=\rho Y_1+X\sqrt{1-\rho^2}$$

在一般情况下，N 个因变量中的每个 Y_j（$j=1$，…，N）都应该分解为由 N 个正态分布自变量 X_i 组成的线性组合。将每个因变量和自变量联系起来的线性函数是从因变量的方差－协方差矩阵中推导出来的。将方差－协方差矩阵 Σ 分解为两个三角矩阵 L 和 U 的乘积，即 $\Sigma=LU$，可以计算出自变量的系数。将 X_i 和 Y_j 联系起来的线性函数的系数为下三角矩阵的组成要素。

在图 14－1 中，下三角矩阵的分解扩展形式表明，每个因变量都线性依赖于自变量：线性函数各组成部分的系数为 α_{ij}。

14.3 节的附录详细说明了这种方法，并提供了一般公式。这个过程使用了标准化

① 这会导致“模拟内的模拟”，因而需要进行大量计算，例如用模拟为回顾期权估值。

变量，它们是均值为零、标准差为 1 的正态分布变量。[①] 模拟 N 个因变量 Y_j 的K 个值时，第一步是随机产生 K 组 N 个正态分布自变量 X_i。正态分布因变量 Y_j 的 K 个值是根据这些自变量的线性函数，使用柯列斯基系数得到的。正态分布变量的模拟遵循用分析性分布产生随机变量值的一般过程。

$$\boxed{Y_j} = \boxed{L} \times \boxed{X_i}$$

$$\begin{bmatrix} Y_1 \\ Y_2 \\ \cdots \end{bmatrix} = \begin{bmatrix} \alpha_{11} & 0 & \cdots \\ \alpha_{12} & \alpha_{22} & \cdots \\ \cdots & \cdots & \cdots \end{bmatrix} \times \begin{bmatrix} X_1 \\ X_2 \\ \cdots \end{bmatrix}$$

图 14－1　柯列斯基分解的扩展形式

14.2.2　随机变量的模拟

在许多情况下，都需要模拟随机变量的值，这些随机变量可能遵循正态分布，也可能遵循非正态分布。在市场风险中，有肥尾的分布比正态分布更好地反映了收益率观察值的实际表现。为了对贷款组合的信用风险建模，还需要模拟各笔贷款的违约次数，以重新构建投资组合的损失分布。这种随机次数的概率分布为幂函数（见第 21 章）。产生遵循给定分布的变量的随机值是这种模拟过程的常见组成部分。

这个过程从模拟均匀分布随机数开始。均匀分布标准变量的值为区间［0，1］上的实数。这种数值总可以被视为任何分布的分位数。模拟遵循给定分布函数 $F(X)$ 的变量 X 时，首先要模拟均匀分布随机数。通过求 X 的累计分布函数 $F(X)$ 的反函数，将这些均匀分布随机数的值转换为 X 的值。累计分布函数为 S 形，并随着 0 到 1 之间的值单调增加。对于累计函数 U 在［0，1］之间的每个值，都有一个随机变量的值与之匹配，使 $X=F^{-1}(U)$ 和 $U=F(X)$（见图 14－2）。变量 X 遵循累计函数F 的分布。通过重复这个过程，可以模拟出所需数量的 X 值。

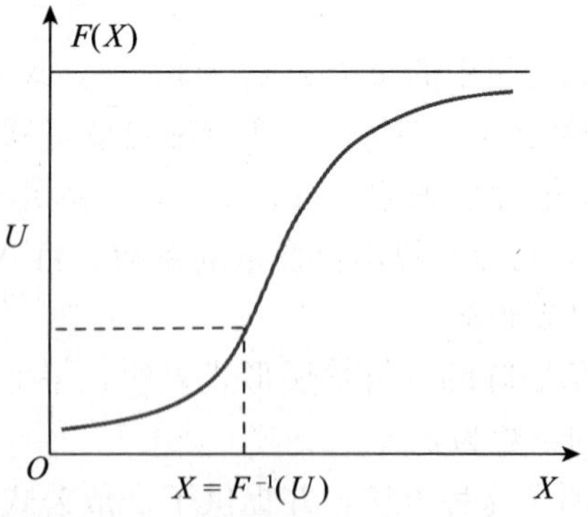

图 14－2　随机变量 X 及其分位数 $u=P(X\leqslant x)$ 之间的关系

① 如果所有变量都是标准正态分布，那么方差－协方差矩阵就可以简化为相关系数矩阵，其中相关系数随着每对变量的变化而变化，而所有对角线上的项均等于 1。

14.2.3 非正态分布变量的市场模拟

对于市场风险而言，模拟法让我们可以使用正态分布以外的其他分布，例如学生分布。变量为依赖因素的收益率。对于非正态分布变量，用于产生因变量的简单柯列斯基分解方法不适用，应该使用另一种方法。目前的做法需要使用非正态分布的 copula 函数。对于市场风险，这种方法可以用于模拟相关的学生变量。

copula 方法的原则是让均匀分布的标准变量彼此依赖。copula 函数描述了这些均匀分布变量彼此的依赖程度。对于两个变量来说，copula 密度函数为变量低于其边际分布的给定分位数 u 和 v 的联合概率。由于 copula 依赖性适用于均匀分布变量，因此可以和任何分布函数（不论是否为正态分布）一起使用。copula 转化公式提供了以（X 的）分位数 u 为条件的（Y 的）分位数 v。例如，高斯 copula 转化公式可以写为：

$$v=\Phi[\rho\Phi^{-1}(u)+\sqrt{1-\rho^2}\,\Phi^{-1}(w)]$$

式中，Φ^{-1}为标准正态分布 Φ 的反函数。因此，$\Phi^{-1}(u)$ 为变量 X 的值。变量 w 为独立于 u 的均匀分布标准变量，它的反函数被视为独立于 X 的中间标准正态分布变量的值。括号中的组合式为两个标准正态分布自变量的线性函数。它也是标准正态分布，因为它的期望值为零，方差为 1。将标准正态分布函数 Φ 用于这个线性函数，将得到另一个标准正态分布的分位数 v。v 的值被视为以 X 的分位数 u 为条件的 Y 的分位数。u 和 v 之间的这种依赖性使变量 X 和变量 Y 彼此依赖。

使用 copula 转化公式中的标准正态函数并不意味着基本的变量 X 和变量 Y 为正态分布。该函数只说明，变量 X 和变量 Y 之间的依赖性使其分位数之间的关系和两个正态分布变量的分位数之间的关系相同。换言之，依赖性的建模方式是使两个均匀分布变量彼此依赖，依赖性和正态分布变量相同。

模拟过程从两个均匀分布自变量开始。第三个变量 w 为均匀分布变量且独立于 u 和 v，借助 copula 转化公式，它可以用来让这两个变量彼此依赖。关于信用损失分布的第 25 章将说明它的数学应用，这种应用对随机违约次数进行了模拟，以构建信用投资组合的损失分布。我们可以用同一种方法计算非正态分布的市场收益率。

当目的是对极端收益率的依赖性建模时，可以使用不同的 copula 函数。在高斯 copula 函数中，不经常出现大幅偏离，且模拟大幅偏离的联合概率相对于模拟次数也较低。我们可以用学生 copula 函数增加尾部偏离的联合概率。①

14.3 附录：柯列斯基分解

根据柯列斯基分解，N 个正态分布因变量可以分解为 N 个正态分布自变量的线性

① 极端 VaR 方法也可以用于对尾部偏离建模。它不同于模拟，因为它试图使用肥尾分布对极端情况建模。这种分布在统计上与最高的损失价值拟合。一种特定分布被用于对从分布中分离出来的尾部进行模拟。这种方法需要“平滑尾部”以获得更优的分位数估计值。

函数，且函数的系数可以通过因变量的方差－协方差矩阵获得。柯列斯基分解可以产生 K 组 N 个正态分布自变量，并将因变量的值构建为这些自变量的线性函数，从而让因变量模拟变得很容易。

柯列斯基分解的原则很容易解释，并可以用双变量的例子详细说明。扩展到多变量的方法与系数计算方法相同。当两个因变量 Y_1 和 Y_2 为两个正态分布自变量 X_1 和 X_2 的线性函数时，系数的导数遵循序贯过程（sequential process）。两个有待确定的函数为：

$$Y_1 = \alpha_{11} X_1$$
$$Y_2 = \alpha_{12} X_1 + \alpha_{22} X_2$$

问题是确定系数 α_{ij}，使两个新变量 Y_1 和 Y_2 相关，相关系数为 ρ。这两个关系式可以写为矩阵形式。让我们用线性组合的行系数定义矩阵 L：

$$L = \begin{vmatrix} \alpha_{11} & 0 \\ \alpha_{12} & \alpha_{22} \end{vmatrix}$$

两个方程组成的方程组为：$Y=LX$。矩阵 L 为下三角矩阵，因为在第一条对角线之上的所有项均为零。由于变量 Y_i 为标准变量，因此有单位方差，即 $V(Y_1) = \alpha_{11}^2 = 1$。这要求 $\alpha_{11}=1$，$Y_1=X_1$。第二个变量 Y_2 的方差也应为 1。变量 Y_1 和变量 Y_2 的协方差是给定的。这些条件导致另外两个方程：

$$\text{Cov}(Y_1, Y_2) = \text{Cov}(\alpha_{11} X_1, \alpha_{12} X_1 + \alpha_{22} X_2) = \alpha_{11}\alpha_{12} = \rho_{12}$$
$$V(Y_2) = \alpha_{12}^2 + \alpha_{22}^2 = 1$$

由于 $\alpha_{11}\alpha_{12}=\rho$，因此 α_{12} 应等于相关系数 ρ，$\alpha_{11}=1$。方差条件是为了计算最后一个系数：$\alpha_{22}=\sqrt{1-\rho^2}$。这个结果表明，两个变量 Y_1 和 Y_2 为正态分布标准自变量 X_1 和 X_2 的线性函数：

$$Y_1 = X_1$$
$$Y_2 = \rho Y_1 + \sqrt{1-\rho^2}$$

在一般情况下，柯列斯基分解法将方差－协方差方阵分解为两个三角矩阵的乘积。在三角矩阵中，对角线一侧的非对角线项为零。当零项位于对角线上方时，三角矩阵被称为“下三角”或 L。当零项位于对角线下方时，三角矩阵被称为“上三角”或 U。下三角矩阵的各项为将因变量和自变量联系起来的线性函数的系数。

仅用两个变量就可以轻松说明分解过程。假设有两个正态分布标准变量 X_1 和 X_2，它们彼此独立。我们要模拟的变量 Y_1 和变量 Y_2 的方差－协方差矩阵给定如下，它的相关系数为 ρ：

$$\begin{vmatrix} 1 & \rho \\ \rho & 1 \end{vmatrix}$$

矩阵 L 为：

$$L=\begin{bmatrix}1 & 0\\ \rho & \sqrt{1-\rho^2}\end{bmatrix}$$

我们可以验证，方差－协方差矩阵为 L 和 U 的乘积，其中 U 为 L 的转置：

$$\begin{bmatrix}1 & \rho\\ \rho & 1\end{bmatrix}=\begin{bmatrix}1 & 0\\ \rho & \sqrt{1-\rho^2}\end{bmatrix}\times\begin{bmatrix}1 & \rho\\ 0 & 1-\rho^2\end{bmatrix}$$

将因变量和自变量联系起来的函数可以用 L 写成矩阵形式：

$$\begin{bmatrix}Y_1\\ Y_2\end{bmatrix}=\begin{bmatrix}1 & 0\\ \rho & \sqrt{1-\rho^2}\end{bmatrix}\times\begin{bmatrix}X_1\\ X_2\end{bmatrix}$$

如果 X 表示两个自变量 X_i 的列向量（2，1），Y 表示因变量 Y_j 的列向量（2，1），那么两组变量之间的关系为：$Y=LX$。

推广到 N 个变量需要一个方差－协方差方阵。L 和 U 分别表示下三角矩阵和上三角矩阵。在三角分解中，U 矩阵是 L 矩阵的转置：$U=L^{\mathrm{T}}$。将 $LU=LL^{\mathrm{T}}$ 构建为初始方差－协方差矩阵 Σ。Y_i 变量的列（$N\times1$）向量 Y 是根据 X_i 自变量的列（$N\times1$）向量 X，按下列顺序相乘推导出来的：$Y=LX$。L 为系数 α_{ij} 的下三角矩阵。

Y_j 变量和 X_i 变量之间的函数矩阵关系式如下：

$$\begin{bmatrix}Y_j\end{bmatrix}=\begin{bmatrix}\quad L\quad\end{bmatrix}\times\begin{bmatrix}X_i\end{bmatrix}$$

$$\begin{bmatrix}Y_1\\ Y_2\\ \cdots\end{bmatrix}=\begin{bmatrix}\alpha_{11} & 0 & \cdots\\ \alpha_{12} & \alpha_{22} & \cdots\\ \cdots & \cdots & \cdots\end{bmatrix}\times\begin{bmatrix}X_1\\ X_2\\ \cdots\end{bmatrix}$$

这组线性方程的系数是未知的。初始方差－协方差矩阵的分解遵循矩阵代数运算规则。未知系数的代数计算方法遵循上述顺序过程。第一个公式规定 $\alpha_{11}=1$。然后按顺序规定成对变量之间的相关系数：第一对变量的相关系数，第二对变量的相关系数，等等。单位方差约束也适用于每个 Y_i。

线性方程组为：

$$Y_j=\sum_{m=1,\ j}\alpha_{im}X_i$$

第一组方程规定了单位方差 Y_j，它等于 X_i 的单位方差加权之和，权重为 α_{ij}（i 的变化范围为 1 到 j）的平方。方程数量为 j 个，每个 Y_j 对应一个方程，j 的变化范围为 1 至 N：

$$V(Y_j)=V\Big(\sum_{m=1,j}\alpha_{im}X_i\Big)=\sum_{m=1,j}\alpha_{im}^2=1$$

下标 m 的变化范围为 1 到 j，它是自变量的个数，Y_j 为这些自变量的线性函数。Y_j 的下标 j 的变化范围为 1 至 N，因变量个数等于自变量 X_i 的个数。

第二组方程规定了所有 i 和 j 不同的相关结构 ρ_{ij}。Y_j 和 Y_k 的协方差为：

$$\mathrm{Cov}(Y_j, Y_k) = \mathrm{Cov}\left(\sum_{m=1,\, j} \alpha_{mj} X, \sum_{j=1,k} \alpha_{jm} X\right) = \rho_{ij}$$

这规定了系数的约束条件：

$$\sum_{j \neq m} \alpha_{jm} \alpha_{jk} = \rho_{ij}$$

问题是找出每对值不同的 j 和 m 的 α_{jm}。通过这两组方程，可以计算出 L 的系数。

第 15 章　波动率

波动率是风险模型中不确定性的关键指标，使用不同的波动率估计值将得出截然不同的 VaR。历史波动率是根据观察值推导出来的，它是收益率的标准差。这种波动率指标取决于回顾观察窗口。一些方法被用来根据当前环境调整指标并使用预测波动率指标。要处理随时变化的波动率，最简单的方法是使用移动观察窗口。幂指数加权平均法对较近期的观察值赋予更多权重。一种更复杂的方法是对波动率的随机过程建模，正如广义自回归条件异方差类模型那样。

本章详细说明了历史波动率指标以及替代方法——移动平均估计值和简单的广义自回归条件异方差模型——如何估计随时间变化的波动率。

15.1　波动率概述

波动率是市场变量的标准差，可以用历史数据来衡量。隐含波动率为期权价值内含的波动率。它的计算方法是倒算布莱克－斯科尔斯公式，得到使公式与价格观察值匹配的波动率值。根据定义，隐含波动率和市场价格一样是前瞻性的，但隐含波动率可能非常不稳定且依赖于特定期权的具体供求情况。而风险模型依赖于实际波动率或波动率观察值。

通过衡量长期历史波动率，可以得出波动率的长期估计值，即无条件波动率。因为波动率是随时间推移而变化的，因此这种长期波动率估计值可能无法代表当前条件，且使用的时间窗口较短。其他时期的市场收益率时间序列依赖于历史上收集观察值的时间窗口和观察值的出现频率。如果收益率分布是稳定的，那么波动率就仅依赖于出现频率，而不依赖于回顾期。

对观察值样本计算出的标准差仅仅是波动率的估计值。波动率的真实值是观察不到的。正如抽样理论所示，对某个样本的最优估计值计算方法是用 n 个观察值的离差平方和除以 $n-1$ 而不是 n。观察值个数不能太少，否则抽样误差就可能过大。一种常见做法是，使用一年中的日观察值，即约为 250 个交易日的日观察值。这样，观察值的数量就足够大，从而能消除抽样误差，而观察期也足够短，从而能剔除过期信息。

衡量日波动率很方便，而且通过时间平方根法则可以获得其他不以日为单位的时期的波动率。这与直觉是一致的，它表明当观察频率变低时，随机变量的不稳定性将增加，因为在较长时间间隔中观测到大幅偏离的概率更高。标准市场模型假设对数收益率为独立同分布（i. i. d.）。该假设允许将日波动率放大到任何时间段，至少在独立同分布假设成立的时间段是如此。

时间平方根法则也有局限性。在长期内，从时间平方根法则推导出的波动率可能是无限的，这是不可接受的。许多现象都是均值回归的，例如利率。均值回归是指，当对长期值的偏离变大时，另一个随机项往往会部分抵消这种偏离，并使其更可能回归为零。序列收益率也可能是序列相关而非独立的。序列相关意味着高收益率之后往往是高收益率或低收益率。这种相关性将拒绝时间平方根法则。最后，基础波动率可能是随机的。

市场变量的波动率是随时间变化的，它在某些时期较低，在某些时期较高。如果单位时间的波动率不能视为固定，那么固定方差和静态假设就不成立。这表明实际波动率是以当前环境为条件的。

在处理随时间变化的波动率时，最简单的方法是使用移动平均值。例如，我们可以使用 250 天观察值，但观察窗口随着时间的推移而移动。这种方法很简单，并可以获得最新的波动率。观察窗口的等值加权波动率公式使用收益率的平方。如果 σ_t 表示根据市场变量在日期 $t-1$ 上的波动率估计出的该市场变量在日期 t 上的波动率，那么它的平方就是方差 σ_t^2。令 r_i 表示日期 $i-1$ 和日期 i 之间的连续收益率：$r_i=\ln(S_i/S_{i-1})$。使用一系列观察值，可以算出等值加权方差的估计值为：

$$\sigma_t^2=\frac{1}{k-1}\sum_{i=1,k}[r_{t-i}-E(r)]^2$$

在受到短期冲击时，资产价值的分布将发生漂移，它通常被忽略，因为它远远小于标准差。原因是漂移与时间成反比，而标准差与时间平方根成反比，因此标准差要比漂移大得多。以使用下列输入值的过程为例：

初始价格：$S_0=100$；

时间间隔：$\Delta t=1$ 天；

预期收益率：年化收益率为 10%；

随机部分的波动率：年化波动率为 30%。

1 天的预期收益率为：10%/250＝0.040%。日波动率为：$30\%\sqrt{250}=1.897\%$，

日波动率要大得多。根据该假设，等值加权波动率的估计值为：

$$\sigma_t^2 = \frac{1}{k-1}\sum_{i=1,k} r_{t-i}^2$$

收益率的平方成为方差的最后一个估计值。

历史波动率有缺点。假设在某个日期上波动率突然攀升，只要攀升是在观察窗口内发生的，就会影响历史波动率。一旦攀升移出观察窗口，波动率估计值就会下降。这种影响可能是符合需要的，因为观察值攀升应该使波动率提高。但它的缺点是，当攀升移出观察窗口时，波动率可能突然下降。之所以会产生这种缺点，是因为对所有观察值都使用了等值加权法。人们还设计了其他方法，以便更好地反映波动率的随机行为。

15.2 指数加权移动平均模型

指数加权移动平均模型，即 EWMA，对较近的观察值赋予较高的权重。过去的波动率攀升所占分量小于等值加权平均值，因为前者的权重较低，而这种方法允许平滑掉骤变。指数加权移动平均模型是 JP 摩根（JP Morgan）用 RiskMetrics 提出的。[①] 该式依赖于参数 λ，λ 的取值范围为 0～1。从日期 t 倒推回日期 0，日期 t 的方差估计公式为：

$$\sigma_t^2 = (1r_{t-1}^2 + \lambda r_{t-2}^2 + \lambda^2 r_{t-3}^2 + \cdots + \lambda^{t-1} r_0^2)/(1 + \lambda + \lambda^2 + \cdots + \lambda^{t-2})$$

该公式中有 t 项，因为 t 时的值依赖于从 $t-1$ 到 0 的所有收益率的平方。历史观察值的系数小于近期观察值的系数，且进行倒推时权重下降，因为 $\lambda<1$。当时期长度扩展到无限时，该式可以简化，因为 λ 的几何回归和等于 $1/(1-\lambda)$：

$$(1 + \lambda + \lambda^2 + \cdots + \lambda^{t-2} + \lambda^{t-1} + \lambda^t + \cdots) = 1/(1-\lambda)$$

σ_t^2 和 σ_{t-1}^2 的表达式分别是从 $t-1$ 到 0 的各项之和以及从 $t-2$ 到 0 的各项之和：

$$\sigma_t^2 = (1r_{t-1}^2 + \lambda r_{t-2}^2 + \lambda^2 r_{t-3}^2 + \cdots + \lambda^{t-2} r_1^2 + \lambda^{t-1} r_0^2)(1-\lambda)$$
$$\sigma_{t-1}^2 = (1r_{t-2}^2 + \lambda r_{t-3}^2 + \cdots + \lambda^{t-3} r_1^2 + \lambda^{t-2} r_0^2)(1-\lambda)$$

取这两组值的差值，$\sigma_t^2 - \lambda\sigma_{t-1}^2$，中间项（$\sigma_t^2$ 的第一项 r_{t-1}^2 除外）抵消：$\sigma_t^2 - \lambda\sigma_{t-1}^2 = (1-\lambda)r_{t-1}^2$。$t$ 时的收益率方差估计公式变为：

$$\sigma_t^2 = \lambda\sigma_{t-1}^2 + (1-\lambda)r_{t-1}^2$$

根据该式，估计最新的方差仅需用前一个方差估计值以及一个新收益率观察值。

这引出了对 λ 的简单解释。当 λ 较高时，估计值对最近的收益率 r_{t-1}^2 观察值的反应较小，而最近的方差 σ_{t-1}^2 估计值所占分量增加。相反，当 λ 较低时，估计值对最近

---

① 该技术性文件在 2006 年进行了修订：Zumbach, G.（2007），The RiskMetrics 2006 Methodology，[139]。

的收益率观察值赋予较高权重，而对最近的方差估计值赋予较低权重。由于方差项的权重小于1，因此出现高方差之后，方差将会下降，直至出现下一次攀升，这是一种常能观察到的模式。最后，任何曾经攀升的收益率的权重都会逐渐降低。

指数加权移动平均值在某些情况下接近于等值加权估计值。在极限上，$\lambda=1$ 使指数加权移动平均值恰好等于等值加权估计值。当衰减参数小于1时，我们也可以认为指数加权移动平均值类似于等值加权平均值。很久以前的项将很快降至0，使计算结果接近随着时间流逝向前移动的某个时间窗口上的历史波动率估计值。这表明，这种方法仍然依靠抽样来估计方差，并依赖于静态假设。RiskMetrics 文件建议取相对较高的 λ 值，例如0.94和0.97。这些值足以提供显著不同于使用日数据的等值加权法的估计值。

15.3 广义自回归条件异方差模型

广义自回归条件异方差模型[①]的目的是对波动率随时间推移的变化建模。波动率看上去遵循均值回归过程。高值可能持续，但往往会在一段时间后消失。该模型试图反映这些模式，它假设在 t 时计算的方差依赖于在 $t-1$ 时相同时段内的方差以及可以获得的最新收益率观察值。

广义自回归条件异方差模型不同于指数加权移动平均模型，因为它将长期方差与最后一个方差估计值及最后一个收益率结合起来。广义自回归条件异方差模型（1，1）表示，σ_t^2 为基于收益率平方的最近观察值和方差的最近估计值，而没有增加更多滞后项。换言之，（1，1）是指收益率平方和方差估计值的时滞相同，均为一期。普通广义自回归条件异方差模型（1，1）的公式为：

$$\sigma_t^2=\gamma\sigma_L^2+\beta\sigma_{t-1}^2+\alpha r_{t-1}^2$$

收益率分布不再是相同的分布，因为它的方差现在依赖于日期 t。方差 σ_t^2 为条件方差，它依赖于历史观察值。长期方差是无条件方差。

由于方差变化了，因此不管抽样收益率是否进行了加权，都不能用于估计方差。用于估计方差的正确方法是在下一节中介绍的最大似然函数。

比较指数加权移动平均模型与广义自回归条件异方差模型，我们看到，对于指数加权移动平均模型，$\gamma=0$，$\beta=\lambda$，且 $\alpha=1-\lambda$，只有一个参数 λ 需要估计。估计指数加权移动平均值或广义自回归条件异方差模型都需要使用同一种方法，但估计指数加权移动平均值更简单。

广义自回归条件异方差模型（1，1）面临一些约束。在 σ 固定且等于长期方差（$\sigma_L^2=\sigma$）的特殊情况下，所有项都可以用该长期方差替代。该方差是无条件方差，因为它不依赖于任何影响 t 时的方差的因素。在上述公式的所有项中，长期方差都相等，

① 在以下文献中可以找到对波动率预测问题的综述：Poon，S-H.，Granger，C.（2003），Practical issues in forecasting volatility，[115]。相同作者的文献综述见［114，2013］。现在给出的是最简单的形式。

这导致了第一个约束条件：

$$\sigma_L^2 = \gamma\sigma_L^2 + \beta\sigma_L^2 + \alpha\sigma_L^2$$

因此，$\gamma+\beta+\alpha=1$，且 $\gamma=1-(\alpha+\beta)$。为了使长期方差的权重为正，需要约束条件 $(\alpha+\beta)\leqslant 1$。当估计系数时，必须考虑该约束条件。

该式可以迭代使用，以表明从时间上倒推时，广义自回归条件异方差模型与滞后项权重的下降是一致的。例如，如果我们用 $t-2$ 时的方差和收益率平方的滞后估计函数代替 $t-1$ 时的方差滞后估计，t 时的方差估计值将变为：

$$\sigma_t^2 = \gamma\sigma_L^2 + \alpha r_{t-1}^2 + \beta\sigma_{t-1}^2 = \gamma\sigma_L^2 + \alpha r_{t-1}^2 + \beta(\gamma\sigma_L^2 + \alpha r_{t-2}^2 + \beta\sigma_{t-2}^2)$$

r_{t-2}^2的系数为 $\beta\alpha$，滞后项 σ_{t-2}^2的系数为β^2。用于滞后两个时期的收益率平方和方差的权重呈指数下降。回归操作表明，当前的方差σ_t^2 是不同时滞（大于一期）的滞后收益率平方和方差的函数。

15.4 最大似然法

除通常的统计方法外，还需要拟合法来校准广义自回归条件异方差模型。由于指数加权移动平均模型是广义自回归条件异方差模型（1，1）的一个特殊例子，因此这种方法可以用于两种模型，但当只需估计一个衰减参数 λ 时更简单。这里扩展了最大似然法，并给出了一个例子。

最大似然法是指选择能使观察到数据的概率最大化的参数。假设我们可以对每个观察值分配概率，并推导出观察到整组数据的概率。例如，当观察值独立时，观察到 k 个值的概率为观察到每个值的概率之积。最大似然法可以计算出能最优匹配数据组的概率分布的参数。作为一个中间步骤，我们可以举例说明通过这种方法，能够找出固定方差的最大似然估计值。这也适用于指数加权移动平均模型。

假设收益率r_t的固定方差为σ。为了确定它的概率，假设收益率遵循均值为零、方差为 σ 的止态分布。该分布的密度为：

$$-\frac{1}{\sigma\sqrt{2\pi}}\exp\left(\frac{-r_t^2}{\sigma^2}\right)$$

观察到 k 个收益率的概率为观察到每个收益率的概率之积，因为所有r_t均是独立的：

$$\prod_{t=1,k}\frac{1}{\sigma\sqrt{2\pi}}\exp\left(\frac{-r_t^2}{\sigma^2}\right)$$

σ^2的最优估计值为使该式最大化的值。最大化乘积相当于最大化乘积的对数：

$$\ln\left[\prod_{t=1,k}\frac{1}{\sigma\sqrt{2\pi}}\exp\left(\frac{-r_t^2}{\sigma^2}\right)\right]$$

不考虑常数 $1/\sqrt{2\pi}$，该对数为一个简单的求和公式：

$$\sum_{t=1,k}\ln\left(\frac{1}{\sigma^2}\right)-\sum_{t=1,k}\ln\left(\frac{r_t^2}{\sigma^2}\right)=-k\ln(\sigma^2)-\sum_{t=1,k}\ln\left(\frac{r_t^2}{\sigma^2}\right)$$

最大似然问题为：

$$\max\left(-k\ln(\sigma^2)-\sum_{t=1,k}\frac{r_t^2}{\sigma^2}\right)$$

为了最大化该函数，σ^2 的导数被设为零：

$$-k/\sigma^2=-\sum_{t=1,k}(r_t^2/\sigma^4)$$

方差估计公式为：

$$\sigma^2=\frac{\sum_{t=1,k}r_t^2}{k}$$

最大似然估计值为收益率平方的平均值，它与整组收益率数据的方差统计值匹配。①

15.5 估计指数加权移动平均值的波动率

根据广义自回归条件异方差模型，日期 t 上的收益率为正态分布，且方差 σ_t^2 以时间为条件。由于收益率为正态分布且独立，除条件方差随时间推移而变化之外，上述公式仍然适用。观察值的下标为 t。观察到 k 个数据的概率为：

$$\prod_{t=1,k}\frac{1}{\sqrt{2\pi\sigma_t^2}}\exp\left(\frac{-r_t^2}{\sigma_t^2}\right)$$

为了估计条件方差，我们需要求上述概率的最大值：

$$\max\sum_{t=1,k}1/\sqrt{2\pi\sigma_t^2}\exp\left(\frac{-r_t^2}{\sigma_t^2}\right)$$

这个过程需要计算收益率的时间序列，推导收益率的平方，然后估计方差。在图 15-1 中画出实证结果后，我们可以扩展计算序列。用指数加权移动平均模型拟合法国股票指数 CAC40，可以得出 CAC40 从 1990 年 3 月 1 日至 2009 年 2 月 25 日的指数加权移动平均值的方差。从中可以观察到攀升的现象，且 2007 年以后的攀升高得多。收益率平方是广义自回归条件异方差模型中的最新项。该图显示了典型的方差时间模式，方差在每次攀升后缓慢下降。正如人们所料，幅度最大的一次攀升是在最近的金融危机期间。

① 注意，最优统计估计值应除以 $k-1$ 而非 k。

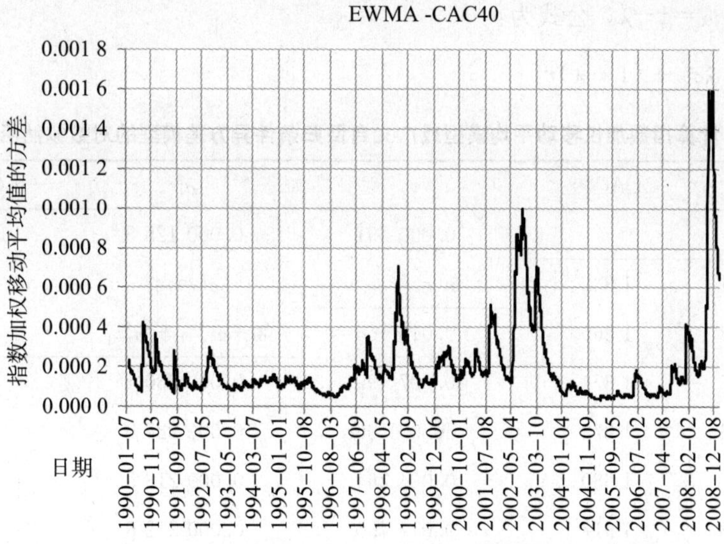

图 15－1　股票指数（CAC40）的指数加权移动平均估计值

估计近期的模型可能没有太大意义，因为市场危机将产生非常大的偏离。指数加权移动平均模型与随时间变化的波动率平滑拟合，因为简单加权法只依赖于一个参数。

估计指数加权移动平均模型的过程和估计广义自回归条件异方差模型（1，1）的过程相同，差别在于估计的参数。在广义自回归条件异方差模型（1，1）中，这些参数是加权长期方差 $\omega=\gamma\sigma_L^2$ 以及 α 和 β。约束条件为：$\alpha>0$、$\beta>0$ 以及 $(\alpha+\beta)\leqslant 1$。比较之下，指数加权移动平均模型要求估计以下参数：$\gamma=0$、$\beta=\lambda$ 以及 $\alpha=1-\lambda$。除系数以外，估计步骤是类似的。下面的计算是用指数加权移动平均模型进行的。

表 15－1 列出了计算顺序。完整的表格与表 15－1 类似，但观察值的时间序列更长：图中只显示了前面几行，所有计算都是从这里开始的。日期从最早的 1990 年 3 月 1 日向后推进。最后的日期为 2009 年 2 月 25 日。

首先，日收益率的计算结果为对数收益率 $\ln\left(\frac{I_t}{I_{t-1}}\right)$，其中 t 为时间，I_t 为日期 t 上的股指值。[①] 截至日期 2 的第一个收益率 $r_2=(I_2-I_2)/I_1$ 使用了前两个观察值，I_1 和 I_2。在第二行（"r_t" 列）上计算出第一个对数收益率：$r_2=\ln(1\ 860/1\ 832)=0.015\ 168$。方差的第一个估计值为该收益率的平方 r_2^2。它是 σ_t^2 列的第一个值，0.000 125 5。

第三列的下面几行使用了指数加权移动平均模型公式。计算中需要插入系数的值。表 15－1 所示计算使用了参数的最优估计值，它们是根据最大似然函数计算出来的。根据广义自回归条件异方差模型，该式为：

$$\sigma_3^2=\omega+\beta\sigma_2^2+\alpha r_2^2$$

根据幂指数加权移动平均模型的估计，广义自回归条件异方差模型的参数简化为：

① 对数收益率非常接近于比例离散收益率 $(I_t-I_{t-1})/I_t$，因为二者在小幅变化下非常接近。

$\omega=0$，$\beta=\lambda$，$\alpha=1-\lambda$，公式为：

$$\sigma_3^2=\lambda\sigma_2^2+(1-\lambda)r_2^2$$

表 15-1　计算指数加权移动平均模型或广义自回归条件异方差模型的对数似然函数

日期	CAC40	r_t	σ_t^2	$-\ln(\sigma_t^2)-r_t^2/\sigma_t^2$
		0.000 591	0.000 125 5	13 138.6
1990—03—01	1 832	$\ln(r_t/r_{t-1})$	$\sigma^2=r_1^2$	
1990—03—02	1 860	0.015 168	$\omega+\alpha r_{t-1}^2+\beta\sigma_{t-1}^2$	
1990—03—05	1 874	0.007 499	0.000 230 1	8.133
1990—03—06	1 872	−0.001 068	0.000 225 0	8.394
1990—03—07	1 880	0.004 264	0.000 218 5	8.346
1990—03—08	1 917	0.019 490	0.000 212 6	6.669
1990—03—09	1 921	0.002 084	0.000 217 5	8.413
1990—03—12	1 912	−0.004 696	0.000 211 3	8.358

该表的参数使用了一般广义自回归条件异方差模型的符号。在本例中，α 和 β 是用对数最大似然函数计算出来的。它们如表 15-2 所示。

表 15-2　指数加权移动平均模型的参数

ω	0.000 000 00
α	0.029 188 17
β	0.970 811 83

这些值用于根据波动率的估计值，从上至下计算表 15-1 中的值。从第三个观察值开始，计算出即时方差的新估计值 σ_3^2。即时方差的第二个估计值为：0.000 230 1。对于以后所有日期，都使用同一个公式逐步计算，直至一系列观察值的末尾。

将对数似然函数加总 k 次，为 $\sigma_t^2-\sum_{t=1,\ k}\left(\frac{u_t^2}{\sigma_t^2}\right)$，其中 k 为即时方差观察值的总个数：$-k\ln(\sigma_t^2)-\sum_{t=1,\ k}\left(\frac{u_t^2}{\sigma_t^2}\right)$。

当收益率观察值个数为 $t+2$ 时，总和为加总 t 次该对数似然函数的结果。似然函数的值出现在最后一列上方，为 13 138.6。相应的参数值为 $\alpha=0.970\ 8$。[①] 这与通常的估计值一致。

由于该函数可能有多个局部最大值，因此问题是找出这些局部最大值的最大值。在本例中，使用了 Excel 的规划求解函数（solver function），但它不能保证找到唯一的

① 在表 15-1 中，该值为最优估计值，它被用于计算表中的数值。

最大值。

我们可以用相同程序估计广义自回归条件异方差模型（1，1），方法是对最大值算法规定下列约束条件：

$$\alpha \geqslant 0;\ \beta \geqslant 0;\ \alpha + \beta \geqslant 0;\ \omega \geqslant 0$$

长期方差应为正数或零。通过规定长期方差 σ_L^2 的值，有可能减少需要估计的参数个数。[①]

① 如果这样，我们就有：$\gamma\sigma_L^2=\omega$ 以及 $\gamma=1-(\beta+\alpha)$。使用 $\sigma_L^2=\omega/\gamma$，两个参数保持不变，因为 $(\beta+\alpha)=1-\gamma$，所以 $(\beta+\alpha)<1$。

第 16 章　利率模拟

利率期限结构模型是计算固定收益投资组合在险价值所需的关键信息。它也是管理银行账户利率风险的一个敏感问题。用来定价的利率模型对于此类模拟没有太大帮助。[①] 基于主成分分析（PCA）的统计方法很方便，因为它很简单，并且能够用很少的因素对整个利率期限结构建模。[②]

根据市场 VaR 观点，使用标准因素模型需要对利率期限结构进行模拟，它包含了不同利率的一致性约束。从资产负债管理的角度看，问题是研究在所有利率发生标准移动以外的简单情景下将发生什么情况。利率期限结构模拟提供了研究各种情景结果的方法，这可能包括事后测试或压力测试。

本章说明了如何用主成分分析进行利率模拟，以及如何对市场 VaR 和资产负债管理政策应用这种方法。主因素模拟被用于对固定收益投资组合的损益分布建模，并可以推导出它的 VaR。相同的利率模型也被用于对银行账户的净利息收入分布建模。

16.1　利率与因素模型

主成分分析可以用少量因素解释一组高度相关的变量，因此非常适用于利率。这

① 利率模型有许多种，如果用来定价，需要根据市场数据对它们进行校准。本章的目的不是概述所有模型。关于利率模型，可见：Hull, J. (2014), *Options, Futures and Other Derivatives*, [78]，或 Brigo, D., Mercurio, F. (2007), *Interest Rate Models—Theory and Practice: With Smile, Inflation and Credit*, [36]。

② 以下文献介绍了这种方法：Frye, J. (1997), *Principals of risk: Finding VaR through factor-based interest rate scenarios*, in *VaR: Understanding and Applying Value at Risk*, [65]。

些因素被称为主成分。对被解释变量有显著贡献的因素个数随变量之间的相关系数增加而减少。和通常的因素模型不同，主成分分析依赖于独立因素，它们更容易处理。正交因素模型具有和一般因素模型相同的线性形式。任何标准因素模型都可以转化为有相同数量因素的正交因素模型，因为主成分是标准因素的线性组合。

主成分分析模型的一般形式为：

$$Y_i=\eta_{0i}+\eta_{0i}P_1+\eta_{0i}P_2+\cdots+\varepsilon_i$$

P_i 为主成分，η_{0i} 为因素负荷。

因素模型让我们可以确定投资组合对因素（而非利率）的敏感度。固定收益投资组合收益率的波动率或银行账户利息的波动率为因素的方差-协方差矩阵的函数。使用主成分分析法的独立因素，因素的方差-协方差矩阵可以简化为一个对角线矩阵，所有对角线外的项均等于零，它大大简化了波动率的推导。

主成分分析的一个主要应用是对期限结构建模，因为人们观察到，只需很少的因素（通常不超过三个）就足以解释利率的大部分方差。通常，人们无法明确解释这些因素代表的含义，因为解释取决于因素与被解释变量的关系。例如，对于利率而言，趋于增加所有利率的因素表示期限结构的平移。

16.2 用主成分分析对利率期限结构建模

为了介绍这种方法，我们将用一个完整详细的例子进行说明。正如往常一样，对因素模型而言，历史数据是分析的起点。我们应根据目标选择观察窗口。对于市场 VaR 而言，最近的时期是最重要的。而在资产负债管理中，例如在进行压力测试时，应该使用多个不同时期，利率期限结构在这些时期中将出现不同变化。

本例中使用的数据集合包括期限为 1 个月、2 个月、6 个月、9 个月、1 年、3 年、5 年、7 年、10 年、15 年、20 年和 30 年在内的 911 个欧元利率日观察值。这些利率为零利率。不同的利率标为：E_m1、E_m2、E_m3、E_m6、E_m12、E_y1、E_y3、E_y5，等等，其中“m”表示月，“y”表示年，“E”表示欧元。观察期为 2004 年 1 月 2 日至 2007 年 7 月 12 日，这段时期约为 3.5 年。在这段时期内，收益率曲线在期初是向上倾斜的，并在最后几年逐渐变平缓。这段时期的特点是短期利率波动率很高，且收益率曲线逐渐变平缓。因此我们预期不会在曲线中看到任何“隆起”，但我们应该捕捉到它在观察期内的水平和陡峭程度的变化。

在 3 年期内，利率和短期汇率 E_m1 之间的相关系数高于 0.9，长期利率和 E_m1 的相关系数下降，从 E_y5 的 0.847 降至 E_y30 的 0.064。长期利率的变化几乎独立于短期利率，而中期利率与短期利率紧密联动。

为了进行主成分分析，标准统计方法提供了正态分布标准要素模型的系数或因素负荷。被解释变量为选定的 11 个利率。主成分分析总共提供了 11 个因素，但在本例中，只有前两个因素对解释方差有很大贡献。这些因素的标号为 1 至 11，并根据被解释变量所占百分比排序。表 16-1 显示了前五个因素，仅前两个因素就解释了大部分利率方差。两个主成分解释了利率方差的99.31%：P_1解释了总方差的81.39%，P_2解释了总方差的17.91%。

表 16-1　　将主成分分析用于利率期限结构

因素	方差百分比（%）	累计百分比（%）
1	81.392	81.392
2	17.914	99.306
3	0.632	99.938
4	0.044	99.983
5	0.012	99.994

对主成分的解释是基于不同利率的因素系数，如表16-2所示。每个因素的系数个数都和利率个数相同。如表16-2各列所示，每个利率的因素负荷都仅是两个主成分的因素负荷。

表 16-2　　主成分的因素负荷

因素	1	2
E_m1	0.184 0	−0.087 2
E_m3	0.207 9	−0.106 5
E_m6	0.234 3	−0.122 0
E_m12	0.249 2	−0.110 2
E_y3	0.118 6	0.070 9
E_y5	0.043 1	0.144 9
E_y7	0.006 0	0.172 1
E_y10	−0.019 5	0.186 6
E_y15	−0.037 7	0.201 6
E_y20	−0.048 9	0.215 5
E_y30	−0.059 0	0.227 2

第一个因素与所有利率正相关。该因素的变化将增加所有利率，因此表示所有利率的平移。第二个因素与短期利率负相关，与长期利率正相关。该系数的正向移动将增加曲线斜率，使短期利率降低、长期利率升高。系数表示期限结构的斜率。

通常，当使用较长时期时，三个因素造成了期限结构的变化。前两个因素表示曲线的移动以及曲线斜率的变化，第三个因素表示利率期限结构曲线的"隆起"。"隆起"因素与中期利率正相关，与短期利率和长期利率负相关。在本例中，没有出现第三个"隆起"因素。

两个因素 P_1和 P_2的均值和标准差可以通过用模型拟合历史数据获得。模型的所有变量——既包括因素，也包括利率——都是标准化变量。例如，3个月期标准化利率的值为 0.207 9×标准化 P_1和−0.106 5×标准化 P_2（表中第二行）。这些因素负荷可以用来确定每个标准化利率的变化，它们是因素变化的函数。所有利率都可以应用相同的过程，从而使这些利率成为只有两个主成分的函数。

16.3 利率模拟示例

主成分分析让我们可以模拟利率的值。所有利率的变化都是前两个因素变化（ΔP_1和 ΔP_2）的线性函数，忽略残余项是因为两个因素解释了大部分的利率方差。例如，考虑 3 个月期 Euribor，E_m3 的标准值为因素的线性函数：

$$E\_m3(\text{标准化})=0.207\,9P_1-0.106\,5P_2$$

在每个利率和相同的两个要素之间使用类似的关系式，将所有标准化利率都表示为 P_1和 P_2的线性函数，表 16-2 给出了该函数的系数。产生 P_1和 P_2的随机变化后，就产生了所有 11 个标准化利率的随机变化。这种方法让我们可以仅随机改变两个因素就产生 11 个利率的完整期限结构情景。

产生 P_1和 P_2的随机值很简单，因为这两个因素是独立的，并且是标准化主成分。常规过程要求产生两组均匀标准函数 $U(0,\ 1)$ 的随机值，并取这些随机值的正态分布标准反函数。为了从因素值倒推回利率，有必要使用每个利率的均值和标准差的历史估计值，从而将利率的标准值转化为非标准值[①]（见表 16-3）。

表 16-3　　利率的均值和标准差

	μ	σ
E_m1	2.612	0.678
E_m3	2.687	0.714
E_m6	2.776	0.756
E_m12	2.922	0.790
E_y3	3.306	0.639
E_y5	3.554	0.521
E_y7	3.751	0.454
E_y10	3.974	0.410
E_y15	4.200	0.395
E_y20	4.320	0.397
E_y30	4.384	0.401

① 因为 X_S的均值为零，$\sigma=1$，所以从非标准变量 X 推导出的标准变量为 $X_S=(X-\mu)/\sigma$。反求方程，我们得到非标准变量 $X=X_S\sigma+\mu$。

表 16-4 重现了前五次模拟。[①] 例如，在第一次模拟中，自变量 P_1 和 P_2 的随机值为 0.340 和 −1.313。3 个月期欧洲银行间欧元同业拆借利率（Euribor）的标准值是根据主成分的线性函数得出的：

$$E\_m3 = 0.2079P_1 - 0.1065P_2$$

3 个月期 Euribor 的标准值是用 P_1 和 P_2 的第一对模拟值代入因素得出的。3 个月期 Euribor 的非标准值为：

$$E\_m3 = (0.2079P_1 - 0.1065P_2)(0.714) + 2.687$$

表 16-4　主成分的模拟

模拟	P_1	P_2
1	0.340	−1.313
2	−0.464	−0.335
3	1.533	−0.898
4	−1.471	2.871
5	0.837	0.399

括号内的第一项为第一个成分的标准化值。非标准化值是用该值乘以 3 个月期 Euribor 的波动率加上其均值得到的。3 个月期 Euribor 的模拟值用百分比表示，是用它们的值 0.340 和 −1.313 分别代入 P_1 和 P_2 计算出来的。

$$E\_m3 = [0.2079 \times 0.340 - 0.1065 \times (-1.313)] \times 0.714 + 2.687 = 2.838$$

对所有因素模拟值和所有利率重复该过程，将产生一系列利率期限结构（见表 16-5）。利率的前五次模拟值，E_m1 至 E_y10，如表 16-5 中各行所示。[②] 前两列为因素的模拟值，3 个月期利率见标为“E_m3”的列。图 16-1 显示了前 20 个随机利率的期限结构。

表 16-5　用主成分分析模拟利率

P_1	P_2	E_m1	E_m3	E_m6	E_m12	E_y3	E_y5	E_y7	E_y10
0.340	−1.313	2.732	2.838	2.957	3.103	3.272	3.462	3.649	3.871
1.085	−0.325	2.766	2.873	2.998	3.164	3.374	3.554	3.728	3.940
1.252	2.745	2.606	2.663	2.744	2.930	3.526	3.789	3.969	4.174
0.380	1.244	2.586	2.648	2.728	2.889	3.391	3.656	3.849	4.066
−1.226	−2.128	2.585	2.667	2.755	2.866	3.116	3.366	3.581	3.821

① 和往常一样，产生了两个独立均匀标准分布变量，它们可以用标准正态分布反函数转化为标准正态分布变量。

② 由于主成分分析依赖于正态分布，因此该计算可能导致负利率。通过规定下限为零可以消除负值，尽管这是一种特殊方法。

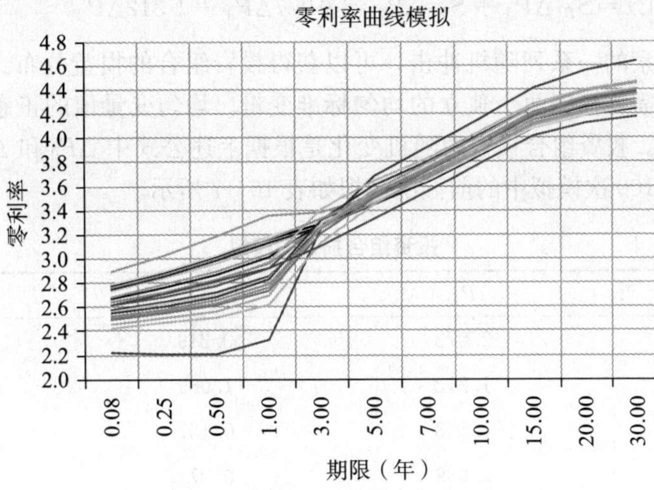

图 16－1　零利率模拟

16.4　对市场 VaR 的应用

如上所述，为了计算固定收益投资组合的 VaR，我们可以将资产与相关因素对应，确定对这些因素的敏感度，并通过产生一系列期限结构模拟投资组合的价值变化。假设非零敏感度是对 3 个月期利率、5 年期利率和 10 年期利率的敏感度，利率敏感度表示由利率的单位冲击造成的头寸价值变化。因素敏感度是用因素负荷与利率波动率的乘积加权的利率敏感度。[①] 因素敏感度的分解计算步骤如表 16－6 所示。该表显示了每个利率的两个主成分的因素负荷、投资组合对每个利率的敏感度和这些头寸对最后两列中的两个因素的加权敏感度。

表 16－6　　投资组合对利率的敏感度

	P_1的因素负荷	P_2的因素负荷	利率敏感度	利率波动率	对因素 P_1 的敏感度	对因素 P_2 的敏感度
E_m3	0.208	−0.107	−10 000	0.714 0	−1 485	764
E_y3	0.119	0.071	7 000	0.638 9	532	318
E_y10	−0.020	0.187	3 000	0.410 2	−25	230
投资组合的加权敏感度					−977	1 312

投资组合对利率的敏感度被主成分的敏感度代替。整个投资组合因素的敏感度为 S_{P1} 和 S_{P2}，它们分别等于−977 和 1 312。它们的计算方法是加总投资组合中的三个头寸对因素的敏感度。有了这两个加权敏感度，就足以根据线性方程计算出损益变化：

① 因为这些因素适用于标准化利率，所以计算头寸的非标准化变化需要乘以利率波动率。

$$\Delta(\text{P\&L}) = S_{P1}\Delta P_1 + S_{P2}\Delta P_2 = -977\Delta P_1 + 1\ 312\Delta P_2$$

通过模拟因素的一系列随机冲击，可以获得投资组合的损益分布。为了产生标准正态分布因素，需要模拟两个独立的均匀标准变量。均匀变量值的正态分布反函数为对因素值的冲击。投资组合损益的随机变化是根据上述公式中 ΔP_1 和 ΔP_2 的每对随机值推导出来的。100 次模拟中的前五次模拟如表 16－7 所示。

表 16－7　投资组合损益的模拟

模拟	P_1	P_2	损益
1	2.073	0.219	−1 738.2
2	1.212	−1.089	−2 612.1
3	−1.568	0.167	1 751.7
4	0.639	0.971	649.2
5	−1.239	−0.065	1 126.9

通过 100 次模拟，可以产生损益的日变化分布（见图 16－2）。随着模拟次数的增加，该分布将接近于正态分布。均值、标准差和损失分位数都是从损益分布中推导出来的。损益的方差为用敏感度平方加权的因素方差平方之和，因为这些因素是独立的。

$$\sigma^2(\text{P\&L}) = S_{P1}^2\sigma^2(\Delta P_1) + S_{P2}^2\sigma^2(\Delta P_2)$$

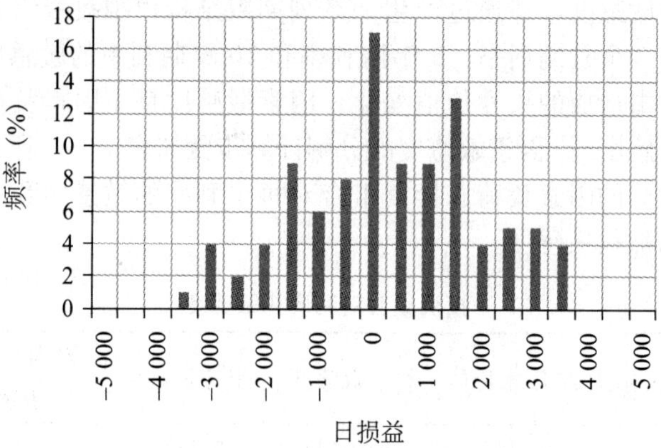

图 16－2　投资组合日损益的分布

它简化为敏感度平方之和，因为主成分的方差为单位方差。损益的日波动率为敏感度平方和的平方根：

$$\sigma(\text{P\&L}) = \sqrt{S_{P1}^2 + S_{P2}^2} = 1\ 636$$

若忽略日损益的均值，投资组合在 1％置信水平上的 delta－正态方差为 $-2.33\times 1\ 636 = -3\ 812$。

16.5 模拟银行账户利率

利率模拟是为了进行资产负债管理，它可以反映利率的长期变化，并模拟净利息收入或经济价值。这种模拟让我们可以对历史情景对净利息收入或资产负债表价值敏感度的影响建模。相同的过程也可以用于对历史变化进行事后测试，或通过插入与危机时期匹配的情景进行压力测试。财务经理可以选择观察期，用主成分分析对利率建模。今天结束的短暂观察期对应的是当前环境。另一段利率不稳定的时期将更好地拟合压力测试的需要。

为了对利率冲击对净利息收入的影响建模，需要将资产负债表敞口与利率相对应。我们使用因素模型模拟利率曲线的情景。最后，根据银行账户对利率的敏感度计算出净利息收入的分布。“在险利润”指标类似于利润的 VaR。它是在给定置信水平上利润分布的分位数。分位数是根据分布推导出来的，它表示选定置信水平上最差情况的不利利润偏离。

在下面的例子中，资产负债表中的短期存款有 3 个月期 Euribor 短期敞口，贷款有 3 年期利率敞口。这个例子代表了有结构性头寸、用短期资金来源贷出长期贷款并有错配风险的银行。净利息收入对这些利率的敏感度由标准利率缺口衡量，假设短期利率缺口和 3 年期利率缺口分别为－10 000 和＋7 000。

这些情景是通过模拟独立主成分 P_1 和 P_2 的值产生的。由于利率是这些因素的线性函数，因此很容易从利润对利率的敏感度转化为利润对因素的敏感度。净利息收入的日波动率并不重要，我们使用的是利率的年波动率。从初始日波动率换算为年波动率需要的换算系数为：$\sqrt{250}=15.811$。例如，利率 E_m3 的年波动率为：$15.811\times0.714=11.29$。表 16－8 显示了两个主成分对每个利率的因素负荷、投资组合对每个利率的敏感度以及这些头寸对最后两列中的两个因素的加权敏感度。

整个投资组合对因素的敏感度为 S_{P1} 和 S_{P2}，它们分别等于－15 066 和＋17 100，是投资组合对因素的敏感度之和。净利息收入的离差表示为因素变化的线性函数，使用因素敏感度数值来表示该函数为：

$$\Delta(\mathrm{NII})=S_{P1}\Delta P_1+S_{P2}\Delta P_2=-15\,066\Delta P_1+17\,100\Delta P_2$$

表 16－8　　资产负债管理投资组合对因素的敏感度

	P_1 的因素负荷	P_2 的因素负荷	利率敏感度	利率波动率	对因素 P_1 的敏感度	对因素 P_2 的敏感度
E_m3	0.208	－0.107	－10 000	11.29	－23 481	12 079
E_y3	0.119	0.071	7 000	10.10	8 415	5 021
投资组合的加权敏感度					－15 066	17 100

因此，净利息收入的方差是敏感度平方之和：

$$\sigma(\text{NII})=\sqrt{S_{P1}^2+S_{P2}^2}=22\ 790$$

年净利息收入分布的模拟如图 16-3 所示。

在 1%的置信水平上，净利息收入的 VaR 或在险利润为：2.33×22 790=53 101。净利息收入为负的累计概率约为 31%。

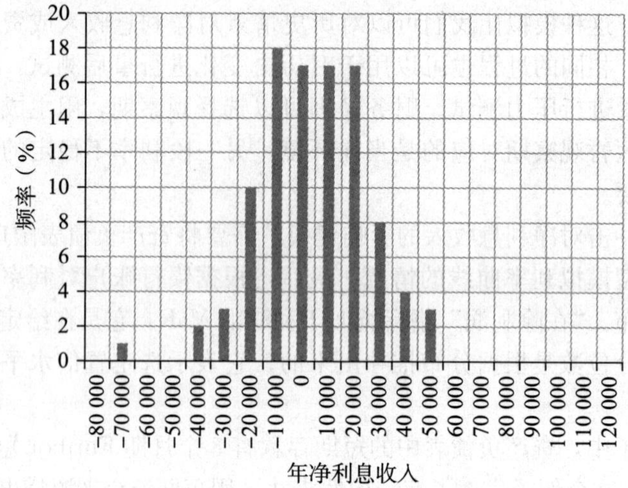

图 16-3　资产负债管理部门净利息收入分布

第 17 章　市场风险监管规定

市场风险监管规定是在 1996—1997 年推出的。它在后续监管规定中进行了修订。2011 年 2 月，《巴塞尔协议 2 市场风险框架的修订稿》(Revision to the Basel 2 Market Risk Framework) 发布，此时还推出了一系列提高银行对银行系统冲击和金融市场冲击的适应力的措施。2013 年，巴塞尔委员会发布了一份关于全面修订市场风险框架的咨询文件。这项规定尚未执行，但勾画出了巴塞尔委员会的目标方向。

本章回顾了从 2006 年的全面的《巴塞尔协议 2》到提出彻底修订市场风险框架的最新建议稿的市场风险监管规定。

17.1　2006 年 6 月的市场风险监管规定

《巴塞尔协议 2》对 1996—1997 年的初版市场风险协议进行了修订：《关于统一国际银行资本衡量和资本标准的协议：修订框架——全面版》(International convergence of capital measurement and capital standards: A revised framework—Comprehensive version) 于 2006 年 6 月发布。①

市场风险的定义为市场价格变化导致资产负债表和表外头寸产生损失的风险。该文件涉及固定收益工具中的头寸、交易账户中的股权头寸、外汇风险和商品风险。交易账户的范围是根据管理目的划定的。允许使用的方法有两种：标准法和内部模型法。

① 全面的 2006 年《巴塞尔协议 2》见 [21]。

17.1.1 标准法

标准法对不同的工具类别、利率、股票、外汇和商品进行了区分。

在利率和股票类别中，分别计算特定风险和一般市场风险。特定风险的定义为对不同评级类别或未评级头寸规定的敞口的监管比例。例如，未评级头寸的特定市场风险的资本要求为8%。

对于利率头寸，计算一般市场风险时使用阶梯法，其中头寸与期限或久期的时段对应。对某个时隙内的头寸进行加权，然后某个时段内的加权多头和加权空头就可以相互抵消。监管权重造成了头寸对利率的不同敏感度，在不同时段内可以进行某些抵消。通过组合多头和空头，可以复制衍生工具（例如有收取方和支付方的利率互换），并用这些头寸替换它们。

股权头寸需要遵守一般风险资本要求和特定风险资本要求。一般风险资本要求允许抵消多头和空头。特定风险基于总股权敞口，且没有对多头和空头轧差（总敞口），除非这些头寸恰好匹配。特定风险资本要求为敞口的8%，对流动性分散化投资组合而言是敞口的4%。对衍生工具的特定风险则没有资本要求。

外汇头寸的敞口按照币种进行分类。按币种分类的整体净敞口的资本要求为8%。商品的风险包括即期价格风险、基差风险和利率风险。多头和空头被分配到各个时段，监管资本要求适用于每个时段内的净头寸。

17.1.2 内部模型法

计算市场风险时可以使用内部模型法，它是基于风险的在险价值指标。2006年的全面文件改进了这种方法。

多数内部模型的重点是银行的一般市场风险敞口。特定风险——特定债券或股票发行人敞口的市场风险——主要由独立的风险指标体系衡量。独立的特定风险资本要求适用于使用的模型不反映特定风险的银行。

使用市场风险内部专有模型的原则如下。市场风险为在市场上变现交易所需的最短时间内产生损失的风险。监管要求规定的变现期为10天。该损失为市场风险VaR模型的第99个损失分位数（单尾）。99%是指损失绝对值低于VaR的概率，它相当于损失超过VaR的概率为1%。这种模型VaR适用的乘数为3～4。它导致了建模过程或异常环境中的潜在缺点。

银行计算出日VaR，并使用时间平方根法则，将时期长度扩展到10天。10天VaR是应用工具价值日变化的固定换算系数（10的平方根），根据日VaR推导出来的。[①]

模型应该包括至少1年的历史观察值。VaR是根据最近的数据计算出来的。日VaR为VaR_t，其最近60天的平均值为VaR_{avg}。用于计算资本要求的VaR为这两个

① 这项法则对于线性工具是可接受的。对于非线性工具，从理论上讲应该进行调整，因为10天价值变化不是1天价值变化的线性函数。

VaR 的最大值：

$$资本=m\times\max(VaR_t, VaR_{avg})$$

该式避免了 VaR 忽然下降，因此可以作为资本计算的基础。系数 m 为 3 和 4 之间的一个乘数，它是基于模型的事后测试。可靠的模型能够获得资本“溢价”，并且 VaR 乘数较低。该乘数是根据在观察期中超过 VaR 的损益观察值的个数确定的。从 VaR 的事后测试中可以获得离群值（即超过 VaR 的日损失）个数。

17.1.3 在险价值的事后测试

事后测试是用来检验超过 VaR 的日损失个数是否与 VaR 模型的分位数一致的过程。当分位数为 1%时，在一年的 250 个交易日中应观察到 2～3 次日超额损失。

在进行事后测试时，投资组合的构成是固定的，通过施加风险因素的日冲击，产生日损益，它能够衡量每日的价值变化。在 1%的置信水平上比较这些日变化与 VaR。如果该模型是准确的，那么应观察到 2～3 次损失超过根据模型计算出的 VaR。在实践中，超额损失次数可能在这些预期次数附近变化。如果例外次数超过 2～3 次很多，那么该模型就很可能不准确。

《巴塞尔协议》规定了例外次数的临界值，以判断该模型是否准确。用于计算内部 VaR 的乘数值与这些临界值对应，并随着事后测试中观察到的例外次数而逐步增加。

假设一组数量为 N 的日观察值的日（负）损益超过 VaR 的总次数为 X。该数字为依赖于 q 的二项式变量的实际值，其中 q 为用于计算 VaR 的分位数。零假设为，该模型的涵盖范围符合需求。为了测试该模型是否准确，应规定 X 值的上限和下限，使落在该范围以外的概率低于某个较低的概率。

如果拒绝某个准确模型，就会产生一类误差；如果接受某个不准确的模型作为正确模型，就会产生二类误差。一类误差和二类误差取决于离群值的数量 X。《巴塞尔协议》参考文件提供了在有 250 个观察值、VaR 为 1%分位数的准确模型中观察到不同特定离群值数量的概率。在准确模型中观察到 5 个或更少离群值的概率为 89.2%。当 250 个独立观察值中有 5 个离群值时，错误拒绝准确模型的概率为 100%－89.2%，即 10.8%。离群值个数用于将银行模型分为不同的监管区：绿灯区、黄灯区和红灯区。它们与 VaR 的乘数值对应，用于确定资本要求。

17.2 市场风险框架的修订（2011 年）

2011 年 2 月对市场风险框架的修订[①]引入了压力 VaR（S-VaR）和增量风险资本要求。银行需要在标准 VaR 之上增加 S-VaR，它是根据出现显著损失的 1 年观察期中的数据计算出来的。增量风险要求是一种额外的资本要求，它针对的是需要遵守市场风

① Basel Committee on Banking Supervision (2011), Revisions to the Basel Ⅱ market risk framework, [25].

险框架的信用产品的迁移风险和违约风险导致的损失。引入增量风险要求是因为根据市场风险因素变化建模的 VaR 不包括违约损失和迁移损失。

17.2.1 内部模型法

在标准 VaR 之外加入压力 VaR（S-VaR），是为了规定内部模型法下的资本要求。增加的 S-VaR 应能降低市场风险资本要求的周期性，并有助于确保监管资本在市场压力显著时期仍然充足。基于近期观察值的标准 VaR 具有顺周期性，因为它基于使用历史数据计算出的基础资产的价格波动率。随着波动率的扩大，VaR 和资本要求也会增加，从而使资本要求具有周期性。

S-VaR 是根据 99%置信度上的 10 日 VaR 计算出来的，但输入值来自与公司投资组合相关的重大金融危机时期。根据下列公式，一般市场风险的资本要求是基于最后一天的 VaR（VaR_t）和当前日期之前 60 天内的平均 VaR（VaR_{avg}）二者中的 VaR 最大值：

$$资本=\max(VaR_{t-1}, m_c VaR_{avg})+\max(S\text{-}VaR_{t-1}, m_S S\text{-}VaR_{avg})$$

适用于 VaR 和 S-VaR 的乘数应至少为 3 或更高，这取决于 VaR 模型的效果，这种效果是通过对无压力 VaR 进行事后测试来评估的。

17.2.2 证券化与信用产品

证券化头寸有特定风险资本要求，计算时假设证券化头寸在银行账户中，并根据《巴塞尔协议 2》的信用框架运用基于评级的方法或监管公式（见第 26 章）。这种方法引入了一个新的相关交易性投资组合，除零售投资组合以外，它还适用于信用违约互换和证券化产品。最低资本要求用两个独立计算的资本要求表示，一个适用于每只证券的特定风险，另一个适用于投资组合的利率风险（一般市场风险），其中不同证券或工具的多头和空头可以相互抵消。

17.2.3 特定风险要求与增量风险要求

2009 年①，交易账户的 VaR 补充了增量风险资本要求，它包括与证券化无关的信用产品的违约风险和迁移风险。

增量风险要求（IRC）的目的是补充 VaR 模型框架。最初的 VaR 框架忽略了交易账户头寸的基础流动性差异，并且没有充分反映发生频率不足每年 2～3 次的大额日损失，或者在数周或数月中发生大幅累计价格变化的可能性。

增量风险要求表示对证券化产品以外的信用产品在 1 年投资期内的违约风险和迁

---

① Basel Committee on Banking Supervision (2009), Guidelines for computing capital for incremental risk in the trading book, [23].

移风险的估计，它依赖于各头寸的流动性期限。增量资本要求反映了违约风险、信用迁移导致的损失、信用利差扩大和流动性损失。监管机构没有规定应该如何对增量资本风险建模。银行应建立自己的模型来计算增量风险要求。信用 VaR 方法以及 CreditMetrics™模型（见第 18 章）可以用于推导增量风险要求。

增量风险要求模型是基于 1 年投资期内风险水平不变的假设。这种风险水平不变假设表明在 1 年投资期内，银行对交易性头寸进行了再平衡或滚动投资，以保持其初始风险水平。在流动性期限内信用状况发生迁移的头寸被和初始头寸具有相同风险的头寸代替。再平衡的频率基于给定头寸的流动性期限。

17.2.4 整体风险要求的修订

考虑市场风险框架增加的所有要求时，资本要求应包括 VaR 加上一个特定风险指标，再加上增量风险要求：

$$资本=m\times VaR+m\times 压力\ VaR+特定风险+IRC$$

17.2.5 交易对手信用风险和信用价值调整（CVA）

根据 2010 年《巴塞尔协议 3》的全球监管框架［24］，银行还需要满足与银行交易对手信誉下降相关的潜在盯市损失的资本要求。这个附加要求针对的是衍生工具的交易对手信用风险（见第 22 章）。

信用价值调整是无风险价值与衍生工具风险价值之差。《巴塞尔协议 2》的标准涵盖了交易对手违约风险；但它没有涵盖信用价值调整变化的风险。巴塞尔委员会观察到，在 2008 年金融危机期间，在没有违约的情况下，三分之二的场外工具损失似乎是不利信用迁移风险导致的。[①] 当参与者的信用状况显著下降时，将观察到价值损失。

新框架规定，银行应持有资本缓冲来应对信用价值调整的不利偏离，它被建模为信用价值调整 VaR，它是根据信用利差的变化推导出来的。信用价值调整 VaR 被加到市场 VaR 之上。由于信用价值调整的定义与交易对手的信用风险相关，因此信用价值调整的定义和关于信用价值调整 VaR 的规定将推迟到关于交易对手信用风险的第 22 章再讨论。

17.3 《巴塞尔协议 2》市场风险框架的修订

2013 年 10 月，巴塞尔委员会发布了一份咨询文件，对市场风险框架进行了彻底修订：《咨询文件：交易账户根本审查——修订的市场风险框架》（Consultative document：

---

① Basel Committee on Banking Supervision（BCBS）（2011），“Capital treatment for bilateral counterparty credit risk finalized by the Basel Committee”.

Fundamental review of the trading book：A revised market risk framework)，[27]。

这份文件是咨询性的，但它的建议概述了巴塞尔委员会的导向。这项建议提出了一些重大问题：交易账户的定义、标准模型法和内部模型法对压力时期的校准、纳入市场流动性不足风险；一种能与内部模型法更好地统一起来的新标准法、从传统的 VaR 指标转向一种新的压力预期亏损指标。

17.3.1 交易账户/银行账户的范围

交易账户和银行账户的范围被修订。传统范围是根据管理层意图或估值原则规定的。新的监管规定考虑了基于工具的方法，并对交易账户中应包括的工具范围提供了明确指引。

17.3.2 对信用相关产品的处理

根据交易账户中的违约风险对资本要求进行的校准将与银行账户的处理更加一致。标准法仍是用来反映证券化风险的唯一方法。银行可以继续使用内部模型来衡量其他敞口，但需要满足独立的增量违约风险（IDR）要求。信用价值调整风险资本要求将继续作为独立的资本要求计算。

17.3.3 风险衡量方法

监管规定将转为根据市场压力时期对内部模型法和标准法进行校准，它还建议从 VaR 指标转为预期亏损指标。预期亏损通过考虑特定置信水平上的损失规模和概率衡量风险。根据内部模型法，预期亏损的置信水平为 97.5%。和《巴塞尔协议 2.5》一样，修订框架没有使用 VaR 和 S-VaR 这两个指标，而是只使用了一个压力指标。

17.3.4 纳入市场流动性不足风险

流动性期限将被纳入市场风险指标。流动性期限的定义为“在压力市场条件下执行消除风险因素敞口的交易，而不使价格发生变化所需的时间”。在风险因素水平上，流动性期限应分为五类。如果交易室交易的产品复杂且流动性差，那么应引入针对流动性溢价激增的附加风险资本。

17.3.5 对冲与分散化的处理

当前的监管资本框架被视为过于依赖银行的内部模型。目前，内部模型法和标准法的资本要求差异让银行很难在内部模型表现不佳时重新采用标准法。巴塞尔委员会建议缩小这两种方法导致的资本要求差异。监管规定将根据交易室的具体情况，强制要求披露标准资本要求。资本要求下限有可能被规定为标准法的资本要求。

17.3.6 修订的标准法

修订的标准法应该实现三个目标：提供一种计算资本要求的方法；在认为银行资本不充足时提供可信的备用选择；促进透明一致的银行间市场风险报告。

根据修订的标准法，市场头寸被分配给不同的资产类别，包括：一般利率风险、汇率风险、股权、商品、信用利差和违约，并对证券化产品和非证券化产品区别对待。在每个资产类别内都有子类别，每个子类别中的工具风险特征是接近的。所有属于同一风险类别的头寸均使用一个风险权重。通过监管机构为每个类别确定的相关系数，能够反映出对冲和分散化的收益。符号相反的头寸的相关性低于符号相同的头寸的相关性。这种方法谨慎地反映出与对冲和分散化收益对应的风险，它来自相关系数的不稳定性与随时间变化的性质，尤其是在压力时期。

例如，债券可以被分解为多个头寸，它们对应不同的风险因素。债券价值面临着违约风险，债券的现金流也对应不同的利率和信用利差。债券现金流的现值被分配到不同节点（0.25 年、0.5 年、1 年、2 年、3 年、5 年、10 年、15 年、20 年和 30 年)，每种货币彼此独立。当一笔现金流落在两个节点之间时，将按比例对其分配资本要求。[①] 每个节点上的头寸都分配到了一个资本要求。资本要求被重新标为市场风险的“风险权重”。[②] 使用一个公式可以合并这些头寸，该公式确认了不同节点、相同货币的现金流之间的相互抵消：

$$K=\sqrt{\sum_{i}\mathrm{RW}_i^2\mathrm{MV}_i^2+\sum_{i}\sum_{j\neq i}\rho_{ij}\,\mathrm{RW}_i\mathrm{MV}_i\mathrm{RW}_j\mathrm{MV}_j}$$

其中，K 为资本要求；MV_i 为节点 i 上的净现金流现值；RW_i 为节点 i 上的风险权重；ρ_{ij} 为节点 i 和节点 j 之间的相关系数，它是由监管机构规定的。该公式类似于用风险权重代替敏感度的投资组合波动率计算公式。由于不完全相关时，头寸组合的资本要求低于各头寸的资本要求之和，因此该式确认了分散化效应。

17.3.7 内部模型法

模型审批过程可以分解为更小、更离散的步骤，包括交易室水平上的交易。

预期亏损将代替传统的 VaR 计算方法来计算资本。它是在第 97.5 个分位数的单尾置信水平上计算的。对于纳入用内部模型计算监管资本范围的交易室，银行每天必须逐一计算它们的预期亏损，以计算监管资本。

计算预期亏损时需要使用即时冲击，它等于风险因素在 n 个交易日中的变化。数

① 例如，如果它的期限为 2.25 年，那么 75％的值将分配给 2 年期节点，25％的值将分配给 3 年期节点。

② 信用风险的风险权重适用于风险加权资产（RWA），资本是根据资本充足率从风险加权资产中推导出来的，因此，风险加权资产＝12.5×资本。按照市场风险的推荐术语，风险权重与头寸的乘积为资本要求。

量 n 是根据风险因素的流动性特征规定的。这些冲击必须基于 n 个交易日的投资期样本来计算，并在相关样本期内有重叠的观察值。①

预期亏损指标必须对压力期进行校准。该指标应该与预期亏损费用相同，后者是假设相关风险因素经历一段压力期时，银行当前的投资组合将产生的亏损。这种校准依赖于一组简化风险因素。银行应根据一段足够长时间的观察来确定哪些简化风险因素对投资组合重要。

这种方法适用于合格交易室。所有交易室还必须独立提供其标准风险指标。

增量风险要求关注的是没有根据风险因素的变化建模的违约。它可以表示为信用VaR，相关系数基于上市股价。除了商品和外汇，所有需要遵守市场风险框架的头寸都需要遵守违约风险模型。违约风险的衡量指标是 1 年投资期中的真实违约概率。银行假设在这 1 年投资期中，头寸是固定的。为了避免重复计算盯市损失产生的风险和违约损失风险，模型可以根据违约损失超过违约发生时已经发生的盯市损失的部分来评估违约风险。

"根本审查" 还对交易室交易策略颁布了定性文件。例如，这些文件应描述交易室的风险、对冲与对冲策略，并详细规定对冲是否充分有效。尽管银行内部应有这种文件，但尚无强制性要求。

根据内部模型法，市场风险的总资本要求等于合格交易室的总资本要求加上不合格交易室的标准资本要求：

总资本＝合格交易室的总资本＋IDR＋不合格交易室的标准资本

17.3.8 VaR 的事后测试

全银行风险模型的事后测试将基于第 99 个分位数置信水平上的 VaR 指标。事后测试仍然是基于 VaR 模型的，因为不可能对预期亏损进行事后测试。之所以对预期亏损进行事后测试不可行，是因为超过 VaR 的损失的统计数据非常少，预期亏损为概率加权平均值。

① 假设 n 为 1 个月。12 个非重叠观察值的长度为 1 年。从每个交易日到 1 个月都可以观察到重叠的冲击，因此可能产生更多的观察值。

第 18 章 信用风险

信用风险是债务人无法履行债务导致损失的风险。它是指借款人无法按要求付款，从而对任何类型的债务违约的风险。违约的潜在损失包括损失的本金和利息以及增加的收款成本。当贷款人能偿还一部分欠款时，可能只产生部分损失。或者在没有那么极端的情况下，交易对手的信用质量可能下降，从而使贷款风险变得越来越高。

传统信用分析是评估一家公司偿还债务的能力，研究潜在借款人偿还贷款的能力以及管理层的过往记录、贷款目的、担保品和环境条件等非财务考虑因素的方法。随着监管机构制定信用风险的管理与衡量标准以及信用衍生工具的发展，信用风险进入了量化与模型时代。现在，稳健的做法包括在便利水平和投资组合水平上衡量信用风险，以确定银行为了防止潜在极端损失而需要作为缓冲而持有的资本金额。信用风险建模描述了银行为评估借款人风险而进行的分析性尽职调查。

本章根据量化要求，将信用风险分解为基本的信用风险要素。本章还讨论了用来对信用风险建模的指标，包括在险价值。

18.1 信用风险的组成要素

影响信用风险产生潜在损失的因素被称为“信用风险的组成要素”[①]。

违约是债务人无法按要求偿还其债务的情况。违约风险是指发生这种事件的可能

① 2006 年的《巴塞尔协议 2》使用了该术语。

性。在借款人水平或便利水平上的违约概率不同，这取决于便利在借款人违约时受到的保护。敞口是违约时可能损失的金额。敞口风险是指在未知的违约时间可能损失的未来金额的不确定性。违约损失是进行催收后发生的损失。它低于应收金额，因为在违约后进行的催收收回了部分金额，包括第三方担保或变现抵押给贷款人的资产收回的金额。每种便利而非借款人的回收率通常是特定的。这些因素的衡量指标被称为信用风险要素，《巴塞尔协议》监管规定对它们做出了强制性要求。它们是违约概率(DP)、违约敞口（EAD）和违约损失（LGD）。

信用风险要素描述了借款人或便利当前的信用状态。迁移风险是指借款人的信用状况随时间流逝可能恶化的风险。违约概率描述了信用状态的特征以及随借款人迁移至新的信用状态而发生的变化。变为更低信用质量的不利迁移的风险是迁移风险。评级变化记录了迁移情况，它是由评级机构或银行对某家企业或某个便利进行的信用评估。

与信用迁移相关的风险为在市场上交易的信用产品的利差风险。信用利差是投资者对风险资产要求的收益率和无风险利率之差。利差取决于工具的信用类别。利差变化受市场驱动，并且与信用状况的迁移相关。利差风险是指信用迁移产生的这些利差的潜在变化。对于有息交易性资产（例如债券）而言，这些利差变化会引发价格收益或损失。

18.1.1 违约事件

违约风险是指借款人没有遵守合约履行付款义务的风险。可能符合违约定义的事件有多种类型：

- 暂时或无限期地推迟付款；
- 由于借款人的信用地位下降而进行债务重组；
- 破产。

如果债务重组是因借款人无力履行付款义务造成的，那么它将十分接近于违约，除非借款人的债务结构发生变化。如果借款人解决了现金短缺问题，因而违约在短期内得到纠正，那么违约就不是永久性的。

违约的定义取决于规定。评级机构假设，从未能履约偿还某笔债务的第一天开始，违约就产生了。对于监管机构而言，违约是指至少有 90 天未支付应付款项。如果在这段时期结束之前进行了支付，那么这种违约就是暂时违约。

18.1.2 违约概率与违约事件

违约概率衡量了借款人的违约可能性。当信用状况稳定时，违约概率随着投资期变长而增加，当信用状况发生迁移时，违约概率随着信用状况的迁移而变化。《巴塞尔协议》要求使用年违约概率。

在给定信用状况下，违约概率依赖于当前经济状况。在当前经济状况恶化时，违约概率增加。时点违约概率是以经济状况为条件且随时间推移而改变的概率。“全周期”违约概率为在经济周期涨跌中进行平均后的概率，它是长期无条件违约概率的指标。

估计违约概率是一项具有挑战性的任务。在一些情况下，当客户数量很多时，统计数据让我们可以计算违约事件的数量，并推导不同时期的违约概率。这是银行对零售银行业务采用的方法，也是评级机构对不同评级类别的所有评级公司采用的方法。在另一些情况下，统计数据并不显著。通常，银行可以使用多种方法和数据来源来使违约概率与内部评级相对应。三种广义方法包括使用基于银行自身违约经验的数据、将内部违约与外部数据相对应（见第 19 章）以及使用违约模型（见第 21 章）。

18.1.3 敞口与敞口风险

敞口是对某个债务人的在险金额大小。敞口风险是指敞口大小的随机性。违约敞口是对潜在违约规模的估计，在当前日期它通常是未知的。

贷款的合约敞口是根据还款时间表推导出来的。对于合约规定了分期偿还时间表的定期贷款而言，该时间表是已知的。然而，实际的分期偿还时间表不同于合约规定的分期偿还时间表，例如，在提前偿还抵押贷款的情况下就是如此。在另一些情况下，相关现金流为随机现金流，利息支付受浮动利率贷款市场指数的影响。或者现金流受客户对无期限信用额度（例如信用卡贷款）采取的行为的影响。对于公司而言，银行便利包括银行根据借款人的主动要求提供资金的承诺。对于承诺信贷额度，贷款人有义务发放贷款，最高金额为合约规定的最大金额，最长期限为合约规定的期限。客户提取的金额为客户实际借入的现金。客户未提取的金额为承诺信贷额度的剩余部分，它是表外承诺。这两种未来金额都是未知的，提取的信贷额度取决于借款人的借款意愿。

场外交易衍生工具的在险金额受市场影响，因为现金流的大小通常与市场参数挂钩。结果是，违约敞口由保守的规定或模型定义（见第 22 章）。

18.1.4 回收风险与违约损失率

违约损失率是进行催收并变卖担保品收回部分款项后，在险敞口实际的违约损失比例。回收率是违约后回收的敞口所占比例，它是 1 与违约损失率之差，用占敞口的百分比表示。违约损失率是信用损失的一个主要影响因素，信用风险的资本要求与违约后的最终损失成比例。

由于违约损失率有不确定性，因此《巴塞尔协议》规定了某些方法使用的百分比。对不由认可担保品提供担保的公司、主权国家和银行的高级索偿权指定的违约损失率为 45%，对公司、主权国家和银行的所有次级索偿权指定的违约损失率为 75%。银行只能在高级法中使用自己的违约损失率估计；否则，就必须使用监管规定中指定的违约损失率。

18.1.5 信用风险迁移：担保品

信用风险迁移的常规做法包括提交担保品和第三方担保。作为担保品抵押的资产将敞口的信用风险转化为资产风险。第三方担保改变了信用敞口的违约概率。

抵押的资产在违约时被变卖，收入用于部分或完全偿还欠款。高质量的担保品是指容易变现且不会由于流动性下降或市场变化而遭受损失的资产。当担保品是金融资产时，如果债务人对债务违约，贷款人可以变现资产。担保品包括现金和证券，通常为高信用质量的债券。

当一笔交易有担保品时，违约时的变现价值是未知的。证券价值受市场因素（例如债券利率变化）的影响。资产销售收入也取决于资产在变卖时的流动程度。于是，便利中有担保部分的信用风险转化为资产价格风险。

由于作为担保品的资产的变现价值具有不确定性，因此担保品的确认价值低于其当前价值，其差异为估值折扣（见图 18-1）。估值折扣可以用来缓冲作为担保品的证券的价值波动以及变现可能产生的不利价格变化。

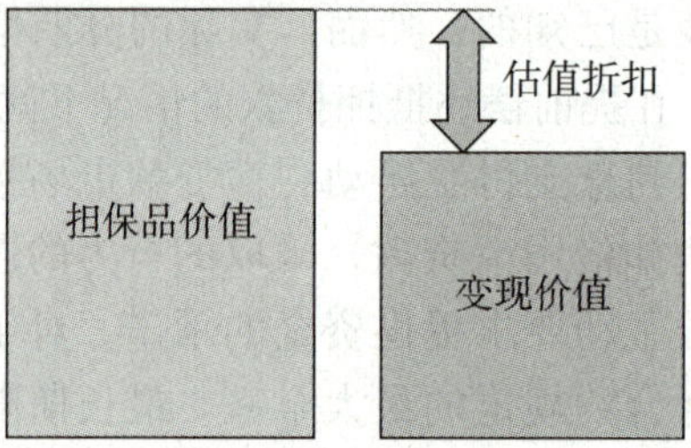

图 18-1　估值折扣

一种常见的做法是估值折扣，它尤其适用于回购交易（或“repos”），即出售证券时承诺以后按交易开始时约定的条款回购这些证券。证券卖方为现金借款人。这些交易类似于贷出证券换取现金，证券是所贷现金的担保品。现金借款人进行这种交易的好处是，借款成本低于无担保债务的成本。证券的借贷过程类似，只不过交易的是证券而非现金。在这种情况下，现金贷款人面临着作为担保品的证券价值下降，需要进行估值折扣的风险。

另一种常见做法是规定由资产担保品支持的贷款金额上限，或者规定担保品价值占贷款规模比例的下限。贷款价值比常用于抵押贷款中，此时住房被抵押给贷款人。当担保品由金融证券组成并规定了贷款价值比时，债务可能成为担保品价值的函数（见图 18-2）。例如，假设某只基金借款购买证券，且借款金额的上限为担保品价值的某个比例。如果市场价格下降，该基金必须通过抵押新资产来增加担保品或减少债务。

估值折扣衡量了担保品价值在借款人提交新担保品之前的时期发生的偏离。在许多情况下，只要担保品价值跌至最低水平以下，贷款人就会提出追加担保品的要求。当贷款人要求提供更多担保品时，至少需要一段时间以便提交更多担保品或偿还一部分债务，否则担保品将被变现。

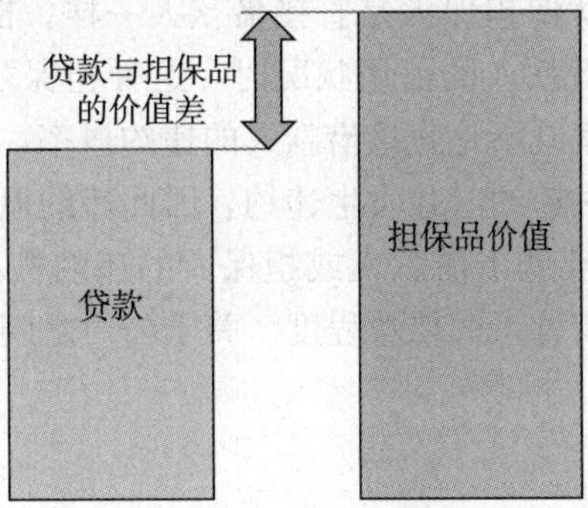

图 18-2　贷款价值比

这段时期包括通知期加上提交更多担保品的宽限期。如果没有提交担保品，那么在宽限期结束后将有一段变现期。假设从提出追加担保品要求到实际变现现有担保品的总时期为 T 天。最差的情况为担保品价值在这段时期内下降。

担保品价值的可能变化取决于市场波动率 σ_m 和被抵押证券的敏感度 S。担保品价值的日波动率为：$S\sigma_m\sqrt{T}$。在时期 T 中，不利市场冲击造成的偏离是根据给定置信水平上的担保品价值分布推导出来的（见图 18-3）。例如，如果担保品价值遵循正态分布，那么1%置信水平上担保品价值可能发生的向下偏离为：$-2.33S\sigma_m\sqrt{T}$。这是在追加保证金所需的时期内没有出现担保品不足时，估值折扣在给定置信水平上的价值。

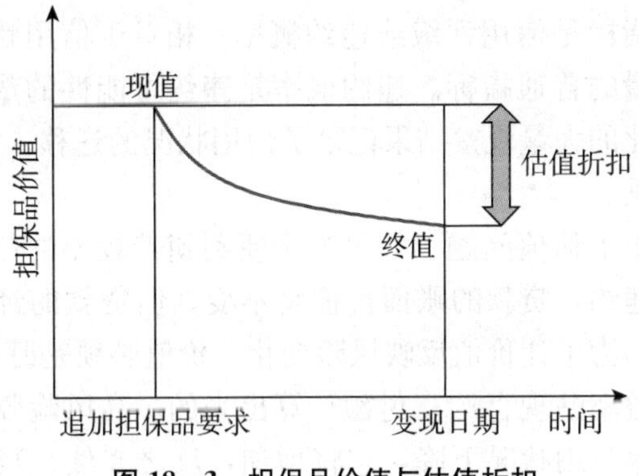

图 18-3　担保品价值与估值折扣

18.1.6　信用风险迁移：第三方担保

当第三方提供担保品时，贷款人可以在还款违约时向担保人索偿。担保品是在直接借款人违约时保证履行还债义务的约束性承诺，它类似于担保人向贷款人提供的保险。信用衍生工具是债务发行人对债务违约时，向贷款人支付违约损失的工具。被保险债务为这种工具的基础。它与标准保险合约的不同之处在于，这些衍生工具在市场上进行交易：它们的价格受市场影响，并且是基础债务信用风险的函数。

第三方担保降低了违约概率。由于违约时担保人代替借款人的行为，因此可以认为风险被转移给担保人，就像担保人是直接借款人一样。根据这种观点，当且仅当担保人的信用状况优于直接借款人的信用状况时，这种担保才有价值。担保对违约概率的实际影响不同。违约概率既不是直接借款人的违约概率，也不是担保人的违约概率。只有当借款人和担保人同时违约时才发生违约，因此违约概率为双方违约的联合概率。联合违约概率通常不同于且低于借款人或担保人的违约概率。在存在第三方担保时，违约概率取决于担保人和借款人的依赖程度。关于公司之间依赖性的第 23 章将讨论这个问题。

18.2 信用风险模型

当某个便利保持相同的信用状况时，只有在违约时才会产生信用损失，这就是违约损失。根据该观点，一笔贷款的损失只有两个值：没有违约时的零损失和违约损失。当信用风险被认为只存在于违约情形时，它是在“违约模式”下进行分析的。

这种观点有局限性，因为它假设借款人在便利寿命期内保持相同的信用状况。实际上，借款人的信用状况随时间推移而变化，便利的风险可能变得更高或更低。信用状况的特征根据违约概率而定，当借款人的信用状况发生改变时，该概率也会发生变化。当风险指标反映出这种信用状况的潜在迁移时，信用风险将在“完全估值模式”下进行分析。

信用质量的常用指标是信用评级或违约概率。相对于信用状况量表，信用评级是债务或借款人信用质量的普通指标。违约概率是违约可能性的量化指标。对给定便利或借款人信用评级变化的大量观察结果记录了信用状况的迁移。第 19 章将详细介绍信用迁移的公共统计数据。

信用质量迁移提出了估值问题。如果某个便利朝着较差的信用质量迁移，违约概率将增加。只要没有违约，贷款的账面价值将不变，但贷款的经济价值将下降，因为它的违约概率增加了。为了让价值反映风险变化，价值必须是盯市的。在公开市场上，债券价值是用市场收益率贴现合约支付额计算出来的。高风险收益率包含无风险利率之上的信用利差，如果信用状况下降，它将增加，反之亦然。当债券的信用质量上升时，它的价值将增加，当债券的信用质量下降时，它的价值将减少。

有多少信用迁移（包括向违约状态的迁移），就有多少与当前价值的可能偏离。根据这种观点，信用风险造成的损益来自根据其未来信用状况对便利的重新估值，且信用风险模型为完全估值模式。

信用风险损失（或收益）取决于发生在当前日期和评估日期之间且影响便利价值的信用事件、违约和信用迁移。在评估日期估值时，需要评估信用损失统计数据、预期损失和信用风险的损失分布。

CreditMetrics™提出的估值方法①假设在评估日期存在离散数量的信用状态，它们

---

① Gupton, G. M., Finger C. C., Bhatia, M. (1997), CreditMetrics™: Technical Document, [74].

与可能的评级类别匹配，用以确定某项便利的可能价值。达到每个最终状态的概率为迁移概率，它可以从历史数据中推导出来。当便利违约时，便利按照其回收价值（即面值减去违约损失）估值。当便利迁移到另一种信用状态时，使用与每个最终状态匹配的信用利差对便利重新估值。由于信用利差通常随评级和剩余期限变化，因此它们组成了一个矩阵。这种重新估值方法有时被称为“矩阵估值”，它是多种信用投资组合模型的共同组成要素。

便利的价值是从评估日期至到期的合约现金流的现值。根据信用迁移，可以得到某个未来日期上的价值分布。根据价值分布可以推导出不同的信用风险指标，包括表示为分布分位数的信用风险 VaR。

当迁移矩阵法被用于单个便利时，只能得到少数几个终值，它们与发生可能迁移后的所有信用状态匹配（见图 18-4）。当迁移矩阵法被用于投资组合时，每个变量都可能迁移到相同的信用状态，但当存在许多便利时，分布变得接近于连续分布。单个便利的完整估值模型示例如下。

在这个例子中，投资期为 1 年（日期 1）。如果目的仅为评估信用风险的影响，那么没有必要考虑现在至 1 年后这段时期的利率变化。对日期 1 至到期日 T 的现金流进行贴现。在日期 1 上，日期 t 时信用状态为 R 的现金流的未来风险收益率为 $y_{1,t,k}$。信用状态为 k 的债券在日期 1 的价值 V_1 为投资期内的所有现金流 F_t 以收益率 $y_{1,t,k}$ 贴现的现值：

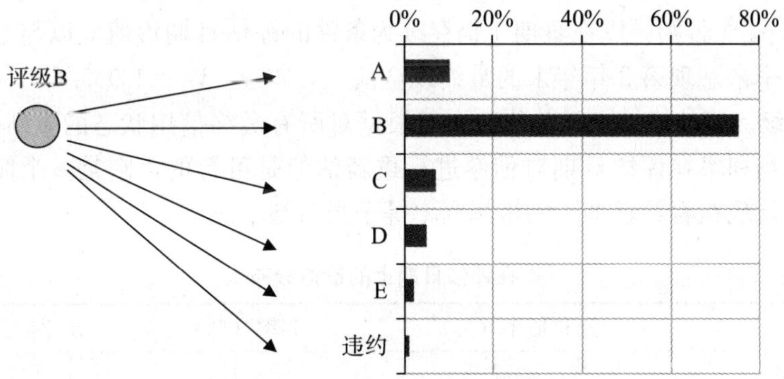

图 18-4　迁移风险与终值分布

$$V_1 = \frac{\sum_{t>1,T} F_t}{(1 + y_{1,t,k})^t}$$

收益率 $y_{1,t,k}$ 表示在未来日期 1，期限为 t、信用状态为 k 时适用的市场收益率。

将该估值公式用于一个期限为 2 年、面值为 1 000、息票利率为 6.5%的便利。违约回收金额为合约规定应付金额的 50%，包括年底应得的利息（65），即 532.5。该便利的初始评级在 A～E 级的评级体系中为“B 级”，相应的信用利差为 1%。无风险利率为 5%，适用于便利估值的当前市场利率为 6%。重新估值在日期 1 进行，在日期 1 支付现金流之后的剩余期限为 1 年。从 B 级开始的迁移矩阵如表 18-1 所示，表中标出了在评估日期上相应的信用利差。

表 18-1　　信用迁移、最终信用状态与信用利差（%）

	迁移概率	利差	日期 1 时的风险利率
A级	10.0	0.1	5.1
B级	75.0	1.0	6.0
C级	7.0	2.0	7.0
D级	5.0	4.0	9.0
E级	2.0	8.0	13.0
违约	1.0		
	100.0		

便利的当前价值为接下来两笔现金流（65 和 1 065）在 6%的信用风险调整市场利率下的现值：

$$65/(1+6\%)+1\,065/(1+6\%)^2=1\,009.2$$

债券的当前价值高于债券面值，因为债券产生的无风险利率之上的利差高于市场信用利差。

每种最终信用状态的剩余现金流均以与信用状态匹配的风险利率贴现。在表 18-2 的计算中，假设在日期 1 已经支付了中间报酬（65）。如果该便利在日期 1 违约，那么报酬为 532.5。[①] 否则，以在日期 1 仍存续为条件的评估日期价值应以与最终评级匹配的风险收益率来贴现第 2 年年末的最终现金流（1 065）：$V_1=1\,065/(1+y_{1,2,k})$，其中 k 为最终评级。评估日期上的价值分布是根据对所有最终信用状态的重新估值获得的。使用当前市场利率在评估日期对债券进行重新估值是可行的，它是一个简化假设，根据该假设，从现在看，日期 1 的市场利率等于当前利率。[②]

表 18-2　　在评估日期上的价值分布

	迁移概率（%）	利率（%）	在评估日期上的价值
A级	10.0	5.1	1 013.3
B级	75.0	6.0	1 004.7
C级	7.0	7.0	995.3
D级	5.0	9.0	977.1
E级	2.0	13.0	942.5
违约	1.0	回收金额	532.5

当评级不变，始终为 B 级时，债券终值为：1 004.7。该值是以初始信用状态没有迁移为条件的，它低于当前价值 1 009.2。随着时间的推移，以信用状态不发生迁移为

① 在计算该价值时，假设违约仅发生在第一年年末，也就是应计完整年利息时。

② 日期 1 的利率为远期利率，如果收益率曲线是平坦的，那么它等于当前利率。

条件的价值变化取决于剩余现金流和便利的超额利差（即便利收益率高于用于贴现的市场收益率的部分）。[①]

信用风险造成的损益计算结果取决于如何确定零损失点。初始价值不适于用作零损失点，因为即使在没有信用迁移时，价值仍随时间的推移而变化。一个可能的参考点是没有信用迁移时评估日期上的价值（1 004.7）。一个更合适的参考点是无违约时的预期价值。这种方法更为复杂。该预期价值 $E(V \mid$ 无违约$)$ 为发生信用迁移但未违约时的价值加权平均值，权重为以无违约为条件的迁移概率。

这种预期价值不等于便利的无条件预期价值，因为每个信用状态的概率均以无违约为条件。条件概率遵循贝叶斯法则：P(迁移 | 无违约)$=P$(迁移)$/P$(无违约)，其中本例的存续概率为 1%。这些条件概率适用于无违约状态，它们的和为 100%。[②]

条件预期价值为：1 002.27。它高于无条件预期价值 997.57，因为无条件预期价值忽略了迁移至违约的情况，此时便利将产生最高损失。表 18-3 显示了价值从该零损失点（1 004.7）的变化以及用于确定分布分位数的累计概率。

表 18-3　　评估日期上的价值分布

评级	评估日期上的价值	收益（+）和损失（−）	迁移概率（%）	累计概率（%）
A	1 013.3	11.1	10.0	10.0
B	1 004.7	2.4	75.0	85.0
C	995.3	−6.9	7.0	92.0
D	977.1	−25.2	5.0	97.0
E	942.5	−59.8	2.0	99.0
违约	532.5	−469.8	1.0	100.0

在图 18-5 中，价值变化是相对于在评估日期无信用迁移时的价值衡量的。横轴截止到−80，并且没有显示出违约时发生的最大价值下降。

信用风险指标是根据该分布推导出来的。显然，这个例子说明了如何将信用 VaR 定义为完全估值模式下的损失分布分位数。例如，99%置信水平上的负变化为−59.8。预期损失为这些离差的概率加权平均值，即 4.70。确定信用 VaR 的方法可以推广至整个投资组合，并应考虑违约之间的依赖性。信用 VaR 为信用风险的经济资本。

① 息票债券的价值 V 的计算方法是：以市场风险收益率 y 贴现剩余期限 T 中的所有未来利息支付（息票利率为 r）加上最后一笔本金偿付额 N，超过剩余期限 T。T：$\frac{V}{N}=\left(1-\frac{r}{y}\right)\frac{1}{(1+y)^T}+\frac{r}{y}$。“富裕”便利的息票利率高于市场收益率，它的价值损失风险是固定的，因为它创造的高利息流较少。相对“贫穷”的便利则情况相反。

② 例如，在评估日期，信用状态 A 上的无条件迁移概率为 10%。以无违约为条件迁移至 A 级的概率为：10%/99%=10.10%。其他所有条件迁移概率都是用无条件概率除以 99%得出的，它们的和等于100%。无违约情况下的预期价值为忽略违约价值时所有价值的概率加权平均值。

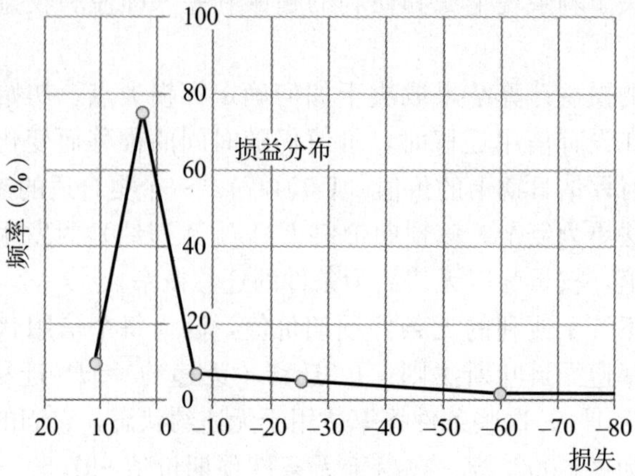

图 18－5　价值变化的分布

18.3　信用风险的损失分布

便利组合的损失分布可以用违约模式来定义，也可以用完全估值模式来定义。在违约模式下，单个便利的分布可简化为两个点，违约或存续，但总体投资组合损失的分布接近于连续分布。在完全估值模式下，每个便利都有一个价值分布。

两种情况下的分布都是高度偏离左边的，投资组合中小额损失的发生最频繁（见图 18－6）。分布模式为最频繁的损失。预期损失为分布的均值。由于分布偏向右侧，因此预期损失高于该模式。意外损失显示在右侧，高于预期损失。推导出的信用风险资本为反映给定评估期内给定置信水平上意外损失的损失分位数。

在违约模式下，可以用一种相对简单的方法推导出某些信用指标。单笔贷款的价值为贷款的账面价值，如果借款人违约，则产生违约损失。贷款的预期损失率 EL 为违约概率 DP 和违约损失率 LGD 的乘积。当 LGD 表示为占敞口的百分比时，预期损失率的公式为：

$$EL = LGD \times EAD \times DP$$

投资组合的预期损失具有可加性，它可以通过加总组合中各笔资产的预期损失推导出来。监管机构规定，这种预期损失必须有准备金，因此监管资本衡量了超过预期损失的意外损失。这个概念在投资组合水平上很重要。单笔贷款的预期损失从未实现，因为贷款价值要么是其账面价值，要么是 LGD。然而，由于没有人知道哪笔贷款将在未来违约，因此有理由从每笔贷款中扣留一部分以吸收投资组合的总预期损失。

在完全估值模式下，当发生不利信用迁移而没有达到违约状态时，除了违约还有其他损失，且信用风险指标变得更复杂。当前投资组合的潜在损失是相对于其未来价值的损失。在确定损失时，一个重要的点是以之前没有发生违约为条件（正如上例所示）的投资组合的预期未来价值。这是投资组合价值 V 的条件预期，写作：E（V | 无

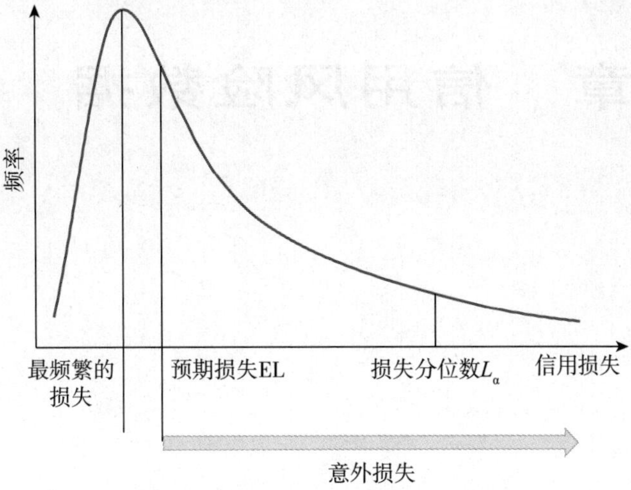

图 18-6　信用损失的分布、统计数据与资本

违约)。根据定义，预期损失等于预期价值与无违约时的预期价值之差：$EL = E(V) - E(V \mid 无违约)$。

一旦推导出预期损失，信用 VaR 就是损失分布的分位数。信用风险的经济资本可以作为对超过预期损失的意外损失的缓冲。它是置信水平 α 上的损失 α 分位数 L_α 与预期损失 EL 之差：$K_\alpha = L_\alpha - EL$。

置信水平对银行有直接意义。如果将资本定义为 1%分位数，那么这意味着在所有可能结果中，有 1%的结果为意外损失大于资本。因此，1%的置信水平表示银行丧失清偿能力的概率，它是银行的违约概率。银行的违约概率是银行的关键参数。它确定了银行的评级，此外还确定了合格客户及其融资成本。高评级银行的违约概率必须远远低于 1%。[①] 因此，适当的置信水平应该非常低。其意义在于，应该尽可能准确地对分布的尾部建模。

对意外损失的评估取决于损失分布，而损失分布取决于评估期。对于市场风险而言，较短的评估期是合理的，因为交易性投资组合可以在市场上变现。对于信用风险而言，适当的评估期要长得多，因为在很短的时期内实际发生信用事件的概率非常低。

从管理角度看，相关评估期为采取纠正措施所必需的最短时间。如果相对于银行投资组合的信用风险而言存在资本不足，那么银行就需要根据要求筹集新资本，或者对投资组合进行重组，例如规定新限额，进行证券化或使用信用衍生工具。采取这些措施需要时间。适当的评估期可能延长到 1 年、2 年或 3 年。从实践角度看，常用的评估期是 1 年。

① 第 19 章将提供有评级机构评级的公司的违约频率。

第 19 章 信用风险数据

在校准模型时，需要用到多种基于历史观察值的统计数据，包括违约次数、不同风险类别之间的迁移和违约回收率，它们还可以用来计算监管比率，以符合《巴塞尔协议》的信用风险规定。

银行可以收集其大型零售投资组合的数据，因此能相对容易地扩大统计基础。大公司、银行和主权国家就不这样，它们的违约事件要少得多。评级机构发布了按评级类别分类的相对长期内的信用事件历史数据。它们包括违约次数、评级类别之间的迁移和回收率估计。违约统计数据是评估不同级别的公司在不同评估期内的违约频率的宝贵参考。

由于存在信用迁移，因此不同评估期的违约频率也不同。从现在看的两个未来日期之间时期的违约概率是边际概率或远期概率。违约累计概率或存续累计概率取决于以往时期的一系列边际违约概率。

本章概述了可公开获得的公司信用风险数据、违约数据、回收率数据和信用迁移数据。本章还说明了违约频率如何随着评估期的延长而变化，以及信用迁移如何改变未来日期之间的违约概率，即远期违约概率。

19.1 违约统计数据

在考虑评级机构的公开统计数据时，应该注意这些统计数据仅适用于被评级实体，这些实体通常是大公司和超大型公司、银行和主权国家。在没有其他替代数据时，有必要将这些统计数据用于银行贷款池。《巴塞尔协议》大力鼓励在银行内建立内部数据池，并在银行之间共享缺少外部数据的交易对手的数据（例如专业贷款和公共部门实体的数据）。

评级机构按评级类别报告违约统计数据，这些数据一般是被评级实体在数年中的违约次数或违约百分比。违约百分比为算术平均值或用债务规模加权的平均值。历史违约率是给定时期内的违约公司数量与期初被评级公司总数之比。这些违约统计数据是经过多年积累的年数据，来自在初始日期上确定的一组评级公司。表19-1显示了穆迪投资者服务（Moody's Investors Service）公司提供的评级和违约频率。

19.1.1 年违约率

年违约率为违约公司数量与年初公司数量之比。表19-1显示了按穆迪简化评级体系划分的七个评级的年违约率大小。这些数据是在观察期各年中进行平均后的结果。该表显示了第1年的违约率，它是指在赋予评级或确认评级后的一年内，违约公司数量与年初被评级公司总数之比。最优评级公司的年违约率接近于零，最差评级公司的年违约率为21%左右。表中前三类评级描述了投资级借款人的特征。之后的四类评级被称为投机级。投资级借款人的年违约率低于0.1%。投机级借款人的年违约率为0.2%～21%。

表19-1　评级与违约统计数据：第1年的平均违约频率（1983—2005年的平均值）

评级	第1年（%）
Aaa级	0.000
Aa级	0.010
A级	0.022
Baa级	0.213
Ba级	1.307
B级	5.693
Caa～C级	20.982
投资级	0.075
投机级	5.145
所有公司	1.737

资料来源：Moody's Investors Service，2007.

用这些数据画出的图形显示了简化评级法下不同信用评级的典型“指数式”违约频率形状（见图19-1）。

评级影响银行的借款成本以及它们参与特定业务的资格。因此，提高银行评级非常重要。对于低评级而言，提升一级所需降低的违约频率跨度远远高于高评级。由于经济资本计算结果是基于表示银行违约风险的置信水平，因此表19-1显示，目标为投

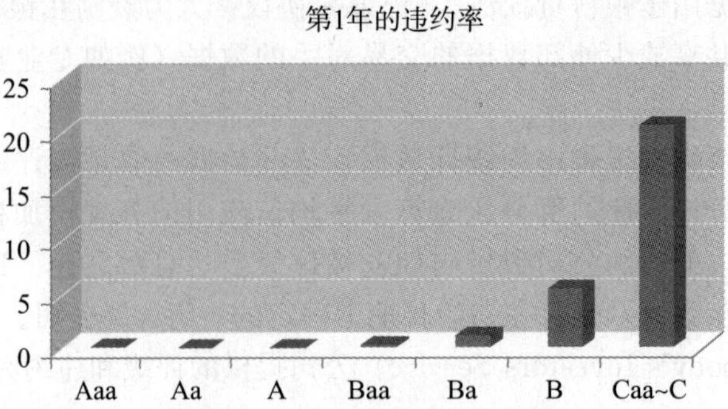

图 19-1　年违约率与评级

资料来源：Moody's Investors Service，2007.

资级评级表示非常严格的置信水平，即低于 0.1%。下面说明了对信用损失分布的肥尾建模的重要性。

19.1.2　累计违约率

累计违约率是基于数年的违约频率。图 19-2 和图 19-3 显示了 1983—2005 年按评级分类的违约频率时间分布图的形状特征。图 19-2 按顺序显示了投资级公司、所有评级公司和投机级公司的累计违约率。图 19-3 显示了穆迪简化评级法的类似曲线。

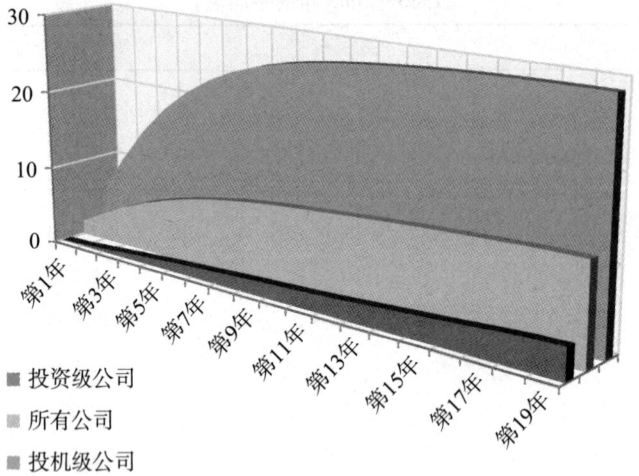

图 19-2　1983—2005 年不同评级从第 1 年到第 20 年的平均累计违约率（%）

资料来源：Moody's Rating Services，2007.

时期越长，观察到违约的概率越高，但是违约率并不随评估期的变长而成比例增加。高评级（或低违约率）公司的违约率增加幅度大于评估期的增加幅度。低评级（或高违约率）公司的违约率增加幅度小于评估期的增加幅度。当高风险借款人在长期内存续时，它们的风险会随着时间的流逝而升级。安全借款人的信用状况往往会随着

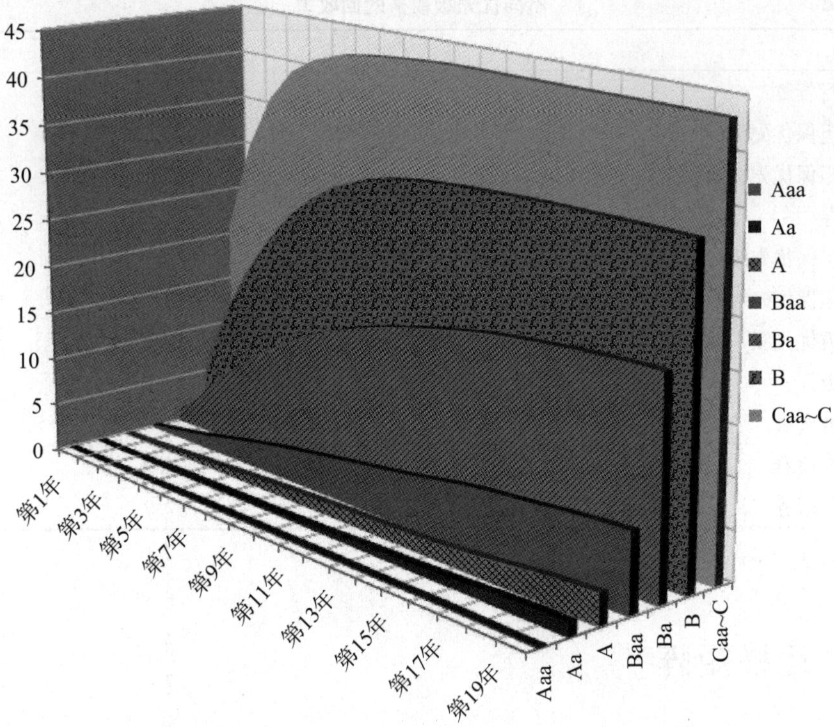

图 19-3　1983—2005 年不同评级从第 1 年到第 20 年的平均累计违约率（%）

资料来源：Moody's Investors Services，2007.

时间的流逝而削弱。

年化违约率等于累计违约频率除以年数。考虑到累计违约率的形状，当违约率增加幅度小于评估期增加幅度时，年化违约率高于第 1 年的违约率。对投机级借款人来说情况相反，此时违约率的增加幅度小于评估期的增加幅度。从监管角度看，只有第 1 年的违约率是重要的，因为每年都会对评级进行审核。

19.2　回收率统计数据

可获得的回收率统计数据是基于违约债券和违约贷款的价格，它是违约工具的价值与其面值之比。回收率随优先级变化而变化，如表 19-2 所示。均值附近的变化很大，因此不同类型债务的回收率范围有很大重叠。最后一列显示了 1982—2005 年的回收率平均值。穆迪指出的另一个经验事实是，回收率似乎与经济状况相关。在经济状况变差时，回收率也很可能下降。

回收率确定了违约损失率。因此，监管机构坚持跟踪记录回收率数据就不令人意外了。按优先级分类的回收率数据、产品类型和担保品性质有助于更显著地区别这些子类别的平均回收率。

表 19-2　　不同优先级债务的回收率

	1982—2005年
银行贷款	
有担保优先级	70
无担保优先级	57.6
债券	
有担保优先级	51.9
无担保优先级	36
次级优先级	32.4
次级	31.8
初级次级	23.9
所有债券	35.9
所有债务工具	37.7

资料来源：Moody's Investors Service，2007.

19.3　迁移矩阵

随着时间的推移，风险将改善或恶化，正如累计违约率所示。这些变化由风险类别之间的迁移频率反映。在给定时期内，不同类别之间的迁移百分比为迁移频率除以每个风险类别中的初始公司个数。

迁移矩阵的结构如表 19-3 所示。每行和每列都是一个评级类别。在每个单元格中，百分比都是初始评级（行）和最终评级（列）之间的迁移频率。倒数第三列是每个风险类别的违约频率。倒数第二列显示了该期内的撤销评级百分比，它们的最终信用状态无法确定。每行的所有迁移概率与撤销评级百分比之和为1，因为每行都列出了所有可能的最终信用状态。迁移矩阵面临以下约束：

表 19-3　　1983—2005年所有评级的1年期平均迁移率（占发行人的百分比，%）

年初评级	年末评级									
	Aaa级	Aa级	A级	Baa级	Ba级	B级	Caa～C级	违约	WR[a]	总计
Aaa级	94.65	5.21	0.00	0.00	0.00	0.00	0.00	0.00	0.15	100
Aa级	4.43	92.28	1.30	0.00	0.00	0.00	0.00	0.00	1.90	100
A级	0.00	2.90	91.73	3.19	0.52	0.00	0.00	0.00	1.66	100
Baa级	0.00	0.00	8.88	79.02	6.85	0.85	0.00	0.00	4.40	100
Ba级	0.00	0.00	0.00	4.28	85.93	8.29	0.73	0.62	0.15	100
B级	0.00	0.00	0.00	0.00	3.50	87.18	2.09	3.89	3.34	100
Caa～C级	0.00	0.00	0.00	0.00	0.52	28.18	53.12	18.18	0.00	100

a. 撤销评级。

资料来源：Moody's Investors Service，2007.

● 每行的单元格总数为 1，因为它们包括所有可能的迁移与违约状态；

● 所有迁移概率均为正且小于 1。

相邻评级类别之间的迁移频率高于距离较远的评级类别之间的迁移频率，在矩阵第一条对角线上的迁移频率较高。

为了进行估值，可以将评级类别与信用利差对应。然而，信用利差不仅取决于评级类别。对信用利差的统计分析表明，给定资产类别（例如公司）的信用利差至少取决于评级类别、行业和地区。

19.4 累计违约概率与边际违约概率

持续性约束将子时期的累计违约频率和边际违约频率联系起来。

历史违约频率是根据日期 0 的初始公司集合的违约数量计算出来的。计算违约数量的时期是从初始日期到最终日期 t，以及从日期 t 至日期 $t+1$。从 0 至 t 的违约数量与初始公司数量之比为累计违约频率 $D_{0,t}$。从 $t-1$ 到 t 的违约数量与日期 t 时的存续公司总数之比为边际违约频率 $D_{t-1,t}$。

我们可以对存续公司套用类似的比率：$S_{0,t}$ 为在日期 t 存续的公司数量与初始日期的公司数量之比。边际存续频率为在日期 t 存续的公司数量与在前一日期 $t-1$ 存续的公司数量之比。

远期违约概率和远期存续概率适用于当前日期之前的日期。边际违约概率或边际存续概率是从累计概率中推导出来的。这个过程可以用一个两期例子说明，然后进行推广。从日期 0 到日期 2 的累计存续概率为从日期 0 到日期 1 以及从日期 1 到日期 2 之间没有发生违约的概率：

$$S_{0,2}=(1-D_{0,1})(1-D_{1,2})=S_{0,1}(1-D_{1,2})$$

远期违约概率 $D_{1,2}$ 是以在日期 0 和日期 1 之间存续为条件的[①]：$D_{1,2}=1-(S_{0,2}/S_{0,1})$。累计违约概率为：$1-S_{0,2}$。该式可以推广到任何评估期 t。累计存续概率为所有时期的存续概率之积，每个时期的存续概率等于 1－该期的边际违约概率：

$$S_{0,t}=(1-D_{0,1})(1-D_{1,2})\cdots(1-D_{t-1,t})=S_{0,t-1}(1-D_{t-1,t})$$

从 $t-1$ 到 t 的边际违约概率可以单提出来，表示为从初始日期到 $t-1$ 的存续概率和从初始日期到 t 的存续概率的函数：

$$D_{t-1,t}=1-\frac{S_{0,t}}{S_{0,t-1}}$$

该关系式显示了如何从累计存续概率中推导出远期违约概率。

① 当某个随机事件 X 依赖于某个随机情景时，即 X 的发生概率依赖于 S 是否发生，此时，X 的发生概率以 S 为条件。条件概率的基本公式为：$P(X,S)=P(X)P(S\mid X)=P(Y)P(X\mid S)$。在本例中，时期（1，2）的违约概率为存续到日期 1 且在日期 1 至日期 2 之间违约的联合概率，即这两个概率的乘积。

表 19－4 举例说明了使用累计违约概率作为输入数据时的计算方法。符号与上例相同，有两个相邻时期和三个日期。从累计违约概率推导出的第二个时期和第三个时期的边际违约概率分别为 6%和 7%。

为了根据边际概率求出累计概率，需要使用相同的基本公式进行计算，如表 19－5 的例子所示。现在，输入数据为假设固定不变的边际违约概率。表 19－5 显示，累计违约概率 $D_{0,2}$ 和 $D_{0,3}$ 的增加幅度小于时间推移幅度。

表 19－4　　从累计违约概率到边际违约概率（%）

$D_{0,1}$	5.00	
$D_{0,2}$	10.70	
$D_{0,3}$	16.95	
$S_{0,1}=1-D_{0,1}$		95.00
$S_{0,2}=1-D_{0,2}$		89.30
$D_{1,2}=1-S_{0,2}/S_{0,1}$		6.00
$S_{0,2}=1-D_{0,2}$		89.30
$S_{0,3}=1-D_{0,3}$		83.05
$D_{2,3}=1-S_{0,3}/S_{0,2}$		7.00

表 19－5　　从边际违约概率到累计违约概率（%）

$D_{0,1}$	5	
$D_{1,2}$	5	
$D_{2,3}$	5	
$S_{0,2}=S_{0,1}S_{1,2}$		90.25
$D_{0,2}=1-S_{0,2}$		9.75
$S_{0,3}=S_{0,1}S_{1,2}S_{2,3}$		85.74
$D_{0,3}=1-S_{0,3}$		14.26

19.5　迁移矩阵与累计违约概率

累计违约概率和边际违约概率依赖于迁移。迁移矩阵提供了不同评级类别之间的离散迁移概率。表 19－6 显示了一个例子，该例有 A、B 和 D 三种信用状态，其中包括违约状态。迁移矩阵是一个方阵，各行为初始信用状态或评级，各列为最终信用状态。违约状态具有吸收性：一旦公司迁移到违约状态，就会保持违约状态。

对角线上的为最高迁移概率，矩阵是不对称的。违约状态一列显示了被分配给每个信用状态的违约概率。违约状态的迁移概率为零。矩阵不随时间推移而变化：迁移概率只依赖于信用状态，不随时间推移而变化。

由于信用状态之间的迁移，不同相邻时期的边际违约概率不同。多时期的累计违约概率依赖于每个信用状态特有的违约概率和不同信用状态之间的迁移概率。

表 19-6　　迁移矩阵示例

	A	B	D	总计
A	0.80	0.15	0.05	100%
B	0.10	0.80	0.10	100%
违约	0	0	1	100%

表 19-7 提供了初始信用状态为 A 时的迁移情况。在两个时期中，公司要么在第 1 期违约，要么在第 2 期违约。第 2 期期末的累计违约概率为每条时间路径上的加权违约概率之和，权重为从 A 开始的每条路径的概率。第 1 期的违约概率权重为 100%，因为这是保持违约状态的概率。两期中的累计违约概率为：

$$0.80\times0.05+0.15\times0.10+0.05\times1=10.5\%$$

表 19-7　　累计违约概率与迁移

初始状态	第 1 期	第 2 期			
		迁移至：	迁移概率	违约概率	加权概率
A	存续	A	0.80	0.05	0.040
		B	0.15	0.10	0.015
	违约	D	0.05	1	0.050
	累计违约概率				0.105

这个过程显示了累计违约概率对每个信用状态的边际违约概率和不同信用状态之间的迁移的依赖程度。对这个过程进行一般化，可以确定初始状态为 B 而非 A 的最后违约时的累计迁移概率。

迁移概率有两个下标，第一个表示初始信用状态，第二个表示最终信用状态：从初始信用状态 i 到最终信用状态 j 的迁移概率为 T_{ij}。分解该计算式，当初始状态为 A 时，两个时期的违约概率 $D_{02}(\mathrm{A})$ 为：

$$D_{02}(\mathrm{A})=T_{\mathrm{AA}}T_{\mathrm{AD}}+T_{\mathrm{AB}}T_{\mathrm{BD}}+T_{\mathrm{AD}}T_{\mathrm{DD}}=10.5\%$$

类似的计算方法适用于状态 B，甚至也适用于违约情况。[①]

违约概率为矩阵乘积 MD 的组成要素，其中 M 为（3×3）迁移方阵，D 为 A、B 和 D 的违约概率的（1×3）列向量，它等于矩阵的最后一列。两期的违约概率为（1×3）列向量 MD 的组成要素。

① 从违约状态开始时，在第 1 期期末，违约状态以外的所有迁移概率均为零，并保持违约状态的概率为 1：$\mathrm{DP}(D)=T_{\mathrm{DA}}T_{\mathrm{AD}}+T_{\mathrm{DB}}T_{\mathrm{BD}}+T_{\mathrm{DD}}T_{\mathrm{DD}}=0+0+1$。

0.05
0.1
1

0.8	0.15	0.05
0.1	0.8	0.1
0	0	1

0.105
0.185
1

这个过程可以推广到其他最终状态。从A开始、到B结束的概率为：$T_{AA}T_{AB}+T_{AB}T_{BB}+T_{AD}T_{DB}$。通过一种类似计算方法可以得出以A结束的概率。这表明，两期的迁移矩阵就是矩阵的乘积 $MM=M^2$，如表19-8所示。将该结果一般化，可以简单地由矩阵 M^N 给出 N 期的迁移情况。

表19-8　　根据迁移矩阵得出累计概率

A	B	D
0.8	0.15	0.05
0.1	0.8	0.1
0	0	1

	A	B	D
A	0.8	0.15	0.05
B	0.1	0.8	0.1
D	0	0	1

0.655	0.24	0.105
0.16	0.655	0.185
0	0	1

第 20 章 评分模型与信用评级

对于需要衡量投资组合的信用风险并遵守《巴塞尔协议》内部评级法的银行而言，借款人信用质量评估是重要的信息。对于大型实体，银行通常使用评级法，而在零售银行业务中，银行更依赖于统计数据。

信用评分法运用技术能找出最好地区分违约客户与无违约客户的标准。评分不依赖于概念模型，而是依赖于评分函数的统计拟合度。这些函数根据可观察特征能够得出一个数字评分。评分法最适合用于零售投资组合。

对于公司而言，基于定量数据和定性数据的信用评级最好与专家判断相结合。信用评级是对借款人或特定债券的信用状况的评估，接受信用评级的包括大公司、银行、保险公司、主权国家或公共部门实体。这些评估体现为按特定债务或借款人相对于其他实体的信用质量排序的等级。

本章说明了如何在零售银行中使用信用评分以及如何对公司进行内部评级。在关于信用评分的部分中，介绍了能根据可观察特征区分违约客户与无违约客户的模型的原则。在关于信用评级的部分中，介绍了如何综合使用定量标准与定性标准并结合专家判断来评估债务人的信用状况。最后一节讨论了将评分或评级与违约频率相对应的问题，这正是监管机构的要求。

20.1 信用评分

从将评级或违约频率与公司财务特征联系起来的早期统计模型开始，到精密的计量经济方法和神经网络模型，先后出现过多代信用风险模型与违约概率模型。

评分的原则是使用指标，依据借款人的可观察特征将“好”信用和“差”信用分为不同类别。对公司评分时，这种方法使用财务比率、盈利能力、杠杆和规模等可观察特征的当前值与历史值。对个人评分时，这种方法将人们的收入、年龄和职业活动等与信用状况关联起来。

使用这种模型意味着正确定义违约。在零售银行中，这不是一项无关紧要的活动。例如，某个群体中一人的违约可能导致属于同一类别的整个群体违约。此外，一个人通常拥有银行提供的多种产品，例如存款账户和贷款。偿还贷款的资金可能来自超额透支存款账户。贷款显然没有违约，但是存款账户违约了。在这种情况下，一种产品的违约扩展到同一借款人的其他产品。为了正确定义零售银行中的违约，前提条件之一是不同群体和不同产品之间的传染原则。违约事件的统计数据直接依赖于这种原则。

20.1.1 评分函数

评分函数是在一群人中区分违约客户与无违约客户的统计模型。该函数为所选区分变量的线性组合，这些变量是可以观察到的，它们被称为特征。评分函数可以用来根据信用风险水平对被评分实体排序。区分函数的值就是评分。评分函数的特征系数可以用来解释哪些特征能最好地解释分类。一旦定义了违约，就可以根据对违约统计数据的统计拟合获得评分函数。

公司的评分模型是基于可观察特征的，例如会计比率。一些经典研究解释了信用评分法，并提供了数字结果。例如，著名的 Altman Z 评分模型。[①] 该评分函数是选定比率和分类指标的组合。Z 评分模型被用于中小型公司、非制造业公司和制造业公司等各种公司的借款人。简单的 Z 评分函数用少量的财务变量来区分债务人。[②]

在零售银行中，有大量关于个人的违约统计数据。评分函数依赖于这种可观察的特征，例如家庭人均收入、房产情况（租房还是自有房屋）、婚姻状态、职业等。

评分的主要用途是区分现有客户或新客户中的违约客户和无违约客户。一类误差发生在接受劣质借款人时；二类误差发生在拒绝优质借款人时。在具体决策中，一类误差会导致风险实现时完全损失本金和利息。二类误差有机会成本，它是拒绝富有借款人时损失的收入。二类误差的成本低于一类误差的成本。

---

① Altman, E.I. (1968), Financial ratios, discriminant analysis and the prediction of corporate bankruptcy, [8]. 其他参考文献有：Altman, E. I., Haldeman, R., Narayanan, P. (1977), ZETA Analysis: A new model to identify bankruptcy risk of corporation, [10]；以及关于中小企业的参考文献 Altman, E. I., Sabato, G. (2007), Modelling credit risk for SMEs: Evidence from the US market, [11]。也可见：Altman, E. I., Saunders, A. (1997), Credit risk measurement: Developments over the last 20 years, [12]。

② Altman Z 评分模型 [8] 中的变量为：营运资本/总资产、留存收益/总资产、EBIT/总资产、股权市场价值/负债账面价值、销售收入/总资产。

20.1.2 Logit 模型

专门用于预测违约或无违约的模型包括线性概率模型和更准确的 Logit 模型及 Probit 模型。这些模型使用多变量回归方法。[①] 解释变量为可观察到的特征。

简单的线性概率模型说明了这一原则。事件的违约概率或无违约概率 P 是多个特征 X_i 的线性函数。被解释变量为 Y，它在无违约时取值为 0，在违约时取值为 1。如果 X 为特征向量[②]，那么该模型为：

$$Y=\beta_0+\sum_{i=1,n}\beta_i X_i+\varepsilon$$

Y 的期望值为违约概率，$P(Y=1)$，因为：

$$E(Y)=1P(Y=1)+0[1-P(Y=0)]$$

给定回归误差项的期望值为零，根据模型公式取期望值：

$$P(Y=1)=\alpha+\beta E(X)$$

该模型给出了违约概率的值，它是特征向量 X 的函数。然而，给定 X 的值，线性回归得出的系数不一定使 Y 值落在 0～1 的范围内。我们应该对模型计算出的 Y 值进行截取，以避免出现这种异常值。Logit 模型避免了这种缺陷。

Logit 模型解决了规定 Y 值在 [0，1] 范围内的问题。我们再次将变量 Y 表示为特征 X_i 的线性函数：$Y=\alpha+\beta X+\varepsilon$。但是，Logit 模型没有直接将 Y 与某个概率对应，而是用 Y 作为累计分布函数 $F(Y)$ 的参变量。累计分布函数的值位于 0～1，且为单调递增函数。累计函数的值对应于一个 Y 值，而 Y 值通过一个已知的分布函数对应于一个概率。

Logit 模型使用 $F(Y)$ 作为累计 logistic 概率分布。然后，概率 $P(Y)$ 可以表示为：

$$P(Y)=\frac{1}{[1+\exp(-Y)]}=\frac{1}{\{1+\exp[-(\alpha+\beta X+\varepsilon)]\}}$$

当 Y 很高时，指数接近于零，$P(Y)$ 接近于 1。当 Y 是很大的负值时，指数变得非常高，且 $P(Y)$ 接近于 0。$P(Y)$ 的任何值都可以被视为概率，并且是 Y 的单调函数。由于 Y 从负值变为正值时，$P(Y)$ 从 1 单调下降至 0，因此 $P(Y)$ 可以被视为描述借款人信用状况的数字。为了将 $P(Y)$ 解释为一个概率，方便的做法是将关系式变形为：

$$\exp(Y)=\frac{P(Y)}{1-P(Y)}$$

取自然对数：

---

① Altman, E. I., Saunders, A. (1997), Credit risk measurement: Developments over the last 20 years, [12].

② 它使用了多个解释变量，表示用于预测违约状态或无违约状态时的不同特征。

$$\ln\left[\frac{P(Y)}{1-P(Y)}\right]=Y=a+bX+\varepsilon$$

对数函数的参变量为优势比（odds ratio），它等于 $\exp(Y)$。优势比是属于某个类别的概率与不属于该类别的概率之比。优势比的对数为“Logit”。$P(Y)$ 为 Y 的单调递增函数，优势比也是 Y 的单调递增函数。图 20-1 显示了 Y 和 $P(Y)$ 的关系。当 $Y=0$ 时，对数为 1，优势比也为 1：属于某个类别的概率和属于另一个类别的概率相同，这个共同的概率值为 $P(Y=0)=1/2$。

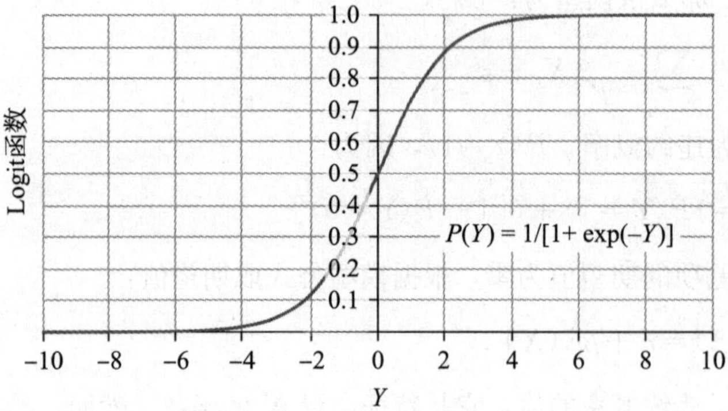

图 20-1　函数 $P(Y)$

简而言之，Logit 模型根据线性模型给出了信用事件发生概率的对数值。被解释变量为可观察特征的线性函数，其值为优势比的对数，其指数为优势比本身。

Probit 模型与 Logit 模型类似，但使用了正态分布而非 logistic 分布。Logit 模型和 Probit 模型给出了非常接近的结果。它们仅有的差异是 Logit 模型更容易处理。

20.1.3　零售银行评分：行为模型与新始模型

统计评分模型（通常被称为“Logit 模型”）将个体的违约-无违约状态与可观察变量（例如收入、账龄等）联系起来。根据信用历史详情——它们可被用于衡量特征，而特征被当作客户信用状况的预测指标——可以分为多种模型。

行为模型试图在没有出现会改变债务水平的新事件且客户账户的历史数据已知时，对现有客户的行为建模。与没有信用历史的新客户相比，银行更容易对有历史数据的现有客户进行处理。新始模型描述了新客户的信用状况或推出新产品时现有客户的信用状况。新客户的信息集和推出新产品时现有客户的信息集不同。

20.1.4　在零售银行业务中使用评分模型

使用评分模型面临着一些统计挑战。其中，部分挑战可以用一个例子来说明。

20.1.4.1　比较违约客户与无违约客户的特征

对于行为模型而言，6 个月的时长是用来衡量特征的良好折中选择。例如，这些特征包括：

- 负现金流和正现金流在一段时期内的平均价值；
- 过去 6 个月的最大借记天数；
- 由信贷人员暂停的交易笔数；
- 过去 6 个月发生事件的次数；
- 以月底平均余额表示的流动性存款；
- 从开立账户时算起的账龄。

这些变量为 Logit 模型中的 X_i。输出结果为 Y 和 $P(Y)$，$P(Y)$ 被解释为评分。

为了确定哪些特征能最好地区分违约客户与无违约客户，不妨比较违约客户和无违约客户的特征平均值。例如，如果两类人群的借记天数差异很大，表明应该在 Logit 模型中考虑该变量。为了比较不同人群的均值，应该进行统计显著性测试。在零售银行业务中，观察值的数量通常较多，违约数量也较多，这有助于进行统计测试。例如，在由 1 000 000 个人组成的样本中，如果有 1%违约，那么违约客户子集为 10 000人。

在用于说明这个过程的例子中，借记天数和账龄被定义为相关特征。无违约客户在 6 个月中的平均借记天数为 5 天，违约客户在 6 个月中的平均借记天数增加到 20 天，这个差异在统计上是显著的。类似地，违约客户账户的账龄均值为 81 个月，而无违约客户账户的账龄均值为 123 个月。

20.1.4.2 特征与信用状况之间的非线性关系

图 20－2 显示了违约客户和无违约客户的借记天数和账龄的频率分布。当借记天数较少时，无违约客户远远多于违约客户。当借记天数较多时，违约客户也远远多于无违约客户。在中间时段内，两类人群的借记天数类似。这些结果表明，显著差异只出现在借记天数的某些子范围中。

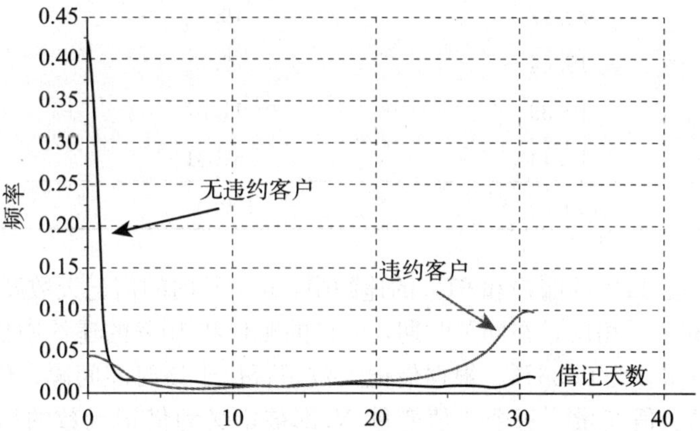

图 20－2 违约客户和无违约客户在 6 个月中的借记天数分布

违约客户和无违约客户的账龄频率分布也表现出类似特征（见图 20－3）。通常，无违约客户的账龄长于违约客户的账龄。

违约客户或无违约客户的这些特征与二值变量 Y 的关系是非线性的。例如，10～20 天的借记天数无法区分违约客户和无违约客户。当借记天数为 20 天或更高时，它才成为更好的违约预测指标。因此，$Y=\alpha+\beta X+\varepsilon$ 这种线性关系式（其中 Y 为违约的二值变量、X 为借记天数）的预测效果不太好。

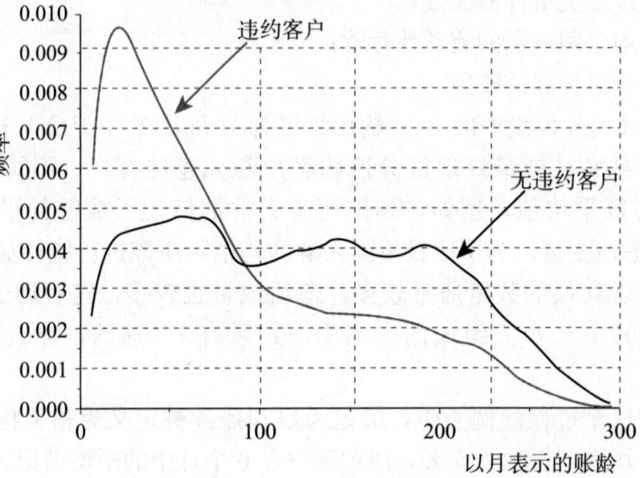

图 20－3　违约客户和无违约客户的账龄频率分布

拟合两个变量的非线性关系的标准方法是将连续变量（借记天数或账龄）分解为多个离散变量。离散化的一个例子如表 20－1 所示。时间段是根据违约客户和无违约客户的违约频率差距经验选择出来的。

表 20－1　连续变量的离散化

借记天数	占所有账户的百分比（%）	占所有违约的百分比（%）	违约频率（%）
0	62.83	19.31	0.36
[0；12]	15.64	8.11	0.60
[12；22]	10.39	11.27	1.25
>22	11.14	61.31	6.36
总计	100	100	1.16

该表显示，在 11%的账户和 61%的违约中，6 个月内的借记天数高于 22 天的平均违约频率为 6.36%。相反，在同一时期，63%的账户和 19%的违约中借记天数为零的违约频率则低得多，为 0.36%。根据借记天数是否位于该时间间隔，借记天数被分为取值为 0 或 1 的二值变量。每个二值变量 N_i 都被定义为借记天数的指示函数。Logit 模型使用新变量而不是实际借记天数来作为特征：

$$Y=\alpha+\sum_i \beta_i N_i+\varepsilon$$

20.1.4.3 评分模型与违约频率

评分模型应该与群体的不同样本拟合。第一个样本提供第一个拟合。对群体中的另一个样本的“样本外”拟合可以用来检验同一个模型是否能提供类似的结果。“样本内”拟合和“样本外”拟合是对同一个参考期进行的。

评分和历史违约频率的排序应该匹配良好。将评分与违约概率对应的过程涉及中间步骤。群体根据按升序排列的 $P(Y)$ 值范围可分为不同子群体。对每个群体都需要计算历史违约频率。时期 T 的违约频率 D_T 是违约人数与初始日期 0 时的初始人数之比。为获得年违约频率，可以将 T 设为 1。

每个子群体的违约频率都与评分值对应。零售投资组合中的不同部分应该重复这个过程，它们是根据产品性质或借款人类型定义的：抵押贷款或消费贷款，个人或小微公司，等等。由于不同部分的相关特征不同，因此不同部分的模型不同。在有多个评分时，应该使用一个违约频率“主标尺”。然后，将不同部分的评分与这个违约频率标尺对应。

确定不同评分值范围的违约频率存在技术困难。例如，在沿着标尺从低风险债务人移至高风险债务人时，对应过程应确保根据评分推导出来的违约频率排序与平均评分排序相同。而一旦根据评分值对债务人分类，就无法确保评分和违约频率的这种一致性。①

20.2 评分模型的准确性：“CAP”

将违约风险指标的准确性进行可视化和量化的一种标准方法是使用“幂曲线”，它也被称为累计准确性曲线或“CAP”。② 这是一种事后检验方法。它适用于各种违约风险指标：评分、评级以及更多相关指标（例如穆迪的 KMV Credit Monitor EDFs）。③

CAP（见图 20-4）画出了按风险降序排列时的违约客户累计百分比和客户累计百分比，其中风险是用模型衡量的。债务人按风险评分，在横轴上风险从最高到最低排列。例如，横轴上的 10%表示整个群体中按信用状况排序时最差的 10%；20%表示整个群体中按信用状况排序时最差的 20%；等等。最大值为按评分评级的群体的 100%。

纵轴仅显示了违约客户累计百分比。例如，假设群体样本的违约频率为 10%，且样本规模为 1 000 人。观察期内的违约人数占整个群体的 10%。纵轴上的 50%仅指整个群体的 5%。

---

① 假设有两个类别：A 类和 B 类。假设用评分来判断，A 类的风险低于 B 类的风险。所有 A 类债务人的评分均高于 B 类债务人的评分。因此，A 类债务人的历史违约频率应高于 B 类债务人的历史违约频率。但是评分与违约频率之间可能产生排序错配。区分不同类别时需要运用某种算法，方法是改变每个类别的规模，直到一个群体到下一个群体的历史违约频率单调变化。

② Engelmann，B.，Hayden，E.，Tasche，D.（2003），Testing rating accuracy，[61] and Satchell，S.，Xia，W.（2006），Analytic models of the ROC curve，applications to credit rating model validation，[122].

③ 第 21 章将详细介绍 Credit Monitor 模型。

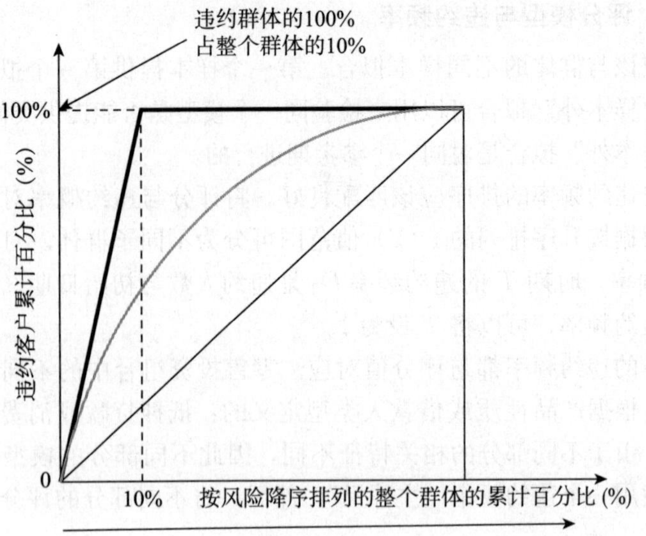

图 20-4　累计准确性曲线

当沿着横轴从左向右移动时，违约客户累计百分比增加，但不会超过 100%。如果评分模型是完美的，那么整个群体中的前 10%将是实际违约客户。在横轴上，按信用评分排序的最差 10%恰好与纵轴上总违约群体的 10%匹配。沿着横轴移动到 10%以外，纵轴上的违约客户累计百分比仍为 100%，即整个群体中的违约比例仍保持 10%不变。

只有完美模型才能达到 CAP 的上界。当沿着横轴从 0 向右移动到 10%时，它从 0 增至 100%。向上倾斜的直线表示违约客户所占比例。在模型完美时达到第二条水平线，它位于纵轴上的 100%处，并始于横轴上的 10%。CAP 的整体上界是由这两条线构成的。

如果评分独立于实际违约，那么它将无法区分违约客户和无违约客户。不管评分值是多少，违约概率和无违约概率都是 50%。违约客户累计百分比和按模型排序的客户累计百分比相同。这是图中的第一条对角线，它是 CAP 的下界。

如果模型确实提供了关于违约客户和无违约客户的信息，那么表示违约客户累计百分比（它是整个群体的函数）的直线将位于上界下方和第一条对角线上方。这表明有些无违约客户被归类为风险类别——这是拒绝“好”客户的二类误差。相反，有些被归类为比违约客户安全的债务人，实际上违约了——这是一类误差。

通过评分可以衡量实际违约客户累计百分比，并用 CAP 曲线对评分方法进行事后检验。实际 CAP 越接近上界，评分越准确。基尼系数是实际 CAP 曲线和第一条对角线之间的区域与上界和同一条对角线之间的区域面积之比。

准确性指标＝CAP 上界下方的区域/实际 CAP 曲线下方的区域

实际 CAP 曲线画出了实际 CAP 曲线下方的区域，这是一条连续的曲线，并在向右移动时单调递增。这片区域是完全根据经验得出的，且可以方便地计算出由两条直线围出的上界下方的区域面积。用第一条对角线作为下界时，准确性指标的最小值为

0，意味着该模型没有区分风险。准确性指标的最大值为 100%。基尼系数越高，模型越良好。可接受的值从 60%开始，并能继续上升，直至非常接近 100%。

20.3 信用评级

内部评级是银行业中用来确定是否符合巴塞尔监管规定的重要信息。它构成了内部评级法的重要组成部分，这种方法让银行可以评估信用风险的资本要求。内部评级通常不同于对借款人信用质量的统计评估，在零售银行中使用它时，除其他定量信息和定性信息外，还包括判断成分。

20.3.1 外部信用评级与内部信用评级

外部评级机构和监管机构的信用评级理念不同。外部评级为投资者提供了必要的债务信用质量信息。20.4 节的附录概括介绍了信用评级。评级机构的信用评级更适用于债券而不是发行人的信用状况。同一个发行人通常有多只债券，它们的优先级和担保品不同。高级无担保债务的评级接近于发行人的评级，因为只有当发行人违约时，这些债务才会违约。

银行需要依靠自己的内部评级法来区分它们对这些交易对手的敞口风险。银行对借款人而非债券给出内部信用评级。在信用风险监管中，它们是评估发行人违约概率所必需的信息。银行根据违约事件中的损失严重性或违约损失率来区分便利的风险。在某些交易（例如项目融资）中，实体的信用评级无关紧要，而由契约来规范交易行为。当交易的特定风险为主要风险时，应使用特别标准。①

内部评级过程通常使用评级网格（rating grids），它列出了对借款人信用质量进行最终评估的标准。和评分模型不同，评级需要某些判断性数据。零售银行业务有大量统计数据，因此可以根据统计模型评估风险。这个过程是机械的，某些特征的影响可以由其他特征的正面影响抵消。在评级过程中，没有机械效应，因为某些标准可能高于其他标准而不进行抵消。

内部评级法使用从定性因素（例如公司的优点或缺点）到公司借款人财务数据的不同标准。内部评级法划分的等级数量也不同，通常从 10 个到 30 个不等。和评级机构划分的等级一样，它们有的更简化，有的更详细。穆迪的简化评级法使用三个等级来表示投资级，接下来四级为投机级。穆迪、标准普尔和惠誉的详细评级包括约 20 个等级，但不包括接近违约状态。

银行和评级机构应定期持续审核其评级，或在发生影响发行人信用状况的意外违约事件时审核其评级。评级机构的信用评级常被认为是刚性的，调整不够频繁。评级机构的观点是，长期评级应在准确的基础上保持相对稳定，因为它们评估的是公司信

---

① 附录中的《巴塞尔协议 2》提供了发行人评级以外的部分信用风险标准 [21]，以此作为银行对此类交易进行评级的指南。

用状况的长期影响因素。

20.3.2 银行的交易对手

内部信用评级适用于银行所有存在风险的交易对手。这些交易对手不止包括直接借款人。所有和直接借款人有法律联系的交易对手都包含在内，因为它们对借款人的信用状况有潜在影响。例如，对直接借款人提供担保的公司也应该被考虑在内。这种间接敞口让银行有必要评估它们的信用状况，并需要对所有涉及的实体进行评级。

只要直接借款人依赖于一个群体，其信用风险就依赖于该群体的潜在支持。因此，贷款人对该群体的风险有隐性间接敞口。在不考虑支持的情况下，银行应该按照与不属于任何群体的独立中小企业相同的方法评估属于某个群体的中小企业（SME）。其意义在于，银行应该记录所有相关实体的法律关系，并评估它们的信用风险。

交易对手的层级结构记录了不同交易对手的联系，它是评级体系的关键组成部分。交易对手分为不同的实体类别，例如控股公司及其所有子公司。监测实体的层级结构不是一项无关紧要的任务，因为群体之间不断进行合并和收购。现代评级体系有专门管理这种实体层级结构的模块，它可以帮助分析师确定银行的哪个交易对手有风险。

这种评级体系需要准确的公司标识，光靠名称是不够的。例如，“大陆”（Continental）可能指一家叫这个名字的航空公司，也可能指一家汽车产品生产商。IBM 和国际商业机器公司是同一个实体。举例来说，通用识别码包括 CUSIP 和 ISIN 码。交易对手的管理体系应将银行交易对手内部识别码和这些外部识别码对应起来，并且应该永久监测这种对应关系。

如果已知层级结构，分配给交易对手的敞口就应该遵守风险转移规则。信用敞口被分配给公司，并最终被分配给直接借款人以外的实体，例如其所在集团的总公司——如果总公司是更合适的风险分配对象。风险转移规则定义了贷款人的哪个交易对手有风险，并据此分配敞口。敞口在内部被转移给银行认为最适合分配这些风险的实体。如果没有适当的风险转移，某些实际集中了风险的实体——尽管它们不是直接借款人——的敞口就可能被低估。对信用风险迁移运用替代规则时，也应该转移信用风险。当相关信用风险是担保人的信用风险时，或者当它取决于证券担保品的发行人的信用质量时，应该使用替代规则。

还有些规则与不同交易对手之间的传染效应相关。例如，集团违约可能引发所有子公司或部分子公司违约，尽管这些子公司没有违约。传染不仅是合法的，而且有些传染还遵循内部规定。和某个集团有关系的银行可能做出判断，认为集团总公司违约实际上依赖于群体内部发生的违约事件，而它传染到了整个集团。当债务人的债务需要遵守契约，而群体中的其他债务违约时，该契约将会触发违约，那么传染就是合法的。

交易对手之间的这种相互依赖性与“支持”的概念相关。支持是指集团总公司对子公司提供的财务援助。支持和法律担保不一样，它是没有法律约束力的。它取决于集团总公司向子公司提供担保或资金以支持子公司的意愿。它是一种集团对子公司提供支持的隐性承诺，可能生效也可能不生效。如果忽略这种支持，那么对小型子公司评级时，将把它当作独立公司。由于集团总公司的信用状况通常优于子公司，因此忽略潜在支持将产生误导。为了区分这两种情况，应该评估公司的独立信用状况和将其视为群体一员时的信用状况。

当子公司从集团总公司的实际正面支持中受益时，除非支持实体违约，否则子公司不会违约。风险类似于允许将风险转移给支持实体的正式担保。但这种支持不一定是正面的。当支持增加而非减少违约概率时，就产生了负面支持。例如，支持实体违约可能引发借款人违约，这可能是因为子公司高度依赖于控股公司的业务，或者是因为控股公司在面临困难时可以获取子公司的资产。负面支持会降低直接借款人的信用质量。

负面支持依赖于法律框架。例如，不允许控股公司获取子公司资产时，可能就不存在负面支持。这种关系可能是双向的，存在于支持实体和被支持实体之间。集团总公司的信用状况也可能依赖于子公司是否违约，因为子公司的存续对于控股公司的核心业务至关重要。借款人的违约将引发支持实体的违约，相反的情况也可能发生。在确定接受正面支持或负面支持的子公司的违约概率时，支持的这种模糊效应有直接影响。①

除了群体的层级结构，还有其他因素会导致间接敞口。对证券化产品或基金的敞口为对投资组合内资产基础发行人的敞口。“全面考察”政策可以识别出对基础债务人的间接敞口，由于这种信息未披露或者管理起来过于复杂，因此这种政策也存在执行上的困难。

20.3.3 评级网格

内部信用评级网格有多个组成要素，对直接交易对手的最终评级综合了这些要素。内在评级评估了借款人作为独立实体的风险。整体评级取决于公司层级结构中的集团支持，前提是存在这种支持。为了评估支持，有必要评估借款人的信用状况、支持实体的信用状况和支持的“力度”。将支持评估与内在评级结合起来，就是对借款人的整体评级。

发行人的评级标准包括对交易对手信用状况的定性评估加上定量指标。对不同行业、不同交易对手类型（例如公司与金融机构）使用的标准和权重也不同。此外，评级“模型”不具有抵消性。某些标准可能很重要，并独立于其他标准影响评级。例如，某个主权实体的法律担保可能足以赋予其主权评级而不是直接借款人的独立评级。此外，评级网格内的标准可以抵消，这意味着有利项目和不利项目可以在某种程度上抵消。在某些情况下，对小公司可以使用统计模型，但对大公司需要通过评级网格进行某种判断。②

---

① 第 23 章将介绍如何计算两个相互依赖的实体的违约概率。

② 从统计角度看，试图通过不同可观察变量解释评级时，“评级模型”可能与数据拟合。实证结果显示，外部评级对经营盈利能力敏感，后者的衡量指标为资产收益率、规模和财务杠杆（债务股权比）。如果可以获得市账率数据，也可以使用市账率，在评估公司的优点和缺点时，它应能反映资本市场的效率。

内在分析之后就是支持评估。最终评级是内在评级、支持评估和支持实体的评级（如果有评级的话）的综合。以公司为例，组成最终评级的三个基本要素积累了某些信息，下面用简化网格进行说明（见表 20－2、表 20－3 和表 20－4）。

表 20－2　内在评级标准

1. 内在评级	**公司**
基本要素	
行业	增长潜力、周期性、技术、资本、竞争、管制、地区动态、进入壁垒
地位与市场份额、业务模式	规模与市场份额、收入的多元性与稳定性（高流量小额业务）、业务模式、声誉、联盟
管理与治理	经验与过往记录、目标实现情况、效率
财务指标	
财务指标	关键比率：债务股权比、管理比率、盈利能力比率（股权收益率、资产收益率）
融资指标	是否有获得不同融资来源的渠道、是否有其他承诺信贷额度
还款能力指标	现金流与收入创造、成本灵活性、偿债能力比率
内在评级	C 级

表 20－3　支持评估标准

2. 支持 **是否存在支持实体（控股公司）："支持"并不意味着法律担保**	
控股公司的核心业务	是
过往支持记录	良好
经济与技术联系	部分
财务性支持	否
支持评估	强
3. 支持实体	
支持实体的评级	B 级

表 20－4　对最终评级的评估

4. 综合	
内在评级	C 级
支持实体的评级	B 级
支持质量	强
是否存在国家评级上限	否
最终评级	B 级

20.3.4 将评级与违约概率对应

在监管规定的内部评级法中，内部评级应与违约概率对应。在许多情况下，尤其是对于大公司而言，内部违约统计数据是有限的。对于这种“低违约投资组合”，可以用外部统计数据来评估违约频率。

一种推导违约频率的常用方法是将内部评级与外部评级对应，并使用外部评级与违约概率之间的对应关系来获悉从内部评级到违约概率的缺失环节（见图 20－5）。由于外部评级适用于债券而非发行人，因此内部评级只能与（证券的）外部高级无担保评级比较。这项原则很简单，但执行起来可能会遇到实际困难或依赖于不切实际的假设。

图 20－5　从内部评级到外部评级和违约统计数据

外部违约频率在使用上也会出现偏差。有评级的公司相对很少，而且银行的投资组合和有评级公司的投资组合的构成也不同。使用外部评级意味着认为有外部评级的公司的投资组合代表了银行的投资组合，这通常并不符合事实。例如，我们通常认为小公司的信用状况差于大公司。如果是这样，那么小公司应该对应较低的评级。这取决于如何设计内部评级网格。

同一家公司的内部评级与外部评级的对应关系通常是不准确的。在某些情况下，内部评级网格将给出和评级公司相同的评级，而在其他情况下则不然。

只有当内部评级尺度和外部评级尺度类似时，才有可能比较内部评级与外部评级。相同公司的内部评级和外部评级交叉表格可以揭示出它们的不一致性。某些差异可能来自评级日期之间的差异，这种差异可以通过使用时间相距不远的评级进行纠正。此外，在进行内部评级和外部评级之前还可能存在某些系统性偏差，这取决于银行信用分析师相对于评级机构的保守程度。这种偏差应该进行纠正。例如，如果对相同公司的银行评级持续低于外部评级，那么就应该根据较高的外部评级调整内部评级，以确定违约频率。通常，内部评级和外部评级的交叉表格应显示矩阵对角线上的匹配集中度，且在缺乏更好替代指标的情况下，对角线可以用于将二者对应起来。

外部评级的基本假设是，对于所有有评级的实体、银行和其他金融机构，给定评级均与某个违约概率相匹配。认为相同评级表示不同类型交易对手的风险相同的标准理由是，专家以相同的方式对信用状况做出了正确的评估。在这种情况下，评级和违约概率一一对应。对于大公司来说，这是一个可接受的假设。然而，认为相同评级的银行、市政府和公司有相同的违约频率，是在某些类别交易对手的违约数量较低情况下的一种假设。

将评级与违约频率联系起来时，还存在其他统计难题。对于外部评级而言，表示不同评级的年违约频率的曲线不一定是单调递增的，至少使用详细评级时如此。在评级排序和违约频率排序之间存在错配，解决这个问题的一种专门方法是对曲线进行平滑。

图 20－6 显示了这种错配。每个评级类别都有一个序号："1" 为最高评级，即标准普尔和惠誉的 AAA 级和穆迪的 Aaa 级；"17" 为最低评级，即标准普尔和惠誉的 CCC/C 级和穆迪的 Caa/C 级。该图画出了根据历史平均 1 年期违约频率（从 1983 年到 2004 年的平均值）得出的评级排序。第一眼看上去，这条曲线很平滑。但放大来看，图 20－7 的高评级显示出违约频率并不是排序的单调递增函数。

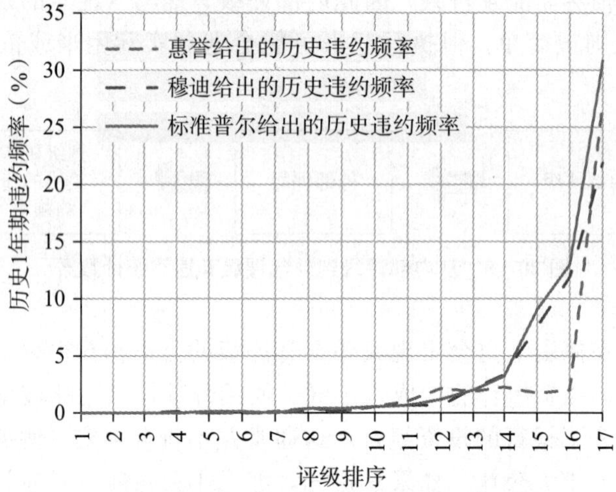

图 20－6　评级与历史违约频率

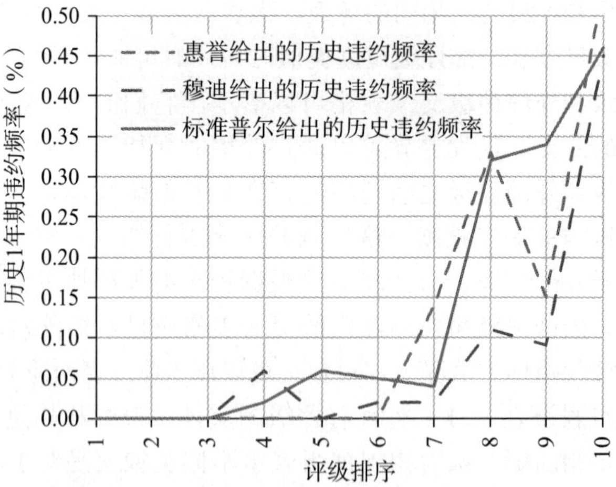

图 20－7　评级与历史违约频率：放大投资级评级

不考虑这些缺点的话，对应过程是很常见的，对于低违约投资组合来说通常有两步，从内部评级到外部评级，以及从外部评级到历史违约频率。

低违约投资组合没有很多替代选择。违约概率模型提供了根据股价推导出的时点违约概率（见第21章）。这些市场隐含的违约概率显著高于历史违约统计数据。[①] 此外，该模型还允许根据评级类别比较违约概率分布。在相邻评级类别之间，不同评级类别的公司违约概率分布显著重叠。

20.4 附录：评级公司的评级尺度

标准普尔		
AAA级	信用程度最高	A1级
AA级	信用程度很强	A2级
A级	信用程度良好	A3级
BBB级	信用程度充足但对不利情况敏感	B级
BB级	信用程度存在重大不确定性	C级
B级	信用程度存在较强不确定性	D级
CCC级	信用程度脆弱	
CC级	信用程度高度脆弱	
C级	尽管出现破产或类似情况，但仍可能履约	
D级	D级为无法履约；违约成为事实	
穆迪		
Aaa级	最高级	P-1级
Aa级	高级	P-2级
A级	较高级且有某些风险	P-3级
Baa级	中级；风险不明显；投机级	
Ba级	有投机因素；存在风险	
B级	还款保障较低	
Caa级	信用状况糟糕；某些债务可能违约	
Ca级	高度投机	
C级	前景极差	

① 例如，可见：Moody's Analytics (2011), Moody's market implied ratings description, methodology, and analytical applications, [104]。

第 21 章　违约模型

违约概率模型有两类。在简化模型中，违约事件被视为随机过程，发生违约是一种意外。在结构模型中，因果框架将违约概率解释为公司价值的结果，而公司价值可以通过市场价格估计出来。

违约密度模型将违约事件视为由违约密度驱动的随机过程，其中违约密度是衡量单位时间边际违约概率的参数。违约密度是根据历史违约频率进行校准而得出的。

根据结构模型，当公司资产价值低于合约规定的应偿债务时，将发生违约事件。对违约的这种解释要求对公司的资产收益率不稳定性和财务结构做出假设。违约结构模型可以被用来评估市场隐含的违约概率。这种方法很直观，因为它参考了经济基本要素，例如公司的资产负债表结构。

本章介绍了这两类模型。违约密度模型被用于推导市场利差和违约概率的理论关系以及违约的时距分布。本章详细介绍了违约结构模型的概念框架，然后介绍了如何用它推导公司预期违约概率的市场估计值。21.3 节的附录给出了根据结构模型计算违约概率的过程。

21.1　违约密度模型

违约的简化模型将违约视为一种随机过程。密度模型可以用来对罕见事件之间的时间间隔建模。这是为了反映市场价格的“跳跃”，密度模型也适用于信用风险违约。假设违约概率已知并由违约密度衡量，后者表示单位时间的违约数量。密度也被称为

"风险率"(hazard rate)。

21.1.1 密度模型

违约密度模型或风险率模型是连续时间模型。在小时段 Δt 上，密度为边际违约概率：

$$D_{t,t+\Delta t}=\lambda_t \Delta t$$

违约密度为 λ_t，它通常依赖于时间。它是用单位时间衡量的：如果单位为1年，密度就是1年中的违约概率。违约密度可以根据历史违约统计数据进行校准。相同时间间隔内的存续概率为：$1-\lambda_t \Delta t$。在连续时间内，小时间间隔 Δt 趋近于零，并被无穷小值 dt 代替。此时该模型等于所谓的罕见事件过程，即跳跃过程。在跳跃过程中，事件规模独立于时间，但发生概率随时间间隔的变长而增加。事件数量的增量要么为0，要么为1。

违约时距服从指数分布（见图21-1）。从0到 t 的投资期可以分解为 n 个相等的时间间隔，每个时间间隔的长度为 $\Delta t=t/n$。如果 λ 为固定违约率[①]，那么从0存续到 t 的概率为每个时间间隔的存续概率之积：$(1-\lambda\Delta t)^n$。随着 n 的增加，从0存续到 t 的概率有如下极值[②]：

$$S_{0,t}=\exp(-\lambda t)$$

由于指数为负号，因此存续概率为时间的减函数。

从初始日期看，t 时的远期违约概率为以存续到 t 为条件的 Δt 期间的违约概率，它等于在 Δt 内违约的概率与存续到 t 的概率之积：

$$P[\text{在}(t,t+\Delta t)\text{期间违约} \mid S_{0,t}]=\lambda\Delta t\exp(-\lambda t)$$

在小时间间隔中，这等于离散远期违约概率。

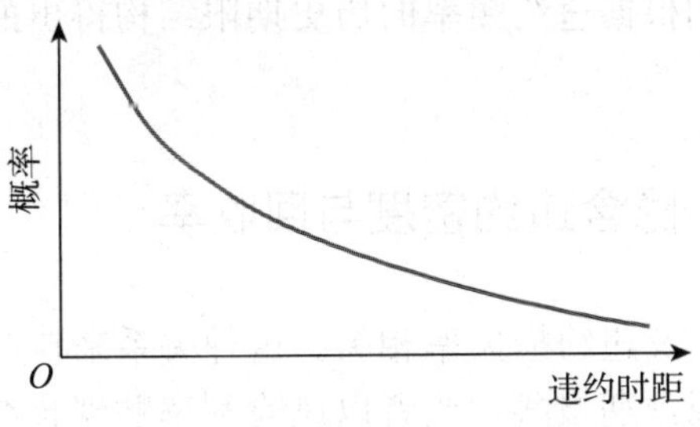

图21-1 违约时距的指数分布

两个距离较远的日期 a 和 b 之间的违约概率为 a 和 b 之间所有时间间隔上的违约概

① 随时间推移而变化的密度可以近似表示为离散时期固定，但在不同时期之间可变的密度。

② 存续概率为 $[1-\lambda\times(t/n)]^n$。当 n 增加时，式 $(1+x/n)^n$ 趋近于 $\exp(x)$。

率之和，它是概率密度的积分。[①]

$$D_{a,b}=\exp(-\lambda a)-\exp(-\lambda b)$$

用 0 代替 a，用 t 代替 b，得到 0 和 t 之间的违约概率：

$$D_{0,t}=1-\exp(-\lambda t)$$

违约时距 t 的概率为存续到 t 的概率：

$$S_{0,t}=\exp(-\lambda t)$$

违约时距遵循指数分布。随着时间趋近于无限，存续概率趋近于 0。违约时距的预期值为 $1/\lambda$，它等于违约时距的标准差。[②]

违约密度根据观察到的离散违约频率进行校准。例如，如果 1 年期违约概率为 4%，那么 1 年期存续概率为：$S_{0,1}=\exp(-\lambda 1)=\exp(-0.04)=96.1\%$。连续时间中的违约概率为：$1-96.1\%=3.9\%$。相反，与离散违约概率（10%）匹配的违约密度为：$1-S_{0,1}=90\%=\exp(-\lambda 1)$，这表示 $\lambda=10.54\%$。

与离散违约概率 $D_{0,t}$ 匹配的违约密度为：$1-D_{0,t}=\exp(-\lambda t)$。它为：

$$-\lambda t=\ln(1-D_{0,t}) \quad 和 \quad \lambda=-\ln(1-D_{0,t})/t$$

在最后一个例子中，$D_{0,1}=10\%$，$\lambda=-\ln(1-D_{0,t})/t=-\ln(0.9)/1=0.1054$。违约时距的预期值为：$1/\lambda=1/0.1054=9.488$ 年。它也是违约时距的标准差。

密度不变是一个限制性条件。分段密度模型假设一段时期内的密度不变，但允许密度在不同时段之间变化。评估期内不同时段的密度是可加的。对于从 0 到 t_1 和从 t_1 到 t_2 这两段时期，每段时期的边际违约密度分别为 λ_1 和 λ_2，两段时期的累计违约概率为每段时期的边际违约概率之和：

$$P(0<T\leqslant t_2)=\exp(-\lambda_1 t_1)+\exp(-\lambda_2 t_2)=\exp(-\lambda_1 t_1-\lambda_2 t_2)$$

分段密度模型可以用根据违约频率的历史期限结构得出的相应边际违约概率进行校准。

21.1.2 信用利差、隐含违约密度与回收率

信用利差与违约概率及违约损失率相关。这种关系来自两种不同的风险债券估值方法：以无风险利率贴现预期报酬，或者以风险利率贴现合约报酬。有一组概率能够

---

① 概率为：$\int_a^b \lambda\exp(-\lambda t)dt$。即时远期概率在两个日期之间的积分使用了变量变化 $u=\lambda t$：$\frac{du}{dt}=-\lambda$，$du=d(-\lambda t)=-\lambda dt$。我们可以对 u 而不是对 t 求积分：$\int_a^b \lambda\exp(-\lambda t)d(-\lambda t)$。当我们用 $-\lambda t$ 代替 u 时，积分限发生变化，变为：$-\lambda a-\lambda b$。代入后得到：$\int_{-\lambda a}^{-\lambda b}\exp(u)du=\exp(-\lambda a)-\exp(\lambda b)$。

② 这可以通过使用连续变量的预期公式看出来：$E[t\exp(-\lambda t)]=\int_0^\infty t\exp(-\lambda t)dt=\frac{1}{\lambda}\int_0^\infty \lambda t\exp(-\lambda t)d(\lambda t)$。

使两种估值方法给出相同结果，这些概率包含了市场投资者的风险厌恶，并且是风险中性概率。违约密度模型可以被用于阐明市场利差与风险中性违约概率及风险中性存续概率之间的关系。

在连续时间中，未来日期 t 上的贴现系数为：$D(t)=\exp(-yt)$，其中 y 为贴现率。债券价值是用风险到期收益率 y 贴现承诺报酬的结果。根据风险中性估值法，也可以用无风险利率贴现预期现金流得出债券价值。预期值是根据风险中性概率计算出来的。风险中性违约密度为 $\lambda(t)$，回收率为 R，它用占到期金额的百分比表示。

假设对连续时间环境中的一个小时间间隔进行估值。[①] 小时间间隔 Δt 由两个时点定义：t 和 $t+\Delta t$，使 Δt 趋近于 0。从 t 到 $t+\Delta t$ 的违约概率为：$\lambda\Delta t$。在相同时段内无违约的概率为：$1-\lambda\Delta t$。任何中间日期 t 的报酬在无违约情况下均为 F_t，在违约情况下均为 R。在 Δt 中，债券在 $[t，t+\Delta t]$ 期初时的价值为用无风险利率贴现存续情况下的报酬以及违约情况下的回收金额的结果：

$$V(\text{债券})=F_{t+\Delta t}\exp(-y_f\Delta t)[(1-\lambda\Delta t)+\lambda R\Delta t]$$

由于指数自变量很小，因此其一阶近似值为：$\exp(-y_f\Delta t)\approx(1-y_f\Delta t)$。展开括号中的项时，二阶项 Δt^2 被忽略，此时小时间间隔 Δt 趋近于 0，公式化简为：$1-\Delta t[y_f+\lambda(1-R)]$。

通过用风险利率对债券估值的另一种方法，可以得到与信用利差的关系。t 时的债券价值为期末报酬 $F_{t+\Delta t}$ 的贴现价值。贴现率为风险收益率，它等于无风险利率加上信用利差 s。债券价值 V（债券）为：

$$V(\text{债券})=F_{t+\Delta t}\exp[-(y_f+s)]\Delta t=F_{t+\Delta t}[1-\Delta t(y_f+s)]$$

两种替代估值方法的估值结果为：

$$\text{风险中性估值法：}V(\text{债券})=F_{t+\Delta t}\{1-\Delta t[y_f+\lambda(1-R)]\}$$
$$\text{风险收益率估值法：}V(\text{债券})\cong F_{t+\Delta t}\{1-\Delta t(y_f+s)\}$$

消去合约报酬并令这两个值相等，信用利差 s 为：

$$s-\lambda(1-R)=\lambda\text{LGD}$$

信用利差为风险中性违约密度与违约损失率（LGD）之积。它等于风险中性概率下的预期损失。这个关系式被用于推导信用利差隐含的风险中性违约密度。

21.2 违约的期权理论方法

对公司违约的一个常见观点是，公司没有产生足以偿债的自由现金流。对违约的这种观点不足以对违约建模。如果在特定时期内现金流不足以偿还债务，或者现金流

① 这受到了以下文献中的简单表述的启发：Duffie，D.，Singleton，K. J.（2003），*Credit Risk：Pricing，Measurement and Management*，[58]。违约密度在小时间间隔内不变，并且它的下标被省略了。

为负，那么可以筹集新债务或新股权。只要未来现金流足够高，可以偿还当前债务和增加的债务，那么筹集新资金就是可行的。违约现金流模型有缺陷，因为它的评估期有限：持续的现金流不足让违约变为可能，但暂时的现金流不足则不会导致违约。

公司的经济价值也被称为公司的资产价值，或被简称为资产价值，它是以资本成本贴现的未来自由现金流的现值。根据公司财务理论，公司价值为所有未来现金流的贴现值，相关贴现率为加权平均资本成本。[①] 公司价值是所有未来自由现金流的贴现值。自由现金流是经营活动产生的现金流减去强制性资本支出，因此是股东和贷款人可以获得的现金流。这表明公司价值等于债务价值和股权价值之和：

公司价值＝股权价值＋债务价值

这种期权理论方法将违约视为给定投资期内的资产相对于债务不足引发的经济事件。对违约建模的方法遵循默顿（Merton）在他的开创性论文中建立的原则。[②] 违约被视为股东持有的一种期权，它允许股东以等于债务面值的执行价格向贷款人出售资产。债务面值为需要偿还的金额，它不同于债务价值。违约期权来自股权的有限责任特征。看跌期权的基础为公司价值。

21.2.1 期权理论方法

股权价值和债务价值都随着风险的变化而变化，但它们的和为公司价值。然而，某个投资期内按合约应偿付的债务金额不会变化，它为违约期权的执行价格。如果资产价值远远高于应偿还的债务价值，那么看跌期权就属于价外期权，且没有价值。如果资产价值接近于债务价值，看跌期权就会获得价值。信用风险贷款被视为无风险贷款减去贷款人给予股东的违约看跌期权的价值。对于公司而言，负债的价值低于无风险债务的价值，其差值为违约期权的价值。

信用风险债务＝无风险债务－违约看跌期权

如果利率没有变化而资产价值发生变化，那么无风险债务的价值将不会发生变化。图 21－2 显示了资产价值变化时风险债务的价值如何变化。当资产价值远远高于债务偿付额时，债务价值趋近于无风险债务的价值。当资产价值下降并接近于债务价值时，看跌期权将获得价值。风险债务的价值下降，并随着资产价值趋近于 0 而降至 0。

从股东的角度看，违约看跌期权等于资产价值看涨期权。只要资产价值高于债务面值，股东就持有正价值。它们的价值为资产价值减去债务偿付额。根据该观点，股东持有资产价值的看涨期权，其执行价格等于债务面值（见图 21－3）。当资产价值跌到债务面值以下时，股权价值将逐渐降至 0。当资产价值远远高于债务面值时，看涨期权的价值为资产价值加上期权的时间价值。期权的时间价值为资产价值变得比现在更

---

① 加权平均资本成本为必要股权收益率和债务成本的加权平均值，其中权重为股权和债务的市场价值。

② 原始参考文献为：Merton，R.C.（1974），On the pricing of corporate debt：The risk structure of interest rates，[101]。

高时收益升高产生的额外价值。

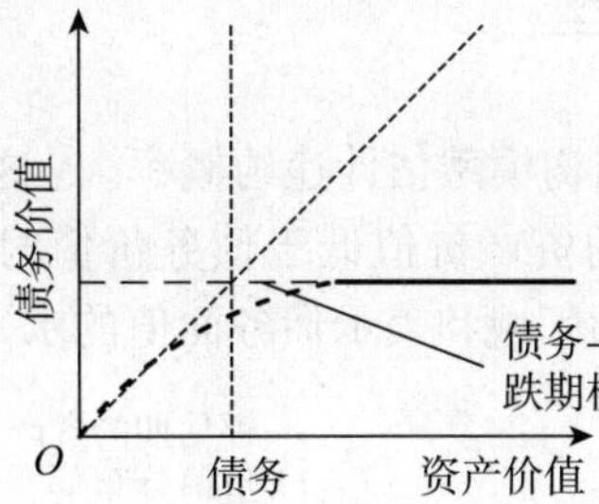

图 21－2　债务价值等于无风险债务减去违约看跌期权

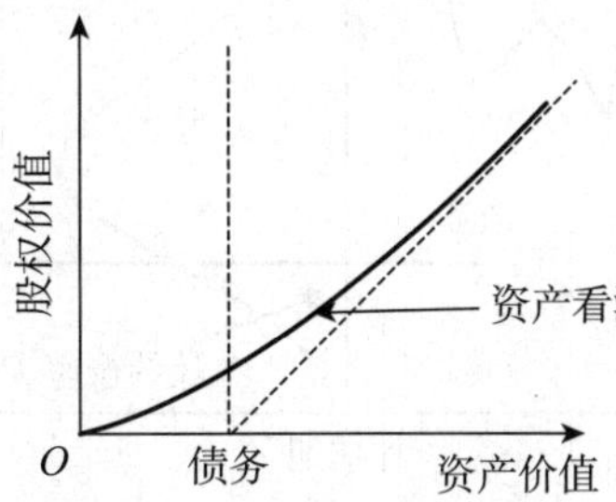

图 21－3　作为资产价值看涨期权的股权

因此，关于股权有两种观点。股东可以被视为持有资产和以相当于债务偿付额的执行价格出售资产的看跌期权。或者，股东也可以被视为持有执行价格相同的资产价值的看涨期权。这两种观点是一致的，因为看涨期权是从贷款人持有价值中减去的看跌期权的镜像。资产价值恒为股权价值和债务价值之和。在图 21－4 中，资产价值的计算方法是加总风险债务和股权在纵轴上的价值。[①] 第一条对角线表示该图中的资产价值。

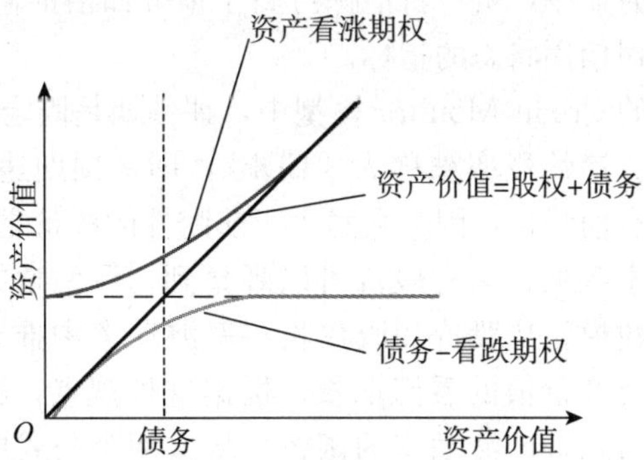

图 21－4　资产价值：资产价值的看涨期权加上无风险债务并减去违约期权

① 这是看跌期权－看涨期权等式：看涨期权的价值＋看跌期权的价值＝基础工具的价值。基础工具的价值为公司的资产价值。

21.2.2 使用违约结构模型

穆迪 KMV 公司使用违约结构模型估计违约概率。① 这个过程需要对投资期内的资产价值分布建模。当投资期内的资产价值低于债务价值时，将发生违约。资产价值低于债务价值的概率由曲线下方的区域和表示债务面值的水平线表示（见图 21－5）。

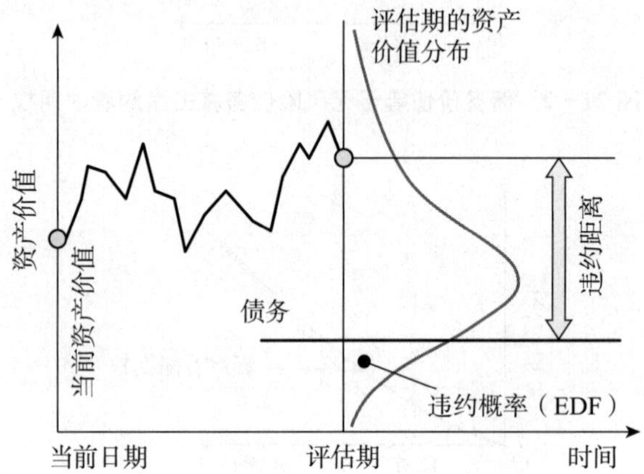

图 21－5　穆迪 KMV 预期违约概率模型

资产价值分布是由从当前资产价值开始的资产收益率随机时间路径产生的。评估期资产价值落在债务面值下方的概率为理论预期违约概率。资产价值的时间路径是随机的。时间路径有多条，每条都在评估期分布上达到某个特定值。由于短期内的资产收益率服从正态分布，因此评估期的资产价值遵循对数正态分布。如果违约只发生在评估期，那么分布将定义违约概率。

违约距离为评估期的资产价值与表示债务面值的水平线之差。评估期的违约距离越大，表示在接下来的时期中，资产价值保持高于债务面值的概率将升得越高。因此，违约距离为评估期内公司信用状态的指标。

在穆迪 KMV 公司的 Credit Monitor 模型中，评估期是固定的，应偿债务包括短期债务和一部分长期债务。违约概率被称为“EDF”，即“预期违约频率”。和历史数据不同，预期违约频率具有前瞻性，因为它隐含于前瞻性的股价之中。

资产价值是无法观察到的，只有股价可以观察到。评估期的资产价值分布必须根据上市公司的股价分布建模。从股价和股权收益率波动率中推导出资产价值变化是可行的，因为股权被视为资产价值的看涨期权。根据这种观点，股权价值和股权收益率波动率均是基础资产价值和资产波动率的函数。从这两个公式中我们可以推导出无法观察到的资产价值和资产波动率。用紧凑的记法表示为：

$$E=f[D_T, A_0, \sigma(A), T]$$

① 穆迪 KMV 模型的原则见：Kealhofer, S.（2003），Quantifying credit risk Ⅰ：Default prediction，[87] and in Kealhofer, S.（2003），Quantifying credit risk Ⅱ：Debt valuation，[88]。

$$\sigma(E)=g[D_T,A_0,\sigma(A),T]$$

在这些公式中：

T 为评估期；

D_T 为评估期的固定债务账面价值；

E 为股权的市场价值；

A_0 为日期 0 时无法观察到的资产市场价值；

$\sigma(A)$ 为资产收益率的波动率；

$\sigma(E)$ 为股权收益率的波动率。

布莱克－斯科尔斯公式适用于作为资产价值看涨期权的股权，其执行价格等于债务的账面价值，期限为 T：

$$E_0=A_0N(d_1)-D_T\mathrm{e}^{-rT}N(d_2)$$

式中：

D_T 为评估期的债务价值；

r 为无风险利率。

$N(d_1)$ 和 $N(d_2)$ 为布莱克－斯科尔斯公式的系数，它依赖于资产波动率。

第一个公式为资产价值看涨期权公式。第二个公式为根据股权价值 $\sigma(E)$ 之一推导出的资产价值波动率 $\sigma(A)$。①

21.2.3 预期违约频率模型

商业版结构模型为“穆迪 KMV 公司的 Credit Monitor 模型”。在 Credit Monitor 模型中，如果便利的期限短于评估期或者等于评估期，那么违约将发生在便利到期时。校准过程依赖于银行自有的违约数据库。银行必须拥有足够数量的违约公司，才能将违约距离与实际违约频率对应起来。银行必须定期进行拟合，以确保模型与数据实际拟合。

人们可以预期，Credit Monitor 模型的预期违约频率与公司评级对应的违约概率基本匹配。实际上，市场隐含预期违约频率往往高于根据评级类别得出的平均违约频率，但该模型确实能区分违约公司和无违约公司。预期违约频率是时点指标，其中违约频率为长期内的平均值。在理论上，市场预期违约频率应预测到评级变化。评级往往会滞后于证券信用状况的变化，这是因为它是长期导向指标。和在离散时点上调整的评级不同，预期违约频率及其影响因素被持续监测。

穆迪 KMV 公司的 Credit Monitor 模型提供了比较预期违约频率和历史违约频率所需的所有信息。预期违约频率可以用资产价值、资产波动率和违约点随时间推移的变化来解释。提供这些参数的时间序列让我们可以解释为何某家公司在给定日期违约或没有违约。图 21－6 显示了资产价值和债务面值在某些典型时间的分布线。实线表示资

① 为了推导出该关系式，需要使用伊藤引理，它给出了资产价值 A 和股权价值 E 均遵循随机过程时，函数 $A=f(E)$ 的随机过程的漂移项和波动率。股权波动率和资产价值之间的关系为：$\sigma(E)=A_0\sigma(A_0)N(d_1)/E_0$。资产波动率为：$\sigma(A)=E_0\sigma(E)/A_0N(d_1)$。

产价值，虚线表示债务偿付额，它们是时间的函数。在例 A 中，预期违约频率下降，因为杠杆下降。在例 B 中，资产价值下降，而杠杆不变，违约概率增加。在例 C 中，资产波动率随着时间的推移而增加，导致违约概率升高。所有这些变量都可以用于预测违约。当资产价值下降、资产波动率增加、违约点或杠杆增加时，预期违约频率应该增加。随着时间的流逝这些影响因素的相互影响可以用作不利评级迁移和违约的早期预警系统。

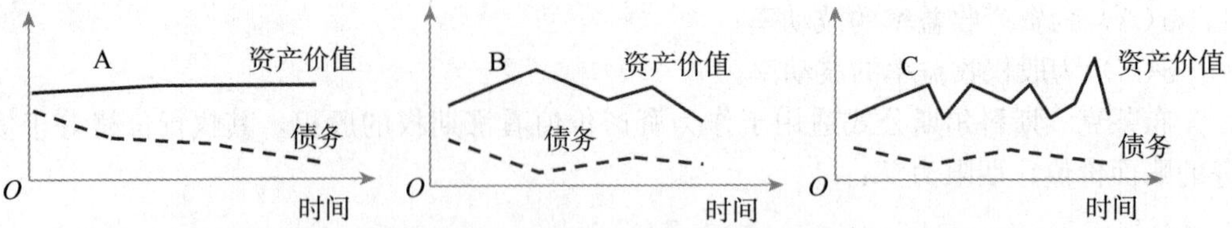

图 21-6　资产价值与债务的时间线

几项研究比较了用穆迪 KMV 公司的模型计算的预期违约频率与用其他方法（例如评分法和信用评级法）获得的类似结果。它们用累计准确性特征（即 CAP[①]）表示模型区分违约者和无违约者的效果。发表的结论表明，Credit Monitor 模型的准确性相对较高。

Credit Monitor 模型的缺点在于，它只适用于上市公司，因为它需要使用股价。穆迪 KMV 公司提供了另一个模型——“私人公司模型”，它只需要很少的私人公司信息就能够对违约风险建模。基本信息都显示在财务报表中。使用该模型需要公司所在行业和地区的记录，其原则是通过该信息代替预期违约频率。

21.2.4　违约期权的理论价值和预期违约频率

计算理论预期违约频率相对容易。这个过程需要使用违约看跌期权公式，还需要对使资产价值在评估期内为对数正态分布的资产收益率做出一般假设。21.3 节的附录用期权公式进行了示例计算。

资产现值为 A_0。评估期的随机资产价值为 A，因此 $A=A_0\exp(rT)$，其中 r 为随机连续收益率，T 为投资期。它遵循以下公式：$\ln(A/A_0)=rT$。如果收益率 r 服从正态分布，那么资产终值与资产初始价值之比服从对数正态分布。该比率的对数预期值为 $(r-\sigma^2/2)$，其波动率为 $\sigma\sqrt{T}$。

比率 A/A_0 为：

$$\frac{A}{A_0}=\exp\left[(r-1/2\sigma^2)T+Z\sigma\sqrt{T}\right]$$

在该式中，变量 Z 服从标准正态分布，比率 A/A_0 的相应分布使对数有理想的均值和标准差。

对标准正态分布变量 Z 赋值，可以获得评估期的资产价值 A。如果违约概率为

① 见第 20 章。

1%，那么当 Z 的值为-2.33时，资产价值将达到违约点。-2.33是达到违约点所需减少的 Z。Z 的绝对值 2.33 可以解释为标准正态分布变量 Z 的违约距离。它是发生违约所需下降的资产价值的标准差数量。

在给定概率下达到违约状态 d 的该比率最小值为分布的第 d 个分位数。该第 d 个分位数使 $Z<Z_d$，其中 Z_d 为标准正态分布的第 d 个分位数，表示为 $d=\Phi(Z_d)$。如果违约概率为 1%，那么 Z_d 的值为 $Z_d=\Phi^{-1}(d)=-2.326\ 3$。

当无风险连续收益率为 10%时，年收益率波动率为 30%，投资期为 1 年。根据上式，设 Z 为$-2.326\ 3$，可以推导出比率 A_d/A_0 的 1%分位数：

$$\frac{A_d}{A_0}=\exp[(10\%-30\%^2/2)\times 1-2.326\ 35\times 30\%\times 1]=40.7\%$$

当该比率为 40.7%时，公司的违约概率为 1%，即 $P(A_d/A_0\leqslant 40.7\%)=1\%$。临界值 A_d 的值也是以 1%的概率引发违约的债务价值。比率值较高的概率为迁移到无违约状态的概率。

在数学上，用 $\Phi^{-1}(d)$ 代替 Z_d，可以获得该比率和 Z 的临界值 Z_d 之间的关系：

$$\frac{A_d}{A_0}=\exp\left[(r-1/2\sigma^2)T+\Phi^{-1}(d)\sigma\sqrt{T}\right]$$

图 21－7 使用与上例相同的数据显示了资产终值与初始资产价值之比，它是资产价值分位数的函数。该比率与 40.7%之差是违约距离指标。该图给出了比率值高于 40.7%时最终信用状态的违约概率。反过来，该图显示了用占初始资产价值百分比表示的不同债务临界值的违约概率。例如，如果违约点上的比率 A_d/A_0 为 100%，那么违约概率就接近于 70%。

给定临界点 A_d/A_0，用占初始资产价值的百分比表示的违约概率 d 为：

$$\Phi^{-1}(d)=\frac{\ln(A_d/A_0)-(r-\sigma^2/2)T}{\sigma\sqrt{T}}$$

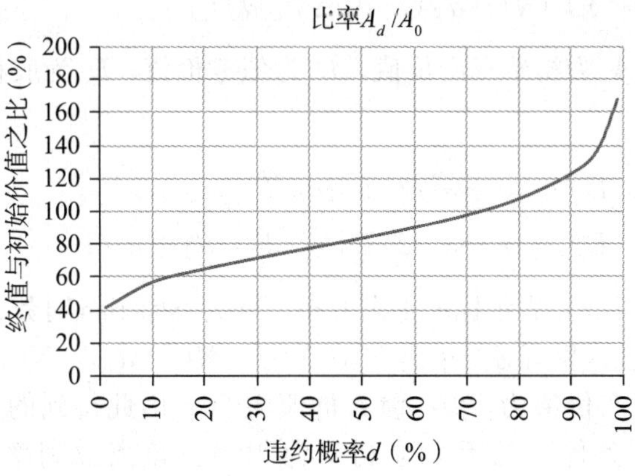

图 21－7　资产终值与资产初始价值之比的分位数

注：预期收益率为 10%，波动率为 30%，投资期为 1 年。

给定 A_d，违约概率为：

$$d=\Phi\left[\frac{\ln(A_d/A_0)-(r-\sigma^2/2)T}{\sigma\sqrt{T}}\right]$$

21.2.5 默顿模型的变形

默顿模型的某些变形表明，当资产价值低于预先规定的债务价值时将出现违约，还有些变形将该模型的范围扩展至其他变量。

默顿模型的一个优点是，它是前瞻性的。它的另一个优点是，资产价值反映了所有未来自由现金流的现值。因此，只要公司有足够的增长潜力，单独一笔负现金流就不能让公司倒闭，日积月累的现金外流也不能让公司倒闭。

穆迪 KMV 公司的模型有缺陷。它假设只有在给定评估期内才会发生违约，此时资产价值低于债务价值。在实际中，违约可能发生在资产价值的时间路径与违约点交叉的任何时间。实际情况也比将债务当作子弹型债券更复杂。实际上，与利率和违约风险相关的资产价值和债务价值均遵循随机过程。此外，在该模型的商业应用中，债务价值结合了短期债务和一部分长期债务。这只是实际债务偿付时间结构的一个替代指标。

21.3 附录：违约看跌期权的估值

标准布莱克-斯科尔斯公式适用于为资产的看涨期权估值或为股东的看跌期权估值。拥有相同基础工具、执行价格为 D、投资期为 T 的看涨期权和看跌期权的布莱克-斯科尔斯公式为：

$$C_0=A_0N(d_1)-D\exp(-rT)N(d_2)=E_0$$
$$P_0=D\exp(-rT)N(-d_2)-A_0N(-d_1)$$

在这些公式中，A_0为初始资产价值，D 为债务价值，E_0为股权价值，r 为无风险利率，d_1和 d_2为：

$$d_1=[\ln(A_0/D)+(r+\sigma^2/2)T]/\sigma\sqrt{T}$$
$$d_2=[\ln(A_0/D)+(r-\sigma^2/2)T]/\sigma\sqrt{T}=d_1-\sigma\sqrt{T}$$

在这些公式中，$N(x)$ 表示标准正态分布，ln 为 Neperian 对数、波动率 σ 为随机资产收益率的波动率。在这里有必要指出 $N(d_1)=1-N(1-d_1)$，$N(d_2)=1-N(1-d_2)$。

这个例子假设资产价值为 100，债务价值为 50，因此得到的杠杆比率（债务/股权）为 1。离散复利条件下的无风险利率为 10%。该离散利率等于连续利率，为 9.531%。评估期的资产价值为：

$$A=A_0\exp[(r-{}^1\!/_2\sigma^2)T+\sigma\sqrt{T}Z]$$

违约条件暗示 Z 小于 Z_d，从而使：

$$Z_d=\frac{\ln(D/A_0)-(r-{}^1\!/_2\sigma^2)T}{\sigma\sqrt{T}}$$

变量 Z_d 等于 $-d_2$。① 违约距离等于 d_2，即布莱克－斯科尔斯公式的自变量。违约概率为 Z 小于或等于违约距离的概率。由于 Z 服从标准正态分布，因此它也为：

$$(Z\leqslant Z_d)=N(-d_2)$$

由于 $N(-d_2)$ 仅依赖于杠杆，因此它对资产和债务的绝对规模不敏感。看跌期权的价值 P_0 可以转化为：

$$P_0=[D-A_0N(-d_1)N(-d_2)]N(-d_2)$$

括号中的第一项可以解释为贷款人违约成本的现值。它是违约概率 $N(-d_2)$ 与低于账面价值 D 的债务价值之积。其差值为违约时的预期损失，它等于上式的第二项。该预期损失为以违约为条件的预期资产价值。② 由于引发违约的资产价值等于日期 1 时的债务价值，因此它仍为正，因此贷款人收回了以违约为条件的预期资产价值。

使用这些公式，通过一个例子可以计算出预期违约频率和违约的看跌期权价值（见表 21－1）。在日期 0，债务的账面价值为 50，资产价值为 100，在 $T=1$ 时的执行价格为 50。股权波动率为 28.099%。由该值计算出预期违约频率为 1%（见表 21－2）。这足以推导出所有中间值，如表 21－1 所示。

表 21－1　　　　作为资产价值看涨期权以及违约看跌期权的股权价值

预期违约频率公式的组成要素	数值
$\ln(A_0/D)$	0.597 84
$(r+\sigma^2/2)T$	0.134 79
$(r-\sigma^2/2)T$	0.055 83
$d_1=[\ln(A_0/D)+(r+\sigma^2/2)T]/\sigma T^{0.5}$	2.607 33
$d_2=[\ln(A_0/D)+(r-\sigma^2/2)T]/\sigma T^{0.5}$	2.326 35
$N(d_1)$	0.995 44
$N(d_2)$	0.990 00
资产看涨期权 $=A_0N(d_1)-D\exp(-rT)$	50.043 74
看跌期权 $=D\exp(-rT)N(-d_2)-A_0N(-d_1)$	0.043 74

注：表中数值四舍五入到五位小数。

股权的理论价值 E_0 可以作为看涨期权被估值，根据上述数据，该值为 50.043 74。

① 这可以通过改变公式中的符号看出来：

$$-Z_d=\frac{-\ln\left(\frac{D}{A_0}\right)-\left(r-\frac{\sigma^2}{2}\right)T}{\sigma\sqrt{T}}=\frac{\ln\left(\frac{A_0}{D}\right)-\left(r-\frac{\sigma^2}{2}\right)T}{\sigma\sqrt{T}}=d_2$$

② 它类似于 E-VaR 或以资产价值低于债务价值为条件的预期损失价值。

由于资产价值有升值的潜力，因此它高于 50（没有看跌期权时的股权价值）。股东的收益等于债权人的预期损失，它等于看跌期权的价值，即 0.043 74。

我们还可以得出各种信用统计数据。违约距离 $d_2=2.326\ 35$。预期违约频率 $N(-d_2)=1\%$。由于发生违约时资产价值仍为正，因此还有预期违约回收金额。预期违约回收金额为看跌期权价值的第二项，即 $A_0N(-d_1)/N(-d_2)$。违约损失为回收金额与债务价值（50）之差，即 4.374 4。预期损失为违约损失乘以违约概率 1%。

表 21-2　　预期违约频率和债务损失

违约距离 $=d_2$	2.326 35
违约概率 EDF $=N(-d_2)$	1.000 005%
预期债务回收额	45.625 65
违约损失（LGD=50－回收额）	4.374 35
预期损失：$N(-d_2)\times 45.625\ 651$	0.043 74

债务价值为账面价值减去日期 0 时的看跌期权价值：50－0.043 74＝49.956 26。隐含股权价值的波动率可以根据以下关系式得出：

$$\sigma(E)=A_0\sigma(A)N(d_1)/E_0=(100\times 28.099\%\times 0.995\ 44)/50=55.940\ 8\%$$

股权波动率远远高于资产波动率，这是由杠杆效应造成的。该式说明了如何从股权价值和股权波动率倒算出资产价值和资产波动率。这些参数中只有一对值符合所有公式的结构。

该模型给出了风险债务的价值，它低于无风险债务的价值，差额为看跌期权价值。这让我们可以确定适用于风险债务的理论信用利差。

当无风险利率为 10%时（离散复利），面值为 50 的债务要求在日期 1 偿还 55。存在某个贴现率，使日期 1 上 55 的现值等于调整违约风险后的现值 49.956 26。较高的贴现率和无风险利率之差为信用利差。使用连续贴现，令 55 等于债务现值的风险收益率为：

$$49.956\ 26=55\exp(-yT)$$

此时，风险收益率 $y=9.618\ 5\%$。该收益率高于无风险连续利率 9.531 0%，后者等于 10%的离散利率。它们的差为信用利差，即连续复利率 0.087 5%，或 8.7 个基点。

第 22 章　交易对手的信用风险

交易对手的信用风险是一方发生债务违约，使合约双方都面临损失时存在的一类信用风险。场外衍生工具合约尤其容易产生交易对手风险，但交易对手风险也存在于证券支持的融资交易中。贷款产生的信用风险是单向的，且在险金额不受市场影响。衍生工具产生的信用风险是双向的，且在险金额受市场影响。互换合约是典型的例子。收入大于支出的一方面临交易对手风险。但是哪方持有正价值、正价值有多大，则受市场因素的影响。

确定衍生工具的敞口需要对衍生工具的潜在敞口建模。本章讨论了敞口的不确定性和衍生工具合约潜在敞口的衡量。一个简化例子说明了如何估计给定投资期内、给定概率上的利率互换潜在敞口。本章最后总结了《巴塞尔协议》关于敞口和信用价值调整的规定。

22.1　信用敞口

交易对手风险通常存在于受市场影响的敞口中①，例如当双方交易证券时。回购交易涉及交易证券以借入现金，借入方同意在某个未来日期回购证券。现金借款人实质上是将证券抵押以支持贷款，现金贷款人应在交易完成时返还证券。现金贷款人是证

① 关于交易对手信用风险，可以参考不同文献，例如以下著作：Gregory，J.（2010），*Counterparty Credit Risk*，[72]。

券借款人，而现金借款人是证券贷款人。证券价值将有一个估值折扣，以减少证券价值跌至低于所交换现金的概率。尽管证券是流动性的且价值相对稳定，但仍存在交易对手风险，因为现金借款人面临现金贷款人无法返还证券的风险。在证券借贷中，证券被用于交易其他证券，并会出现类似情况。

但大部分交易对手风险都来自衍生工具。衍生工具合约通常是由双方在场外（OTC）签订的合约。衍生工具包括货币互换、利率互换、期权和其他上述工具的组合。互换基于不同的利率交易利息流或不同货币流。期权允许以规定价格买卖资产。在互换中，敞口根据市场变化从一方转移给另一方。在所有情况下，敞口的规模和符号都受市场变化的影响。

根据互换持有方收到的金额高于还是低于其支付给交易对手的金额，利率互换可能为正值，也可能为负值。假设一家银行持有收取固定利率、支付浮动利率的互换合约。如果浮动利率足够低，这家银行就是利息流的净收入者。此时，互换为正值，且类似于资产。相反，互换对于另外一方而言为负值，且类似于负债。在发生违约事件时，有正敞口的一方面临损失，损失金额等于重置合约的成本。根据市场变化，一方合约价值的符号和规模会发生变化。

期权仅对买方可能为正值。买方面临着卖方不履行承诺的风险和期权处于价内的信用风险。对于期权卖方而言，期权合约为或有负债，敞口恒为零。

交易对手风险可以通过不同方法来降低。轧差和担保品协议都是实现该目的的常用工具。国际互换与衍生工具协会（ISDA）主协议允许对各敞口轧差，并仅交换各方应付或应收的净现金流。例如，如果 A 和 B 有两笔交易，变现价值为 50 和－20，那么风险敞口为轧差价值，即＋30。在没有轧差协议的情况下，只有正变现价值有风险且风险为＋50，而第二笔交易的风险为 0。

根据担保品协议，现金或证券被抵押给有正敞口的一方。理论上，担保品降低了需要调整担保品水平的时期的敞口。中央清算所等有组织市场上的交易消除了大多数交易对手风险。每日的追加担保品要求限制了日价值波动风险，因为任何价值损益都被提交给清算所。在场外市场上，风险将存在至工具到期。不管未来敞口来自期权还是互换，都必须对未来敞口建模。当前风险为工具的当前盯市价值（如果该盯市价值为正），但未来敞口是未知的。问题是根据市场参数情况估算衍生工具的潜在正价值。[①]

22.2 潜在未来敞口

潜在未来敞口（PFE）是在到期前所有未来时点上，给定置信水平的正敞口上界的时间分布线。从风险角度看，可以假设风险因素产生负漂移并最大化衍生工具的潜在价值，从而估计潜在敞口。交易对手应该采取相同做法。

潜在敞口的时间分布线的形状取决于合约性质。当只有在到期时有一笔现金流交

① Cooper，I.，Mello，A.（1991），The default risk of swaps，[47]．Pykhtin，M.，Zhu，S.（2007），A guide to modelling counterparty credit risk，[117]，它们对这种方法提供了有价值的综述。

易时，风险因素的漂移才遵循扩散过程，并在到期时有最大影响。货币互换就是这种情况，汇率漂移随着时间的推移而可能增加。还有些合约（例如利率互换）存在摊销效应——剩余现金流的数量随着时间的推移而减少。扩散效应和摊销效应趋于彼此抵消。当摊销发生在早期时，潜在敞口随着时间的推移而增加，当以摊销效应为主时，价值开始下降。到期时，变现价值变为 0。利率互换价值的最大偏离发生在现在和到期日之间的某个时间。峰值出现在剩余期限的三分之一和一半之间。图 22-1 显示了没有摊销效应（图 a）和有摊销效应（图 b）时的潜在未来敞口的时间分布线。

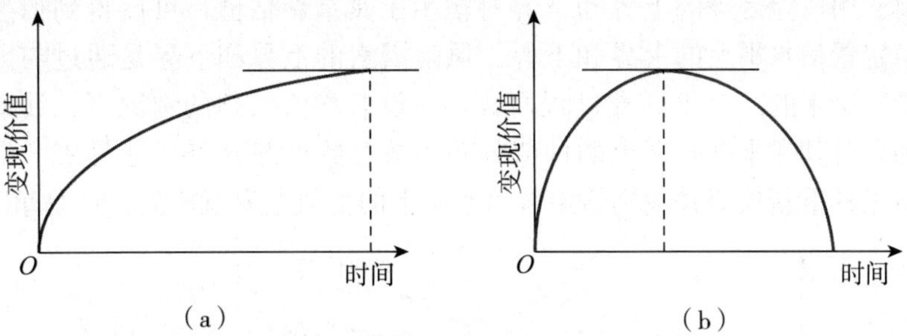

图 22-1　潜在未来敞口的时间分布线

22.3　衍生工具的信用风险：方法

1993 年，二十国集团规定了监测场外衍生工具信用风险的框架。三十国集团报告建议使用能更好地评估不确定敞口的方法，并提出了对衍生工具组合在长期内的潜在价值偏离建模的框架。该报告建议，将潜在正敞口建模为选定时点上的投资组合的价值上限，直至工具到期。价值的潜在漂移被定义为不超过一小部分结果（置信水平）的值。

这种方法给出了衍生工具潜在正价值的时间分布线，而衍生工具潜在正价值是持续更新的。这种随时间变化的敞口可以被当作“信用等价物”处理，或者被当作贷款。对于可以将衍生工具价值漂移建模为基础风险因素的函数的银行，这种方法是它们现在的标准做法。

根据标准术语，当前价值为当前风险，潜在风险是正敞口的潜在向上偏离。任何时点上的整体风险均为当前风险和潜在风险之和。

潜在敞口被定义为在到期前每个时点上，给定置信水平上的变现价值上界。[①] 在构建潜在敞口时，要求对工具未来价值在不同时点上的分布建模，从中可以推导出最差情况敞口。

估值适用于对工具组合——轧差合约范围内的衍生工具组合——进行轧差。在轧差合约中，工具的负值和正值相互抵消。投资组合依赖于许多风险因素，工具的偏离是相互依赖的。风险因素的变化应符合其依存结构，且应该对投资组合的终值建模，

① 《巴塞尔协议》监管规定中包含了相关指引，例如《巴塞尔协议 2》的文件，[21]。

正如对市场在险价值（VaR）建模那样。

要使方法准确，就需要进行模拟，包括对非线性工具进行完全重新估值。这种方法产生了每个未来日期上的投资组合价值分布。给定置信水平上的上限可以根据该分布得出。投资组合的构成随着时间的推移而变化。某些衍生工具的价值在到期时消失。期限差异导致时间分布线的非单调上升和非单调下降。

对于单笔交易而言，这个问题更容易解决，然而某些工具可能依赖于多个因素。当存在一个对工具价值影响最明显的风险因素（例如利率互换的浮动利率）时，处理起来很简单。用风险因素的上界和下界对衍生工具重新估值，可以得到衍生工具的未来价值在给定置信水平上的上界和下界。风险因素的上界和下界是通过与因素相关的扩散过程推导出来的。对于标准过程而言，在没有均值回归的情况下，波动率随时间平方根增加，且其在未来日期上的价值分布服从对数正态分布（见图 22-2）。一旦分布已知，对工具重新估值并找到给定置信水平上的价值上界就成为一件易事。

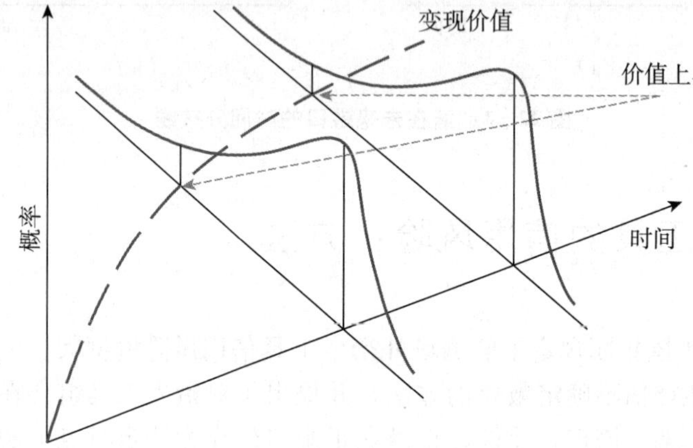

图 22-2 未来价值的分布及其上界

22.4 计算利率互换的潜在未来敞口

在简化假设下，可以计算出利率互换的潜在未来敞口。以一个 4 年期利率互换为例，它的名义金额为 1 000，收取固定利率，支付浮动利率。其收益率曲线是平坦的。固定利率为 10%，且在初始日期等于浮动利率。初始时利率互换的价值为 0。日期均为年末。1 期后，浮动利率跌至 8%，互换的当前价值为正。

在为互换定价时，可以将其看作由两只债券组成的投资组合，多头为固定利率债券，空头为浮动利率债券，两只债券期限相同。两只债券的本金支付在开始和到期时抵消，只进行利息流交换。利息在年底支付。不确定性的主要来源是浮动利率。

如果利率发生变化，那么只有固定利率方的价值发生变化，浮动利率方的价值仍为面值。为了重新对多头估值，需用现行利率贴现当前日期之后的未来现金流。减去浮动利率方的固定价值，可以重新计算出互换价值。[①] 期初的互换价值为 0。如果浮动利率下降，那么互换价值将升高，其正值的上界对应浮动利率的下界。

在本例中，假设达到日期 1 时的利率为 8%，所有日期均用该新利率计算互换的价值（见表 22-1）。在计算中，假设当前时期的现金流已经进行交换，只应贴现后续现金流。[②] 在日期 1，互换存在正值，为 51.54。之后，从日期 1 看的价值将发生变化，因为互换被摊销，贴现的现金流减少。这些价值的时间分布线为当前的互换敞口。

表 22-1　　当前利率下的互换价值的时间分布线[a]

日期	1[b]	2	3	4
固定利率方的现金流	100	100	100	1 100
当前利率（%）	8	8	8	8
固定利率方的价值	1 051.54	1 035.67	1 018.52	0
互换价值（固定利率方的价值－1 000）	51.54	35.67	18.52	0

a. 得到的价值为固定利率债券的净值减去浮动利率债券的面值 1 000。其价值等于以当前利率仅贴现利息流得到的价值。

b. 日期 1 时的价值为日期 1、日期 2、日期 3 和日期 4 之后的现金流贴现值。相同的规则也适用于其他日期。

当浮动利率下降时，互换的正价值增加。为了得到潜在敞口，应该根据日期 2、日期 3 和日期 4 的波动率，适用利率的下降漂移。从日期 1 开始，当浮动利率为 8%时，可以对该利率施以市场冲击，从而推导出未来价值。如果冲击为正态分布，那么未来利率的分布就服从对数正态分布。[③]

为了推导出利率下限，假设随机冲击的年波动率为当前利率的 20%。用于确定利率下限的置信水平为 2.5%。如果我们为简化起见忽略利率的均值回归，那么随机冲击的波动率就遵循时间平方根原则。随机冲击为：$z\sigma_1\sqrt{t}$。z 的值为与 2.5%的置信水平匹配的日期 t 上的波动率乘数，即－1.96。日期 t 上的利率下限为：$i_t=i_0\exp(z\sigma\sqrt{t})$。

表 22-2 显示了利率下限的时间分布线。因为现在为日期 1，所以年波动率是从日期 2 开始使用的。日期 2 上的利率冲击为：－1.96%×20%＝－39.20%。相应的利率下限为：8%exp(－39.20%)＝5.41%。[④]

表 22-2　　利率下限的时间分布线

日期	1	2	3	4
时间的平方根（相对于 1）		1.00	1.41	1.73
波动率 $\sigma\sqrt{t}$（%）		20.00	28.28	34.64
冲击（$z\sigma\sqrt{t}$，$z=-1.96$）（%）		－39.20	－55.44	－67.90
利率的下限：8% $\exp(z\sigma\sqrt{t})$（%）	8.0	5.41	4.60	4.06

① 通过用新利率贴现固定利率方产生的利息流减去用新利率贴现浮动利率方产生的利息流，可以对互换重新估值。两种计算方法是等同的。

② 敞口在支付利息之前增加，并在支付利息之后立即减少，减少金额为交换的利息金额。

③ 这是假设没有均值回归的情况。不管冲击大小如何，对数正态分布都保持利率为正。

④ 见第 11 章中关于价值为对数正态分布时的随机冲击公式。

互换价值的变化为其固定利率方的价值变化。表 22-3 显示了使用市场利率下限得到的固定利率方的价值。互换价值的上界为固定利率方减去浮动利率方的净值，即 1 000。表中的计算表明互换价值在当前日期没有变化，为 51.54，但之后日期上的互换价值高于当前的风险曲线。这组新价值组成了潜在敞口的时间分布线。潜在风险包含了利率互换的典型形状。它首先增加，然后下降至 0（见图 22-3）。

实际模拟需要确定不同时点上的整条收益率曲线，它依赖于利率模型，并需要使用短期利率的均值回归过程。

表 22-3　互换的潜在未来敞口

日期	1	2	3	4
固定利率方的现金流	100.00	100.00	100.00	1 100.00
当前利率（%）	8.0	5.41	4.60	4.06
固定利率方的价值	1 051.54	1 084.94	1 051.67	0
互换价值（固定利率方的价值－1 000）	51.54	84.94	51.67	0

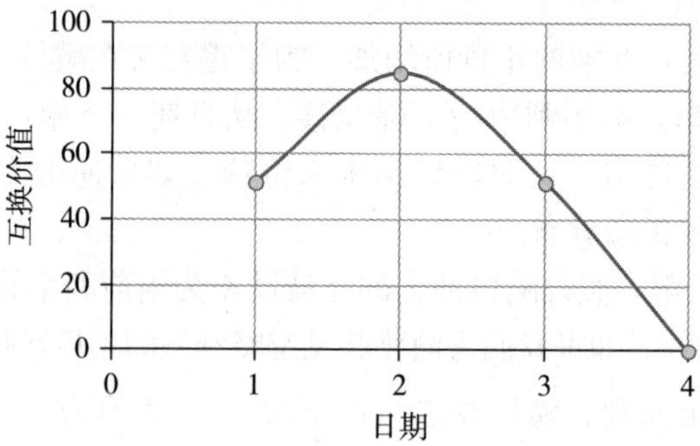

图 22-3　互换潜在敞口的时间分布线

22.5　交易对手风险的监管规定

交易对手信用风险的监管规定明确了潜在敞口指标，它在《巴塞尔协议 2》信用风险框架中被用作信用等价物，并在《更具适应力的银行与银行体系的全球监管框架》（A global regulatory framework for more resilient banks and banking systems，发布于 2010 年 12 月，修订于 2011 年 6 月，[24]）的市场风险监管规定中被用作信用价值调整（CVA）的等价物。

22.5.1　敞口

根据当前的敞口计算方法，敞口被定义为衍生工具的当前价值与附加项之和，后者衡量了与当前价值的潜在正偏离。附加项的计算结果为面值的某个百分比。监管附加项依赖于基础工具的性质和期限，用占名义金额的百分比表示。在轧差协议中，可以确认抵消效应。加总轧差协议中和不同轧差协议之间的附加项不反映风险因素之间的依赖性。

根据内部模型法，银行可以通过模拟为潜在敞口建模并解释风险因素的依赖性。潜在未来敞口为敞口模型在每个时点的某个置信水平上（通常为 97.5%）的分布上分位数。当对敞口建模时，可以将不同风险指标作为监管指标。

某个时点上的预期敞口为任何日期上的分布预期价值的正价值部分。用于监管的预期正敞口（EPE）是一个不同的统计数据。它是此类预期敞口的时间加权平均值。例如，如果在某个时间段 t_1 的敞口为 E_1，在另外一个时间段 t_2 的敞口为 E_2，那么预期正敞口为：$\mathrm{EPE}=(E_1t_1+E_2t_2)/(t_1+t_2)$。在计算预期正敞口时，期限应取为 1 年。实际预期正敞口（EEPE）为两个相邻时点的敞口的最大值：$\mathrm{EEPE}_t=\max(\mathrm{EPE}_t, \mathrm{EPE}_{t-1})$。该定义的原理是，敞口不应在计算期内由于摊销效应而下降。这条规则相当于假设短期敞口在 1 年计算期内滚动。

最后，EEPE 增加了 1.4 倍或按模型算出的倍数，后者的下限为 1.2 倍。EEPE 为一个数字，它将敞口作为确定性指标来衡量，并取代了随机敞口。该乘数衡量了基础敞口的随机变化产生的高于 EEPE 的超额敞口。

《巴塞尔协议 3》保留了《巴塞尔协议 2》的预期敞口定义①，但现在应该用参数（例如波动率和相关性）对潜在敞口建模，并使用从 3 年投资期中选择的 1 年压力期数据。这项要求解除了对资本要求在低市场波动率时期过低的担心，并将提高支持这些敞口的资本。由于参考的是压力期而非当前时期的情况，因此它将降低顺周期性。此外，它还能鼓励场外衍生工具合约转移到中央交易对手和交易所。

22.5.2 信用价值调整

标准的衍生工具估值方法是以 Libor 曲线贴现所有的未来现金流，而不考虑交易对手风险。但真实价值必须包含交易对手违约造成损失的可能性。如果另一方违约，持有正价值工具的实体将仅获得能收回的部分。工具价值为没有交易对手风险时的价值减去调整项，即信用价值调整（CVA）。②

CVA 费用为预期损失，它应该被视作为符合会计准则而提取的前期准备金。预期损失为合约所有剩余时期中所有预期损失的现值。在某个未来时期的预期损失是违约概率、敞口和违约损失率（LGD）之积。

---

① Basel Ⅲ：A global regulatory framework for more resilient banks and banking systems，2010，[24].

② 关于信用价值调整的详细分析，参见：Gregory，J.（2012），*Counterparty Credit Risk and Credit Value Adjustment：A Continuing Challenge for Global Financial Markets*，[73]，or Brigo，D.（2012），Counterparty risk FAQ，credit VaR，PFE，CVA，DVA，closeout，netting，collateral，re-hypothecation，WWR，Basel，funding，CDS and margin lending，[35]。关于交易对手信用风险与定价的全面处理，参见：Brigo，D.，Morini，M.，Pallavicini，A.（2013），*Counterparty Credit Risk，Collateral and Funding：With Pricing Cases for All Asset Classes*，[38]。

CVA 费用＝贴现预期敞口×DP×LGD

衍生工具有一个根据模型计算出来的敞口，它随着时点的变化而发生变化。预期损失为两个相邻时点之间每期的预期损失的现值。根据信用利差可以推导出违约概率：利差＝DP×LGD。在使用利差时，相应的概率为根据市场价格推导出的概率。这些市场隐含概率为风险中性概率。

22.5.3 信用价值调整的监管规定

信用价值调整随着信用风险市场价格（由信用利差衡量）的变化而变化。CVA VaR 解释了预期价值的潜在不利偏离。敞口价值的潜在变化是用信用利差的波动率建模的。CVA VaR 是利差变大导致的潜在价值损失，此时只有利差被视为是随机的，而保持敞口和违约损失率固定。[①]

新的信用价值调整资本附加值是基于 1 年投资期和 99%的置信水平。计算信用价值调整时的敞口水平是交易对手违约时的总敞口（EAD），期限为与交易对手轧差时期限最长的工具的期限。交易对手敞口表示为零息债券。该 VaR 模型仅限于交易对手信用利差的变化，没有对信用价值调整对其他市场因素（例如基础资产价值、商品价值、汇率或衍生工具利率）变化的敏感度建模。

当银行无法使用内部模型时，应该使用信用价值调整附加值的监管公式。新的监管规定还包括对错误方向风险的资本要求。如果交易对手的信用状况恶化，那么敞口增加时将产生错误方向风险。[②] 衍生工具的错误方向风险不能忽略，因为它是金融危机期间的损失来源。当交易对手违约风险和交易对手敞口可以同时变化时，错误方向风险将显现。一个著名的例子就是 AIG 金融产品（AIG Financial Products）公司破产前提供的信用风险保险买方的敞口，它的形式为信用违约互换。随着 AIG 售出的信用保险越来越多，无法履行对买家相应的巨额承诺的可能性也增加了。随着金融业的信用风险膨胀，买方对 AIG 的敞口增加，同时对 AIG 自己的违约概率也在增加。当 AIG 违约时，AIG 的错误方向风险就显现出来了。

为了在计算信用价值调整时考虑错误方向风险，监管机构对资本要求进行了调整。用被称为 α 的乘数（设为 1.4，且由银行建模时不小于 1.2）乘以违约敞口，就可以实现调整。

---

① 信用价值调整的监管规定最初是在《巴塞尔协议 3》文件（2010）中提出的，[24]。

② 关于错误方向风险，参见：Hull，J.，White，A.（2012），CVA and wrong-way risk，[80]，or Rosen，D.，Saunders，D.（2012），CVA the wrong way，[121]。

第 23 章 信用事件的依赖性

信用事件具有依赖性。信用投资组合模型和推导信用风险的损失分布要求对信用事件的依赖性建模。在便利或借款人水平上，需要用类似方法评估第三方担保的价值。

信用事件之间的依赖性可以用它们之间的相关性衡量，或者用两个债务人的联合违约概率衡量。根据结构性方法，公司的资产价值是影响公司信用状况之间依赖性的因素。这种方法提供了推导信用事件之间的依赖性的方法。

本章说明了信用事件之间的相关性已知时，如何推导出联合违约概率，以及结构模型如何提供依赖性指标的优质解决方案。

23.1 使用离散变量的联合违约概率

担保人和直接借款人之间的第三方担保会使两家公司的信用风险之间产生依赖性问题。在替代规则下，如果担保人的信用状况优于借款人之一，风险将转移给担保人。这条规则表明，相关违约概率是担保人的违约概率，但经济状况与之不同。违约只产生在双方都违约时，且相关违约概率为担保人和借款人的联合违约概率。如果双方的信用风险独立，那么联合违约概率就是两个违约概率之积。通常，信用事件具有正相关性，因为它们依赖于经济条件或行业条件，或者因为双方存在经济联系。它们的联合违约概率高于独立情况下的违约概率，并依赖于违约之间的相关性。

第三方担保的风险迁移效应来自赋予直接借款人的违约概率向借款人与担保人的联合违约（即“双重违约”）概率的“转换”。迁移效应来自双重违约概率低于借款人的单独违约概率。然而，当正依赖性升高时，双重违约概率也将增大。例如，相同行业的借款人公司提供的担保价值可能低于不同行业的公司提供的担保价值。

通常，联合概率 P_{XY} 为两个随机事件 X 和 Y 同时发生的概率。条件概率，即 $P_{Y|X}$，为假设发生事件 X 时观察到事件 Y 的概率。贝叶斯法则给出了事件 X 和事件 Y 均发生时的联合概率与给定事件 X 发生时事件 Y 的条件概率之间的关系：$P_{XY}=P_X P_{Y|X}$。当 X 和 Y 独立时，联合概率简化为其标准概率之积，且条件概率等于标准无条件概率。

根据条件违约概率或信用事件之间的相关性，可以量化双重违约概率。当 B 公司发生违约的同时 A 公司的违约概率升高时，A 公司和 B 公司的违约事件之间存在正相关性。

假设有两家公司，A 公司和 B 公司，违约概率分别为 P_A 和 P_B。联合违约概率为 P_{AB}，以 A 公司违约为条件的 B 公司违约概率为 $P_{B|A}$。假设 A 公司和 B 公司的无条件违约概率分别为 1%和 2%，但当 A 公司违约时，B 公司的违约概率升至 10%。该条件概率远远高于 B 公司的无条件违约概率，因为 B 公司的情况依赖于 A 公司的情况。用条件概率表示为：$P_{B|A}=10\%$。联合违约概率变为：

$$P_{AB}=P_{B|A}P_A=10\%\times1\%=0.1\%$$

这远远高于 0.02%，即违约独立时的联合违约概率。

这种情况表明 A 公司和 B 公司的违约事件之间存在强相关性。相关系数表明，条件概率不同于无条件概率，反之亦然。相关系数和条件概率彼此相关，但它们并不等同。条件概率的范围为（0，1），而相关系数的范围为（−1，+1）。

A 公司和 B 公司这对债务人的联合违约概率依赖于代表其违约事件的变量之间的相关性。A 的违约变量被定义为：A 公司违约时 $1_A=1$，否则 $1_A=0$，概率分别为 P_A 和（$1-P_A$）。类似的违约变量为 B 公司的 1_B，它的值为 1 和 0，概率为 P_B 和（$1-P_B$）。下式表明，A 公司和 B 公司的联合违约概率为：

$$P_{AB}=P_AP_B+\rho\sqrt{P_A(1-P_A)P_B(1-P_B)}$$

该式显示，只要相关系数为正，联合违约概率就大于违约概率之积。

计算该公式的离差需要使用标准统计公式。联合违约概率 P_{AB} 为两个违约变量之积的预期值，其值为 0 或 1，因为只有当两个变量的值均为 1 时，才会发生双重违约。变量 X 和变量 Y 之积预期值的一般公式为：$E(XY)=\text{Cov}(X, Y)+E(X)E(Y)$。用 1_A 表示 X，用 1_B 表示 Y，下式成立：$E(1_A)=P_A$，$E(1_B)=P_B$，$\text{Cov}(A, B)=\rho\sigma(1_A)\sigma(1_B)$，其中 $\sigma(1_A)$ 和 $\sigma(1_B)$ 为 1_A 和 1_B 的标准差，ρ 为它们的线性相关系数。这些标准差为 $\sqrt{P_A(1-P_A)}$ 和 $\sqrt{P_B(1-P_B)}$。由此可以得到联合违约概率的公式。

联合违约概率随着违约事件之间的正相关性的增加而增加，但相关系数和无条件违约概率都有界限值。直观上，完全相关系数 +1 表示 A 和 B 一起违约，这只有在违约概率相同时才可能发生。如果一家公司从未违约，那么它和任何其他高风险交易对手都完全不相关。这表明相关系数和联合违约概率均为 0。结果是，正相关系数无法取 0～1 范围内的所有值。

违约事件之间的依赖性可以建模为联合违约概率或以另一家公司违约为条件的违约概率。如果相关系数已知，则可以得出条件概率。例如，A 公司和 B 公司这两家公司的违约相关系数为 10%，违约概率为：$P_A=7\%$ 和 $P_B=5\%$。根据上式，计算出联合违约概率为 0.906 1%。

如果违约事件独立，那么联合违约概率应为：7%×5%=0.35%。根据下式，以 A 公司违约为条件的 B 公司的违约概率现在不同于 B 公司的无条件违约概率：

$$P_{B|A}=P_{AB}/P_A=0.906\,1\%/7\%=12.944\%$$

它显著高于 B 公司的无条件违约概率，即 5%。

23.2 支 持

支持是指集团总公司对子公司提供的财务援助，但和法定担保品不同，它没有法律约束力。它取决于集团总公司通过向子公司提供担保品或资金支持子公司的意愿。但支持是公司之间信用依赖的一种形式。

总是有效的正面支持类似于担保。正式担保和违约概率一样，都符合联合违约概率的原则。然而，当子公司的存续依赖于控股公司的存续时，支持可能转为负面支持。[①] 在这种情况下，贷款人同时面临直接借款人和支持实体的信用风险，因为当借款人违约或支持实体违约引发借款人违约时，都将发生违约。这两个事件不是互斥的，因为两家公司还可能联合违约。违约概率为其违约概率之和减去两家公司同时违约的概率。[②] 如果 B 公司为直接借款人，S 公司为支持实体，那么违约概率为：

$$P(\text{B 或 S 违约})=P(\text{B 违约})+P(\text{S 违约})-P(\text{B 和 S 均违约})$$

假设违约概率 P_S 和 P_B 分别为 2% 和 3%，且联合违约概率 P_{BS} 为 1%。该联合违约概率表示违约之间存在正依赖性，因为它高于违约概率之积（0.06%）。在存在负面支持时，违约概率变为：

$$P(\text{B 或 S 违约})=2\%+3\%-1\%=4\%$$

在负面支持下，违约概率远远高于任何一个独立违约概率。使用上述关系式时需要细心。如果一方违约——不管是 B 违约还是 S 违约——触发另一方违约，那么违约的相关系数必然为 1。在特殊情况下，两个违约概率应该相等，且等于联合违约概率。在实践中，该关系既不是确定的，也不一定对称。支持实体的违约可能触发借款人违约，反之则不成立。相关系数不反映这种不对称性。

---

① 也可见第 20 章。

② 这是两个非互斥事件的概率规则。

23.3 用结构模型对联合违约建模

当依赖性已知时，推导联合违约概率是一件相对简单的事。问题是找到一种方法来衡量违约相关性。统计数据的用处不大，因为联合违约很少被观察到，大公司违约就更少被观察到。对于“低违约投资组合”，即违约概率非常低的公司投资组合，统计方法并不奏效，此时就需要对违约事件及其依赖性建模而非观察它们。

违约的结构模型提供了推导违约相关性的工具框架。原则是对落在触发违约临界值内的两个债务人资产的联合概率建模。违约事件发生在资产价值低于债务价值时。当两笔资产的价值均低于其各自的债务水平时，两个债务人联合违约。该概率为联合违约概率，它包含在资产价值相关性中。

图 23-1 举例说明了双重违约的情况。该图显示了两家公司的资产价值分布，其中 X 公司的资产价值位于横轴，Y 公司的资产价值位于纵轴。X 公司的概率分布用纵轴表示，Y 公司的概率分布用横轴表示。[①] 两条线表示某个确定投资期内两家公司的债务水平：垂直线表示 X 公司的债务，水平线表示 Y 公司的债务。

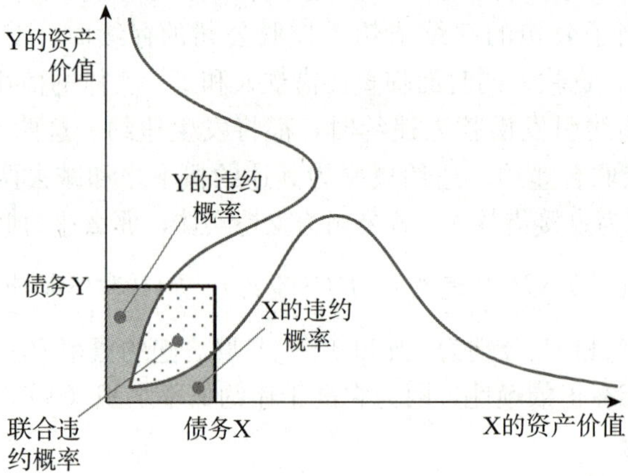

图 23-1　两个债务人的联合违约概率和资产相关性

联合违约概率位于坐标轴原点与两个债务人 X 和 Y 的两笔债务之间的方形区域。在该区域中，X 的资产价值落在其债务的下方，Y 的资产价值也落在其债务的下方。分布曲线下方的区域表示 X 和 Y 的违约概率。如果资产价值相关，则方形区域内的观察值数量应多于资产价值独立时的数量。

联合违约概率的相关效应如图 23-2 所示，该图在两条坐标轴上画出了两个债务人的资产价值。点阵的圆形程度取决于相关系数。当相关系数为 0 时，它为一个圆。当正相关系数增加时，它沿着第一条对角线扩大。方形中的点密度为联合违约事件的数

---

① 我们对该图进行了简化。原图应该有两条横轴和两条纵轴，一条表示资产价值，另一条表示概率。在图 23-1 中，我们忽略了两条概率轴。

量，该数量表示联合违约频率。

不管是否发生违约，结构模型的框架都让我们可以对违约之间的依赖性建模，因为从股价中可以推导出资产价值及其相关系数。在估计违约概率时，有股权收益率、波动率和相关系数的观察值就足够了。从股权推导出的资产价值也是相关的，这让我们可以对联合违约建模。

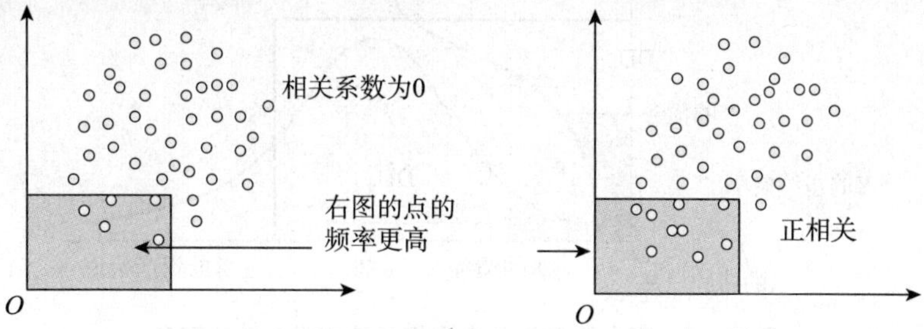

图 23－2　资产相关性对联合违约概率的影响

资产收益率之间的相关系数不等于离散违约事件之间的相关系数，但两者直接相关。由于资产收益率服从正态分布，因此给定与每家公司的独立违约概率匹配的违约临界值，根据资产价值推导出的联合违约概率都是通过资产价值的二元分布获得的。例如，如果资产价值服从正态分布，那么就可以通过分析二元正态分布获得联合违约概率。一旦获得联合违约概率，就可能根据联合违约公式倒推出与该联合概率匹配的离散违约事件之间的相关系数。

用穆迪 KMV 公司的 Portfolio Manager™和 CreditMetrics™可以获得不同公司之间的相关系数。CreditMetrics™使用多因素股权收益率模型，根据这些股权收益率推导出相关系数。对比之下，穆迪 KMV 公司的 Portfolio Manager™根据期权理论方法，从根据模型计算的资产价值中推导出相关系数，并使用正交多因素模型让根据模型计算的资产价值相互依赖。区别在于，资产收益率不受公司杠杆的影响，而股权收益率受公司杠杆的影响。

23.4　联合迁移概率

结构模型适用于根据资产价值推导出的信用迁移。在结构模型中，迁至违约以外状态的迁移被建模为正违约距离。违约距离越大，得到的违约概率越低。每家公司的迁移事件被定义为跌至临界值以下的资产价值，该临界值与被分配给违约以外的某个信用状态的违约概率匹配。

对于两个债务人而言，临界值应这样定义：在该值上，将得到与最终信用状态对应的违约距离（表示为 DD）。两家公司的资产价值均低于临界值的次数为迁至最终信用状态的联合迁移频率。迁移临界值高于违约临界值。图 23－3 使用了与前面类似的表现方法。每个正违约距离与一个违约以外的信用状态匹配。直线之间的方形表示 X 和

Y 的违约距离低于或等于这些临界值的联合概率。

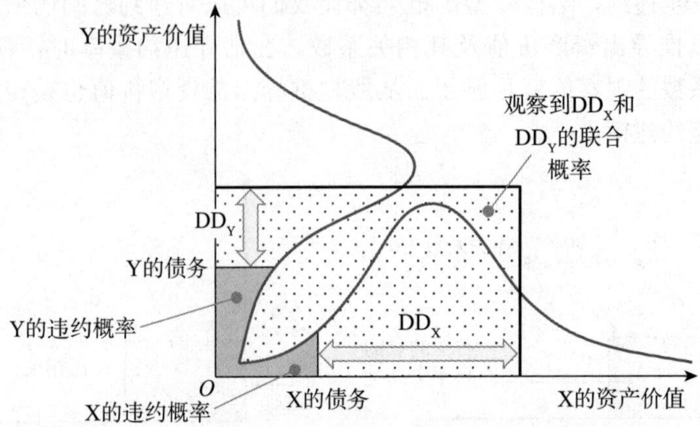

图 23-3　两个债务人和资产相关性的联合迁移概率

评级机构的迁移矩阵通常是在长期确定的；因此不以经济状况为条件，并反映了历史数据。它给出了风险类别 i 的债务人在该时期内迁移到风险类别 j 的概率。联合迁移矩阵给出了一对债务人从一对信用状态迁移到另一对信用状态的概率，其方法是将两个债务人的最终状态制成表格，并对它们的概率赋值。

然而，处理多个信用状态就意味着存在一致性约束。在迁移矩阵内调整迁移概率时，同一行的所有迁移概率之和必然为 1。如果我们由于相关性上调一行中的某个迁移概率，那么另一个迁移概率必须下降，以使同一行的迁移概率之和仍为 100%。这表明同一行的迁移概率之间的相关性会变化。

这会让联合迁移矩阵变得更难以处理。信用投资组合模型 Credit Portfolio View① 解决了这个问题，方法是令条件迁移概率与无条件独立违约概率成比例变化。该模型提高了投机级公司对违约概率中一般影响因素的敏感度，降低了投资级公司对这些因素的敏感度，从而改进了调整方法。

① 以下文献介绍了 Credit Portfolio View 模型：Wilson，T.（1997），Portfolio credit risk Ⅰ and Wilson，T.（1997），Portfolio credit risk Ⅱ，[135 and 136]。

第 24 章　信用投资组合风险：分析

贷款组合的损失分布是计算信用风险资本的一个关键要素。银行的违约概率等于分配给资本的置信水平。银行在投资级范围内确定一个信用评级目标，在该信用评级上的违约概率极低。对于如此严格的置信水平，表示最大总损失的尾部分布是最重要的。在简化框架中，可以通过建模或模拟得到损失分布。这种分布的一个重要结论，也是所有方法的共同结论是，损失分布的尾部对违约之间的相关系数高度敏感。

本章介绍了用债务人之间的依赖性违约对损失分布建模的分析方法。主要方法认为违约依赖于一个因素——经济状态，并从简化结构模型中推导出损失分布。这种方法可以用于对违约概率施加压力，并对分散化的同质投资组合的违约损失分布建模。

24.1　独立违约事件：二项分布

当违约事件独立且有相同的概率时，投资组合中的违约数量分布服从二项分布。以一个同质投资组合为例，该投资组合中的贷款有相同的敞口、相同的违约损失率、相同的违约概率，公司所有资产价值之间的相关系数也相同。违约可能发生在今天以后的一段有限的投资期内，该投资期至少等于贷款期限。单笔贷款的违约损失等于违约损失率为 100%时的敞口 X。

每个随机违约都是伯努利变量，在发生违约事件时值为 1，概率为 d，在不发生违约事件时值为 0，概率为 $1-d$。表示每家公司信用状态的变量为指示函数：1（违约）在违约情况下等于 1，在无违约情况下等于 0。如果所有违约均独立，那么违约数量服从二项分布。违约数量的预期值为 Nd。

如果所有贷款的违约损失均相同且为 X，那么单个债务人 i 的预期损失为：$E(L_i)=Xd+0(1-d)=Xd$。投资组合的违约数量为各笔违约之和，损失等于违约数量乘以相同的敞口 X。

借款人的损失方差为 $X^2d(1-d)$。投资组合损失的方差等于所有违约的方差之和，即 $NX^2d(1-d)$。投资组合损失的波动率为它的平方根，即：$X\sqrt{Nd(1-d)}$。

N 个敞口的单位规模为 $X=2$，$d=10\%$，损失价值的单位方差为 $10\%(1-10\%)2^2=0.36$，违约数量的方差为 $0.36N$。波动率为违约数量的平方根，即$\sqrt{0.36N}$。当债务人数量很多时，二项分布趋近于正态分布。

遗憾的是，二项分布不能反映规模差异的影响和相关系数。独立假设也会产生不可接受的误差，因为根据简化结构模型引入相关性时，将会出现这些误差。

24.2　结构模型

公司的简化违约模型假设违约概率包含了关于基础资产价值的所有相关信息，并使用标准正态资产价值。这是用于对依赖性违约建模的一种常用的标准方法，因为用它建立标准正态分布资产价值之间的相关性是极为简单的。

如果资产价值遵循标准正态分布，那么在标准正态分布表中可以查到与给定违约概率相应的违约点。如果违约概率为 2.5%，那么相应的标准资产价值为-1.96；如果违约概率为 1%，那么相应的标准资产价值为-2.33。触发违约的资产价值 A_d 和违约概率 d 之间存在一一对应关系（见图 24-1）。它的金融学解释为，债务价值低于资产价值 2.33 个标准差单位。标准模型只需要一个输入值，即违约概率 d。

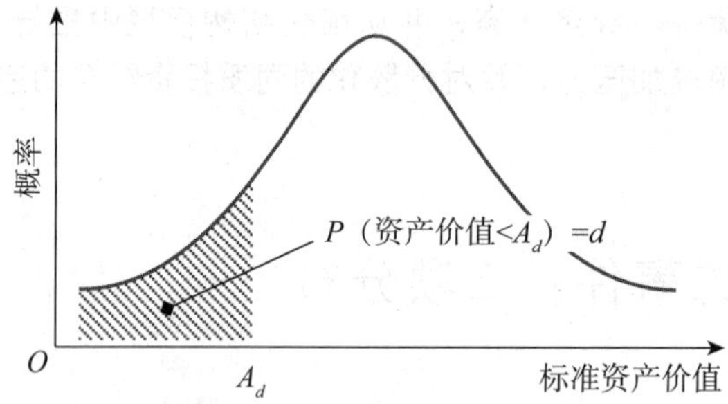

图 24-1　资产价值和违约概率

资产价值跌至违约点 A_d 以下的概率为 $\Phi(A_d)=d$，它表明 $A_d=\Phi^{-1}(d)$。A_d 的绝对值和相应的违约概率如图 24-2 所示。

表 24-1 显示了与穆迪简化评级法的历史违约频率匹配的标准违约距离。负数对应于资产价值的下降。

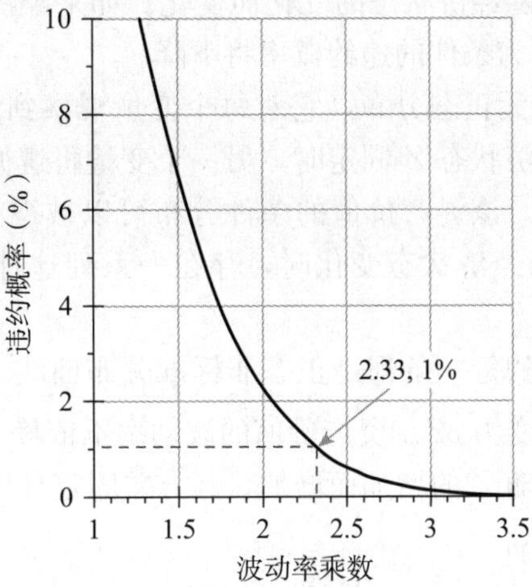

图 24-2　波动率乘数与违约频率（标准正态分布）

表 24-1　与历史违约频率匹配的标准冲击

评级类别	d（%）	$\Phi^{-1}(d)$（%）
Aaa 级，《巴塞尔协议 2》[a]	0.03	−3.432
Aa 级	0.05	−3.291
A 级	0.08	−3.156
Baa 级	0.20	−2.878
Ba 级	1.80	−2.097
B 级	8.30	−1.385
违约	20.00	−0.842

a. 穆迪公司规定 Aaa 级的年违约概率为 0，但《巴塞尔协议 2》规定的年违约概率下限为 0.03%。

24.2.1　依赖于经济状态的单个债务人

信用状态依赖于一般经济状况，后者可以用一个因素衡量。债务人的违约概率就变为以给定经济状况为条件了。

单个债务人的资产价值 A 依赖于两个自变量，相关系数为 ρ 的标准正态分布的共同因素 Z 和表示独立于经济状况的特定风险的独立标准正态分布变量 X：

$$A=\rho Z+\sqrt{1-\rho^2}X$$

无条件违约概率 d 是给定的。它表示在所有经济状态中进行平均的长期违约概率。违约点 A_d 是资产价值的临界值，它依赖于违约概率 d。该违约点使资产价值低于该临界值的概率等于违约概率 d：$P(A\leqslant A_d)=d$。临界值为：$A_d=\Phi^{-1}(d)$，因为 A 的无条件分布服从标准正态分布。

此外，条件违约概率随经济状态的变化而变化。如果经济状态改善（Z 增加），资产价值分布将右移，以 Z 为条件的违约概率将下降。

A 和 Z 的分布服从二元正态分布，它对每个变量观察到的一对值赋予了一个联合概率。当两个变量中的经济状态 Z 固定时，另一个变量将遵循标准分布，它依赖于 Z，完全由其预期和方差确定。该资产价值的条件分布可以被视为钟形二元正态分布的纵向部分，由 Z 值确定。当经济状态变化时，存在一系列这种分布，如图 24－3 所示，纵向部分表示不同的 Z 值。

这些条件分布曲线中的每一条都是正态非标准分布曲线。当条件因素 Z 有特定值时，资产价值的分布均值变为 ρZ。资产价值的波动率不依赖于 Z，它等于$\sqrt{1-\rho^2}$。该分布有不同的均值，它们随 Z 的增加而增加，其方差固定且依赖于相关系数。

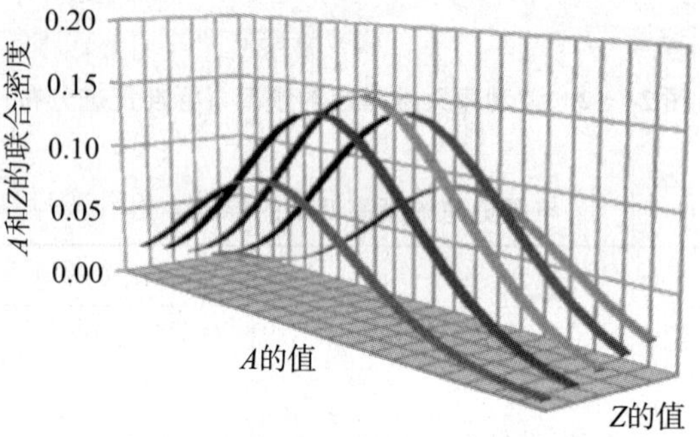

图 24－3　条件正态分布

以 Z 为条件的标准正态分布资产价值等于 X：

$$X=\frac{A-\rho Z}{\sqrt{1-\rho^2}}$$

X 遵循标准正态分布 $\Phi(X)$，均值为 0，标准差为 1。以 Z 为条件的资产价值 A 遵循非标准正态分布 $N(\rho Z,\sqrt{1-\rho^2})$。

中性状态为 $Z=0$。当 Z 变为正值时，A 的整体分布将上移，而波动率保持不变。违约点 A_d 不变，因为它被定义为给定临界值，而该临界值独立于经济状态。但从较高的资产价值达到违约点的概率较低。因此，如果经济状态转好，条件违约概率将下降。

24.2.2　以经济状态为条件的违约概率

以 Z 为条件的违约概率为 d_Z，以经济状态为条件的资产价值为 A_Z。违约条件为：

$$d_Z=P(A_Z\leqslant A_d)$$

该条件适用于标准资产价值，给定均值为 ρz，资产价值的波动率为$\sqrt{1-\rho^2}$：

$$d_Z=P\left[\frac{A-\rho Z}{\sqrt{1-\rho^2}}\leqslant\frac{A_d-\rho Z}{\sqrt{1-\rho^2}}\right]$$

由于该条件适用于标准正态分布变量，因此违约概率为标准正态分布的分位数：

$$d_Z = \Phi\left[\frac{A_d - \rho Z}{\sqrt{1-\rho^2}}\right]$$

违约点 A_d 是给定的，且为标准正态分布函数的反函数：$A_d = \Phi^{-1}(d)$。将 A_d 代入上式中，将得出作为 Z 和 ρ 的函数的条件违约概率：

$$d_Z = \Phi\left[\frac{\Phi^{-1}(d) - \rho Z}{\sqrt{1-\rho^2}}\right]$$

下文用一个例子计算某个经济状态范围下的条件违约概率。给定无条件违约概率为 1%，违约点为：$A_d = -2.326\ 3$。当经济状态变化时，条件违约概率随 Z 负向变化。当 $Z=2$ 时，条件违约概率为 0.108%，它远远低于 1%。表 24－2 显示了当 Z 在 -2 和 $+2$ 之间变化，每次变化幅度为 1，并保持相关系数为 30%不变时发生的情况。当 Z 从 -2 增至 2 时，资产价值分布的均值右移，从 -0.6 增至 0.6。波动率始终为 0.954，因为它只依赖于相关系数。

表 24－2　　以经济状态为条件的违约概率

相关系数，ρ（%）	30	30	30	30	30
经济状态，Z	−2.0	−1.0	0.0	1.0	2.0
预期资产价值，ρZ	−0.6	−0.3	0	0.3	0.6
资产价值波动率	0.954	0.954	0.954	0.954	0.954
Z	−2.0	−1.0	0.0	1.0	2.0
违约点	−2.326	−2.326	−2.326	−2.326	−2.326
条件 d_Z（%）	3.52	1.68	0.74	0.30	0.11

当 Z 从 0 增至 2 时，资产价值条件分布的变化如图 24－4 所示。分布的均值增加，波动率不变。两条曲线的违约点都是 -2.326。因为曲线向右移动，因此当 Z 增加时，违约概率下降。

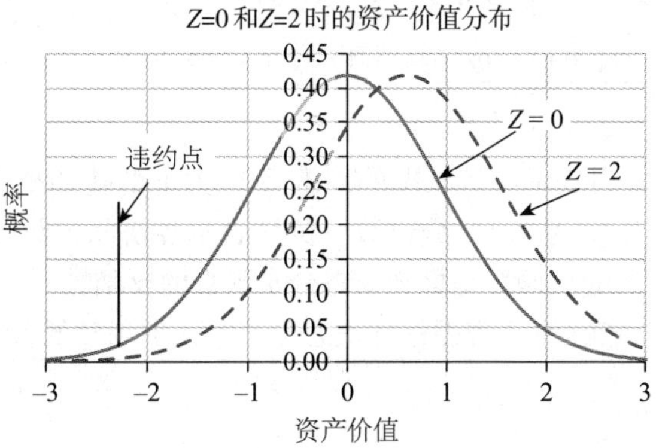

图 24－4　资产价值分布（1%分位数，Z=0 和 Z=2 时）

最后，图 24-5 画出了条件违约概率和经济状态之间的负向关系。

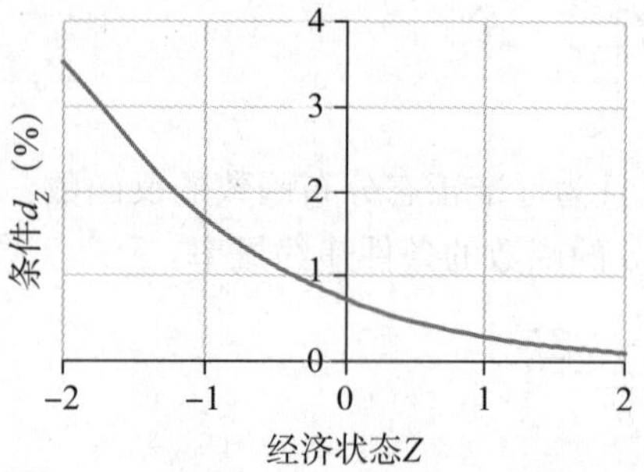

图 24-5　以经济状态为条件的条件违约概率

24.3　应用：根据《巴塞尔协议 2》计算压力违约概率

《巴塞尔协议 2》规定，信用风险的风险权重适用于敞口减去回收金额的余额，即违约损失，以确定信用风险的资本要求。风险权重使用债务人的长期违约概率，也就是把“完整经济周期违约概率”作为输入数据之一。在一般公式中，用违约概率作为输入数据的项有如下形式：

$$\Phi\left[\frac{\Phi^{-1}(\mathrm{DP})+\rho\Phi^{-1}(0.999)}{\sqrt{1-\rho^2}}\right]$$

该项可以解释为压力违约概率。

该式类似于以单一因素（这里以 d_{ZB} 表示）为条件的违约概率公式。我们需要对它进行某些变形，以证明《巴塞尔协议》公式与条件违约概率的一般形式匹配。《巴塞尔协议》中的公式使用 $\rho\Phi^{-1}(0.999)$ 而非 $-\rho\Phi^{-1}(0.001)$。但是，在正态分布下，$\Phi^{-1}(1-\beta)=-\Phi^{-1}(\beta)$，其中 β 为置信水平，因为分布是对称的。因此，该式与条件违约概率公式相同，其中 Z 的值等于 $-\Phi^{-1}(0.001)$。

$$d_{ZB}=\Phi\left[\frac{\Phi^{-1}(\mathrm{DP})-\rho\Phi^{-1}(0.001)}{\sqrt{1-\rho^2}}\right]$$

根据该形式，该式为表示经济状况的因素 Z 压力下的违约概率公式。在 0.001 的置信水平上，选定的 Z 值为 0.1%分位数。负号表示经济状况处于压力之下，它是条件违约概率，用于求 Z 的反函数是标准正态分布函数的反函数。

压力下的 Z 值 Z_B 能够使 Z 遵循标准正态分布时，出现较低值的概率为 0.1%：

$$Z_B=\Phi^{-1}(0.1\%)=-3.0902$$

压力违约概率是根据压力下的 Z_B 值得出的。例如，当无条件违约概率为 1%时，Z 在该置信水平上的压力违约概率 d_{ZB} 为：

$$d_{ZB}=\Phi\left[\frac{\Phi^{-1}(d)-\rho Z_B}{\sqrt{1-\rho^2}}\right]$$

相关系数为计算中的输入值之一。使用和上述计算中相同的相关系数 30%，计算出的压力违约概率为 7.12%。

第 26 章将讨论《巴塞尔协议 2》的风险权重公式。上文显示，复杂项为条件违约概率，它是从债务人的长期违约概率中推导出来的。

24.4 对同质投资组合中的违约建模：极限分布

极限分布是指分散化同质投资组合的损失分布。在这种投资组合中，所有公司的敞口均相同，所有敞口与投资组合的总敞口相比都很小。此外，还假设不同债务人的违约之间的相关系数相同，它是由单个共同因素导致的系统性风险所致。

每个债务人均有一个服从标准正态分布的资产价值和一个违约临界值。每笔贷款的权重均相同，所有债务人的违约概率都相同，所有资产价值对的相关系数都相同。如果违约损失率也相同，那么该违约概率等于预期损失率。这种方法最初是由瓦西塞克（Vasicek）提出来的。[①]

极限分布的基本观点是，当债务人数量很多时，投资组合损失百分比的预期值收敛于条件违约概率。因此，计算投资组合损失百分比，就相当于对预期投资组合损失占总损失的百分比建模，或相当于对条件违约概率的分布建模。

如果所有贷款都有相同的违约损失率和相同的违约概率，且所有损失都独立，那么投资组合损失的分布将服从二项分布，参数等于违约概率。根据中央极限定理，随着投资组合的规模增加，它将收敛于正态分布。由于违约不是独立的，因此损失分布并不服从正态分布。问题是找出投资组合损失占投资组合敞口的百分比，它是无条件违约概率 d 和一致性相关系数的函数。

极限分布将投资组合损失占总敞口百分比的分布分位数表示为投资组合一致参数的函数。关键的一点是，给定经济状态 Z，当 N 趋近于无限时，投资组合损失占投资组合敞口的百分比按大数法则收敛于它的期望值 d_Z。假设违约概率为 d_Z，且一旦 Z 固定后就确定，那么这相当于假设投资组合的分散度大到足以使违约概率几乎变为确定值。这表明，投资组合损失的波动率完全是由它对因素的敏感度导致的，且特定风险趋近于 0。在这种情况下，投资组合损失和 Z 值之间存在一一对应关系。

上面的公式给定了以 Z 为条件的违约概率。Z 值是通过求 d_Z 的反函数得到的。投资组合损失占投资组合总敞口的百分比，即分位数 x，可以通过将其公式代入 Z 得到，它表示 Z 现在是 x 分位数的临界值：

① Vasicek, O. (1991), Limiting loan loss probability distribution, [133] and Vasicek, O. (2002), Loan portfolio value, [134].

$$P(l_P \leqslant x) = \Phi^{-1}\left[\frac{\Phi^{-1}(x) - \Phi^{-1}(d)\sqrt{1-\rho^2}}{\rho}\right]$$

给定一致性相关系数 ρ 和一致违约概率 d，该式为投资组合损失百分比分布的 x 分位数，l_p。为了产生完整分布，x 需要在 0～100%变化。24.5 节的附录详细说明了分位数的离差。

假设违约概率为 5%，一致性相关系数为 30%。可以用投资组合损失分布公式来计算投资组合损失的 x 分位数，例如 1%分位数。将上述输入数据代入分位数的一般公式：

$$P(l_P \leqslant 1\%) = \Phi^{-1}\left[\frac{\Phi^{-1}(1\%) - \Phi^{-1}(5\%)\sqrt{1-30\%^2}}{30\%}\right]$$

投资组合损失百分比不超过 $x=1\%$ 的概率为 2.78%。

使损失为 1%的因素 Z 的值为：

$$Z = \frac{\Phi^{-1}(d)\sqrt{1-\rho^2} - \Phi^{-1}(x)}{\rho}$$

Z 值是通过代入输入数据的值得到的：

$$Z = \frac{\Phi^{-1}(5\%)\sqrt{1-30\%^2} - \Phi^{-1}(1\%)}{30\%}$$

使用 $\Phi^{-1}(5\%) = -1.644\,9$ 和 $\Phi^{-1}(1\%) = -2.326\,3$，得出 $Z=6.698\,3$。

因此，以共同因素的这个值为条件的违约概率应为 1%，它等于投资组合损失百分比。条件违约概率的一般公式为：

$$d_Z = \Phi\left\{\frac{\Phi^{-1}(d) - \rho Z}{\sqrt{1-\rho^2}}\right\}$$

将 5%代入违约概率，30%代入相关系数，并使用因素 Z 的上述值，得出该公式的结果为 1%。这表明投资组合损失实际上等于条件违约概率，而它也理应如此。

图 24-6 显示，投资组合损失占总敞口的百分比的分布是分位数的函数，这些不同的分位数的值是用本例中的数据计算出来的。

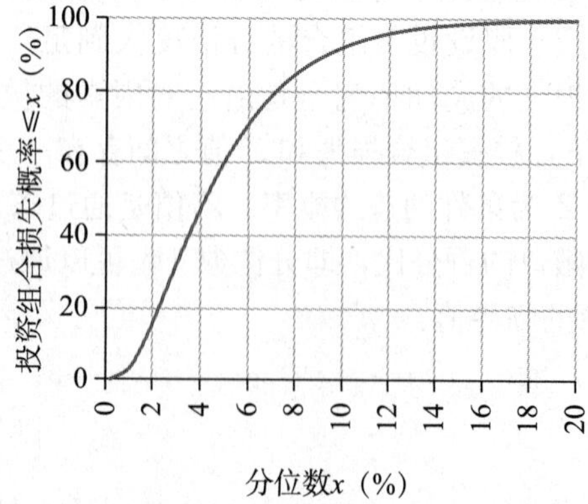

图 24-6　投资组合损失占敞口百分比的分布

24.5 附录：极限分布

同质投资组合是一种极限情况，但它是高度分散化投资组合的替代组合，它们的敞口和相关系数是类似的。假设贷款有相同的期限，忽略迁移，我们可以对违约模式下的损失建模。[①]

该投资组合由 N 笔贷款组成，每笔贷款的下标为 i。所有资产价值 A_i 都服从与单一因素 Z 相关的标准正态分布，一致性相关系数为 ρ：

$$A_i = \rho Z + \sqrt{1-\rho^2}\, X_i$$

X_i 为债务人"i"独立于 Z 的特定风险。

便利有相同的违约损失[②] L。违约事件为伯努利变量 1_i，当债务人违约时值为 1，当债务人未违约时值为 0。公司 i 的随机损失为 $1_i L$。投资组合的损失 L_P 为各债务人的损失之和，即 $L_P = \sum_{i=1,\ N} 1_i L$。共同无条件违约概率为 d。每笔损失的预期价值 $1_i L$ 等于违约概率乘以损失：

$$E(1_i L) = dL + (1-d)0 = dL$$

投资组合损失 L_P 的预期值等于各笔贷款的预期值之和：$E(L_P) = \sum_{i=1,\ N} E(1_i L) = NdL$。

损失占总投资组合敞口的百分比为 l_P，它等于总投资组合损失除以总敞口，$\sum_{i=1,\ N} L_i = NL$。因此，该投资组合损失百分比的预期值等于违约概率：

$$E(l_P) = \sum_{i=1,N} E(1_i L)/NL = NdL/NL = d$$

如果违约概率 d_Z 以经济状态 Z 为条件，那么投资组合损失占总敞口的百分比预期值将等于该条件违约概率：

$$E(l_P \mid Z) = d_Z$$

条件违约概率 d_Z 与 Z 成反比：

$$d_Z = \Phi\left[\frac{A_d - \rho Z}{\sqrt{1-\rho^2}}\right] = \Phi\left[\frac{\Phi^{-1}(d) - \rho Z}{\sqrt{1-\rho^2}}\right]$$

用百分比表示的投资组合损失分位数的值为 x，它给定了损失小于或等于 x 的概率。投资组合损失百分比等于条件概率 d_Z，它是 Z 的单调反函数。给定该条件概率的

---

① 使用蒙特卡洛模拟可以放松这种限制性假设。例如，单因素模型可以产生相关资产价值，而不对违约点或违约概率以及敞口大小做出限制性假设。柯列斯基分解可以规定债务人资产价值的方差－协方差结构。关于信用投资组合损失分布建模的第 25 章，将放松对敞口相等和违约概率相等的假设。

② 本例略去了敞口和违约损失的区别。

值为 x 时，存在 Z 值 $z(x)$，使：

$$P(d_Z \leqslant x)=P[Z \geqslant z(x)]=P[Z \leqslant -z(x)]$$

最后一项使用了标准正态分布的对称性：$P(Z \geqslant z)=P(Z \leqslant -z)$。因此，投资组合损失百分比 l_P 始终小于或等于特定值 x 的概率为：

$$P(l_P \leqslant x)=P[Z \leqslant -z(x)]$$

该式表明，当因素 Z 高于依赖于 x 的 Z 值时，条件违约概率（等于投资组合损失百分比）低于临界值 x。

相应的 Z 值由以 Z 为条件的违约概率的一般公式给出：

$$l_P=\Phi\left\{\frac{\Phi^{-1}(d)-\rho z(x)}{\sqrt{1-\rho^2}}\right\}$$

与投资组合损失百分比的分位数 x 匹配的因素 Z 的值 $z(x)$ 为：

$$z(x)=\frac{\Phi^{-1}(d)\sqrt{1-\rho^2}-\Phi^{-1}(x)}{\rho}$$

该式还显示，损失分布的分位数 x 与因素分布的分位数 $z(x)$ 匹配：

$$P(l_P \leqslant x)=P[Z \leqslant -z(x)]$$

这两个概率等于 $\Phi[-z(x)]$。损失分位数是用其公式代入 $z(x)$ 得到的：

$$P(l_P \leqslant x)=\Phi^{-1}\left[\frac{\Phi^{-1}(x)-\Phi^{-1}(d)\sqrt{1-\rho^2}}{\rho}\right]$$

给定相关系数和无条件违约概率 d，该式为投资组合损失百分比 l_P 分布的 x 分位数。为了产生完整分布，x 需要在 0～100%变化。

第 25 章　信用投资组合风险：模拟

信用投资组合损失分布的标准建模方法是模拟。用来评估投资组合风险的模拟主要有两种：

● 对公司资产价值进行模拟。当资产价值等于或小于与每个便利的违约概率匹配的临界值时，将触发违约。这条原理遵循结构违约模型原则。Moody KMV 公司的 Portfolio Manager™使用的是这种方法。

● 按照简化形式违约模型对违约时距进行模拟。这种方法最初是由 Li 详细提出的。①

本章通过详细的例子，用两种标准方法说明了模拟法，在这些例子中，模拟过程被分解为连续步骤。模拟损失分布显示了依赖性对投资组合风险的影响。对示例投资组合中的公司间依赖性建模时，使用的是单因素模型。

25.1　用资产模型对依赖违约事件进行模拟

模拟通过使用标准资产价值模型产生违约事件。在这种方法中，违约概率包含所有和违约相关的信息以及关于无法观察的资产价值的信息。模型仅以违约模式运行。资产价值服从标准正态分布，违约点为每家公司违约概率的函数。模拟产生了依赖性资产价值。当资产价值等于或小于与违约概率对应的临界值水平时，将产生违约。对

① Li, D. (2000), On default correlation, a copula approach, [90].

于模拟而言，投资组合内的违约数量为表示违约的虚拟变量之和。

在通常情况下，投资组合中不同公司的敞口规模、违约概率和与投资组合中其他公司的相关系数可能是不同的。在本章的模拟中，相关系数是一致的，违约概率是唯一的，且不同公司的敞口相同。这些假设不具有限制性，当不同公司的违约概率和敞口不同时，也可以使用相同的方法。

对于违约概率为 d 的某家公司而言，随机资产价值 A 的违约点 A_d 为：$\Phi(A_d)=d$，或 $A_d=\Phi^{-1}(d)$，其中 Φ 服从累计标准正态分布。例如，当 $d=1\%$时，违约点为：$A_d=\Phi^{-1}(1\%)=-2.33$，依此类推。产生违约事件要求资产价值低于 A_d。虚拟变量 1 表示违约事件。当资产价值低于临界值（违约）时，其值为 1，否则其值为 0（非违约）。

在该模型中，所有依赖的资产价值都取决于一个共同因素 Z。公司 i 的资产价值 Y 的形式如下所示：

$$Y_i=\rho Z+\sqrt{1-\rho^2}\,X_i$$

在本例中，共同因素的固定相关系数也是所有因变量之间的相关系数。① 所有变量 Y_i 都相互依赖，且因素为第一个变量。这些变量有单位方差，且 Y_i 和 Y_j 的相关系数为一致性相关系数。

为了进行每次模拟，首先要产生因素 Z，然后产生 N 个自变量 X，并使用上述系数与 Z 组合。该组合式为投资组合中的债务人提供了一组依赖性资产价值 Y_i。通过比较资产价值与违约点，违约被触发。对于因素 Z 的每个值，我们都可以获得投资组合的违约数量。对另一个 Z 值重复该过程，就可以产生投资组合违约的分布。

在投资组合中有 N 个债务人。每次模拟均产生 N 个资产价值，并和债务人个数相同。每个债务人的离散违约变量 1_i 均取值 0 或 1。所有 1_i 之和为模拟的投资组合违约数量。模拟重复 K 次。在每次模拟中，都要产生 N 个资产价值、N 个虚拟变量值，然后得到投资组合的违约数量。在多重模拟中，投资组合的违约数量和模拟数量相同。如果所有敞口均相同，那么违约数量和投资组合损失成比例。根据分布，可以推导出违约的所有统计数据。

所需的输入数据是资产价值之间的相关系数 ρ 和每个债务人的违约概率。共同的违约概率为 $d=5\%$，相应的资产价值临界点为：$\Phi^{-1}(d)=-1.644\,9$。

两个正态分布因变量的一组模拟如图 25 - 1 所示。

这组模拟也出现在表 25 - 1 的各行中，该表展示了一次模拟。② 第一行对应的是共同因素。下面各行表示投资组合中的每个债务人，有多少行就有多少个债务人。完整的模拟使用了由 100 家公司组成的投资组合。表中仅对前三家公司进行了计算。第一个均匀标准变量 U_1 等于共同因素 $\Phi(Z)$。所有公司都依赖于这个共同因素。这表示对所有公司而言，第一列中的第一个均匀变量 U_1 的值都相同。在这个模拟中，$U_1=0.5$，

---

① $\mathrm{Cov}(Y_i, Y_j)=\mathrm{Cov}[\rho Z+\sqrt{(1-\rho_i^2)}X_i, \rho Z+\sqrt{(1-\rho_i^2)}X_j]=\rho^2\sigma^2+\mathrm{Cov}(X_i,X_j)$。如果我们忽略残余项之间的相关性，那么任何一对变量的相关系数都等于它们与共同因素的相关系数。

② 这种方法相当于正态分布变量的柯列斯基分解。

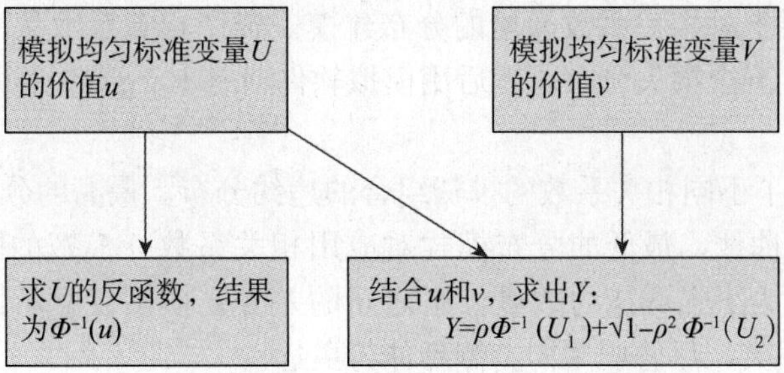

图 25－1　两个正态分布因变量的模拟算法

共同因素为 $Z=\Phi^{-1}(U_1)=0$。[①] 这两个值出现在投资组合的所有行中。第二个均匀变量U_2独立于第一个变量。它是用于产生正态分布变量 Y 的中间变量，与 Z 的相关系数为ρ，计算公式为：

$$Y=\rho\Phi^{-1}(U_1)+\sqrt{1-\rho^2}\,\Phi^{-1}(U_2)$$

变量 Y 表示以最后一列中的 Z 为条件的公司资产价值。

表 25－1　对投资组合中前几家公司的资产价值进行模拟

	$U=U_1$	$Z=\Phi^{-1}(U_1)$	U_2	$X=\Phi^{-1}(U_2)$	Y
因素	0.500	0.000	0.567	0.170	0.162
公司					
1	0.500	0.000	0.039	−1.765	−1.684
2	0.500	0.000	0.471	−0.072	−0.068
3	0.500	0.000	0.511	0.027	0.026

每次模拟的步骤顺序为：推导资产价值 Y_i；比较该值与临界点；只要资产价值触及违约点就判定违约。

为了对违约建模，必须比较模拟资产价值与违约点。表 25－2 计算了是否存在违约。该表的每行都对应一家公司，因此对应表 25－1 的同一行。违约列只有 0 或 1 两个值。违约的虚拟变量是根据最后一列的资产价值推导出来的。当该资产价值等于或低于违约点时，它等于 1。当违约概率为 5%时，该违约点为−1.645。在该例中，由于资产价值为−1.684>−1.645，因此第一家公司发生违约。对于整个投资组合而言，违约数量为各家公司违约变量的值之和。在进行 K 次模拟时，需要重新计算同一张表格 K 次。

表 25－2　从资产价值到违约事件

公司	$\Phi^{-1}(d)$	违约
1	−1.645	1
2	−1.645	0
3	−1.645	0

① 由于U_1表示标准正态分布变量的累计概率，因此 0.5 与标准正态分布变量的均值 0 匹配。

该模拟可以用于对相关系数递增的分布建模。资产相关系数从 0 变为 50%，每步变化 10%，共产生五个损失分布。然后用模拟软件对有 100 行的投资组合进行 1 000 次模拟。

图 25-2 显示了不同相关系数的投资组合的违约分布。最高的分布模式对应用最高的相关系数模拟的曲线。最低的分布模式对应用相关系数 0 模拟的曲线，此时违约数量遵循二项分布。为了强调违约数量分布之间的差异，横轴仅显示违约次数为 0 次到 10 次时最频繁的损失，尽管肥尾向右侧延伸得更远。

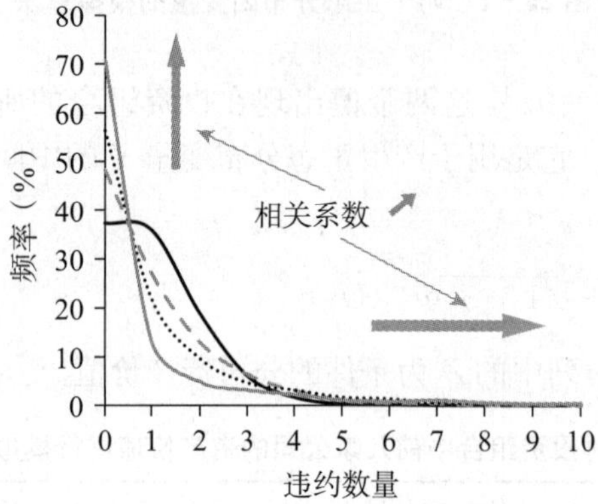

图 25-2　损失分布与损失相关系数

当一致性相关系数增加时，分布模式向左移动。同时，肥尾向右延伸。曲线是不对称且高度有偏的。分布的标准差、偏度和峰度随着相关系数的增加而增加。在相关系数为 1 的极端情况下，分布只有两个点：0 次违约和 100 次违约。所有曲线的所有分布均值都相同，因为该均值不取决于相关系数，而应永远在 5 次违约左右（100 行中的 5%）。

到达右尾远端需要大量增加模拟次数，以稳定尾部，降低模拟噪声。模拟噪声是不同模拟之间的投资组合的违约次数差异。它随着模拟次数平方根的增加而成比例下降。本例中由违约次数衡量的损失分位数是根据这些分布推导出来的。它可以用于衡量信用在险价值（VaR）并推导出资本，后者是损失分位数减去预期损失。

这些简化假设均无限制性。区分敞口不是问题，因为损失的计算方法是用每个违约变量乘以分配给每条线的违约损失。投资组合的损失是每家公司的损失之和。为了区分不同公司的违约概率，区分违约点就足够了：例如，违约点－2.326 3 与违约概率 1 %匹配，另一个违约点－1.96 与违约概率 2.5%匹配。为了使用投资组合中不同公司的不同相关系数，投资组合中每行的因素模型可以使用与各行间共同因素对应的不同相关系数。

25.2　对违约时距的模拟

根据简化违约模型，违约服从指数分布。对所有公司而言违约时距都服从指数分布。违约时距之间的依赖性可以用 copula 方法建模。当模拟违约时距短于或等于模拟期（例如 1 年）时，就会触发违约。模拟将产生所有公司的违约时距，它们是彼此相关的。对于在投资期内违约的公司，伯努利变量在违约时取值 1，在无违约时取值 0。投资组合内的违约数量表示违约的虚拟变量之和。投资组合的违约时距是相互依赖的。由于随机变量服从的是指数分布而不是正态分布，因此这种方法需要使用 copula 函数。

25.2.1 单个债务人违约时距的模拟

违约时距服从指数分布。违约密度 λ 衡量了在小时距 dt 中发生离散事件——违约——的概率，即

$$P(t \leqslant \text{违约事件} < t+dt) = \lambda dt$$

公司存续到 t 的概率为 $\lambda \exp(-\lambda t)$，违约时距小于或等于 t 的概率（求从 0 到 t 的积分）服从指数函数：

$$F(t) = 1 - \lambda \exp(-\lambda t)$$

首个随机违约时距为 T_1。一系列违约时距的模拟使用第一个 $U_1(0, 1)$ 均匀标准变量，并推导出用于计算 $F(T_1)$ 的值，后者服从存续指数分布，且 $F(t_1) = U_1$。T_1 的每个值 t_1 都是指数分布 F 的反函数：

$$t = F^{-1}(U) = -\ln \frac{1-U}{\lambda}$$

这个过程让我们可以构建单个债务人的违约时距频率分布。本例使用 1 年期违约密度 $\lambda = 5\%$，该数据来自债务人的违约频率（见表 25-3）。

表 25-3　模拟单个债务人的首个违约时距

$U(0, 1)$	违约时距
0.394 60	10.037
0.199 07	4.440
0.364 90	9.079
0.726 96	25.963
0.629 70	19.869
0.171 76	3.769
0.058 18	1.199
0.715 79	25.161
0.458 65	12.274
…	…
…	…

例如，首个违约时距为：

$$t=-\ln\frac{1-U}{\lambda}t=-\ln[(1-0.394\ 6)/5\%]=10.037\ \text{年}$$

图 25-3 中的曲线为 100 次模拟产生的违约时距的累计密度函数。累计概率$F(T_1)$为 0～1，它位于横轴上。

图 25-4 的分布表明了违约时距频率。该频率为连续固定违约时距中发生的违约事件数量，该违约时距为 5 年。横轴为用年数表示的违约时距，纵轴为每个时距中的模拟违约事件数量。

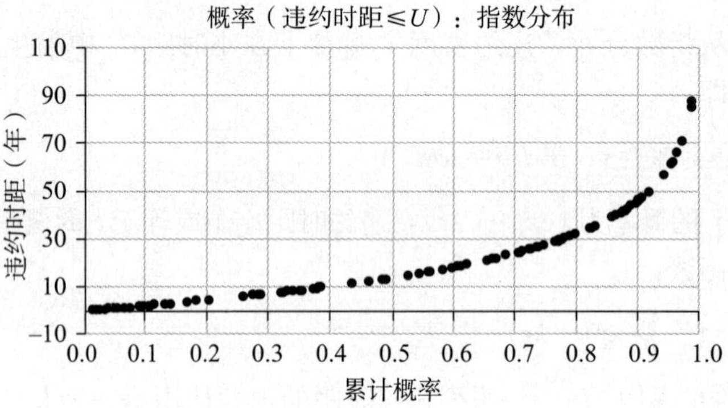

图 25-3　单个债务人首个违约时距的累计分布

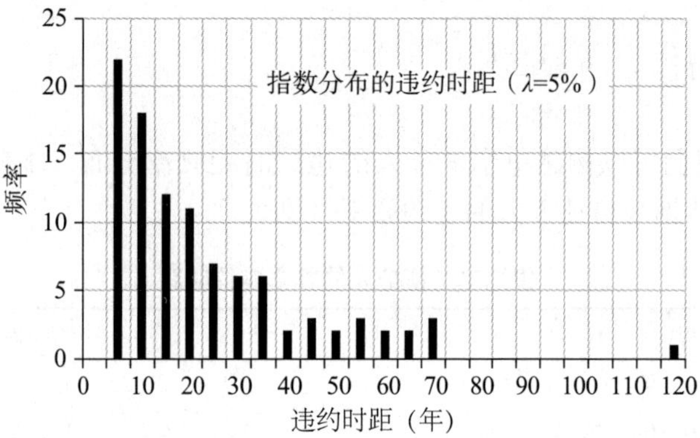

图 25-4　单个债务人模拟首个违约时距的频率分布

25.2.2　违约时距的模拟算法

相互依赖的违约时距的模拟方法最初由 Li［90］提出，它已经在银行业中被广泛应用于建立信用投资组合模型。

在对指数分布的违约时距进行模拟时，不能使用正态分布变量的分解法，而应使用 copula 方法。① 两个因变量为 X 和 Y，累计非正态分布函数为 $F_x(X)$ 和 $F_y(Y)$。问题是分别找到两个因变量 X 和 Y 的分位数 u 和 v。第一个分位数为均匀标准自变量。

① 第 14 章的 14.2.3 节说明了 copula 函数的原则。

根据定义，$u=F_X^{-1}(X)$。第二个分位数 v 以 U 为条件。它是根据高斯 copula 函数的变形得到的，写作：

$$v=\Phi[\rho\Phi^{-1}(u)+\sqrt{1-\rho^2}\,\Phi^{-1}(w)]$$

在该式中，w 表示独立于 u 的均匀标准变量的分位数。相关系数为输入值。一旦得到 v，变量 Y 就是 v 的反函数，可以用累计函数 F_y 求得。

图 25－5 详细说明了模拟过程。模拟两个因变量 X 和 Y 的值时，最初的步骤是产生表示分位数 u 和 w 的两个均匀自变量。高斯 copula 函数提供了 Y 的分位数 v。第一个均匀变量 u 的值是 X 的累计函数。X 的模拟值为 u 的反函数，即$F_x^{-1}(u)$。Y 的值是通过求 v 的反函数得到的：$Y=F_y^{-1}(v)$

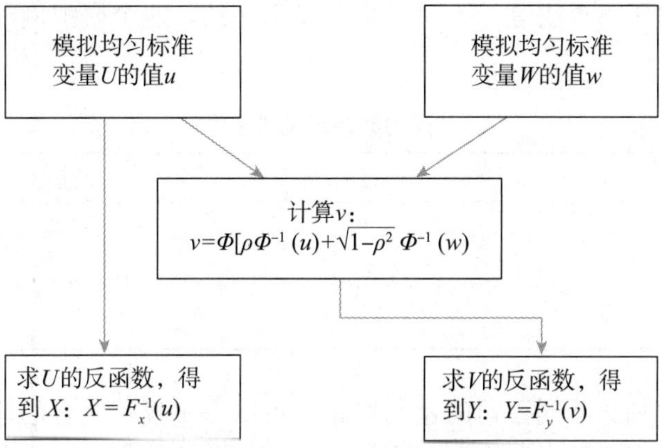

图 25－5　两个因变量的模拟算法

为了说明这个模拟过程，违约密度被定为 5%，且均匀相关系数被定为 30%。模拟的目的是产生依赖于共同因素的所有公司的违约时距。

第一次模拟见表 25－4，它的结构类似于用来模拟资产价值的表格。区别在于，推导出的依赖性违约时距为指数分布的反函数。模拟资产价值时保持所用的符号不变，U_1表示第一个均匀变量 U，变量 U_2表示 W。每次对投资组合中所有公司的模拟所得出的一系列计算结果如各行所示。第一行对应的是共同因素，接下来各行对应的是各家公司。该表显示了对前三家公司的 100 次模拟中的一次模拟。

表 25－4　　对投资组合中前几家公司的违约时距的模拟

	$U=U_1$	U_2	$\Phi^{-1}(U_2)$	$\Phi_2(U,U_2,\rho)$	$V=\Phi(\Phi_2)$	$T_1=F^{-1}(U_1)$	$T_2=F^{-1}(V)$
因素	0.500	0.092	−1.326	−1.265	0.103	13.863	2.171
公司							
1	0.500	0.382	−0.300	−0.286	0.388	13.863	9.805
2	0.500	0.011	−2.299	−2.194	0.014	13.863	0.285
3	0.500	0.997	2.718	2.593	0.995	13.863	106.951

第一个均匀标准变量U_1表示共同因素，对同一次模拟中的所有公司而言，它只有一个值。第二个均匀变量U_2为中间自变量。双变量$\Phi_2(U_1, U_2, \rho)$为依赖性内含的copula函数的变形。均匀标准变量V依赖于$U=U_1$。

违约时距是根据U和V的值，通过求指数分布的反函数得到的。每家公司违约时距T的累计分布为：$F(T)=1-\exp(\lambda T)$。指数分布的反函数为：$T=-\ln[1-F(T)]/\lambda$。T_1和T_2的值是根据该关系式，用U和V代替$F(T)$，从U和V推导出来的。最后两列为违约时距。第一个违约时距与因素匹配，且各行的首个违约时距相同。第二个违约时距为公司的违约时距，如各行所示。

表25-5给出了表示每家公司违约情况的虚拟变量值。这张表中的每一行都对应于表25-4中的相同公司或相同行。虚拟变量的值是根据最后一列中的公司违约时距推导出来的。当违约时距小于或等于1时，将会发生违约，这个模拟例子中的第二家公司就是这种情况。

表25-5　　从违约时距到违约事件

公司	违约
1	0
2	1
3	0

在每次模拟中加总不同公司的违约数量，可以得出投资组合的违约数量。进行大量模拟，就可以获得投资组合的违约频率分布。进行K次模拟时，同一张表格将计算K次。在每次模拟中，投资组合中所有公司的U_1都是相同的。

如上所述，通过产生100张表格，就可以进行100次模拟。为了降低投资组合违约分布肥尾中的模拟样本误差，可以增加模拟次数，直到某个给定违约分位数上的尾部所占比例足够稳定。图25-6显示了在1年投资期内有100条模拟线的投资组合的违约频率分布。该分布的均值为4.84。5%分位数代表两次违约，95%分位数代表13次违约。

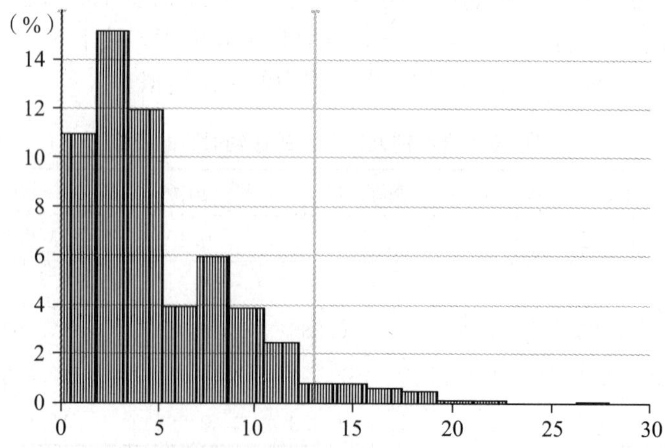

图25-6　投资组合的违约分布

简化假设都不具有限制性。不同公司的违约密度和敞口可能不同。违约损失是虚拟变量和每家公司的敞口之积。投资组合的各条模拟线之和为投资组合损失而非违约数量。与因素的相关系数也可能有区别。

25.3 信用投资组合模型

市场上已经有一些信用投资组合模型，它们需要借助模拟方法产生信用损失分布。著名的模型包括：

- 穆迪 KMV 公司的 Portfolio Manager™；
- CreditMetrics™；
- CreditPortfolio View™（CPV）；
- CreditRisk+。

前两个模型，穆迪 KMV 公司的 Portfolio Manager™和 CreditMetrics™是供应商模型，最终用户可以随时使用这些模型。它们属于完全估值模型，使用蒙特卡洛模拟能够产生投资组合在最后一个投资期的分布，由此可以推导出损失统计数据。其他模型提供的是开放框架，需要由最终用户提供输入数据。CreditPortfolio View™是一种计量经济模型，根据可观察到的经济因素与国家－行业因素来对违约率建模。CreditRisk+使用的是精算技术，并在开放框架下提供了分析性违约分布。

以下文献比较了各种模型：Gordy，M.B.（2000），A comparative anatomy of credit risk models，[69]。RiskMetrics Group 的以下技术文件详细介绍了 CreditMetrics™：Gupton，G.M.，Finger C.C.，Bhatia，M.（1997），Creditmetrics：Technical Document，[74]。关于 CreditPortfolio View，可见：Wilson，T.（1996），Portfolio credit risk Ⅰ和 Wilson，T.（1996），Portfolio credit risk，Ⅱ，[135，136]。以下文献详细介绍了 CreditRisk+：Credit Suisse（1997），CreditRisk+：A credit risk management framework，[48]。

第 26 章　信用风险监管

2007 年实施的《巴塞尔协议 2》让信用风险的资本要求对风险更敏感，不仅确认了各种形式的信用风险迁移，而且对之前的《巴塞尔协议 1》进行了多项完善，并增加了操作风险的资本要求。《巴塞尔协议 2》综合了多种方法和按资产类别区分的细分方法。在接下来发布的监管规定中，除了一些微调，没有修订《巴塞尔协议 2》对信用风险的处理，它是当前通行的信用风险监管处理方法。

和最后一版《巴塞尔协议 2》(2006)《统一资本计量和资本标准的国际协议：修订框架（综合版）》(International convergence of capital measurement and capital standards: A revised framework—Comprehensive version) [21] 一样，本章涵盖了信用风险的主要因素。后续文件主要解决了其他问题，例如稳健的资产负债表管理和修订的市场风险方法。《巴塞尔协议 2》还包括操作风险的资本要求，为全面起见，本章对其进行了简要介绍（见 26.10 节的附录）。

26.1 《巴塞尔协议 2》

《巴塞尔协议 2》包括三大支柱。支柱 1：最低资本要求；支柱 2：监管检查过程；支柱 3：市场约束。

关于支柱 1，最低资本要求，《巴塞尔协议 2》提供了三种主要方法：标准法、初级法和高级法，后两者即内部评级（“IRB”）法。初级法和高级法使用银行对所有交易对手给出的内部信用评级。根据信用风险迁移（“CRM”）法，《巴塞尔协议 2》允许确认担保以降低资本要求。标准法仅用于没有合格信用评级系统的银行。资本要求的计算方法是资本充足率乘以风险加权敞口。

在确定资本要求时，首先要确定资产类别。《巴塞尔协议 2》划定的五种主要资产类别为：

- 公司资产；
- 银行资产；
- 主权实体资产；
- 零售资产；
- 股权资产。

公司资产类别和零售资产类别还可以细分为不同的子类别。保险公司被作为“公司”资产类别处理。被作为主权实体的交易对手包括政府（及其中央银行）、特定公共部门实体（PSE）以及开发银行。股权敞口为银行对其他公司的直接所有权和间接所有权。

零售投资组合的特征是存在大量对个人的小额敞口。零售便利包括循环信贷和信贷额度（例如，信用卡、透支和由金融工具担保的零售便利）以及个人定期贷款和租赁或消费贷款。由住房担保的抵押贷款属于零售投资组合。零售便利是“分散化”的，不存在规模集中，并广泛分散于大量客户中。中小企业贷款可以被视为零售资产，前提条件是授信时它们不是被分别处理的并且存在规模上限。当贷款基于具体的信用分析时，贷款就属于公司资产类别。

在标准法中，风险权重由监管机构规定。在内部评级法中，监管机构提供风险加权函数，并根据资产类别和子类别加以区分。专业贷款业务和证券化敞口的风险权重由具体规定确定。

26.2 标准法

在标准法中，风险权重为监管性权重，并在适用时需要使用信用评级公司的外部评级。监管风险权重是按资产类别划分的，例如公司资产、主权实体资产和银行资产。对于公司资产类别，它们从 AAA～AA 级的 20%到 BB 级的 150%不等。

零售敞口适用于由上至下的方法，这种方法允许集中处理零售敞口，而不是像公司敞口那样分别进行处理。一般零售敞口的风险权重为 75%。由住房提供完全担保的贷款的风险权重为 35%。

26.3 内部评级法

内部评级法需要使用银行对所有交易对手给出的内部评级。资本要求是根据适用于每个监管投资组合的风险加权函数确定的。

根据初级法，银行提供自己对违约概率（DP）的估计，并使用对其他风险要素的监管估计。高级债务的监管回收率为55%，次级债务的监管回收率为25%。根据高级法，银行提供自己对信用风险要素的估计：违约概率、违约损失率（LGD）和违约敞口（EAD）。零售敞口不能使用初级法，而只能使用标准法或高级法进行处理。

26.3.1 信用风险要素

根据内部评级法，风险权重是将信用风险要素作为输入值的函数，这些要素包括：违约概率、违约敞口、违约损失率和信用转换系数（CCF）。"风险加权函数"明确了适用的风险权重。

从监管角度看，违约事件被界定为至少90天没有按约偿付债务的情况。在内部评级法中，违约概率以内部信用评级为基础。只要银行自己给出的评级与违约概率能可靠地吻合，银行就可以使用这种方法。违约概率的估计应体现对长期平均年违约概率（或"完整周期"违约概率）的保守观点，而不是短期评估。

违约敞口衡量了在违约时可能损失的金额，这种金额在当前日期通常是未知的。违约敞口的不确定性来源很多。例如，对于贷款产品，承诺信贷额度的提取比例取决于借款人使用信贷额度的意愿。对于场外交易的衍生工具，敞口受市场影响，同时可以依据监管规定或潜在未来敞口模型来确定。

违约损失率是进行催收并用担保品进行回收后，违约情况下实际损失的在险敞口比例。根据初级法，对无认可担保品的公司、国家和银行的高级索偿权和次级索偿权的违约损失率分别被定为45%和75%。只有高级法才允许银行对违约损失率进行估计。

信用转换系数被用于对某些非现金承诺项目（例如表外承诺）的大小进行加权。直接信用替代物和一般担保（包括备用信用证和承兑汇票）的信用转换系数为100%。其他短期承诺的信用转换系数较低（20%），例如商品运输产生的短期自偿性贸易信用证（例如，由基础货物担保的跟单信用证）。

26.3.2 公司的资本计算方法与风险加权函数

在内部评级法中，资本的计算方法是用资本比率乘以风险加权资产：资本=8%×风险加权资产（RWA）。风险加权函数将"风险要素"转换为风险权重以计算资本：

$$\text{RW}=f(\text{DP},\ \text{EAD},\ \text{CCF})\times\text{LGD}$$

公司的风险加权函数的核心项为：

$$\text{RW}=\text{LGD}\left\{N\left[\frac{N^{-1}(\text{DP})}{\sqrt{1-R}}+\sqrt{\frac{R}{1-R}}N^{-1}(0.999)\right]-(\text{DP}\times\text{LGD})\right\}$$

这个复杂公式的第一项可以被认为是违约损失乘以"压力违约概率"并减去预期损失。预期损失的计算公式为DP×LGD。对表示一般经济状况的因素施加压力时，在

0.1%的置信水平上[①]，压力违约概率是根据分配给敞口的违约概率推导出来的。

扩展公式运用了其他调整。相关系数 R 为违约概率和公司规模的复杂函数。对中小企业借款人的敞口要对公司规模进行调整。调整方法是用该式乘以一个期限调整系数。违约概率和违约损失率用小数表示，违约敞口用货币（例如，欧元）表示，除非另有说明。$N(x)$ 表示标准正态分布随机变量的累计分布函数。

对于零售投资组合而言，风险要素的评估是在部门水平而不是敞口水平上进行的，这与其他资产类别不同。

《巴塞尔协议 2》以 3 年期贷款为例，列出了某些风险权重示例（见表 26－1），它们有不同的违约概率值，违约损失率为 50%。当违约概率为 0.7%时，风险权重为 100%，当违约概率为 20%时，最大风险权重达到 625%。该值为所有期限和所有违约概率下的上限。

图 26－1 显示了分别根据《巴塞尔协议 1》和《巴塞尔协议 2》用初级法计算出的资本要求。柱形图为公司资产类别的资本要求。横轴显示了与《巴塞尔协议 1》和《巴塞尔协议 2》的资本要求对应的评级。该图是根据历史数据，使用评级和违约概率之间的对应关系计算出来的。

表 26－1　　有期限资产的风险权重敏感度：基准案例（%）

违约概率	0.03	0.7	20
基准风险权重	14	100	625

注：3 年期资产，违约损失率为 50%。

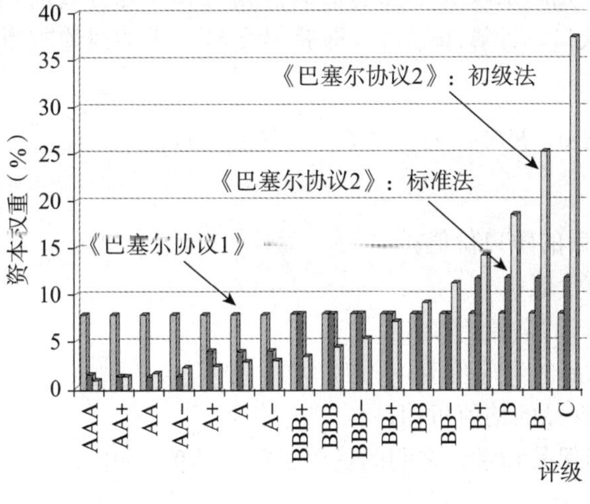

图 26－1　不同评级类别的资本要求

① 24.3 节对此进行了说明。

26.4 信用风险迁移

《巴塞尔协议 2》承认合格担保品和信用担保在信用风险迁移法中的信用风险迁移效应。信用风险迁移规则对所有方法通用，并且包括多种选择。在确认担保品后，敞口的担保部分和无担保部分的风险权重和违约损失率将会产生差异。

第三方担保为主权实体、公共部门企业、风险权重低于交易对手的银行以及评级为 A 级或更优的实体提供了得到认可的信用保护。替代法只替代了担保人风险，或者借款人所抵押证券的发行人的风险——如果它们的信用状况优于借款人的话。

基于担保品的交易有可能抵消一部分敞口，抵消的价值相当于担保品的价值。在基于担保品的敞口中，一部分对担保品有敞口，其余部分对交易对手有敞口。有担保的部分获得担保品的风险权重，其余部分获得借款人的风险权重。剩余索偿权是无担保的，它的违约损失率和风险权重与交易对手相同。在存在多个担保品时，敞口将按比例分割，进而能对每个部分单独进行信用风险迁移处理。

对于作为担保品抵押的证券，其价值根据估值折扣进行调整。根据这种方法，估值折扣由监管规定来确定，或根据银行自身对担保品波动率的估计确定。这些规定使用估值折扣组合最大化了敞口价值与担保品价值之间的缺口，以考虑不利的市场变化。

需要满足资本要求的敞口为用附加项进行调整后的敞口价值和担保品价值之差。假设敞口价值可能增加，增加额为估值折扣的金额，且担保品价值可能下降，下降额为估值折扣的金额，则附加项为不同的估值折扣之和。综合效应是最大化敞口价值和担保品价值之间的缺口。计算净敞口（即获得交易对手的风险权重的净敞口）的一般公式为：

$$E^* = \max\{0, [E(1+H_e) - C(1-H_c-H_{fx})]\}$$

其中：

E^*：风险迁移后的敞口价值；

E：敞口的当前价值；

H_e：适用于敞口的估值折扣；

C：收到的担保品的当前价值；

H_c：适用于担保品的估值折扣；

H_{fx}：适用于担保品和敞口之间的货币错配的估值折扣。

26.5 专业贷款

根据《巴塞尔协议 2》，由于专业贷款（SL）的特殊性，因此这些业务有专门的资本处理方法。专业贷款的五个子类别为：项目融资、物品融资、商品融资、产生收入的房地产和高波动性商业房地产。专业贷款的主要还款来源为资产产生的收入而非商业企业的独立能力。

项目融资是一种融资方法，贷款人主要将单个项目产生的收入作为还款来源和贷款安全性的保障。这类融资通常针对大型项目，比如它可能包括发电厂、矿山、交通基础设施和电信基础设施。在这种融资方式下，偿还贷款的资金来自项目产出创造的资金。借款人通常是特殊目的实体，不能进行开发、持有和运营设备以外的任何活动。

物品融资是指收购实物资产（例如轮船、飞机、卫星、有轨车辆和船舶）的一种融资方式。在这种融资方式下贷款的偿还依靠已经用来融资和抵押给贷款人的特殊资产创造的现金流。

商品融资是指对储备、存货或交易所交易商品的应收款项的短期贷款，还款来源是商品销售收入。贷款评级反映了其自我清偿性以及交易结构，而不反映借款人的信用质量。在这种情况下，商品价值用来减轻风险，而非作为主要的还款来源。

产生收入的房地产是指为房地产（例如办公楼或工业场所）提供资金的方法。这种贷款的偿还以及回收主要依赖于房地产创造的现金流。这些现金流的来源通常为出租或租赁收入，或资产销售收入。

高波动性商业房地产贷款与其他类型专业贷款相比，是一种具有较高损失波动性的商业房地产融资。高波动性商业房地产贷款包括：商业房地产贷款；为土地收购、开发与建设阶段融资的贷款。这种贷款的还款来源为房地产的未来销售收入或房地产产生的现金流。

对于各类专业贷款，银行可以使用“监管分类准则计算法”，将其内部风险等级与五个监管类别对应。每个监管类别都与一个特定风险权重相关。

26.6 证券化

证券化是指出售贷款组合或债券组合的信用风险。进行证券化后，资产将被转移给一个由资产支持的工具，在资本市场上为购买和发行债券融资。[①] 银行可以在其银行投资组合或交易投资组合中持有这种资产支持债券。

《巴塞尔协议 3》修订了对证券化敞口的处理。值得注意的是，根据 2010 年对《巴塞尔协议 2》市场风险框架的修订[②]，标准法规定了新的证券化敞口风险权重，并对市场投资组合的敞口有特定的风险要求，其计算方法和银行账户中的敞口相同。

根据基于评级的方法，监管风险权重取决于外部评级以及无评级头寸的风险权重。当使用外部评级时，风险权重也可以用于内部评级法。当不存在评级时，可以使用监管公式。根据监管公式，资本要求取决于基础资产的资本要求是高于还是低于证券化工具提供的信用增级水平。

---

① 第 30 章将详细介绍证券化。

② Basel Committee on Banking Supervision (2010), Basel Ⅲ: A Global regulatory framework for more resilient banks and banking systems, December 2010, revised in June 2011, [24].

26.7 交易对手的信用风险

在2010年12月的新框架中，保留了《巴塞尔协议2》用于衡量交易对手信用风险的敞口定义，但是新框架要求用1年压力期对敞口建模。在相关的第22章中可以找到这些定义。根据新框架，引入了信用价值调整（CVA）作为附加要求，它解决了不利信用风险迁移产生的潜在价值变化。信用价值调整VaR也被规定为一项资本要求。

26.8 利率风险

根据《巴塞尔协议2》的第二支柱，它处理银行账户中的利率风险，而不是对其提出资本要求。这意味着没有资本负担，但增强了监管过程。利率风险指南将银行内部系统视作衡量银行账户中的利率风险的主要工具。为了方便监管机构的监督，银行应使用标准利率冲击，并提供内部风险衡量系统的结果。如果监管机构确定银行未持有与利率风险水平相称的资本，就可以要求银行降低其风险或减少持有额外资本，或者同时提出这两项要求。

26.9 监管检查过程与市场约束

《巴塞尔协议2》框架的支柱2的目标是确保每家银行都有稳健的内部过程，以根据全面的风险估计评估其资本充足性。银行估计出相对于风险所需的资本之后，监管机构负责对这些结果进行评估。《巴塞尔协议》建立的风险敏感方法需要广泛使用银行的内部方法，这在计算资本要求时给予银行更多的自由裁量权。

监管机构通过增强披露以维持市场约束。单独的披露要求是监管机构承认内部法的前提条件。给定内部法对已有资本要求的影响，监管机构认为全面披露对市场参与者理解金融机构的风险特征是很重要的。因此，使用内部法取决于一些标准，包括适当的披露。

26.10 附录：《巴塞尔协议2》中的操作风险

《巴塞尔协议2》引入了操作风险的资本要求。巴塞尔委员会采纳了操作风险的标准行业定义："不完善或有问题的内部过程、人员及系统或外部事件导致直接损失或间接损失的风险。"

与内部过程相关的操作风险包括以下事件：

● 不完善的报告、监督和决策的程序与控制；

● 不完善的信息处理程序，例如银行交易中的错误和未审查的法律文件；

● 组织缺陷；

● 风险监测和超额限制：风险监督中的管理缺陷，例如没有提供报告风险的适当动机，或者没有遵守程序和政策；

● 交易记录过程中的错误；

● 信息系统或风险指标的技术缺陷。

操作风险从本质上对数据和方法提出了挑战。对操作风险建模需要对风险事件分类，并评估风险事件的频率和货币影响。事件及其成本的历史数据有不同的来源，它们可以用于衡量事件数量和这些事件的直接损失。除统计数据以外，操作风险事件的其他来源包括专家判断、向当地管理部门查询可能发生的操作风险事件及其意义、汇总类似机构的数据以及与操作风险事件频率和成本相关的保险成本。

巴塞尔委员会估计的操作风险为按《巴塞尔协议1》计算的最低监管资本的20%。巴塞尔委员会建议采用三种资本要求计算方法，以确定日益复杂的操作风险：

● 基本指标法；

● 标准法；

● 内部指标法。

基本指标法将操作风险的资本要求和作为银行整体风险敞口替代指标的单个指标联系起来。例如，如果指标为总收入，那么每家银行持有的操作风险资本占总收入的比例（“α 系数”）应该是固定的。

标准法建立在基本指标法的基础上，方法是将银行业务划分为一些标准业务部门（例如，公司理财和零售银行）。每个业务部门的资本要求为选定的操作风险指标乘以一个固定比例（“β 系数”）。不同业务部门的指标和 β 系数可能会有差异。

内部指标法让银行可以用内部数据计算监管资本。这种方法需要三个输入数据来计算特定业务部门和风险类型的监管资本：

● 操作风险敞口指标；

● 损失事件发生的概率；

● 发生此类事件时的损失。

综合这些数据，我们就可以构建操作风险的损失分布。

第 27 章　资本分配与风险贡献

风险分配问题来源于投资组合的分散化效应。投资组合的总风险低于子投资组合的风险之和。分配问题是指以公平的方式将投资组合的多元化收益分配给便利或子投资组合，以评估全球投资组合内部的风险。

风险分配确定了子投资组合或便利的适当资本要求。和风险不同，资本分配应具有可加性，它们的和等于总经济资本。子投资组合的风险调整业绩依赖于资本，且重要程度和公平程度仅限于分配到的资本。

在现有投资组合内，风险贡献是当前投资组合分配给子投资组合或便利的风险。边际风险贡献衡量了“有无”额外便利或子投资组合时的增量风险。本章说明了如何界定此类风险分配。

27.1　风险与资本分配

风险和资本的分配问题来自分散化效应造成的风险的次可加性。资本分配问题针对的是经济资本而非监管资本。

在计算监管资本时，将不同便利的资本要求相加，以得到总监管资本。在计算这些资本要求时，监管法规允许存在标准分散化效应，但它并未涉及投资组合特有的实际分散化效应。给定投资组合的特征，希望计算经济资本的银行必须明确合理的分配规则。

一旦考虑分散化效应，资本的使用就应该反映部门或便利的风险。交易投资组合的独立风险是便利的内在风险，它独立于投资组合内的分散化效应。留存风险是没有被投资组合的剩余部分分散的风险，它衡量了其对投资组合的风险贡献。

风险贡献和资本分配让银行得以计算投资组合整体风险对便利或子投资组合的分配。为了让分配合理，它应该具有理想的特征。风险贡献应低于独立风险或独立于投资组合衡量的风险，因为投资组合分散了一部分风险。分配应该是充分的，或者让所有子投资组合的风险之和等于投资组合的风险资本。

由于不同投资组合部门或便利的风险不同，因此业绩是不可比的。风险调整业绩指标的目的是让高风险便利的业绩与低风险便利的业绩可比，从而允许对其进行比较。作为风险指标，风险调整基于资产分配，反过来又基于风险资本。

假设现有投资组合的风险是已知的，并分配给不同的子投资组合。当考虑扩大投资组合时，新敞口的决定取决于它如何改变投资组合风险。相关风险指标是新交易使投资组合增加的风险。风险敏感定价要求适当评估增量风险，以确保新交易实际上能够补充资本。相应的指标为对风险或资本的增量贡献或边际贡献。在后面的介绍中，这两种情况是有区别的。风险贡献是指现有投资组合内的风险分配，而投资组合的资本是已知的。边际风险贡献或边际资本是指额外便利或子投资组合的增量效应。

关于资本分配或风险分配的文献对此提出了许多挑战。资本分配应基于具有理想特征，尤其是具有一致性的风险指标，它们应该满足充分分配原则。[①]

后面详细介绍的风险贡献及案例是指将投资组合的损失波动率分解为资产或子投资组合的风险贡献。当投资组合的波动率及其经济资本已知时，某些风险贡献适用。当扩大投资组合时，应选用边际风险贡献进行定价。

27.2 现有投资组合的风险贡献

现有投资组合的风险贡献衡量了被分配给投资组合部门或便利的风险大小。界定这种风险贡献的一种方法是将投资组合损失的方差分解为可加要素。投资组合的损失分布是通过信用模型得出的。损失波动率、预期损失和损失分位数是从该分布推导出来的。损失方差具有次可加性，但分位数不具有次可加性。然而，一旦产生已知投资组合的损失分布，资本就可以表示为损失波动率的倍数。该倍数可以用于从方差分解转换为资本分配。

---

① 欧拉风险贡献族是用风险指标 $F(x)$ 定义的，令 $F(hx)=hF(x)$，其中 x 表示头寸的向量 x_k，h 为常数。在实际中，F 为波动率或投资组合损失分布的分位数，x_k 表示随机资产损失。这些函数可以线性分解为与敞口成比例的风险贡献，它是函数的一阶导数，因此：$F(x)=\sum_k x_k \partial F(x)/\partial x_k$。关于用其他指标表示不同风险贡献的理论特征的文献，参见：Tasche，D.（2008），Capital allocation to business units and subportfolios：The Euler principle，[129]。

27.2.1 投资组合波动率的风险贡献

给定子投资组合的规模和投资组合剩余部分的相关系数，可以通过分解现有投资组合的方差衡量子投资组合对总方差的贡献。

投资组合损失为每个部分或便利 i 的随机损失 L_i 之和。总损失的方差为各笔损失之和的方差，它可以分解为每笔损失与投资组合损失的协方差之和：

$$\sigma_P^2 = \text{Cov}(L_P, L_P) = \text{Cov}(\sum_i L_i, L_P) = \sum_i \text{Cov}(L_i, L_P)$$

该等式右侧是求和公式，它的各项为特定便利对投资组合损失方差的贡献。对投资组合的波动率可以进行类似分解。根据定义，投资组合损失的波动率为投资组合损失的方差除以投资组合损失的波动率：

$$\sigma_p = \sum_i \text{Cov}(L_i, L_P)/\sigma_p$$

求和公式的各项为各笔损失和投资组合损失之间的协方差除以投资组合损失的波动率。它衡量了对投资组合损失波动率的风险贡献。部门或便利的风险贡献用RC_i^P表示，它可以被定义为：$\text{RC}_i^P = \text{Cov}(L_i, L_P)/\sigma_P$。由于损失与敞口规模成比例，因此风险贡献为交易规模的线性函数。[①]

这些风险贡献具备使其有重要意义的理想特征。风险贡献具有可加性，它们具有充分完整性，因为它们的和为投资组合的波动率：

$$\sum_i \text{RC}_i^P = \sum_i [\text{Cov}(L_i, L_P)]/\sigma_P = \sigma_P$$

相同风险贡献的另一种形式有助于强调风险贡献的某些特征。每笔损失都与投资组合损失相关，相关系数为 ρ_{iP}。独立的损失波动率 σ_i 为在便利水平上衡量的损失波动率，它独立于投资组合波动率。写下 $\text{Cov}(L_i, L_P) = \rho_{iP}\sigma_i\sigma_P$，并将两项均除以$\sigma_P$，则风险分布为：

$$\text{RC}_i^P = \text{Cov}(L_i, L_P)/\sigma_P = \rho_{iP}\sigma_i$$

这个新公式表明，风险贡献与它和投资组合剩余部分的相关性以及便利的独立风险成比例。

由于所有相关系数均小于或等于 1，因此这也表明风险贡献总低于独立风险：$\text{RC}_{iP} \leqslant \sigma_i$。但是，由于风险贡献和独立风险成比例，因此如果相关系数为正，那么它将随独立风险的增加而增加。换言之，当风险贡献与投资组合的相关性增加时，以及当独立风险升高时，风险贡献将会升高。

便利的保留风险 RR_i 为风险贡献RC_i^P与独立风险（σ_i）之比。它等于便利与投资组合的相关系数：$\text{RR}_i = \rho_{iP}$。由于相关系数小于 1，因此保留风险总小于便利的独立风险。此外，保留风险与便利风险和投资组合风险的相关系数成比例。这在直观上是合

① 给定该性质，根据波动率分解的风险分配属于欧拉分配族。

理的。如果便利对投资组合风险的贡献很大，那么它的保留风险也应该较高。如果便利比投资组合风险更加分散，那么其保留风险应该较低，甚至为负。与其他工具风险抵消的信用工具也可能发生这种情况，例如信用衍生工具。

这些公式为一般公式。它们在某些特殊情况下可以简化。例如，对于所有便利对的相关系数都一致的投资组合而言，所有风险贡献均与独立损失波动率成比例，系数为一致性相关系数。

如果便利的损失是独立的，那么所有协方差项均为零。投资组合损失的方差可简化为各独立损失方差σ_i^2 的算术和：$\sigma_P^2=\mathrm{Cov}(L_P,L_P)=\mathrm{Cov}(\sum_i L_i,L_P)=\sum_i \sigma_i^2$。投资组合损失的波动率为该求和式的平方根。因此，风险贡献变为便利的独立损失方差与投资组合的损失方差之比：$\mathrm{RC}_i^P=\sigma_i^2/\sigma_P$。

风险贡献之和为投资组合的损失波动率，但不是资本，后者是投资组合损失的分位数。通常，不管风险对波动率是否有贡献，分位数都不具有可加性。为了将它转化为资本分配，在给定置信水平上，资本对损失波动率的乘数是已知的，且可以用作换算系数。如果 K_α 为资本，那么不管损失分布的形状是什么，在置信水平 α 上，总存在一个乘数 m_α，使 $K_\alpha=m_\alpha LV_P$。一旦投资组合的损失波动率分解为风险贡献，就可以用乘数 m_α 乘以这些风险贡献，进而得到资本分配：$K_\alpha=m_\alpha LV_P=\sum_i m_\alpha \mathrm{RC}_i$。

27.3 风险贡献的计算

我们可以用一个例子说明投资组合波动率的分解。假设有一个违约相关系数为10%的双债务人投资组合，下面我们用它来详细说明计算过程。表 27－1 提供了每个债务人（A 或 B）的无条件违约概率和敞口。敞口的违约损失率为 100%。

表 27－1　双债务人投资组合

	违约概率（%）	敞口
A	7.00	100
B	5.00	50
ρ_{AB}	10.00	

根据 A 和 B 是都存续、都违约，还是只有 A 或 B 违约，有四个可能的损失值。通过一般公式可以算出 A 和 B 的联合违约概率[①]：0.906 1%。

表 27－2 用交叉表格列出了可能事件。矩阵的维度为 A 和 B 的无条件存续概率与违约概率。其他情景的概率是根据联合违约概率和这些无条件概率推导出来的。例如，B 以 A 违约为条件的存续概率为 A 的无条件违约概率（7%）减去联合违约概率，即 6.094%。其他单元格的概率计算方法相同。该表应该重新组织为累计损失分布，以计

① 见第 23 章。

算分位数（见表 27-3）。

表 27-2　　联合违约矩阵：违约相关系数为 10%（%）

		A		
		违约	无违约	总计
B	违约	0.906	4.094	5
	无违约	6.094	88.906	95
	总计	7	93	100

表 27-3　　累计损失分布

损失	概率（%）	累计概率（%）
0	88.906	88.906
50	4.094	93.000
100	6.094	99.094
150	0.906	100
总计	100	100

该简化投资组合可以说明分位数不具有次可加性，因此对损失波动率的贡献更为适用。$q\%$分位数为使 $F(x)\leqslant q\%$的损失价值 x，其中 F 为累计损失分布。应该谨慎计算离散分布的分位数，因为某些分位数不一定有与之匹配的离散价值。例如，没有与95%分位数匹配的损失价值。该分位数为至少有 95%的值低于该值，而不超过 5%的值高于该值的分位数，当损失价值为 100 时，这是成立的。为了表明分位数不具有次可加性，以 A 和 B 的 1%损失分位数为例：它们等于 A 和 B 的完全敞口，100 和 50。正如根据损失分布推导出来的，投资组合的 1%损失分位数也是 150。这表明，对于该分位数而言，不存在分散化效应。

在违约模式下，便利损失的定义是简单明了的。违约损失 $L_i(i=A, B)$ 为敞口与违约损失率之积。如果没有违约或违约损失，则便利的损失为零。违约为伯努利变量 d_i，它在违约时取值为 1，概率为 d_i；在无违约时取值为 0，概率为（$1-d_i$）。随机损失为 $L_i=L_id_i$。其期望值、方差和波动率如下：

$$E(L_i)=L_id_i$$
$$V(L_i)=L_i^2d_i(1-d_i)$$
$$\sigma(L_i)=L_i\sqrt{d_i(1-d_i)}$$

投资组合的随机损失为 L_P，它是每个债务人的随机损失 L_i之和。A 和 B 的预期损失为违约概率乘以敞口，即分别为 $100\times7\%=7$ 和 $50\times5\%=2.5$。投资组合的预期损失为独立预期损失之和，即 9.5。它独立于相关系数。整个投资组合的损失波动率 σ_P为各笔随机损失之和的波动率。它依赖于各笔损失与其独立波动率之间的相关系数。

A 和 B 的独立损失波动率是根据无条件违约概率确定的：

$$\sigma_A = 100\sqrt{7\%(1-7\%)} = 25.515$$

$$\sigma_B = 50\sqrt{5\%(1-5\%)} = 10.897$$

投资组合的损失波动率低于这些独立波动率的算术和。它为：$\sigma_P = 28.729$。① 分散化效应可以用 A 和 B 的波动率之和与投资组合（A+B）的损失波动率之差衡量：

$$\sigma_{A+B} = 28.729 < \sigma_A + \sigma_B = 25.515 + 10.897 = 36.412$$

对投资组合损失波动率的风险贡献为（i 为 A 或 B）：

$$RC_i^P = \frac{Cov(L_i, L_A) + Cov(L_i, L_B)}{\sigma_P}$$

根据下式，协方差依赖于独立波动率和相关系数：$Cov(L_A, L_B) = \rho_{AB}\sigma_A\sigma_B$。使用 $\rho_{BA} = \rho_{AB} = 10\%$、$\sigma_A = 25.51$ 和 $\sigma_B = 10.90$，将 A 和 B 的风险贡献公式展开：

$$RC_A^P = (25.51^2 + 10\% \times 25.51 \times 10.90)/28.73 = 23.628$$

$$RC_B^P = (21.79^2 + 10\% \times 25.51 \times 10.90)/28.73 = 5.101$$

根据定义，风险贡献之和等于投资组合的损失波动率：$RC_A^P + RC_B^P = 28.729$。表 27-4 提供了独立的损失波动率、投资组合损失波动率及对损失波动率和资本的风险贡献。为了进行比较，需要根据 A 和 B 的独立风险对投资组合损失波动率进行分配。

基于风险贡献的分配不同于根据独立损失波动率进行的分配。这种分配应基于各独立风险与独立风险总和之比。A 和 B 的独立损失波动率分别为 25.515 和 10.897，它们的和为 36.412。相应的分配百分比分别为 70.07%和 29.93%。在使用风险贡献时，对 A 和 B 的分配百分比变为 82.24%和 17.76%。差别在于，基于独立风险的分配不包含 A 和 B 之间的依赖性。相反，基于风险贡献的分配包含 A 和 B 之间的依赖性，因此更可取。

对波动率的风险贡献可以作为资本分配的基础。资本与损失波动率之比依赖于置信水平。当置信水平为 0.906%时，投资组合的损失分位数为 150，且资本为超过预期损失的损失分位数，150−9.5=140.5。由于投资组合的损失波动率为 28.729，因此资本与损失波动率之比为：140.5/28.73=4.891。

表 27-4　　对投资组合损失波动率的风险贡献

	A	B	投资组合
损失波动率	25.515	10.897	36.412
分配——独立风险（%）	70.07	29.93	100
对损失波动率的风险贡献	23.628	5.101	28.729
分配——风险贡献（%）	82.24	17.76	100

① 方差的计算公式为：$\sigma_P^2 = (150-9.50)^2 \times 0.906\% + (100-9.50)^2 \times 6.094\% + (50-9.50)^2 \times 4.094\% + (0-9.50)^2 \times 88.906\% = 825.36$。损失波动率为平方根。

使用矩阵公式，可以将对投资组合损失波动率的风险贡献计算方法推广到更多便利（见 27.5 节的附录）。

27.4 边际风险贡献

边际风险贡献为现有投资组合增加的新便利或新子投资组合造成的增量风险。关于风险调整业绩的第 28 章表明，边际风险贡献是基于风险定价的正确参考，因为它保证收益率始终与必要整体资本收益率一致。

上述标准风险贡献是用现有投资组合定义的，不适用于扩充后的投资组合。边际风险贡献可以定义为增量方差、投资组合损失的波动率或增量资本。边际风险贡献的某些特征可以用相同的双债务人投资组合举例说明。

27.4.1 计算边际风险贡献

计算 B 或 A 对投资组合损失波动率或资本的边际贡献很简单。计算过程总是从最终投资组合 A+B 开始。边际风险贡献是 A+B 的风险和 A 或 B 的风险之差。边际风险贡献用 MRC_A 或 MRC_B 表示。当 B 在 A 之后进入投资组合时，B 的边际风险贡献是很重要的。

由两个便利组成的投资组合的损失波动率已计算出来（28.729）。初始损失波动率为独立损失波动率。当初始投资组合为 A 时，B 的边际风险贡献为：$MRC_B = 28.729 - 25.515 = 3.214$。这表明一旦 B 加入投资组合，B 的边际风险贡献就低于其风险贡献，也低于其独立风险：

$$MRC_B < RC_B < 独立风险(B)$$
$$3.214 < 5.101 < 10.897$$

改变进入顺序，用 B 作为初始投资组合，B+A 作为最终投资组合时，可以重复上述计算过程。此时，A 的边际风险贡献为：$MRC_A = 28.729 - 5.101 = 17.832$，我们可以观察到类似排序：

$$MRC_A < RC_A < 独立风险(A)$$
$$17.832 < 23.628 < 25.515$$

A 和 B 的边际风险贡献之和为 21.046，低于投资组合损失波动率。因此，它不能作为最终状态下的风险分配。通常，便利的边际风险依赖于已在投资组合中的便利，因而依赖于进入投资组合的顺序。

上述投资组合中的风险贡献排序不适用于资本，因为在只有两个大型便利的本例中加入新便利时，资本与损失波动率之比会显著变化。用 0.906%损失分位数作为资本指标时，可以看出这一点。在这个水平上，A 和 B 的独立损失分位数为 100 和 150，它们之和恰好等于二者组成的投资组合的损失分位数。对于其他置信水平（例如，98%

或 99%)，这也是成立的。

27.4.2 对投资组合损失波动率的风险贡献的一般特征

这个例子用实证强调了风险贡献与边际风险贡献的比较以及边际风险贡献的某些一般特征。在进行详细分析前，有必要简要了解这些特征。

投资组合损失波动率的边际风险贡献低于加入投资组合后的风险贡献，且后者也低于独立损失波动率。因此，对投资组合损失波动率的边际风险贡献小于投资组合损失波动率。同一个便利第一个进入投资组合时和第二个进入投资组合时的边际风险贡献就不同，因为它们依赖于加入投资组合前的现有便利。此时这种特征很明显，因为和总敞口相比，例子中的便利敞口很大。

27.4.3 对波动率的边际贡献

便利 X 对投资组合波动率的边际风险贡献为 MRC_X。它是有便利 X 时和没有便利 X 时投资组合的损失波动率之差。在加入新便利之前，初始投资组合为 P。[①] 一旦加入新便利，投资组合就变为最终投资组合 $P+X$。在之后的符号中，下标 P 或 $P+X$ 表示作为参考的投资组合。根据定义，X 的边际风险贡献，即 MRC_X，为：

$$\mathrm{MRC}_X=\sigma_{P+X}-\sigma_P$$

投资组合 $P+X$ 内的所有（非边际）风险贡献均具有可加性，它们的和等于最终投资组合（$P+X$）的损失波动率：

$$\sigma_{P+X}=\mathrm{RC}_P^{P+X}+\mathrm{RC}_X^{P+X}$$

为了比较 X 的边际贡献和 X 进入投资组合后的边际贡献，用 P 和 X 进入最终投资组合 $P+X$ 后的风险贡献之和代替 $P+X$ 的损失波动率 σ_{P+X}：

$$\mathrm{MRC}_X=\mathrm{RC}_X^{P+X}+(\mathrm{RC}_P^{P+X}-\sigma_P)$$

将新便利 X 加入初始投资组合 P 将引发两种效应。新便利增加了敞口和投资组合的风险。然而，与此同时它也分散了初始投资组合的部分风险。换言之，当初始投资组合中的便利进入更大的最终投资组合时，它的风险贡献降低了。因此，初始投资组合 P 对更大的最终投资组合 $P+X$ 的风险贡献低于其独立风险。这表明括号中的边际风险贡献的第二项为负。对于更大的最终投资组合中的初始投资组合，分配给它的留存风险（RC_P^{P+X}）低于其独立风险 σ_P，因为新便利 X 分散了初始投资组合 P 的部分风险。

其意义在于，给定初始投资组合 P，新便利 X 的边际风险贡献低于它加入最终投资组合 $P+X$ 后的风险贡献。从数学上看，$\mathrm{RC}_P^{P+X}\leqslant\sigma_P$，这表明 $\mathrm{MRC}_X<\mathrm{RC}_X^{P+X}$。此外，便利 X 的独立损失波动率总大于其在投资组合 $P+X$ 中的风险贡献，它衡量了分

---

① 和处理非边际风险贡献时不同。

散化后的留存风险。结合两个结果，我们可以得到它的一般特征，即对损失波动率的边际风险贡献低于其对最终投资组合的风险贡献，后者也低于独立损失波动率：

$$\mathrm{MRC}_X^P < \mathrm{RC}_X^{P+X} < \sigma_X$$

只有在资本与加入新便利前后的损失波动率成比例时，这种不等式才适用于资本分配。这对于规模和风险远小于投资组合的新增便利是可接受的。对于较大的子投资组合，一旦投资组合的最终资本已知，且边际资本分配和非边际资本分配的排序不再是机械的，就应该进行资本分配。

27.5 附录：风险贡献的矩阵公式

风险贡献是从投资组合损失方差的简单矩阵公式推导出来的。该矩阵可以扩展至任何数量的债务人。用同一个双债务人投资组合的简单例子，可以说明该矩阵公式。投资组合损失分布的方差为：

$$\text{投资组合方差 } \sigma_P^2 = X\Sigma X^{\mathrm{T}}$$

X：敞口的行向量；

X^{T}：敞口的列向量，上述项的转置；

Σ：投资组合的方差－协方差矩阵，其中每项都由单位敞口衡量；

ρ_{AB}：A 和 B 之间的违约相关系数。

在这里，计算式的唯一差异是协方差和方差应由单位敞口表示。当违约概率为 d_i 时，单位敞口的损失波动率为：$\sqrt{d_i(1-d_i)}$，其中 d_i 等于 7%和 5%。协方差为：$\rho_{\mathrm{AB}}\sigma_{\mathrm{A}}^1\sigma_B^1=$ 10%×25.515%×21.794%＝0.556 1%，其中上标是单位敞口（见表 27－5）。

以矩阵形式计算方差的过程如表 27－6 所示。

表 27－5　　方差－协方差矩阵

6.510 0%	0.556 1%
0.556 1%	4.750 0%

表 27－6　　风险贡献的计算

				X^{T}
		Σ（单位敞口）		
		6.510 0%	0.556 1%	100
		0.556 1%	4.750 0%	50
X 向量				
		σ_{AP}	σ_{BP}	方差
100	50	6.788	2.931	825.358

用 6.788 和 2.931 乘以相应的敞口，即 100 和 50，可以得到方差的分解结果，A 为 679，B 为 147。风险贡献的计算方法是用方差分解结果除以投资组合波动率 28.729，此时 A 和 B 的风险贡献分别为 23.628 和 5.101。将用来分解方差的行向量乘以转置向量 X^{T}，可以得到方差，其平方根为投资组合的损失波动率。

第 28 章　风险调整业绩指标

银行的标准业绩指标是经济资本收益率或监管资本收益率。确定目标资本收益率后，问题就是找出交易是否对银行的全球收益率有贡献。由于不同交易的风险不同，因此必须对业绩指标进行风险调整。

根据交易风险调整的业绩为风险调整资本收益率（RoRaC[①]）和股东附加值(SVA)。风险调整指标为分配给交易或子投资组合的资本。在银行投资组合中，收入指标要求在分配资本的同时进行资金转移定价，以便对收入进行分配。

本章定义了业绩的风险调整资本收益率和股东附加值指标，并表明对基于风险的定价进行的相关资本分配为边际风险贡献。

28.1　风险调整业绩指标概述

在风险调整业绩指标中，使用的风险指标为分配给交易和预期损失的资本。风险调整业绩的两个传统指标为风险调整资本收益率和股东附加值。资金转移定价法被用于分配收入，风险分配法被用于分配风险。

风险调整资本收益率为利润和分配的资本之比，它被用作风险调整指标：

---

① RoRaC 这个缩略词优于表示“资本风险调整收益率”的 RaRoC，因为不管调整是否主要针对资本，后者都表示调整主要是对收益率进行的。

$$风险调整资本收益率=\frac{利润-预期损失-营业成本}{分配的资本}$$

利润包括银行账户中的利息收入和费用，它是减去预期信用损失后的净值。它可能是税前利润或税后利润，可能是分摊营业成本之后的利润，也可能是分摊营业成本之前的利润。为了与银行的必要资本收益率进行比较，它的计算方法应该与之相同。

股东附加值为利润减去预期损失与分配的资本成本。计算中明确涉及银行的目标资本收益率。这种目标是股东对资本要求的收益率，或股权资本成本 k。在股东附加值中，从利润中扣除的资本成本以货币单位表示，它是股权成本百分比和分配的资本金额之积：

$$股东附加值=利润-预期损失-k\ 分配的资本$$

这两个指标有不同的用途。从纯理论角度看，收益率指标与投资组合优化相关。从实践角度看，它们彼此补充。风险调整资本收益率指标没有提供关于交易规模或产生的利润规模的信息。股东附加值依赖于规模，但举例来说，它没有揭示高股东附加值是否来自低资本收益率与高交易规模的结合（或者相反）。

风险调整资本收益率被界定为只要资本不为零，且仅当风险为零时发生的情况。无风险交易的风险调整资本收益率是不确定的。任何利润的计算方法都是收入和经营成本之差。股东附加值不受非限定比率或不确定比率的影响，因为它是一个简单的差值。

预期损失是收入减去其他项得到的净值。单笔交易的预期损失看上去是理论损失，因为违约损失要么存在，要么不存在。然而，预留一部分收入是有道理的，因为一旦加总准备金，就应该能抵消投资组合的统计损失。

贷款收入包括净利息收入加上前期费用和经常性费用。前期费用增加了交易早期的利润而不是早期之后的利润，这将使风险调整资本收益率产生扭曲。我们通常将全部收入作为在交易期限内计算的年化利息收入和费用。全利差是债务成本的利差。

这些指标主要用于银行投资组合，并适用于交易、客户投资组合或业务部门。市场投资组合的利润是交易室的利润和损失（P&L）以及在险价值（VaR）的资本分配。

股权资本成本是股东对股权要求的收益率。[①] 它是由著名的资本资产定价模型（CAPM）定义的，该模型在无风险利率上增加了一个溢价，该溢价依赖于股票风险，而股票风险由股票的 β 值衡量。它是风险调整资本收益率的最低预期收益率，子投资组合或便利的收益率应高于该收益率。

一旦明确了最低预期收益率，就可以使用不同的资本水平参考指标：可得资本、监管资本和经济资本。监管资本是经过风险调整的资本，但监管机构认为它可以代表行业的投资组合。给定银行投资组合的特征，经济资本被认为更接近实际风险。实际资本是股东的参考指标，用来确定股东的必要收益率。

如果可得资本高于经济资本，且可得资本的必要收益率为 20%，那么经济资本收

① 在非金融公司中，资本成本为股权和债务的加权成本，它使用股权和债务所占比例作为权重。在银行中，收入为扣除债务成本的净值，相关资本成本为股权成本。

益率将高于20%。例如，当实际资本为100时，目标利润为20%×100=20。如果经济资本为80，那么经济资本的实际收益率将大于或等于于20/80=25%。用20%乘以可得资本与经济资本之比，就得到经济资本收益率：

经济资本收益率=20%×(可得资本/经济资本)=25%

衡量风险的正确参考指标为经济资本，因为它是最接近公司真实风险的指标。然而，实际资本或监管资本是对公司施加的约束条件。假设公司遵守股东的要求，即实际资本的最低收益率为20%。较高的经济资本收益率产生了承担更多风险的动机，因为可得资本高估了投资组合的真实风险。银行应该增加其投资组合的风险，或赎回部分多余资本。如果银行这样做，经济资本将趋近于可得资本。

28.2 基于风险的定价与边际风险贡献

风险定价的目标是确定新交易的最低收益率，它与风险和银行的目标收益率一致。当考虑某个新便利时，一旦该便利进入投资组合，其定价就应使资本收益率至少与目标资本收益率一致。

例如，假设投资组合的资本为100。计算营业成本前的税前最低预期收益率为20%。假设初始投资组合的收益率为20%，它产生的利润为：20%×100=20。一笔新交易分配到的边际资本为15。当新交易进入投资组合时，目标利润为20%×115=23。增加额为23-20=3。这笔增加额恰好为20%×(115-100)=3，即最低预期收益率乘以增加的资本。不同于边际资本的基础定价不会保持投资组合的最低资本收益率。

这种机制产生了一个明显的矛盾。尽管定价原理看起来简单明了，但边际规则表明，一旦便利进入投资组合，便利的收益率不会仍与目标收益率一致。根据风险贡献的一般特征，一旦便利进入投资组合，便利的风险贡献就将高于进入投资组合前的边际风险贡献。这表明便利进入投资组合后的收益率将低于进入投资组合前的收益率。例如，假设一旦便利进入投资组合，分配给便利的资本为17，该资本高于边际资本。利润（3）为资本（17）提供的收益率不是20%，而是3/17或17.65%。那么，人们就会提出一个问题：交易利润是否足以保持整体投资组合收益率为20%，以及如何保持该收益率?

假设新便利进入投资组合前的资本为100。新便利进入投资组合后资本变为115，因为15为增加的资本。如果新便利一旦进入初始投资组合，就分配到17的资本，那么这表明在新便利进入投资组合前已存在的便利分配到的资本之和从100跌至98。只有这样，最终资本才为115，因为98+17=115。这实际上是有可能的，因为新便利增加了现有便利的分散化程度。增加的分散化程度表明，分配给现有便利的资本下降，下降金额为17-15=2。新便利增加了整体风险，同时分散了现有风险。这解决了定价悖论。

一旦便利进入投资组合，其资本分配收益率就降至17.65%，因为资本分配额为17，高于增加的资本（15)。下降的部分被其他便利的资本分配收益率的升高所抵消，因为分配给这些便利的资本减少了。一旦新便利进入最终的投资组合，根据新便利的风险贡献进行的定价就将忽略对现有便利风险贡献的分散化效应。另外，对边际风险贡献的定价既反映了增加的风险，也反映了提高的分散化程度。

这个论证过程可以进行一般化，如下所示。现有投资组合为 P。扣除营业费用的税前必要收益率为 k，它等于银行的股权成本。如果当前资本为 K，那么目标营业收入为 kK。初始投资组合变为 $P+X$，其中 X 是新交易。根据定义，新便利加入投资组合的边际资本为：$K_{P+X}-K_P$。定价规则为，新便利对增加资本的必要收益率 r 至少等于最低预期收益率 k。这表明新便利增加的收入至少为：$k(K_{P+X}-K_P)$。投资组合 $P+X$ 的收益率是现有投资组合的收入与新便利的收入之和：

$$kK_P+r(K_{P+X}-K_P)\geqslant kK_{P+X}$$

该条件表明 $r\geqslant k$，即基于风险的收益率高于或等于最低预期收益率。

28.3 风险溢价与基于风险的定价

证明风险调整资本收益率如何展开为不同组成要素的函数，以及如何根据基于风险的定价对客户收取全利差 r 是很有用的。将所有项表示为占敞口的百分比是一种方便的做法，因为客户的必要收益率表示为占敞口的百分比。计算可以在税前进行，因为定价是在税前进行的。

在下列符号中，小写字母表示占敞口的百分比，必要资本收益率 k 除外，k 是占资本的百分比。这些符号为：

敞口：X；

资产全收入：$r(\%)$；

无风险利率：$i_f(\%)$；

债务成本：$i(\%)$，包括适用于银行的信用利差；

债务分配额：D；

营业成本：$\mathrm{oc}(\%)$；

预期损失：$\mathrm{el}(\%)$；

资本分配额：$\mathrm{RC}(K)$，用货币单位表示；

必要资本收益率 k：用占资本而非敞口的百分比表示。

目标收入应吸收债务成本、营业成本，并产生最低必要资本收益率 k。风险调整资本收益率的公式为：

$$\mathrm{RoRaC}=\frac{rX-iD-\mathrm{el}X-\mathrm{oc}X}{K}$$

在基于风险的定价中，风险调整资本收益率应高于股权资本必要收益率。第 10 章用一个数字例子说明了如何计算与必要资本收益率匹配的客户目标收益率。下面将再次用一般公式详细说明计算过程。

税前利润为：

$$\text{EBT} = rX - iD - \text{oc} - \text{el} \geqslant k \text{ 资本}$$

资本要求可以被视为由债务替代，在差额相同的情况下，债务应小于敞口。代入利润，并将营业成本和预期损失表示为占敞口的百分比：

$$rX - i(X - K) - (\text{oc} - \text{el})X \geqslant kK$$

信用风险的风险溢价为资本要求的成本。信用风险的这笔额外资本要求是股权资本必要收益率和银行债务成本之差与资本的乘积：$(k-i)K$。差额 $r-i$ 表示全利差占敞口的百分比，它是对借款人收取的全利率和银行的债务成本之差：

$$r - i \geqslant (\text{oc} + \text{el}) + (k - i)K/X$$

另一种计算方法认为资本应投资于无风险资产，否则资本就有风险。在这种情况下，债务等于敞口，且应该用客户收入加上以无风险利率投资资本的收入。可以证明，与必要股权资本收益率匹配所需的全利差为：$(r-i) \geqslant (\text{oc}+\text{el}) + (k-i_f)K/X$。风险溢价略有不同，因为它是基于无风险利率而非银行利率计算的，包括其在无风险利率之上的利差。

风险溢价是补偿信用风险资本要求所需的超额收益率。它与资本和敞口之比以及股权资本成本与无风险利率之差成比例。在没有信用风险时，就没有资本要求，且预期损失也为零。银行债务成本之上的最小利差应该只能抵消营业成本。

28.4 股东附加值指标

股东附加值衡量了超过股权资本成本的业绩，它是用货币单位表示的。[①] 正股东附加值意味着交易创造价值，且是接受新便利的条件。股东附加值用预期损失调整收入，然后用营业成本调整收入，最后用基于风险的资本成本调整收入，它等于最低预期收益率 k 乘以资本分配额。把资本代入债务时，股东附加值为：

$$\text{SVA} = (r - i)X - (\text{el} + \text{oc})X - (k - i)K$$

高于最低预期收益率的风险调整资本收益率表示的股东附加值为正。用敞口除以股东附加值，就可以清楚地看出来：

$$\text{SVA}/X = (r - i) - (\text{el} + \text{oc}) - (k - i)K/X \geqslant 0$$

当资本跌至 0 时，必要利润至少等于营业成本加上债务成本。但非常高的风险调整资本收益率或非限定比率会在报告中产生混淆。股东附加值就没有这种缺陷。如果风险为 0，那么股东附加值将等于利润减去营业成本和债务成本，且始终有意义。

---

① 关于股东附加值的定义，参见，Uyemura，D. G.，Kantor C. C.，Pettit J. M.（1996），EVA© for banks：Value creation，risk management，and profitability measurement，[131]。

当竞争不允许对客户收取完全基于风险的利率时，或者举例来说，当某些便利对大客户按照市场利率定价时，将产生负指标。大公司的市场利差可能无法补偿银行的风险，尽管它取决于国家和地区。债券市场上的高质量的大公司的典型利差低于 100 个基点。在这么低的利差下，可能出现负风险调整资本收益率。负风险调整资本收益率是有意义的，但不是很有用。但负股东附加值仍然有意义，并能反映出股东价值受破坏的程度。

28.5 基于风险的业绩、定价与资本分配

用第 27 章中的双债务人投资组合来计算风险调整资本收益率和股东附加值，可以说明加入投资组合前后的业绩指标。

A 和 B 的两个敞口分别为 100 和 50，违约概率分别为 7%和 5%。现在，假设税前必要资本收益率为 20%。为了简化起见，忽略营业成本。这个投资组合的例子表明，基于边际贡献的定价可以保证必要资本收益率，但一旦根据最终投资组合分配风险，便利的资本收益率就会下降。

在本例中，由于分位数没有显示出风险分散化，因此假设资本和损失波动率成比例，以说明新便利对风险调整业绩的影响。使用风险贡献而非资本很方便，因为如果资本是风险贡献的倍数，那么所有计算结果仍然有效。

初始投资组合为 A，加入投资组合的新便利为 A。初始投资组合 A 的独立风险为其损失波动率 25.515，风险调整资本收益率为 20%。A 相应的目标价差 S_A 是预期损失（7）与其资本收益之和：$S_A=7+20\%\times25.515=12.103$。由于收益率恰好等于必要资本收益率，因此有该价差的投资组合 A 的股东附加值为 0：$25.60-7-20\%\times93=0$。

B 加入投资组合后，定价应与其对投资组合损失波动率的边际风险贡献（3.214）一致。[①] B 的必要价差 S_B 为预期损失（2.5）与 20%乘以 B 的边际风险贡献（3.214）之和：

$$S_B=2.5+20\%\times3.214=3.143$$

这些计算结果如表 28-1 所示，该表还给出了风险贡献和 A+B 的预期损失。损失波动率是根据损失分布确定的，它也等于 A 的初始损失波动率和 B 的边际贡献之和。

表 28-1　　初始投资组合和最终投资组合的特征

	A	B	A+B
边际分配	25.515	3.214	28.729
预期损失	7.0	2.5	9.5
必要资本收益率	20%	20%	
必要价差	12.103	3.143	15.246

① 参考第 27 章的计算结果。

两个价差之和为15.246。对于投资组合A+B，很容易验证风险调整资本收益率恰好为20%：

$$RoRaC_{A+B}=\frac{15.246-9.5}{28.729}=20\%$$

一旦加入投资组合，风险配置就会发生变化，但A和B的价差和预期损失保持不变，因为它们仅依赖于其敞口。表28-2重新计算了便利和投资组合的资本收益率。

表28-2　新便利的资本收益率

	A	B	A+B
A+B的资本分配	23.628	5.101	28.729
价差	12.103	3.143	15.246
预期损失	7.0	2.5	9.5
A+B的资本收益率	21.6%	12.6%	20%

该表显示，加入新便利后，A和B的资本收益率不同于边际收益率，但投资组合的资本收益率保持不变。

第 29 章 信用衍生工具

信用衍生工具是用于交易独立于资产本身的资产信用风险的产品。[①] 和其他衍生工具一样，它们可以用于对冲和交易。最常用的信用衍生工具为信用违约互换（CDS），它为基础资产违约提供了保护。篮子产品可以用于为投资组合的风险提供保险，它还可以用于交易信用风险的相关性。从银行的角度看，信用衍生工具是非常灵活的工具，可以对冲其风险集中度或通过出售信用保障分散投资组合。

本章说明了信用衍生工具的性质及其在对冲、持有新敞口或交易中的用途。本章还说明了如何用信用衍生工具管理贷款组合的信用风险或信用投资组合。一个例子说明了如何用衍生工具交易提高银行的资本收益率。

29.1 信用衍生工具的定义

信用衍生工具是从基础交易中分离出信用风险，并对信用风险进行交易的工具。这些产品被用于交易独立于参考资产的资产信用风险。对于银行而言，这些产品不需要直接签订贷款协议或购买债券，也不需要资产发行人提前签订由工具提供资产保护的协议。因此，它是灵活的工具，可以用于重新平衡其投资组合的信用。

信用违约互换在发生违约事件时提供特定支付，是迄今为止最常用的工具。违约所触发的支付是针对基础资产的支付，这些基础资产通常为债券。当基础资产发生违

① 有用的参考文献包括：Das，S.（ed.）(2005)，Credit Derivatives：CDOs and Structured Credit Products，[51] and Duffie，D.，Singleton，K. J.（2003），Credit Risk：Pricing，Measurement and Management，[58]。

约事件时，衍生工具卖方向遭受损失的一方进行支付。除交易价格反映基础资产的信用状况以外，信用衍生工具也类似于信用风险保险。

这个术语值得关注。信用衍生工具涉及信用保障卖方、信用保障买方和基础风险。信用衍生工具卖方为信用保障或信用保险的卖方和信用风险的买方。信用衍生工具的买方是信用保障或信用保险的买方和信用风险的卖方。

做市的中间参与者是信用保障的卖方。购买信用保障的公司不需要在其投资组合中持有资产。贷款违约保障可能是某种交易性资产的信用衍生工具，其信用风险与买方的信用敞口相关。

29.1.1 信用违约互换

图 29-1 总结了信用违约互换的支付交易。信用违约互换的买方支付经常性费用，并在基础资产违约或者发生符合信用违约互换触发条件的信用事件时收到等于违约损失的款项。和互换一样，这种衍生工具有支付方和收取方。信用违约互换的买方支付经常性费用，收取基础资产违约时赔付的金额。信用违约互换用以基点表示的费用进行报价。例如，美国债务的信用违约互换为 64 个基点，表示买方每年支付 64 000 美元，用于为 5 年后到期的 1 000 万美元的债务上保险。

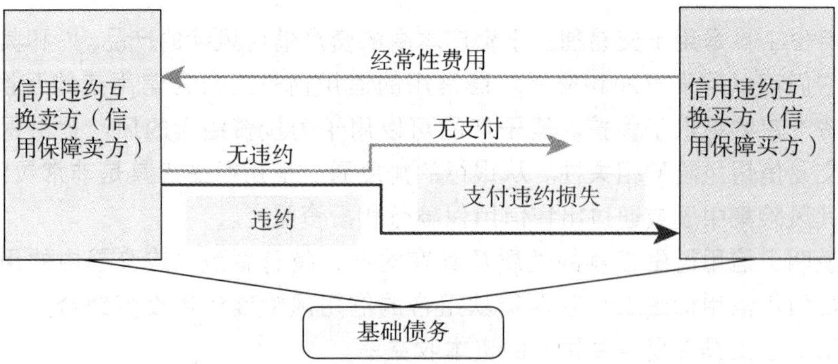

图 29-1　信用违约互换、信用保障卖方及买方与参考资产

信用违约互换由违约事件触发。通常，信用产品可以由引起价值损失、降级或违约的信用事件触发。参考资产的信用事件可能包括：

- 债务支付违约；
- 破产或丧失清偿能力事件；
- 重组或同等事件；
- 超过特定临界值后降级；
- 超过特定水平的信用利差变化。

最终支付为基础资产的信用风险实现时的结算支付。当资产以合理流动性交易时，价格是计算违约支付额的可靠基础。违约后价格明确了违约损失，它是评级机构评估违约损失率（LGD）时使用的标准方法。此外，可以使用固定违约损失金额，它是债券面值的某个百分比。交割使用的是现金或被认为是违约资产的可接受替代品的证券。

市场上还存在信用违约互换以外的工具，例如篮子衍生工具，它为篮子或投资组合中的违约提供了保护。

29.1.2 相关性产品

“第一违约”衍生工具在篮子中的某笔资产第一个违约时提供支付。第一违约产品被视为交易信用产品投资组合之间的相关性的工具。分散化降低了篮子的风险，但它没有降低第一违约衍生工具的风险，而实际情况相反。此外，触发篮子衍生工具的概率高于单笔资产。这个原理是基于联合存续概率。

篮子内的零违约概率是所有工具存续的联合概率。当相关系数为正时，该联合存续概率较高。一笔资产或多笔资产违约的概率是联合存续概率的补集。如果相关系数增加，则篮子的分散程度降低，联合存续概率增加，此时至少有一种工具违约的概率降低。如果相关系数降低，则篮子的分散程度升高，联合存续概率降低，此时至少有一种工具违约的概率升高。篮子的信用风险与联合存续概率呈反向变化，因此与相关系数成反比。

例如，对于违约概率为1%和2%的两笔独立资产，联合违约概率为两个违约概率之积。两笔资产均存续的概率为联合存续概率，即99%×98%=97.02%。两笔资产中有任何一笔违约的概率为1-97.02%=2.98%。这高于两个单独违约概率中的任何一个，表明第一违约篮子的风险高于单笔资产的风险。如果信用相关系数为正，那么联合存续概率将增至97.02%以上，至少有一笔资产违约的概率将降到2.98%以下。当投资组合的相关系数增加时，产品的风险将降低。

由于违约产品的风险和相关性负相关，因此这种产品的卖方可以被视为卖出违约相关性，或者“做空”相关性。相反，买方为“做多”相关性。

其他第 N 次违约产品在至少有 N 笔资产违约时进行支付。当多笔资产（例如投资组合的两笔、三笔或更多资产）违约时，将触发这种情况。当达到第 N 次违约时，卖方将向买方支付相当于损失金额的款项。

篮子产品对信用保障买方和信用保障卖方都有好处。从买方的角度看，高评级债务人可能用非常大的敞口进行对冲。将它们放在投资组合中一起上保险是合理的做法。从信用保障卖方的角度看，篮子中有高评级敞口也让人安心。当汇总为一个第一违约衍生工具时，该衍生工具的信用质量低于任何一笔高评级资产。然而，它仍是对低风险资产的合格投资，其收益率高于单独的高评级资产。

29.2 信用衍生工具的使用

信用衍生工具被用来转移或定制信用风险，持有合成式敞口或复制风险资产。

银行是信用保障的需求方。投资集中于某个行业的银行有一些选择，标准做法是规定敞口上限并将贷款组合分散到其他行业。信用衍生工具提供了一种额外选择：购买某些所持资产的直接信用保障。

信用衍生工具可以用于定制敞口。使用者可以用不同于实际资产价值的名义金额对基础资产的实际敞口加杠杆。贷款人可以降低其超额敞口。信用衍生工具的投资者可以对其投资加杠杆并定制预期收益率。

银行可以通过出售信用违约互换分散其投资组合的部分风险。信用违约互换出售复制资产，它是合成式敞口。合成式敞口是无融资的，因为获得信用敞口无须投资现金。然而，已出售信用违约互换的信用风险有资本要求。

当投资者认为信用事件的发生概率较低时，投资者将信用违约互换视为提供收益率增级的工具。信用衍生工具也让投资者可以持有本来无法持有的敞口。复制风险现金资产的方法是投资于无风险资产并出售信用违约互换。信用违约互换的经常性费用为信用风险提供了无风险利率以外的补偿。

信用衍生工具被用于对相同风险的不同预期进行交易。信用利差包含对违约概率和回收率的预期。在理论上，根据风险中性概率，利差应该是损失率。如果不同参与人对违约概率或未来回收率有不同观点，那么他们可以通过信用违约互换交易这种观点。

29.3 信用投资组合管理

信用投资组合管理和银行的业务模式紧密相关。在“买入并持有”业务模式下，银行发放贷款并在资产负债表中保留这些贷款直至到期（或违约）。在“放款并分销”业务模式下，银行发放贷款但出售风险，因此解放了部分资本用于开展新业务。管理信用投资组合的主要方法是证券化和信用风险交易。证券化在很长时间内被用于管理信用投资组合。传统的证券化是指将资产出售给在市场上融资的工具。第 30 章将讨论证券化。信用衍生工具允许出售投资组合的信用风险但不出售资产，从而进一步促进了证券化。

传统银行业建立在关系管理的基础上，与客户建立关系并出售定制解决方案。关系银行创造了客户基础，但也往往会产生集中化和专业化。对比之下，积极的信用投资组合管理是指重塑和增强银行信用投资组合的风险收益特征的行动。

进行积极投资组合管理的动机有很多。一个基本动机就是将信用风险转移到市场上以发展新业务，并释放资本用于扩展业务。这是传统证券化的主要目的。银行也可以通过其他交易利用相同信用风险在银行资产负债表和市场上的价格差异。

当贷款从发放部门转移到信用投资组合部门时，信用投资组合管理可以被视为等同于信用风险的资产负债管理。银行内部转移应该以盯市价值为基础进行，因为投资组合管理部门是在资本市场上操作的。然后，投资组合管理部门可以成为创造利润的中心，并以自己的目标管理投资组合。

29.4 交易信用风险与银行的资本收益率

通过交易信用风险，银行还可以改变其信用敞口、资本要求和收入或成本。如果改变得当，信用违约互换交易的经济性可能提高资本收益率。资本基础取决于被对冲的敞口或信用违约互换的收益，而收益率取决于为对冲支付的信用违约互换费，或出售信用保障获得的费用。监管套利是一个经典例子。

监管套利的目的是利用相同信用风险在银行资产负债表和市场上的价格差异。通常，资产负债表上基于资本的信用风险和相同信用风险的市场价格并不匹配。通过利用这种差异，有可能提高资本收益率。一种类似的套利适用于证券化，第 30 章将给出一个例子。这个详细介绍交易经济原理的数字例子说明了信用违约互换的机制。

当银行通过从另一家银行购买信用违约互换[①]进行对冲时，如果贷款的风险权重高于出售信用违约互换的银行的风险权重，那么它的资本要求将较低。其差异可以用于提高资本收益率。假设公司借款人的风险权重为 100%，而高信用质量银行交易对手的风险权重仅为 20%。公司贷款的资本要求为 8%，如果和银行对冲贷款，资本要求将变为 8%的 20%，即 1.6%。

如果交易能提高资本收益率，贷款银行就会购买信用保障。减少的税前利润等于为购买信用保障支付的费用，而且由于信用违约互换节省了资本，债务成本也会增加。对资本收益率的净影响取决于利润和资本的相对变化。

当资本比率为 8%时，贷款融资为债务的 92%，剩下的是资本。假设贷款高于融资成本的利差为 100 个基点，投资组合收益率为 6%，银行的债务成本为 5%。现有投资组合的利润取决于债务和资本对贷款的支持力度。如果资本为贷款的 8%[②]，那么债务规模为 92，债务成本为 5%×92=4.6。在任何衍生工具交易前，税前利润为：6－4.6=1.40。资本收益率为：1.40/8=17.50%。

当银行购买信用保障时，它将从资本下降中获益。使用信用违约互换卖方较低的风险权重 20%，资本要求将降至 1.6。如果用信用违约互换对冲贷款所支付的互换费为 60 个基点，那么对利润的直接影响是信用违约互换的名义金额（100）下降 0.6。但利润会进一步下降，因为支持贷款的债务会随着节省的资本金额而增加。增加的债务为 6.4，它是初始资本和对冲后的资本之差。增加的债务成本为：5%×6.4=0.32。使用信用违约互换对冲后，利润总会下降，因为需要对信用违约互换支付互换费，债务成本也增加了。

新利润为贷款产生的收入（不变）减去支付的互换费和增加的债务成本。它的计算公式为：6－5－0.32－0.6=0.480。对冲后的新资本收益率为：0.48/1.60=30%。对冲的杠杆作用使资本收益率从 17.50%变为 30%。

使用下列符号可以明确表示正杠杆效应的条件：

r：投资组合的收益率；

i：银行的债务成本；

k_1：对冲前的资本，以占投资组合规模的百分比表示；

k_2：与信用违约互换对冲后的资本，以占投资组合规模的百分比表示；

p：信用违约互换的互换费，以占名义对冲金额的百分比表示。

---

① 信用违约互换不以贷款作为基础资产，而是作为交易性资产，它与公司借款人的风险相关。

② 这是指风险加权贷款，风险权重为 100%，违约损失率为 100%。

初始利润占贷款组合规模的百分比为：$r-(1-k_1)i$。最终利润占贷款组合规模的百分比为：$r-(1-k_2)i-p$。在对冲前和对冲后，资本收益率分别为这些利润与 k_1 和 k_2 之比。当下式成立时，新的资本收益率高于初始资本收益率[①]：

$$\frac{k_2}{k_1}<1-\frac{p}{r-i}$$

在本例中，最终资本与初始资本之比为：$k_2/k_1=1.6\%/8\%=0.2$。该比率低于上式：$1-p/(r-i)=1-0.6\%/(6\%-5\%)=0.4$。

银行还可以出售信用违约互换以最小化对冲成本。已售信用衍生工具的资本要求等于对公司的直接敞口的资本要求。卖方从卖出的信用违约互换中获得经常性费用，但增加了敞口和信用风险的资本要求。通过进行此类交易，银行可以提高其风险调整收益率。

这种合成式敞口没有融资，因此对银行债务没有影响，但增加了资本要求。假设资本要求为 k_3，已售信用违约互换的互换费为 p。已售信用违约互换的资本收益率为 p/k_3。例如，假设信用违约互换名义金额的资本要求为 8%，已售信用违约互换的互换费为 $p=1\%$。资本收益率为：$1\%/8\%=12.5\%$。这低于初始资本收益率。然而，通过合并购买和出售的信用违约互换，银行降低了成本，并能提高初始收益率。这种计算没有考虑新合成式敞口的分散化效应。

信用衍生工具还可用于基于评级的收益率和经济收益率之间的其他套利。银行可以集中信用衍生工具组合，将风险出售给投资者，并获得相应的市场溢价。投资者根据评级机构对风险的评估购买风险。银行将可能获得在市场上出售风险的市场价格和根据评级支付给投资者的利差之间的正差额。这种机制与第 30 章将介绍的合成式证券化类似。

---

① 该不等式是通过下式得到的：$[r-(1-k_1)/i]/k_1<[r-(1-k_2)i-p]/k_2$。

第 30 章 证券化

证券化是一种允许在资本市场上出售资产的机制，它用资产产生的现金流补偿资产支持证券的投资者。从银行的资产负债表中将证券化资产剔除，这解放了银行的资源和资本，让银行可以扩张信贷。证券化一直是“放款并分销”业务模式的核心过程，在这种业务模式下，银行发放贷款，并将贷款融资分摊给资本市场的投资者。

本章详细说明了证券化的动机和原则，通过一个例子，从银行出售信用风险给市场的角度说明了这种交易的经济学原理。

30.1 证券化的动机

2008 年金融危机前，银行逐渐从“放款并持有”业务模式转向“放款并分销”业务模式。

传统贷款是指贷款并将贷款保留在银行投资组合中直至到期。传统做法的一个缺点是，在资产负债表上持有的资产需要融资，而如果这些资产可以出售，融资就可以用在其他地方。保留在资产负债表上的贷款也冻结了监管机构要求的资本，如果银行有资本约束，就无法发放新贷款。证券化既是银行融资的主要来源，也是一种节省资本的方式。

证券化让银行得以摆脱“放款并持有”政策的约束，保持并发展贷款业务。这种机制促进了成长型经济的融资，因为相同的资本基础可以重新用于新贷款，而且证券化成了银行的主要融资来源。

在证券化中，资产池（例如贷款池）被出售给特殊目的的实体（SPE），特殊目的实体发行债券并出售给投资者，为收购提供资金。投资者希望获得债券的信用利差，并根据评级机构对这种贷款支持债券的评级做出投资决策。投资者关心的主要是债券的信用质量，它由信用评级而非贷款池构成（投资者无法获得关于该构成的直接信息）衡量，因此评级机构在这个过程中的作用至关重要。此外，投资于特殊目的实体证券的一个好处是，证券化工具所发行证券的信用利差比相同评级的类似公司债券的信用利差更有吸引力。

证券化可以利用资产在资产负债表上和市场上的融资成本之差。例如，这种差异可能产生于不同银行的标准化监管资本要求，它没有理由与银行投资组合的特定风险匹配。资产负债表融资成本和市场融资成本的差异还可能来自银行和信用评级机构对相同风险的不同理解。

金融危机时，证券化过程被中断，因为投资者认为证券化工具在金融体系中传播有害风险。[①] 理论上，评级机构的信用评级应提供关于这种风险的可靠信息。而实际情况是，评级机构并不能很好地量化这种风险。一旦所有人都能明显看出风险高于预期，就太晚了。评级机构能做的无非是加速降级，这坐实了投资者的担忧，让投资者高度规避这些产品的风险。随着降级的扩大，证券化工具发行的债券的市场价值下降，并使投资者产生损失。

结果是，证券化过程随着危机的蔓延而消失。它们无形中的消失耗尽了一个主要的资金来源，并让银行面临资本约束的压力。金融危机开始以后，证券化过程在无形中停止了。但证券化机制仍然依赖于稳健的经济状况，会以新形式重新出现，并用更保守的方法评估资产支持债券的风险。

30.2 证券化原则

证券化的原则很简单。只要资产产生的现金流能够向投资者提供足够补偿，产生现金流、利息和本金偿付的金融资产可以被出售给投资者。资产被出售给发行资产支持债券的特殊目的工具，然后资本市场投资者将购买这些资产支持债券。通常，卖方为发放贷款的银行。投资者以获得资产产生的现金流作为补偿。特殊目的实体发行一系列不同风险的证券或组别，它们由投资者购买。通常，同一种工具会发行多种证券。这些证券的收入被用来购买证券化资产。贷款池组成了特殊目的实体的资产。在向特殊目的实体出售的不可追索贷款中，投资者对贷款卖方没有索偿权。信用风险不由资产卖方承担，而是由特殊目的实体的投资者承担。这种实际的信用风险转移让银行可以从资本减免中获益，并释放银行资本用于其他用途。

① Longstaff, F. A. (2010), The subprime credit crisis and contagion in financial markets, [94].

30.2.1 证券化机制

只有当特殊目的实体所发行证券的投资者获得的收益率与投资风险一致时，证券化才是可行的。评级机构对这些证券提供必要的风险评估，这让被评级证券成为可交易证券。证券化工具中的资产的融资成本是投资者对特殊目的实体证券要求的加权平均收益率。证券化资产的收益率至少应该与该加权融资成本匹配。

任何符合这种经济要求的资产或资产池都可以进行证券化。最初，抵押贷款池是首种被证券化的资产。随后，各种各样的资产都开始进行证券化。它们包括信用卡应收款项、租赁应收款项、不同信用状况的债券和工商业公司贷款。它们根据资产性质，使用不同的名称，例如担保债务凭证（CDO）、债券抵押债券（CBO）和贷款抵押债券（CLO）。

证券化资产池既可能是静态的，也可能是定期补充或接受管理的。长期贷款（例如抵押贷款）组成了静态资产池。短期资产（例如信用卡应收款项）需要定期补充以确保证券化工具的寿命更长。由交易性资产组成的投资组合可以在交易存续期内进行积极管理，它需要遵守规范特殊目的实体的合约条款。理论上，任何产生现金流的资产都可以通过特殊目的实体出售给投资者。例如，产生租金的办公楼就可以被证券化，它的租金可以用于补偿市场投资者。

现金证券化是资产被实际卖给特殊目的实体的交易。合成式证券化使用信用衍生工具，它仅出售资产池的信用风险，而不出售基础资产。在第二类交易中，特殊目的实体是信用衍生工具的卖方，因此是风险的买方，银行是信用保障的买方和风险的卖方。来自投资者的收入被投资于无风险资产。银行向特殊目的实体支付保险费，它被加到特殊目的实体的国库券投资的无风险收益率上，从而使特殊目的实体得以重新构建信用风险收益率。

30.2.2 证券化的组织

证券化涉及多个参与者。银行将资产出售给证券化工具，它具有破产隔离性(bankruptcy remote)。特殊目的实体发行一系列证券，它们的风险不同，评级机构对它们的信用状况进行评估，使其成为投资者的合格投资。“安排行”通常是一家投资银行，负责设计交易结构。“服务行”通常是出售贷款的银行，负责在交易存续期内管理与借款人（他们的贷款被证券化）的日常关系。图 30-1 介绍了典型证券化交易中涉及的金融参与者。

30.2.3 证券化的构建

金融机构可以利用多种机制来支持用资产工具发行的证券。在转手工具中，资产现金流被转手给工具发行的证券。如果用同一种工具发行多种证券，那么每类证券都

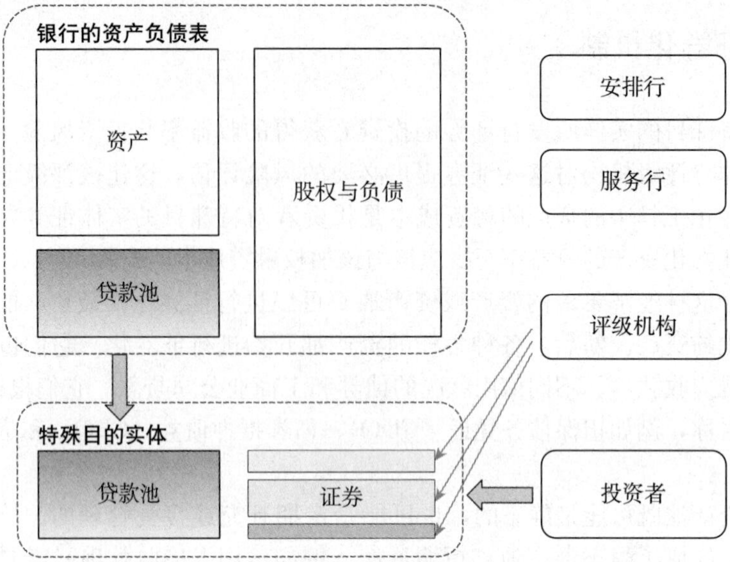

图 30-1　证券化的构建

可以用专门的子资产池支持。在纯转手工具机制中，每种证券的风险都和资产池的风险相同。

还有一些证券化用信用增级机制来减轻证券的风险。投资者可以将资产池规模放大到超过满足投资者索偿权所需的规模，从而获得对证券化投资组合第一损失（first losses）的保护。由于只有一部分资产池足以补偿这些投资者，所以证券的过度担保化对资产池产生的现金流的不利偏离提供了安全缓冲。例如，规模过大的资产池将产生100的现金流，而补偿投资者只需要80的现金流。只有当实际现金流少于80时，投资者的损失风险才会实现。

现代证券化依赖于特殊目的实体发行证券的结构。特殊目的实体并不发行承担证券化投资组合整体风险的单一类别债券。相反，它发行具有不同优先级的多类证券。证券化的一个特征是，一类证券违约（例如风险最高的证券违约）不会触发特殊目的实体其他更高级证券的违约。由资产支持的债券被称为“证券”或“结构化证券”。

特殊目的实体发行的证券的多样性让我们可以根据潜在投资者的特征定制不同证券的风险。风险厌恶型投资者购买最低信用风险的证券，而某些投资者被高风险证券的高利差吸引。结构化包括应该发行多少类证券、每种证券的规模和风险。

这种机制有一定的好处。它区别了特殊目的实体发行的各类证券的风险，同时又确保对更高级证券提供保护。高级投资者的信用风险保护来自次级证券提供的损失保护。这个过程也表明，已发行证券的风险与证券化投资组合的风险无关。

资产预期收益率和工具融资成本之差为“超额利差”。特殊目的实体的融资成本是投资者的加权平均必要收益率，权重为每种证券所占的比例。根据定义，超额利差不属于投资者。它可以在交易存续期内或在到期时释放给资产卖方。

交易的构建是指明确不同证券的规模及其优先级（见图30-2）。证券的次级水平是由其附加点和厚度（或规模）决定的。特定证券的附加点决定了所有排在它下面的次级证券的规模。该“安全缓冲”越高，由更次级证券保护的证券风险越低。最次级组别为股权组别，它集中了投资组合的第一损失，且没有评级。

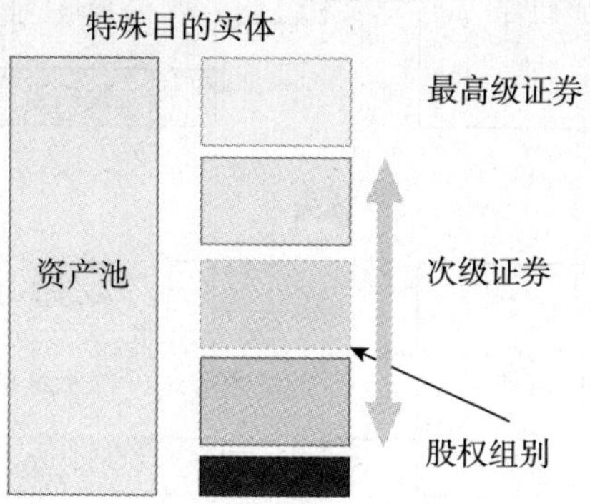

图 30-2　特殊目的实体发行的证券结构

资产卖方或第三方扮演着“信用增级商”的角色，它持有最后一个组别。如果卖方保留股权组别，那么它就在资产方持有，且价值为 0，因为投资组合损失将完全吸收该组别。在负债方，有专门对应该组别的现金账户，当损失触及股权组别时，借记该账户。如果股权组别被出售，投资者将从前期溢价和高于其他组别的利差中受益，以此作为持有最高风险组别的补偿。收益率取决于股权组别的存续时长，因此取决于资产池的违约时间。

评级机构根据证券风险对证券进行评级。高级证券可能是投资级证券，因为对于最高级组别，资产池损失超过次级证券提供的安全缓冲的可能性接近于 0。例如，如果次级证券的规模为投资组合的 30%，投资组合损失 30%的概率将极低。因此，高级证券可能被评为 AAA 级。当从高级组别向低级组别移动时，证券风险将增加，因为保护它们的损失免赔额将变得更低。

特定组别的风险，包括最高级组别的风险，取决于次级组别受损失的严重程度。在极端情况下，例如在 2008 年金融危机中，损失吸收了一大部分次级组别，使高级组别风险增加。高级组别被降级，其价值下降，导致持有者产生损失。换言之，高级组别投资者可能受到不利信用迁移的重创，即使没有违约影响其投资的组别。

这种结构用基于高级水平的优先级规则规定了资产池产生的现金流流向投资者的路线，它首先流向高级证券，最后流向权益组别。这种机制是现金流“瀑布”，它描述了现金流如何从一个组别流向下一个组别。“损失瀑布”因循的是对称路径。损失首先影响权益组别，然后是次级证券，最后是高级证券。图 30-3 显示了现金流瀑布和损失瀑布。

30.3　证券化的经济原理

本节分析了现金资产证券化，其目的是释放资本、扩展业务量。贷款卖方的主要经济问题是找出证券化对银行利润和银行资本收益率的影响。从理想的角度来说，证

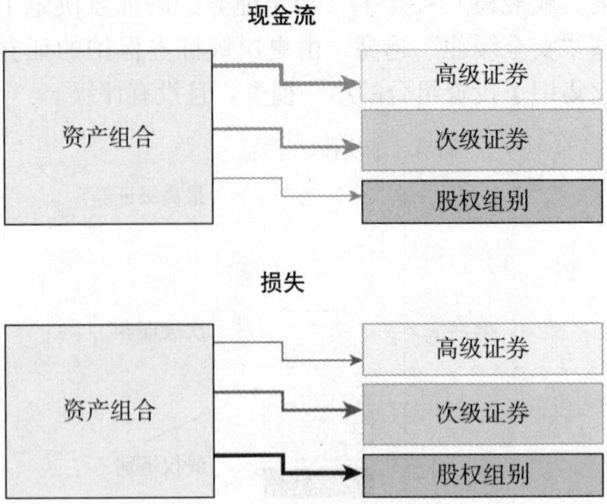

图 30-3　现金流瀑布和损失瀑布

券化应提高银行的资本收益率。资本基础降低的程度根据转移给投资者的风险而定，但证券化也影响利润，且最终会对利润产生负面影响，但对资本收益率的整体影响尚不清楚。

特殊目的实体的预期资产收益率应至少等于特殊目的实体证券投资者要求的收益率。其差异为超额利差，它可能属于贷款卖方。利差取决于许多因素：

- 银行卖给特殊目的实体的资产（贷款）的收益率；
- 特殊目的实体发行的证券的市场利差；
- 构建证券化的直接成本。

对卖方而言，评估证券化潜在收益的首要标准是通过证券化融资的成本和通过资产负债表融资的成本之间的差异。证券化使资产池产生的初始现金流质量与流向投资者的现金流质量分离开，因为初始现金流是根据优先级规则流向证券的。结果是，通过证券化工具融资的成本应不同于通过资产负债表融资的成本。

当资产在资产负债表上持有时，其融资成本为股权和债务的加权平均成本。而当资产属于特殊目的实体的资产时，融资成本为工具发行的不同证券的加权平均成本。下面我们将用一个例子详细说明标准交易的经济原理。举例的目的是评估标准证券化对资本收益率的影响。

30.3.1　证券化交易的分析

为了详细说明一笔交易的经济原理，需要用一些简化输入数据来描述证券化贷款池的特征以及资产负债表融资成本和证券化融资成本，如下所示。

假设银行贷款组合的年预期收益率为 10.20%。该收益率为扣除预期损失和贷款服务营业成本之后的净收益率。无风险利率为 9%。银行资产负债表上的债务评级为 A 级，与无风险利率的利差为 1%。资产的风险权重为 100%，资本比率为 8%。税前必要股权收益率为 20%。银行考虑对规模为 100 亿美元的总贷款组合中规模为 10 亿美元的贷款进行证券化。

在证券化中，贷款池的融资来自出售给特殊目的实体投资者的证券。向投资者发行的组别有两类，次级组别占证券化金额的25%。相对于9%的无风险利率，要求的信用利差为2%（200个基点）。高级组别占贷款池的75%，它是投资级，评级为AA级，其与无风险利率的信用利差为0.50%。

证券化的直接成本包括法律成本和服务成本。贷款服务成本由和客户有关系的银行承担，其成本从贷款收益率中扣除。年化法律成本为证券化贷款面值的0.15%。这些成本为高级成本：它应该在投资者得到补偿前支付。

30.3.2 资产负债表融资成本和证券化融资成本

资产负债表贷款融资成本是银行的加权平均成本（WAC）。根据以上假设，给定银行的评级和相应的银行债务成本，计算过程简单明了。股权和债务的权重分别为8%和92%。必要股权收益率是给定的，债务成本是根据银行的信用评级得出的。计算过程如表30-1所示。

表30-1　资产负债表加权平均成本的计算

		资产负债表成本
无风险利率		9%
评级		A级
利差		1.0%
利息成本		10.00%
	权重	成本
债务	92%	10.00%
股权	8%	20.00%
加权平均资本成本		10.800%

银行的加权平均成本为10.8%。该融资成本高于贷款的净收益率。结果是，实际资本收益率低于最低必要收益率（20%）。通过计算银行当前投资组合的利润，可以直接检验这一结果。给定预期资产收益率，银行的资本收益率为12.50%，低于必要收益率（20%）（见表30-2）。

表30-2　银行的实际资本收益率

	余额	收益率	收入与成本
贷款收入	10 000	10.20%	1 020
银行的债务	9 200	10.00%	920
银行的资本	800		
证券化前的银行利润			100
银行的实际资本收益率			12.50%

用与两类证券的评级匹配的信用利差计算出的证券化融资成本为所发行证券的加权平均成本。这个阶段不包括创建证券化工具的直接营业成本。通过证券化为贷款融资的成本为9.825%（见表30-3）。

表30-3　　证券化的加权平均成本

高级组别成本	低级组别成本
9%	9%
AA级	Ba级
0.50%	1.80%
9.50%	10.80%
权重	成本
75.00%	9.50%
25.00%	10.80%
加权平均成本	9.825%

它低于资产负债表融资成本（10.80%）。该成本还低于贷款的净收益率。通常，通过特殊目的实体融资的成本取决于证券结构（对每种证券分配的权重）和市场上的现行利差。通过证券化融资的成本可能低于也可能不低于资产负债表融资成本，因为它取决于市场利差，后者可能缩窄也可能拓宽，这取决于当前环境。

通过证券化融资的全部成本包括建立特殊目的实体的直接营业成本和服务成本。证券化融资的全部成本为投资者的必要收益率与直接成本（0.15%或9.975%）之和。这笔证券化融资的全部成本仍然低于资产负债表融资成本。证券化融资的全部成本也低于贷款收益率。证券化产生了正超额利差，其计算方法是贷款净收益率和证券化全部成本的代数差。在本例中，额外利差为：10.100%－9.975%＝0.225%。当证券化投资组合的金额为1 000时，该利差的值为2.25。

这笔超额收入不属于投资者，而是要返还给银行作为额外利润。超额利差的实际使用取决于规范证券化的契约条款。超额利差被释放前可能保留在特殊目的实体中，以此作为不利环境下的额外安全缓冲。

30.3.3　证券化后的银行利润和资本收益率

一旦贷款被出售给特殊目的实体，银行就剩下较小的投资组合，10 000－1 000＝9 000。分配给该投资组合的资本也减少了：8%×9 000＝720。假设释放的资本被分配给其他新业务。为投资组合融资的债务现在为9 000－720＝8 280。[①] 银行损失了证券化投资组合的利润，但获得了超额利差。证券化后的银行利润和新资本收益率的计算方法如表30-4所示，此时资产负债表减少了1 000，即证券化贷款的金额。

① 我们假设资本投资不是无风险的，这表明债务是作为资本的补充进行分配的。

表 30-4　　证券化后的新利润和资本收益率

	余额	收益率	收入与成本
超额利差	1 000	0.225%	2.25
证券化后的利润			
银行的贷款收入	9 000	10.20%	918.00
超额利差			2.25
银行的债务	8 280	10.00%	828.00
银行的资本	720		
银行证券化后的利润			92.25
银行证券化后的资本收益率			12.81%

银行的新利润低于证券化之前的利润，因为特殊目的实体的超额利差产生的收入无法抵消投资组合损失的利润。银行损失的利润为 10，但获得了 2.25 的超额利差，最终利润为 92.25。该利润低于贷款在资产负债表中时的初始利润（100），这是银行投资组合规模下降和超额利差的净影响。

利润变化也可以通过证券化投资组合的融资成本差异推导出来。初始融资成本为银行的债务成本，权重为 92%。最终融资成本为特殊目的实体证券的成本，权重为 100%。证券化前后的利润之差为这两笔成本的差异：

$$(92\%\times10\%-100\%\times9.975\%)\times1\ 000=-7.75$$

该差异与证券化前后的银行利润变化匹配，即 92.25－100＝－7.75。

新的资本收益率为 12.81%，高于证券化之前的资本收益率，因为资本基础现在降低了。在本例中，证券化提高了资本收益率。明确资本收益率提高的条件是很有意思的。

忽略超额利差，银行投资组合的资本收益率恰好为 12.5%。只要收益率和权重保持相同，资本收益率就独立于经营规模。如果银行对一部分投资组合实行证券化，剩余投资组合的资本收益率将相同，即为 12.5%。但银行获得了更多利润，它等于特殊目的实体产生的正超额利差。新的资本收益率可以分解为初始资本收益率加上超额利差产生的——相同资本的——额外收益率。证券化后的资本为 720，超额利差为 2.25。增加的资本收益率为 2.25/720＝0.312%。这恰好是初始资本收益率 12.50%和最终资本收益率 12.812%之差。最终结果表明，资本收益率提高的充分必要条件是超额利差为正。

如果资本与证券化金额成反比，且证券化提高了资本收益率，那么就应该增加证券化金额。所提高的银行资本收益率为“证券化的杠杆效应”。只要通过证券化融资的全部成本保持固定，杠杆就为正。证券化金额越高，证券化后的最终资本收益率就越高。显然，这种杠杆效应有局限性。当总投资组合的证券化比例增加得过高时，资产收益率就不太可能保持固定。如果证券化资产的信用质量下降，其预期收益率也下降，则初级组别应增加，其利差增加，并且通过证券化融资的成本也应增加。证券化新资产的低质量对证券化金额产生了实际限制。[①]

30.3.4 出售给特殊目的实体的资产定价

此外，卖方可以通过特殊目的实体获得的资产收益率与投资者的必要收益率匹配的价格出售资产，以此来提前获得超额利差。证券化贷款可以按高于面值的价格出售，前提是假定它的收益率高于吸收高级组别证券的成本、补偿投资者所需的收益率。

例如，假设贷款久期为 2 年。贴现率变化导致的价值变化与久期和贴现率变化成比例。如果贴现率恰好为 10.20％，即贷款收益率，那么贷款价值将等于面值。如果贴现率较低，为 9.975％，那么贷款价值将高于面值。用久期公式可以得到新贷款价值的近似值。对于 100％的面值，根据下式，新价值 V 取决于久期和贴现率之间的差异：

$$(V-100\%)/100\%=-久期(r-y)$$

在这个公式中，久期为 2，初始收益率 y 为 10.20％，最终收益率 r 为 9.975％。贷款公允价值 V 为：

$$V=100\%[1-2(9.975\%-10.20\%)]=100.45\%$$

这个价格产生的资本收益率为所售贷款面值的 0.45％，即 4.5。以该公允价格将贷款出售给特殊目的实体，相当于收取超额利差作为该初始前期资本收益。

30.4 证券化机制中的变形

标准现金证券化的基本机制有多种变形。例如，银行可能保留一部分保留组别。在一些情况下，银行可以使用合成式证券化，通过信用衍生工具出售贷款风险，而不出售贷款。

当银行保留一部分高级组别时，类似的经济原理也适用。银行最初会损失证券化投资组合的利润。它还有一笔额外的债务成本，因为银行保留的剩余投资组合现在由 100％的银行债务融资，而不是由初始的债务和股权组合融资。只有在风险实际转移给特殊目的实体时，被分配给保留组别的债务才会增加，从而节省了保留组别的资本要求。银行还从新的特殊目的实体中获得了超额利差。

新特殊目的实体的规模缩小，缩小金额相当于保留组别的金额。高级组别和初级组别在特殊目的实体中的权重发生变化。如果特殊目的实体的结构相同，那么高级组别的规模将缩小，初级组别的规模将增大。因此，特殊目的实体的资本加权平均成本将升高。

银行利润融合了多种影响：投资组合损失的利润；银行债务的额外成本——权重

---

① 这可能不适用于短期资产（例如信用卡）的证券化，因为这种贷款的快速摊销使银行必须定期用新的短期贷款补充资产池，而新短期贷款的质量不一定会降低。

为 100%；用高级组别和初级组别的新权重重新计算的特殊目的实体产生的超额利差。得到的利润变化可以被视为没有进行证券化和进行证券化时的融资成本之差。证券化投资组合 100%用银行债务为保留组别融资，融资成本为银行的债务成本，其余部分 100%用特殊目的实体的债务融资，融资成本为新特殊目的实体的加权债务成本。

如果银行债务的融资成本低于特殊目的实体的债务成本，那么这种结构是合理的。在这种情况下，保留组别的资产负债表利差高于该组别留在特殊目的实体中时的利差。保留一部分高级组别对高评级银行是有意义的。

合成式证券化是一种不同的方法：整个投资组合保留在资产负债表中。银行向特殊目的实体购买信用衍生工具，确保投资组合换取到银行向特殊目的实体支付的经常性溢价。在特殊目的实体一方，投资者获得溢价，它被加到用投资者的现金进行无风险投资的无风险利率之上，重新计算收益率。由信用衍生工具确保的投资组合的资本分配减少了。为了让这笔交易对银行安全，从银行的利益考虑，可以将特殊目的实体的无风险资产作为担保品进行抵押。2000 年，JP 摩根（JP Morgan）的前“Bistro”结构就是根据这种原则设计的。

资产负债表投资组合产生的收入仍然保留在银行中。银行的债务规模应该扩大，并与被分配给投资组合的较低资本匹配。进行合成式证券化后，由于债务成本升高和支付给特殊目的实体的溢价成本的存在，银行利润将降低。增量效应取决于节省的资本、增加的债务成本和支付给特殊目的实体的溢价。

30.5 资产支持证券的风险

证券化结构的适应能力是指其承受不利环境而不使已发行证券产生损失的能力。评估证券信用状况的方法包括压力情景和信用投资组合模型。

所有影响支持证券的投资组合损失率的因素都直接影响证券的信用状况。对于贷款而言，影响证券潜在损失的参数包括：逾期率（延期付款金额）、坏账冲销率（违约造成的损失）、支付率（月利息支付额和本金偿还额）、回收率（回收金额所占百分比和回收时间）以及贷款组合的平均收益率。

评估证券风险的一种标准方法是进行该因素的压力测试，找出在哪种情况下损失会影响证券。一种常见的压力测试是确定触发投资者损失的预期坏账冲销率的乘数。在不产生损失的情况下可承受的乘数越高，评级越高。例如，高级证券坏账冲销率的最小必要乘数是预期平均坏账冲销率的五六倍。这种方法需要用瀑布模型来显示损失流向各系列证券的方式和时间。

信用投资组合模型可以实现相同的目的，即评估特殊目的实体发行的证券的风险。但这种方法更复杂，因为它需要产生投资组合的损失分布，并将损失分配给每种已发行证券。

为了产生投资组合的损失分布，可以使用标准方法。使用违约资产价值模型，只要与债务人相关的资产价值跌到与贷款违约概率匹配的临界值以下，就会触发违约。

一致的相关系数反映了依赖性。或者也可以根据对投资组合中债务人的违约时距模拟产生损失分布和损失时间。瀑布机制将投资组合的损失分配给每个组别。

损失根据结构化证券的优先程度流向证券。证券从所有次级证券的保护中受益，次级证券的规模决定了更高优先级证券受影响之前的损失免赔额。如果模拟损失低于这些次级组别的规模，它就被分配给次级证券，且没有损失被分配给高级组别。如果损失超过次级组别的规模，那么多余损失就被分配给高级证券。每个证券的损失分布的下限为0，上限为证券规模。这种机制产生了每个组别的预期损失和损失分布。证券损失在较低附加点和较高附加点上遵循投资组合截尾损失分布。图30-4显示了相对于某个组别的投资组合截尾损失分布。

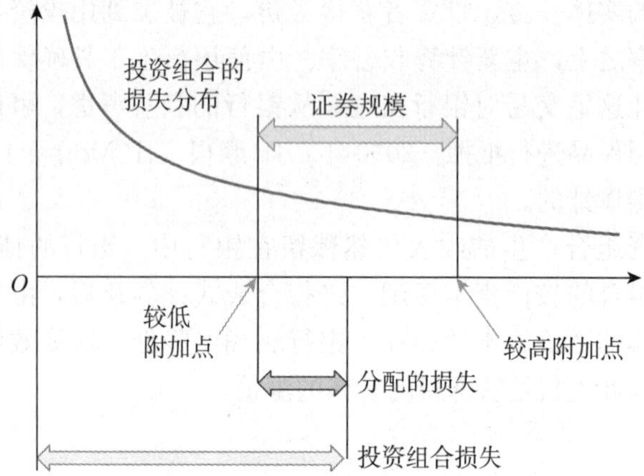

图30-4　投资组合和结构化证券的损失分布

在证券化中，某个组别违约的概率是所有资产中一小部分违约的概率。其风险与 N 次违约篮子可比。和此类篮子类似，证券化的组别风险直接取决于违约之间的相关性。因此，它被视为相关性产品。

这个原理可以用一个极端的例子来说明。假设有一个由两个组别——一个初级组别，一个高级组别——进行融资的双投资组合。此外，假设每个组别的规模等于每笔资产的规模。当高级组别违约时，两笔资产都应违约。只有在联合违约概率很高时，才会发生这种情况。高级组别的风险随相关性的增加而增加。

和双资产第一违约篮子一样，如果只有一笔资产违约，那么初级组别将违约。初级组别的风险随单独违约概率的增加而增加。单独违约概率为1减去联合存续概率。联合存续概率在违约相关性增加时增加。因此，当相关性增加时，初级组别的风险会下降。

当相关性增加时，高级组别的风险提高，初级组别的风险降低。由于组别包含不同的相关性，因此它们是价格与相关性挂钩的产品。这种产品的标准化组别的价格表示为指数。指数组别的主要优点是，它们是标准化的。在ITraxx指数中，最低的组别，即股权组别，吸收了指数前3%的违约损失。接下来的组别分别吸收了3%～6%的损失，并与前3%的损失隔离。

参考文献

[1] Acerbi, C., Tacshe, D. (2002) On the coherence of expected shortfall, *Journal of Banking and Finance*, **26** (7), 1487 - 1503.

[2] Acharya V. V., Viswanathan S. (2011) Leverage, moral hazard, and liquidity, *Journal of Finance*, **66**, 91 - 138.

[3] Acharya, V., Philippon, T., Richardson, M., Roubini, N. (2009) The financial crisis of 2007 - 2009: Causes and remedies, Financial Markets, *Institutions & Instruments*, **18** (2), 89 - 137.

[4] Adrian, T., Shin, H-S. (2010) Liquidity and leverage, *Journal of Financial Intermediation*, **19**, 418 - 437.

[5] Aebi, V., Sabato, G., Schmid, M. (2012) Risk management, corporate governance, and bank performance in the financial crisis, *Journal of Banking & Finance*, **36**, 3213 - 3226.

[6] Allen, F., Santomero, A. M. (2001) What do financial intermediaries do? *Journal of Banking & Finance*, **25**, 271 - 294.

[7] Allen, N. B., Herring, R. J., Szegö, G. P. (1995) The role of capital in financial institutions, *Journal of Banking & Finance*, **19**, 393 - 431.

[8] Altman, E. I. (1968) Financial ratios, discriminant analysis and the prediction of corporate bankruptcy, *The Journal of Finance*, **23** (4), 589 - 609.

[9] Altman, E. I., Caouette, J., Narayanan, P. (1998) *Managing Credit Risk: The Next Great Financial Challenge*, John Wiley & Sons.

[10] Altman, E. I., Haldeman, R., Narayanan, P. (1977) ZETA analysis: A new model to identify bankruptcy risk of corporation, *Journal of Banking and Finance*, 29 - 55.

[11] Altman, E. I., Sabato, G. (2007) Modelling credit risk for SMEs: Evidence from the US market, *Abacus*, **43** (3), 332 - 357.

[12] Altman, E. I., Saunders, A. (1997) Credit risk measurement: Developments over the last 20

years, *Journal of Banking & Finance*, **21** (11), 1721 - 1742.

[13] Amato, J. D., Remolona, E. M. (2003) The credit spread puzzle, *BIS Quarterly Review*, 51 -63.

[14] Arnold, B., Borio, C., Ellis, L., Moshirian, F. (2012) Systemic risk, macroprudential policy frameworks, monitoring financial systems and the evolution of capital adequacy, *Journal of Banking & Finance*, **36**, 3125 - 3132.

[15] Artzner, P., Delbaen, F., Eber, J. M., Heath, D. (1997) Thinking coherently, *Risk*, **10**, November, 68 - 71.

[16] Asarnow, E., Edwards, D. (1995) Measuring loss on defaulted bank loans: A 24-year study, *The Journal of Commercial Lending*, **10** (2), 11 - 23.

[17] Basel Committee on Banking Supervision (1988) International convergence of capital measurement and capital standards, Bank for International Settlements, BCBS publications.

[18] Basel Committee on Banking Supervision (1994) Risk management guidelines for derivatives, Bank for International Settlements, BCBS publications.

[19] Basel Committee on Banking Supervision (1996, updated 2005) Amendment to the capital accord to incorporate market risk, Bank for International Settlements, BCBS publications.

[20] Basel Committee on Banking Supervision (2001) Principles for the management and supervision of interest rate risk, Bank for International Settlements, BCBS publications.

[21] Basel Committee on Banking Supervision (2006) International convergence of capital measurement and capital standards: A revised framework—Comprehensive version, Bank for International Settlements, BCBS publications.

[22] Basel Committee on Banking Supervision (2008) Principles for sound liquidity risk management and supervision, Bank for International Settlements, BCBS publications.

[23] Basel Committee on Banking Supervision (2009) Guidelines for computing capital for incremental risk in the trading book, Bank for International Settlements, BCBS publications.

[24] Basel Committee on Banking Supervision (2010) Basel Ⅲ: A global regulatory framework for more resilient banks and banking systems, Bank for International Settlements, BCBS publications.

[25] Basel Committee on Banking Supervision (2011) Revisions to the Basel Ⅱ market risk framework, Bank for International Settlements, BCBS publications.

[26] Basel Committee on Banking Supervision (2013) Basel Ⅲ: The liquidity coverage ratio and liquidity risk monitoring tools, Bank for International Settlements, BCBS publications.

[27] Basel Committee on Banking Supervision (2013) Fundamental review of the trading book: A revised market risk framework, Bank for International Settlements, BCBS publications.

[28] Basel Committee on Banking Supervision (2014) The standardised approach for measuring counterparty credit risk exposures, Bank for International Settlements, BCBS publications.

[29] Berndt, A., Douglas, R., Duffie, D., Ferguson, M., Schranz, D. (2008) *Measuring default risk premia from default swap rates and EDFs*, Tepper School of Business, 49.

[30] Bierwag, G. (1987) *Duration Analysis—Managing Interest Rate Risk*, Ballinger Publishing Company, Cambridge, Massachusetts.

[31] Black, F., Derman, E., Toy, W. (1990) A one-factor model of interest rates and its application to Treasury bond options, *Financial Analysts Journal*, **46** (1), January - February, 33 - 39.

[32] Black, F., Scholes, M. (1973) The pricing of options and corporate liabilities, *Journal of Politi-*

cal Economy, **81**, 637 - 659.

[33] Borio, C., Drehmann, M. (2009) Assessing the risk of banking crises—revisited, *BIS Quarterly Review*, 29 - 46.

[34] Borio, C., Drehmann, M., Tsatsaronis, K. (2013) Stress-testing macro stress testing: Does it live up to expectations? *Journal of Financial Stability*, **12**.

[35] Brigo, D. (2012) Counterparty risk FAQ, credit VaR, PFE, CVA, DVA, closeout, netting, collateral, re-hypothecation, WWR, Basel, funding, CDS and margin lending, available at SSRN.

[36] Brigo, D., Mercurio, F. (2007) *Interest Rate Models—Theory and Practice: With Smile, Inflation and Credit*, Springer.

[37] Brigo, D., Morini, M., Pallavicini, A. (2012) *Counterparty Credit Risk, Collateral and Funding*, Wiley Finance.

[38] Brigo, D., Morini, M., Pallavicini, A. (2013) *Counterparty Credit Risk, Collateral and Funding: With Pricing Cases for All Asset Classes*, John Wiley & Sons.

[39] Brunnermeier, M. K. (2009) Deciphering the liquidity and credit crunch 2007 - 2008, *Journal of Economic Perspectives*, **23** (1), 77 - 100.

[40] Brunnermeier, M. K., Pedersen, L. H. (2009) Market liquidity and funding liquidity, *Review of Financial Studies*, **22**, 2201 - 2238.

[41] Canabarro, E., Duffie, D. (2003) *Measuring and marking counterparty risk*, in *Asset/Liability Management for Financial Institutions*, Institutional Investor Books, 122 - 134.

[42] Carty, L. V., Lieberman, D. (1998) Historical default rates of corporate bond issuers, 1920 - 1996, in S. Das (ed.) (2003) *Credit Derivatives: Trading and Management of Credit and Default Risk*, John Wiley & Sons, 317 - 348.

[43] Castagnolo F., Ferro G. (2014) Models for predicting default: Towards efficient forecasts, *The Journal of Risk Finance*, **15** (1), 52 - 70.

[44] Cherubini, U., Luciano, E., Vecchiato, W. (2004) *Copula Methods in Finance*, John Wiley & Sons.

[45] Choudhry, M. (2011) *Bank Asset and Liability Management: Strategy, Trading, Analysis*, John Wiley & Sons.

[46] Commission of the European Communities (2008) Proposal for a Regulation of the European Parliament and of the Council on Credit Rating Agencies, Brussels.

[47] Cooper, I., Mello, A. (1991) The default risk of swaps, *Journal of Finance*, **46** (2), 597 - 620.

[48] Credit Suisse (1997) *CreditRisk +: A credit risk management framework*, Credit Suisse Financial Products.

[49] Crook, J. N., Edelman, D. B., Thomas, L. C. (2007) Recent developments in consumer credit risk assessment, *European Journal of Operational Research*, **183** (3), 1447 - 1465.

[50] Das, S. (2003) *Swaps and Financial Derivatives: Products, Pricing, Applications and Risk Management*, 3rd edition, John Wiley & Sons, New Jersey.

[51] Das, S. (ed.) (2005) *Credit Derivatives: CDOs and Structured Credit Products*, John Wiley & Sons.

[52] Delianedis, G., Geske, R. L. (2003) Credit risk and risk neutral default probabilities: Information about rating migrations and defaults, EFA 2003 annual conference paper.

[53] Derman, E. (2009) Models, *Financial Analysts Journal*, **65** (1), 28 - 33.

[54] Diamond, D. (1991) Debt maturity structure and liquidity risk, *Quarterly Journal of Economics*, **106**, 709 - 737.

[55] Diamond, D. W. (2007) Banks and liquidity creation: A simple exposition of the Diamond-Dybvig model, *Fed Res Bank Richmond Economic Quarterly*, **93** (2), 189 - 200.

[56] Diamond, D. W., Dybvig, P. H. (1983) Bank runs, deposit insurance, and liquidity, *Journal of Political Economy*, **91** (3), 401 - 419.

[57] Diamond, D., Rajan, R. G. (2011) Fear of fire sales, illiquidity seeking and the credit freeze, *Quarterly Journal of Economics*, **126** (2), 557 - 591.

[58] Duffie, D., Singleton, K. J. (2003) *Credit Risk: Pricing, Measurement and Management*, Princeton University Press, New Jersey.

[59] Elizalde, A. (2006) Credit risk models Ⅰ: Default correlation in intensity models, CEMFI Working Paper 0605, available at www. abelelizalde. com, CEMFI.

[60] Elton, E. J., Gruber, M. J., Agrawal, D., Mann, C. (2001) Explaining the rate spread on corporate bonds, *The Journal of Finance*, **56** (1), 247 - 277.

[61] Engelmann, B., Hayden, E., Tasche, D. (2003) Testing rating accuracy, *Risk*, www. risknet.

[62] Financial Stability Forum (2009) Addressing procyclicality in the financial system.

[63] Finger, C., Ta, T. (2002) CreditGrades technical document, RiskMetrics Group.

[64] Froot, K. A., Stein, J. C. (1998) Risk management, capital budgeting, and capital structure policy for financial institutions: An integrated approach, *Journal of Financial Economics*, **47** (1), 55 - 82.

[65] Frye, J. (1997) *Principals of risk: Finding VaR through factor-based interest rate scenarios, in VaR: Understanding and Applying Value at Risk*, Risk Publications, London, 275 - 288.

[66] FSA (2009) Strengthening Liquidity Standards, London.

[67] Golub, B. W., Crum, C. C. (2010) Risk management lessons worth remembering from the credit crisis of 2007 - 2009, *Journal of Portfolio Management*, **36** (3), 21 - 44.

[68] Golub, B. W., Tilman L. M. (1997) Measuring yield curve risk using principal components, analysis, value at risk, and key rate durations, *The Journal of Portfolio Management*, **23** (4), 72 -84.

[69] Gordy, M. B. (2000) A comparative anatomy of credit risk models, *Journal of Banking & Finance*, **24** (1 - 2), 119 - 149.

[70] Gordy, M. B. (2003) A risk factor model foundation for rating-based bank capital rules, *Journal of Financial Intermediation*, **12**, 199 - 232.

[71] Gordy, M. B., Howells, B. (2006) Procyclicality in Basel Ⅱ: Can we treat the disease without killing the patient? *Journal of Financial Intermediation*, **15**, 395 - 417.

[72] Gregory, J. (2010) *Counterparty Credit Risk*, John Wiley & Sons.

[73] Gregory, J. (2012) *Counterparty Credit Risk and Credit Value Adjustment: A Continuing Challenge for Global Financial Markets*, John Wiley & Sons.

[74] Gupton, G. M., Finger C. C., Bhatia, M. (1997) Creditmetrics: Technical Document, JP Morgan & Co.

[75] Hayre, L. S. (1990) Understanding option-adjusted spreads and their use, *The Journal of Portfolio Management*, **16** (4), 68 - 69.

[76] Ho, T. S., Saunders, A. (1981) The determinants of bank interest margins: Theory and

empirical evidence, *Journal of Financial and Quantitative Analysis*, **16** (4), 581 - 600.

[77] Holton, G. A. (2003) *Value-at-Risk: Theory and Practice*, Academic Press.

[78] Hull, J. (2014) *Options, Futures and Other Derivatives*, 9th edition, Prentice Hall.

[79] Hull, J., White, A. (1993) One-factor interest-rate models and the valuation of interest-rate derivative securities, *Journal of Financial and Quantitative Analysis*, **28** (2), 235 - 254.

[80] Hull, J., White, A. (2012) CVA and wrong-way risk, *Financial Analysts Journal*, **68** (5), 58 -69.

[81] Jarrow, E. (1998) *Volatility*, Risk Publications, London.

[82] Jarrow, R. A., Van Deventer, D. R. (1998) The arbitrage-free valuation and hedging of demand deposits and credit card loans, *Journal of Banking & Finance*, **22** (3), 249 - 272.

[83] Jorion, P. (1996) Risk2: Measuring the risk in value at risk, *Financial Analysts Journal*, **52** (6), 47 - 56.

[84] Jorion, P. (2000) Risk management lessons from long-term capital management, *European Financial Management*, **6** (3), 277 - 300.

[85] Jorion, P. (2007) *Value-at-Risk*, 3rd edition, McGraw-Hill, New York.

[86] Kacperczyk, M., Schnabl, P. (2010) When Safe Proved Risky: Commercial Paper during the Financial Crisis of 2007 - 2009, *Journal of Economic Perspectives*, **24** (1), Winter, 29 - 50.

[87] Kealhofer, S. (2003) Quantifying credit risk Ⅰ: Default prediction, *Financial Analysts Journal*, **3**, 30 - 44.

[88] Kealhofer, S. (2003) Quantifying credit risk Ⅱ: Debt valuation, *Financial Analysts Journal*, **59** (1), 78 - 92.

[89] Laux, C., Leuz, C. (2010) Did fair-value accounting contribute to the financial crisis? *Journal of Economic Perspectives*, **24** (1), Winter, 93 - 118.

[90] Li, D. (2000) On default correlation, a copula approach, *Journal of Fixed Income*, **9** (4), 43 -54.

[91] Liu, B., Kocagil, A. E., Gupton, G. M. (2007) Fitch equity implied rating and probability of default model, Quantitative Research Special Report.

[92] Lo, A. W. (1999) The three P's of total risk management, *Financial Analysts Journal*, **55** (1), 13 - 26.

[93] Longin, F. M. (2000) From value at risk to stress testing: The extreme value approach, *Journal of Banking & Finance*, **24**, 1097 - 1130.

[94] Longstaff, F. A. (2010) The subprime credit crisis and contagion in financial markets, *Journal of Financial Economics*, **97** (3), 436 - 450.

[95] Malz, A. M. (2011) *Financial Risk Management: Models, History, and Institutions*, Wiley.

[96] Matten, C. (2000) *Managing Bank Capital*, 2nd edition, John Wiley & Sons.

[97] Matz, L., Neu, P. (2006) *Liquidity Risk Measurement and Management: A Practitioner's Guide to Global Best Practices*, John Wiley & Sons.

[98] McNeil, A. J. (1999) *Extreme Value Theory for Risk Managers, Internal Models and CAD Ⅱ*, Risk Books, London.

[99] Memmel, C., Schertler, A. (2011) Banks' Management of the Net Interest Margin: Evidence from Germany, available at SSRN: http: //ssrn. com/abstract=1944140.

[100] Merton, R. C. (1973) Theory of rational option pricing, *Bell Journal of Economics and Man-*

agement Science, **4** (1), 141 - 183.

[101] Merton, R. C. (1974) On the pricing of corporate debt: The risk structure of interest rates, *The Journal of Finance*, **29** (2), 449 - 470.

[102] Merton, R., Perold A. (1993) Theory of risk capital in financial firms, *Journal of Applied Corporate Finance*, **6** (3), 16 - 32.

[103] Modigliani, F., Miller, M. H. (1958) The cost of capital, corporation finance, and the theory of investment, *American Economic Review*, **48**, 261 - 297.

[104] Moody's Analytics (2011) Moody's market implied ratings description, methodology, and analytical applications, Moody's.

[105] Moody's (2008) European corporate defaults and recovery rates: 1985 - 2007, London.

[106] Moody's Investors Services (2011) Corporate default and recovery rates, 1920 - 2010.

[107] Morgan, J. P. (1995) Risk Metrics Technical Manual, New York, JP Morgan Bank.

[108] Neftci, S. N. (2000) *Introduction to the Mathematics of Financial Derivatives*, 2nd edition, Academic Press, New York.

[109] Neftci, S. N. (2008) *Principles of Financial Engineering*, Academic Press, New York.

[110] Nelson, C. R., Siegel, A. F. (1987) Parsimonious modeling of yield curves, *Journal of Business*, **60**, 473 - 489.

[111] Nijskens, R., Wagner, W. (2011) Credit risk transfer activities and systemic risk: How banks became less risky individually but posed greater risks to the financial system at the same time, *Journal of Banking & Finance*, **35**, 1391 - 1398.

[112] O'Kane, D., Turnbull, S. (2003) Valuation of Credit Default Swaps, Fixed Income Quantitative Credit Research, Lehman Brothers, 28 - 44.

[113] Perold, A. (2005) Capital allocation in financial firms, *Journal of Applied Corporate Finance*, **17** (3), 110 - 118.

[114] Poon, S-H., Granger, C. (2003) Forecasting volatility in financial markets: A review, *Journal of Economic Literature*, **XLI**, 78 - 539.

[115] Poon, S-H., Granger, C. (2003) Practical issues in forecasting volatility, *Financial Analysts Journal*, **61** (1), 45 - 56.

[116] Pricewaterhouse Coopers Publications (2009) IFRS Manual of Accounting 2009: Global Guide to IFRS.

[117] Pykhtin, M., Zhu, S. (2007) A guide to modelling counterparty credit risk, *Garp Risk Review*, 16 - 22.

[118] Risk Publications (1996) *Vasicek and Beyond*, London.

[119] Risk Publications (2003) *Liquidity Black Holes: Understanding, Quantifying and Managing Financial Liquidity Risk*, London.

[120] RiskMetrics Group (2002) CreditGrades: Technical Document, New York.

[121] Rosen, D., Saunders, D. (2012) CVA the wrong way, *Journal of Risk Management in Financial Institutions*, **5** (3), 252 - 272.

[122] Satchell, S., Xia, W. (2006) Analytic models of the ROC curve, applications to credit rating model validation, Quantitative Finance Research Center, University of Technology, Sydney.

[123] Schönbucher, P., Schubert, D. (2001) Copula-dependent default risk in intensity models, TIK-Report 103.

[124] Sharpe, W. (1964) Capital asset prices: A theory of market equilibrium under condition of risk, *Journal of Finance*, **19**, 425 - 442.

[125] Shashidhar, M. (2011) Market-implied risk-neutral probabilities, actual probabilities, credit risk and news, *IIMB Management Review*, **23** (3), 140 - 150.

[126] Singh, M. K. (1997) Value at risk using principal components analysis, *The Journal of Portfolio Management*, **24** (1), 101 - 112.

[127] Standard & Poor's (2003) *Corporate Ratings Criteria*, McGraw-Hill, New York.

[128] Stoughton, N. M., Zechner, J. (2007) Optimal capital allocation using RAROC™ and EVA®, *Journal of Financial Intermediation*, **16** (3), 312 - 342.

[129] Tasche, D. (2008) Capital allocation to business units and sub-portfolios: The Euler principle, in Pillar Ⅱ in the New Basel Accord: The Challenge of Economic Capital, Risk Books.

[130] Tasche, D. (2013) The art of probability-of-default curve calibration, *Journal of Credit Risk*, **9** (4), 63 - 103.

[131] Uyemura, D. G., Kantor C. C., Pettit J. M. (1996) EVA® for banks: Value creation, risk management, and profitability measurement, *Journal of Applied Corporate Finance*, **9** (2), 94 -109.

[132] VanHoose, D. (2007) Theories of bank behavior under capital regulation, *Journal of Banking & Finance*, **31**, 3680 - 3697.

[133] Vasicek, O. (1991) Limiting loan loss probability distribution, Moody's-KMV.

[134] Vasicek, O. (2002) Loan portfolio value, *Risk*, 160 - 162.

[135] Wilson, T. (1997) Portfolio credit risk Ⅰ, *Risk*, **10** (9), 111 - 117.

[136] Wilson, T. (1997) Portfolio credit risk Ⅱ, *Risk*, **10** (10), 56 - 61.

[137] Wilson, T. (1998) *Credit Portfolio View*, McKinsey & Co.

[138] Zhou, C. (2001) An analysis of default correlations and multiple defaults, *The Review of Financial Studies*, **14** (2), 555 - 576.

[139] Zumbach, G. (2007) The RiskMetrics 2006 Methodology, RiskMetrics Group.

经济科学译丛						
序号	书名	作者	Author	单价	出版年份	ISBN
1	美国经济史(第12版)	加里·M. 沃尔顿等	Gary M. Walton	98.00	2018	978-7-300-26473-8
2	经济学精要(第五版)	R. 格伦·哈伯德等	R. Glenn Hubbard	99.00	2019	978-7-300-26561-2
3	管理者微观经济学	戴维·M.克雷普斯	David M. Kreps	88.00	2019	978-7-300-22914-0
4	环境经济学(第七版)	埃班·古德斯坦等	Eban Goodstein	78.00	2019	978-7-300-23867-8
5	组织经济学:经济学分析方法在组织管理上的应用(第五版)	塞特斯·杜玛等	Sytse Douma	62.00	2018	978-7-300-25545-3
6	经济理论的回顾(第五版)	马克·布劳格	Mark Blaug	88.00	2018	978-7-300-26252-9
7	实地实验:设计、分析与解释	艾伦·伯格等	Alan S. Gerber	69.80	2018	978-7-300-26319-9
8	金融学(第二版)	兹维·博迪等	Zvi Bodie	75.00	2018	978-7-300-26134-8
9	空间数据分析:模型、方法与技术	曼弗雷德·M. 费希尔等	Manfred M. Fischer	36.00	2018	978-7-300-25304-6
10	《宏观经济学》(第十二版)学习指导书	鲁迪格·多恩布什等	Rudiger Dornbusch	38.00	2018	978-7-300-26063-1
11	宏观经济学(第四版)	保罗·克鲁格曼等	Paul Krugman	68.00	2018	978-7-300-26068-6
12	计量经济学导论:现代观点(第六版)	杰弗里·M. 伍德里奇	Jeffrey M. Wooldridge	109.00	2018	978-7-300-25914-7
13	经济思想史:伦敦经济学院讲演录	莱昂内尔·罗宾斯	Lionel Robbins	59.80	2018	978-7-300-25258-2
14	空间计量经济学入门——在R中的应用	朱塞佩·阿尔比亚	Giuseppe Arbia	45.00	2018	978-7-300-25458-6
15	克鲁格曼经济学原理(第四版)	保罗·克鲁格曼等	Paul Krugman	88.00	2018	978-7-300-25639-9
16	发展经济学(第七版)	德怀特·H.波金斯等	Dwight H. Perkins	98.00	2018	978-7-300-25506-4
17	线性与非线性规划(第四版)	戴维·G.卢恩伯格等	David G. Luenberger	79.80	2018	978-7-300-25391-6
18	产业组织理论	让·梯若尔	Jean Tirole	110.00	2018	978-7-300-25170-7
19	经济学精要(第六版)	巴德,帕金	Bade,Parkin	89.00	2018	978-7-300-24749-6
20	空间计量经济学——空间数据的分位数回归	丹尼尔·P. 麦克米伦	Daniel P. McMillen	30.00	2018	978-7-300-23949-1
21	高级宏观经济学基础(第二版)	本·J. 海德拉	Ben J. Heijdra	88.00	2018	978-7-300-25147-9
22	税收经济学(第二版)	伯纳德·萨拉尼耶	Bernard Salanié	42.00	2018	978-7-300-23866-1
23	国际宏观经济学(第三版)	罗伯特·C. 芬斯特拉	Robert C. Feenstra	79.00	2017	978-7-300-25326-8
24	公司治理(第五版)	罗伯特·A.G. 蒙克斯	Robert A. G. Monks	69.80	2017	978-7-300-24972-8
25	国际经济学(第15版)	罗伯特·J. 凯伯	Robert J. Carbaugh	78.00	2017	978-7-300-24844-8
26	经济理论和方法史(第五版)	小罗伯特·B. 埃克伦德等	Robert B. Ekelund. Jr.	88.00	2017	978-7-300-22497-8
27	经济地理学	威廉·P. 安德森	William P. Anderson	59.80	2017	978-7-300-24544-7
28	博弈与信息:博弈论概论(第四版)	艾里克·拉斯穆森	Eric Rasmusen	79.80	2017	978-7-300-24546-1
29	MBA宏观经济学	莫里斯·A. 戴维斯	Morris A. Davis	38.00	2017	978-7-300-24268-2
30	经济学基础(第十六版)	弗兰克·V. 马斯切纳	Frank V. Mastrianna	42.00	2017	978-7-300-22607-1
31	高级微观经济学:选择与竞争性市场	戴维·M. 克雷普斯	David M. Kreps	79.80	2017	978-7-300-23674-2
32	博弈论与机制设计	Y. 内拉哈里	Y. Narahari	69.80	2017	978-7-300-24209-5
33	宏观经济学精要:理解新闻中的经济学(第三版)	彼得·肯尼迪	Peter Kennedy	45.00	2017	978-7-300-21617-1
34	宏观经济学(第十二版)	鲁迪格·多恩布什等	Rudiger Dornbusch	69.00	2017	978-7-300-23772-5
35	国际金融与开放宏观经济学:理论、历史与政策	亨德里克·范登伯格	Hendrik Van den Berg	68.00	2016	978-7-300-23380-2
36	经济学(微观部分)	达龙·阿西莫格鲁等	Daron Acemoglu	59.00	2016	978-7-300-21786-4
37	经济学(宏观部分)	达龙·阿西莫格鲁等	Daron Acemoglu	45.00	2016	978-7-300-21886-1
38	发展经济学	热若尔·罗兰	Gérard Roland	79.00	2016	978-7-300-23379-6
39	中级微观经济学——直觉思维与数理方法(上下册)	托马斯·J·内契巴	Thomas J. Nechyba	128.00	2016	978-7-300-22363-6
40	环境与自然资源经济学(第十版)	汤姆·蒂坦伯格等	Tom Tietenberg	72.00	2016	978-7-300-22900-3
41	劳动经济学基础(第二版)	托马斯·海克拉克等	Thomas Hyclak	65.00	2016	978-7-300-23146-4
42	货币金融学(第十一版)	弗雷德里克·S·米什金	Frederic S. Mishkin	85.00	2016	978-7-300-23001-6
43	动态优化——经济学和管理学中的变分法和最优控制(第二版)	莫顿·I·凯曼等	Morton I. Kamien	48.00	2016	978-7-300-23167-9
44	用Excel学习中级微观经济学	温贝托·巴雷托	Humberto Barreto	65.00	2016	978-7-300-21628-7
45	宏观经济学(第九版)	N·格里高利·曼昆	N. Gregory Mankiw	79.00	2016	978-7-300-23038-2
46	国际经济学:理论与政策(第十版)	保罗·R·克鲁格曼等	Paul R. Krugman	89.00	2016	978-7-300-22710-8
47	国际金融(第十版)	保罗·R·克鲁格曼等	Paul R. Krugman	55.00	2016	978-7-300-22089-5
48	国际贸易(第十版)	保罗·R·克鲁格曼等	Paul R. Krugman	42.00	2016	978-7-300-22088-8
49	经济学精要(第3版)	斯坦利·L·布鲁伊等	Stanley L. Brue	58.00	2016	978-7-300-22301-8
50	经济分析史(第七版)	英格里德·H·里马	Ingrid H. Rima	72.00	2016	978-7-300-22294-3
51	投资学精要(第九版)	兹维·博迪等	Zvi Bodie	108.00	2016	978-7-300-22236-3
52	环境经济学(第二版)	查尔斯·D·科尔斯塔德	Charles D. Kolstad	68.00	2016	978-7-300-22255-4
53	MWG《微观经济理论》习题解答	原千晶等	Chiaki Hara	75.00	2016	978-7-300-22306-3
54	现代战略分析(第七版)	罗伯特·M·格兰特	Robert M. Grant	68.00	2016	978-7-300-17123-4

经济科学译丛						
序号	书名	作者	Author	单价	出版年份	ISBN
55	横截面与面板数据的计量经济分析(第二版)	杰弗里·M·伍德里奇	Jeffrey M. Wooldridge	128.00	2016	978-7-300-21938-7
56	宏观经济学(第十二版)	罗伯特·J·戈登	Robert J. Gordon	75.00	2016	978-7-300-21978-3
57	动态最优化基础	蒋中一	Alpha C. Chiang	42.00	2015	978-7-300-22068-0
58	城市经济学	布伦丹·奥弗莱厄蒂	Brendan O'Flaherty	69.80	2015	978-7-300-22067-3
59	管理经济学:理论、应用与案例(第八版)	布鲁斯·艾伦等	Bruce Allen	79.80	2015	978-7-300-21991-2
60	经济政策:理论与实践	阿格尼丝·贝纳西-奎里等	Agnès Bénassy-Quéré	79.80	2015	978-7-300-21921-9
61	微观经济分析(第三版)	哈尔·R·范里安	Hal R. Varian	68.00	2015	978-7-300-21536-5
62	财政学(第十版)	哈维·S·罗森等	Harvey S. Rosen	68.00	2015	978-7-300-21754-3
63	经济数学(第三版)	迈克尔·霍伊等	Michael Hoy	88.00	2015	978-7-300-21674-4
64	发展经济学(第九版)	A.P.瑟尔沃	A.P. Thirlwall	69.80	2015	978-7-300-21193-0
65	宏观经济学(第五版)	斯蒂芬·D·威廉森	Stephen D. Williamson	69.00	2015	978-7-300-21169-5
66	资源经济学(第三版)	约翰·C·伯格斯特罗姆等	John C. Bergstrom	58.00	2015	978-7-300-20742-1
67	应用中级宏观经济学	凯文·D·胡佛	Kevin D. Hoover	78.00	2015	978-7-300-21000-1
68	计量经济学导论:现代观点(第五版)	杰弗里·M·伍德里奇	Jeffrey M. Wooldridge	99.00	2015	978-7-300-20815-2
69	现代时间序列分析导论(第二版)	约根·沃特斯等	Jürgen Wolters	39.80	2015	978-7-300-20625-7
70	空间计量经济学——从横截面数据到空间面板	J·保罗·埃尔霍斯特	J. Paul Elhorst	32.00	2015	978-7-300-21024-7
71	国际经济学原理	肯尼思·A·赖纳特	Kenneth A. Reinert	58.00	2015	978-7-300-20830-5
72	经济写作(第二版)	迪尔德丽·N·麦克洛斯基	Deirdre N. McCloskey	39.80	2015	978-7-300-20914-2
73	计量经济学方法与应用(第五版)	巴蒂·H·巴尔塔基	Badi H. Baltagi	58.00	2015	978-7-300-20584-7
74	战略经济学(第五版)	戴维·贝赞可等	David Besanko	78.00	2015	978-7-300-20679-0
75	博弈论导论	史蒂文·泰迪里斯	Steven Tadelis	58.00	2015	978-7-300-19993-1
76	社会问题经济学(第二十版)	安塞尔·M·夏普等	Ansel M.Sharp	49.00	2015	978-7-300-20279-2
77	博弈论:矛盾冲突分析	罗杰·B·迈尔森	Roger B. Myerson	58.00	2015	978-7-300-20212-9
78	时间序列分析	詹姆斯·D·汉密尔顿	James D. Hamilton	118.00	2015	978-7-300-20213-6
79	经济问题与政策(第五版)	杰奎琳·默里·布鲁克斯	Jacqueline Murray Brux	58.00	2014	978-7-300-17799-1
80	微观经济理论	安德鲁·马斯-克莱尔等	Andreu Mas-Collel	148.00	2014	978-7-300-19986-3
81	产业组织:理论与实践(第四版)	唐·E·瓦尔德曼等	Don E. Waldman	75.00	2014	978-7-300-19722-7
82	公司金融理论	让·梯若尔	Jean Tirole	128.00	2014	978-7-300-20178-8
83	公共部门经济学	理查德·W·特里西	Richard W. Tresch	49.00	2014	978-7-300-18442-5
84	计量经济学原理(第六版)	彼得·肯尼迪	Peter Kennedy	69.80	2014	978-7-300-19342-7
85	统计学:在经济中的应用	玛格丽特·刘易斯	Margaret Lewis	45.00	2014	978-7-300-19082-2
86	产业组织:现代理论与实践(第四版)	林恩·佩波尔等	Lynne Pepall	88.00	2014	978-7-300-19166-9
87	计量经济学导论(第三版)	詹姆斯·H·斯托克等	James H. Stock	69.00	2014	978-7-300-18467-8
88	发展经济学导论(第四版)	秋山裕	秋山裕	39.80	2014	978-7-300-19127-0
89	中级微观经济学(第六版)	杰弗里·M·佩罗夫	Jeffrey M. Perloff	89.00	2014	978-7-300-18441-8
90	平狄克《微观经济学》(第八版)学习指导	乔纳森·汉密尔顿等	Jonathan Hamilton	32.00	2014	978-7-300-18970-3
91	微观经济学(第八版)	罗伯特·S·平狄克等	Robert S.Pindyck	79.00	2013	978-7-300-17133-3
92	微观银行经济学(第二版)	哈维尔·弗雷克斯等	Xavier Freixas	48.00	2014	978-7-300-18940-6
93	施米托夫论出口贸易——国际贸易法律与实务(第11版)	克利夫·M·施米托夫等	Clive M. Schmitthoff	168.00	2014	978-7-300-18425-8
94	微观经济学思维	玛莎·L·奥尔尼	Martha L. Olney	29.80	2013	978-7-300-17280-4
95	宏观经济学思维	玛莎·L·奥尔尼	Martha L. Olney	39.80	2013	978-7-300-17279-8
96	计量经济学原理与实践	达摩达尔·N·古扎拉蒂	Damodar N.Gujarati	49.80	2013	978-7-300-18169-1
97	现代战略分析案例集	罗伯特·M·格兰特	Robert M. Grant	48.00	2013	978-7-300-16038-2
98	高级国际贸易:理论与实证	罗伯特·C·芬斯特拉	Robert C. Feenstra	59.00	2013	978-7-300-17157-9
99	经济学简史——处理沉闷科学的巧妙方法(第二版)	E·雷·坎特伯里	E. Ray Canterbery	58.00	2013	978-7-300-17571-3
100	管理经济学(第四版)	方博亮等	Ivan Png	80.00	2013	978-7-300-17000-8
101	微观经济学原理(第五版)	巴德、帕金	Bade, Parkin	65.00	2013	978-7-300-16930-9
102	宏观经济学原理(第五版)	巴德、帕金	Bade, Parkin	63.00	2013	978-7-300-16929-3
103	环境经济学	彼得·伯克等	Peter Berck	55.00	2013	978-7-300-16538-7
104	高级微观经济理论	杰弗里·杰里	Geoffrey A. Jehle	69.00	2012	978-7-300-16613-1
105	高级宏观经济学导论:增长与经济周期(第二版)	彼得·伯奇·索伦森等	Peter Birch Sørensen	95.00	2012	978-7-300-15871-6
106	宏观经济学:政策与实践	弗雷德里克·S·米什金	Frederic S. Mishkin	69.00	2012	978-7-300-16443-4
107	宏观经济学(第二版)	保罗·克鲁格曼	Paul Krugman	45.00	2012	978-7-300-15029-1

经济科学译丛

序号	书名	作者	Author	单价	出版年份	ISBN
108	微观经济学(第二版)	保罗・克鲁格曼	Paul Krugman	69.80	2012	978-7-300-14835-9
109	克鲁格曼《微观经济学(第二版)》学习手册	伊丽莎白・索耶・凯利	Elizabeth Sawyer Kelly	58.00	2013	978-7-300-17002-2
110	克鲁格曼《宏观经济学(第二版)》学习手册	伊丽莎白・索耶・凯利	Elizabeth Sawyer Kelly	36.00	2013	978-7-300-17024-4
111	微观经济学(第十一版)	埃德温・曼斯费尔德	Edwin Mansfield	88.00	2012	978-7-300-15050-5
112	卫生经济学(第六版)	舍曼・富兰德等	Sherman Folland	79.00	2011	978-7-300-14645-4
113	宏观经济学(第七版)	安德鲁・B・亚伯等	Andrew B. Abel	78.00	2011	978-7-300-14223-4
114	现代劳动经济学:理论与公共政策(第十版)	罗纳德・G・伊兰伯格等	Ronald G. Ehrenberg	69.00	2011	978-7-300-14482-5
115	宏观经济学:理论与政策(第九版)	理查德・T・弗罗恩	Richard T. Froyen	55.00	2011	978-7-300-14108-4
116	经济学原理(第四版)	威廉・博伊斯等	William Boyes	59.00	2011	978-7-300-13518-2
117	计量经济学基础(第五版)(上下册)	达摩达尔・N・古扎拉蒂	Damodar N.Gujarati	99.00	2011	978-7-300-13693-6
118	《计量经济学基础》(第五版)学生习题解答手册	达摩达尔・N・古扎拉蒂等	Damodar N. Gujarati	23.00	2012	978-7-300-15080-8
119	计量经济分析(第六版)(上下册)	威廉・H・格林	William H.Greene	128.00	2011	978-7-300-12779-8
120	国际贸易	罗伯特・C・芬斯特拉等	Robert C.Feenstra	49.00	2011	978-7-300-13704-9
121	经济增长(第二版)	戴维・N・韦尔	David N.Weil	63.00	2011	978-7-300-12778-1
122	投资科学	戴维・G・卢恩伯格	David G. Luenberger	58.00	2011	978-7-300-14747-5
123	博弈论	朱・弗登博格等	Drew Fudenberg	68.00	2010	978-7-300-11785-0

金融学译丛

序号	书名	作者	Author	单价	出版年份	ISBN
1	银行风险管理(第四版)	若埃尔・贝西	Joël Bessis	56.00	2019	978-7-300-26496-7
2	金融学原理(第八版)	阿瑟・J. 基翁等	Arthur J. Keown	79.00	2018	978-7-300-25638-2
3	财务管理基础(第七版)	劳伦斯・J. 吉特曼等	Lawrence J. Gitman	89.00	2018	978-7-300-25339-8
4	利率互换及其他衍生品	霍华德・科伯	Howard Corb	69.00	2018	978-7-300-25294-0
5	固定收益证券手册(第八版)	弗兰克・J. 法博齐	Frank J. Fabozzi	228.00	2017	978-7-300-24227-9
6	金融市场与金融机构(第8版)	弗雷德里克・S. 米什金等	Frederic S. Mishkin	86.00	2017	978-7-300-24731-1
7	兼并、收购和公司重组(第六版)	帕特里克・A. 高根	Patrick A. Gaughan	89.00	2017	978-7-300-24231-6
8	债券市场:分析与策略(第九版)	弗兰克・J・法博齐	Frank J. Fabozzi	98.00	2016	978-7-300-23495-3
9	财务报表分析(第四版)	马丁・弗里德森	Martin Fridson	46.00	2016	978-7-300-23037-5
10	国际金融学	约瑟夫・P・丹尼尔斯等	Joseph P. Daniels	65.00	2016	978-7-300-23037-1
11	国际金融	阿德里安・巴克利	Adrian Buckley	88.00	2016	978-7-300-22668-2
12	个人理财(第六版)	阿瑟・J・基翁	Arthur J. Keown	85.00	2016	978-7-300-22711-5
13	投资学基础(第三版)	戈登・J・亚历山大等	Gordon J. Alexander	79.00	2015	978-7-300-20274-7
14	金融风险管理(第二版)	彼德・F・克里斯托弗森	Peter F. Christoffersen	46.00	2015	978-7-300-21210-4
15	风险管理与保险管理(第十二版)	乔治・E・瑞达等	George E. Rejda	95.00	2015	978-7-300-21486-3
16	个人理财(第五版)	杰夫・马杜拉	Jeff Madura	69.00	2015	978-7-300-20583-0
17	企业价值评估	罗伯特・A・G・蒙克斯等	Robert A. G. Monks	58.00	2015	978-7-300-20582-3
18	基于Excel的金融学原理(第二版)	西蒙・本尼卡	Simon Benninga	79.00	2014	978-7-300-18899-7
19	金融工程学原理(第二版)	萨利赫・N・内夫特奇	Salih N. Neftci	88.00	2014	978-7-300-19348-9
20	投资学导论(第十版)	赫伯特・B・梅奥	Herbert B. Mayo	69.00	2014	978-7-300-18971-0
21	国际金融市场导论(第六版)	斯蒂芬・瓦尔德斯等	Stephen Valdez	59.80	2014	978-7-300-18896-6
22	金融数学:金融工程引论(第二版)	马雷克・凯宾斯基等	Marek Capinski	42.00	2014	978-7-300-17650-5
23	财务管理(第二版)	雷蒙德・布鲁克斯	Raymond Brooks	69.00	2014	978-7-300-19085-3
24	期货与期权市场导论(第七版)	约翰・C・赫尔	John C. Hull	69.00	2014	978-7-300-18994-2
25	国际金融:理论与实务	皮特・塞尔居	Piet Sercu	88.00	2014	978-7-300-18413-5
26	货币、银行和金融体系	R・格伦・哈伯德等	R.Glenn Hubbard	75.00	2013	978-7-300-17856-1
27	并购创造价值(第二版)	萨德・苏达斯纳	Sudi Sudarsanam	89.00	2013	978-7-300-17473-0
28	个人理财——理财技能培养方法(第三版)	杰克・R・卡普尔等	Jack R. Kapoor	66.00	2013	978-7-300-16687-2
29	国际财务管理	吉尔特・贝克特	Geert Bekaert	95.00	2012	978-7-300-16031-3
30	应用公司财务(第三版)	阿斯沃思・达摩达兰	Aswath Damodaran	88.00	2012	978-7-300-16034-4
31	资本市场:机构与工具(第四版)	弗兰克・J・法博齐	Frank J.Fabozzi	85.00	2011	978-7-300-13828-2
32	衍生品市场(第二版)	罗伯特・L・麦克唐纳	Robert L. McDonald	98.00	2011	978-7-300-13130-6
33	跨国金融原理(第三版)	迈克尔・H・莫菲特等	Michael H. Moffett	78.00	2011	978-7-300-12781-1
34	统计与金融	戴维・鲁珀特	David Ruppert	48.00	2010	978-7-300-11547-4
35	国际投资(第六版)	布鲁诺・索尔尼克等	Bruno Solnik	62.00	2010	978-7-300-11289-3

Risk Management in Banking，4e，by Joël Bessis
ISBN：9781118660218

图书在版编目（CIP）数据

银行风险管理：第四版/（　）若埃尔·贝西著；路蒙佳译．—北京：中国人民大学出版社，2019.3

（金融学译丛）

书名原文：Risk Management in Banking（Fourth Edition）

ISBN 978-7-300-26496-7

Ⅰ.①银… Ⅱ.①若… ②路… Ⅲ.①银行业-风险管理-研究 Ⅳ.①F830.2

中国版本图书馆 CIP 数据核字（2018）第 281247 号

金融学译丛

银行风险管理（第四版）

若埃尔·贝西　著

路蒙佳　译

Yinhang Fengxian Guanli

出版发行	中国人民大学出版社		
社　　址	北京中关村大街 31 号	**邮政编码**	100080
电　　话	010－62511242（总编室）		010－62511770（质管部）
	010－82501766（邮购部）		010－62514148（门市部）
	010－62515195（发行公司）		010－62515275（盗版举报）
网　　址	http://www.crup.com.cn		
	http://www.ttrnet.com(人大教研网)		
经　　销	新华书店		
印　　刷	北京东君印刷有限公司		
规　　格	185 mm×260 mm　16 开本	**版　　次**	2019 年 3 月第 1 版
印　　张	20.75　插页 1	**印　　次**	2019 年 3 月第 1 次印刷
字　　数	453 000	**定　　价**	56.00 元

WILEY

John Wiley 教学支持信息反馈表

www. wiley. com

老师您好，若您需要与 John Wiley 教材配套的教辅（免费），烦请填写本表并传真给我们。也可联络 John Wiley 北京代表处索取本表的电子文件，填好后 e-mail 给我们。

原书信息

原版 ISBN：

英文书名（Title）：

版次（Edition）：

作者（Author）：

配套教辅可能包含下列一项或多项

教师用书（或指导手册）/ 习题解答/ 习题库 /PPT 讲义/ 其他

教师信息（中英文信息均需填写）

- 学校名称（中文）：
- 学校名称（英文）：
- 学校地址（中文）：
- 学校地址（英文）：
- 院/系名称（中文）：
- 院/系名称（英文）：

课程名称（Course Name）：

年级/程度（Year / Level）：□大专 □本科 Grade：1 2 3 4 □硕士 □博士 □MBA □EMBA

课程性质（多选项）：□必修课 □选修课 □国外合作办学项目 □指定的双语课程

学年（学期）：□春季 □秋季 □整学年使用 □其他（起止月份____________）

使用的教材版本：□中文版 □英文影印（改编）版 □进口英文原版（购买价格为____元）

学生：______个班共______人

授课教师姓名：

电话：

传真：

E-mail：

WILEY - 约翰威立商务服务（北京）有限公司

John Wiley & Sons Commercial Service (Beijing) Co Ltd

北京市朝阳区太阳宫中路 12A 号，太阳宫大厦 8 层 805 - 808 室，邮政编码 100028

Direct+86 10 8418 7869 Fax+86 10 8418 7810

Email：sliang@wiley. com 梁爽